Após a Chuva

Após a Chuva

LYGIA BARBIÉRE

 Lachâtre

© 2018 by Lygia Barbiére

Instituto Lachâtre
Caixa Postal 164 – cep 12.914-970 – Bragança Paulista – SP
Telefone: (11) 4063-5354
Página na internet: www.lachatre.org.br
Email: editora@lachatre.org.br

2ª edição - 1ª Reimpressão – Novembro de 2018
Do 8.001° ao 13.200° exemplar

Programação Visual
César França de Oliveira

Foto da Autora (Orelha)
André Vilhena e Ed Lobo

Esta edição foi impressa, em novembro de 2018, pela Assahi Gráfica e Editora Ltda., de São Bernardo do Campo, SP, sendo tiradas cinco mil e duzentas cópias em formato fechado 15,5 x 22,5cm, em papel Off-set 63g/m² para o miolo e Cartão Supremo 300g/m² para a capa. O texto principal foi composto em Berkeley LT 11/13,2. A produção gráfica de capa e miolo é de César França de Oliveira.

A reprodução parcial ou total desta obra, por qualquer meio, somente será permitida com a autorização por escrito da Editora (Lei no 9.610 de 19.02.1998)

CIP-Brasil. Catalogação na fonte

Após a chuva / Lygia Barbiére, 2ª edição, 1ª reimpressão, Bragança Paulista, SP: Lachâtre, 2018.
408 p.
1.Espiritismo. 2.Síndrome de dom-juanismo. 3.Romance espírita.
I.Título. II.Bibliografia.
ISBN: 978-85-8291-062-7

CDD 133.9   CDU 133.7

Impresso no Brasil
Presita en Brazilo

*A todos aqueles que acreditam que
sempre é possível mudar para melhor.*

Com o tempo, você vai percebendo que, para ser feliz com outra pessoa, você precisa, em primeiro lugar, não precisar dela...

Você aprende a gostar de você, a cuidar de você, principalmente, a gostar de quem também gosta de você.

O segredo é não correr atrás das borboletas... é cuidar do jardim para que elas venham até você.

No final das contas, você vai achar não quem você estava procurando... mas quem estava procurando por você!

Mário Quintana

Apresentação

Eu já conquistei muitas mulheres e não as vejo como objetos. E também não gosto do sexo pelo sexo, gosto do envolvimento, do respeito, da atenção, além do meu desejo de conquista, e também me preocupo muito em não fazê-las sofrer. Se percebo que isso de alguma forma, minimamente que seja, está começando a acontecer, me tira o interesse. Isso me torna um conquistador 'do bem', diferente desses outros que existem por aí.

(Depoimento de um sedutor)

"Queridos amigos e leitores,
"Estou fazendo uma pesquisa sobre dom-juanismo, síndrome de dom Juan ou compulsão à sedução. São pessoas que têm literalmente uma compulsão pelo ato de seduzir, os chamados 'sedutores'. Trata-se de uma doença ligada à deficiência de produção de determinados neurotransmissores e que pode afetar seriamente as outras pessoas envolvidas. Se alguém tiver algum relato neste sentido e quiser dividir (pode ser *in box* se preferirem), estará dando uma contribuição importante para o próximo romance que estou escrevendo, com a garantia de sigilo total de sua identidade. Obrigada!"

E eis que, de um singelo pedido, montou-se uma história. Exatos dois anos se passaram enquanto eu juntava as peças que se destacaram a partir do imenso quebra-cabeças formado dos muitos relatos recebidos. Quantos ao todo? Não saberia dizer ao certo, porque, no decorrer do processo, as histórias começaram a se materializar na minha vida de uma tal forma que era como se eu fosse um ímã a atrair aquele tipo de relato.

Costumo dizer que as histórias é que me procuram. É sempre assim: um belo dia alguém aparece e pergunta: – Por que você não escreve sobre isso assim ou aquilo outro? Ainda que eu não concorde em princípio, ou pense "quem sabe, num futuro", quando tem que ser, não tem escapatória. A partir do pedido sutil, da sugestão despretensiosa, um mundo de informações parece vir em meu encalço e o tema se impõe como um enigma a ser desvendado.

Exatamente como aconteceu. Tudo começou quando um amigo, numa tarde como outra qualquer, decidiu me contar sobre suas agruras amorosas, sobre um 'problema' que ele tinha e que só aos poucos, ao longo de muitas conversas, foi conseguindo me explicar direito. Era curioso. Esta pessoa, embora vivesse cercada de admiradoras e possíveis relacionamentos, não conseguia se envolver de fato com ninguém, dizia mesmo que não conseguia amar e que este era seu grande problema.

O encontro com ele – cujo maior sonho era escrever um livro sobre sua história –, foi como um passaporte para que eu adentrasse esse estranho mundo, pelo qual eu nunca havia antes cogitado passar: o mundo dos sedutores, dos conquistadores compulsivos. Um universo aparentemente novo e desconhecido que, no entanto, aos poucos, começou a apresentar pontos de extrema familiaridade com fatos e situações já diversas vezes presenciados, ouvidos, vivenciados...

Depois de ler todo o romance, uma amiga me pergunta: afinal, será que todos nós, em algum momento de nossas existências, já não estivemos ocupando, ora papéis de sedutores, ora de pessoas que amam demais?

Digo 'pessoas' porque não concordo absolutamente com o estereótipo nem de homens sedutores, nem de mulheres que amam demais. Existem, sim, mulheres sedutoras, assim como existem também homens que amam demais (e eu até li bastante sobre isto!). Ocorre, porém, que, como vivemos numa sociedade ainda muito machista, o papel do sedutor e o modelo "mulher que ama demais" costumam não só ser percebidos com mais frequência, como, em certa medida, até incentivados pelas pessoas em geral. Diria que existe mesmo um certo 'fetiche' em torno da figura do grande conquistador, capaz de seduzir todas as mulheres.

A pesquisa, contudo, me ensinou que a sedução também é uma doença. Não apenas o resultado de um desequilíbrio de hormônios e substâncias produzidas pelo cérebro humano, mas sobretudo um reflexo de um espírito em desequilíbrio. O mundo dos sedutores é um mundo íngreme e escorregadio, onde nada é exatamente como parece, onde os envolvidos, de ambos os lados, de tão acostumados a inventar desculpas e justificativas para seus desequilíbrios, acabam muitas vezes acreditando em suas próprias mentiras.

Existem aqueles que se consideram como "grandes conquistadores", e que desenvolvem verdadeira obsessão pelo ato de conquistar em si. Não apenas mulheres. Negócios, oportunidades, posses. "A gente quer muito conseguir, quando consegue, passa a almejar outras coisas", me explica um deles.

Outros se intitulam "sedutores do bem" (como o do depoimento reproduzido na página inicial desta apresentação). Acreditam que as mulheres que se envolvem com eles sabem exatamente quem são e só se envolvem porque desejam apenas o que eles têm a lhes oferecer. "Me preocupo muito em não fazê-las sofrer. Se percebo que isto, de alguma forma, minimamente que seja, está começando a acontecer, me tira o interesse".

Outros ainda se apresentam como "portais iniciáticos". São como "anjos do apocalipse" que aparecem na vida das mulheres que estão sofrendo em seus relacionamentos amorosos, ou pela falta deles, para que elas melhor percebam o que efetivamente gostariam para suas vidas.

Apesar dos muitos relatos como esses que me foram confiados, não dá para ficar indignado com isso, não dá para julgar ninguém. O que me encantou em todas essas entrevistas, tanto de homens conquistadores, quanto de mulheres que se deixaram iludir por esse perfil, foi a grandeza daqueles que conseguem enxergar a si próprios, assumindo seus comportamentos com tanta generosidade, contando suas vidas de forma tão despudorada e sincera, que só posso ver nesse gesto um importante passo no sentido de reforma, de crescimento e iluminação.

12 | LYGIA BARBIÉRE

Afinal, ninguém evolui aos saltos. Tudo na vida parte de algum início, algum pequeno passo por menor que seja. A cada uma dessas pessoas que se desnudaram com tamanho desprendimento eu gostaria de expressar a minha mais profunda gratidão.

Ao contrário do que muitos imaginam, a vida dos portadores desse distúrbio, por assim dizer, não é exatamente um mar de rosas. Ora, mas como pode ser difícil a vida de uma pessoa capaz de conquistar quem ela quiser? Curiosamente, muitos desses sedutores, ao mesmo tempo em que não precisam fazer nenhum esforço para conseguir uma companhia, enfrentam dolorosíssimas crises de depressão que aparecem quando menos esperam. A que atribuir tais crises?

Diria que este livro foi uma tentativa de entender melhor este aspecto humano, ainda tão pouco estudado e desvendado e que, no entanto, parece estar presente, impregnado mesmo, de alguma forma, no DNA de todas as famílias, de todas as pessoas, de todos os tempos.

Me vem à lembrança uma história que li, há muito tempo, de um velho mercador árabe, cujo maior sonho era o de possuir um belo tapete. Havia economizado a vida inteira para um dia poder adquirir seu belo tapete, com o qual imaginava adornar sua casa enquanto vivesse, e seu túmulo, quando a morte chegasse. Acontece, porém, que, aos seus olhos experientes, nenhum tapete era raro o suficiente, não encontrou nenhum que encerrasse todas as qualidades e não tivesse qualquer defeito.

Numa demonstração de profunda humildade, apesar da idade avançada, comprou então, com suas economias, todo o material necessário, a tela, as melhores linhas e foi trabalhar como aprendiz de tapeceiro a fim de aprender, ele próprio, a tecer seu próprio tapete.

E assim, durante os anos que lhe restaram de vida, trabalhou o mercador naquela tão sonhada confecção. Todas as noites, depois de encerrar sua tarefa, olhava embevecido para sua obra, e não pensava duas vezes se fosse necessário desmanchar qualquer ponto mal feito.

Um dia, quando desencarnou, embora a obra ainda estivesse inacabada, os amigos adornaram-lhe o túmulo com ela.

Em sua existência seguinte, o mercador naturalmente não se lembrava do tapete. Mas todas as vezes em que atravessava momentos de extrema dificuldade, encontrava em si reservas inusitadas de paciência e resignação, de esperança e confiança no futuro. E, assim, seu espírito foi atravessando diversas existências. Até que um dia, recepcionado após significativa encarnação, alguns amigos decidiram homenageá-lo, trazendo-lhe de presente o antigo tapete que um dia para ele fora tão precioso e importante.

Surpreso ante o trabalho que se lhe apresentou à visão, o antigo mercador ficou então decepcionado. Afinal, o tapete inacabado não possuía nada de maravilhoso! Ao contrário, vendo-o agora, notava--lhe uma porção de defeitos.[1]

Diria que é um pouco assim que me sinto ao terminar este livro. Por longo tempo, procurei buscar as linhas mais precisas, as cenas mais representativas, o encadeamento mais perfeito para construir esta história. Todavia, ainda assim, tenho consciência da minha impossibilidade de traçar aqui o 'verdadeiro' perfil de um sedutor. Assim como são múltiplas as pessoas, são múltiplas também as personalidades, as situações, as características, os espíritos.

Espero, contudo, de todo o meu coração, que o tapete imperfeito que consegui tecer aqui possa ser de utilidade para todos aqueles que se esmeram na conquista de seu próprio manto de luz, o espelho onde um dia se refletirá a imagem da perfeição divina que todos nós tanto buscamos.

Lygia Barbiére
Caxambu, 13 de fevereiro de 2018.

---

[1] *In: Voltas que a vida dá*, de Zíbia M. Gasparetto, autores diversos. São Paulo, Espaço Vida e Consciência, 15ª. Edição, 1996. "O saber esperar".

Primeira Parte

A Chuva

    Eu estava num momento bem difícil da minha vida: morava sozinha em outra cidade, tinha terminado um relacionamento, estava sem amigos porque fiquei focada no relacionamento, então não fortifiquei amizades na nova cidade, e isso aprofundou meu abismo emocional. Eu estava literalmente vivendo uma fossa... Eu vivia só para o trabalho, fato este que era o motivo de eu estar longe de casa. Eu também vivia um momento de baixa autoestima, me sentia horrível, havia sido traída e trocada por uma mulher com padrão de beleza bem diferente do meu, então, eu estava pra baixo, descuidada e me sentindo péssima. E ai entra tudo...
    (Depoimento de uma "mulher que ama demais")

1

"O óbvio é imprevisível. Até que ponto pode uma pessoa se negar a enxergar o que está diante de si, como se não existisse? Por quanto tempo somos capazes de negar o óbvio? Afinal, por que será que uma pessoa se deixa enganar por outra pessoa? Por ela mesma?", Laíssa escreveu em seu caderno. Costumava manter sempre na gaveta de sua mesa do consultório aquele caderno, onde fazia anotações sobre as questões a serem levantadas com suas pacientes; conclusões a que ia chegando, no decorrer das consultas. "Como dizia Clarice Lispector, 'o óbvio é a verdade mais difícil de se enxergar'. Mas, quando a pessoa enxerga..."– ela interrompeu seus escritos ao ouvir batidas na porta.

Antes que chegasse até a porta, deteve-se por alguns instantes quando escutou aquela risada profunda, intermitente. Olhou pelo olho mágico. Parou um minuto, verificou o relógio. Não podia ser. Ainda assim, por entre gargalhadas, uma voz insistiu:

– Laíssa, sou eu...

– Teresa! – ela abriu a porta de imediato. – O que aconteceu com você?

Estava agachada no chão, com lágrimas nos olhos de tanto rir.

– Teresa... O que houve? – a terapeuta insistiu. – Estive esperando você até...

Mas Teresa não conseguia, de forma alguma parar de rir. Mal podia se manter de pé. Parecia bêbada, entorpecida por alguma coisa.

18 | Lygia Barbiére

– Estou vindo do oculista... – ela explicou, com certa dificuldade. – Desde a hora... – de novo ela não conseguia parar de rir. – Desde a hora... que pingaram aquele colírio... Eu fiquei assim... você acredita?

– Meu Deus... Mas e o médico? Ele não viu isso? Não disse nada?... – estranhou Laíssa, ajudando-a a entrar.

– Ele disse que é um efeito colateral... Que acontece em três a cada mil pacientes... Ou será que são mil em cada três? Não sei onde os médicos conseguem esses números! – ela parou de novo para rir.

Laíssa esperou, admirada. Teresa estava tão descontraída que nem parecia a mesma pessoa. Tão gostosa era sua risada que até dava vontade de rir junto com ela.

– Pode deixar! – ela se esquivou, ainda rindo, quando Laíssa tentou ampará-la para que não se desequilibrasse.

Por via das dúvidas, no momento em que se aproximaram das poltronas, a terapeuta a amparou para que se sentasse sem nenhum acidente.

– Mas, afinal, o que foi que disse o oftalmologista? Consegue me explicar? – pediu Laíssa.

Teresa riu por mais alguns instantes antes de responder:

– Disse que deu efeito alucinógeno em mim!... Agora, vê se pode... Alucinógeno!... Cheguei até aqui... O consultório é perto... A única coisa é que eu... não consigo é parar de rir...

Laíssa deu-lhe água.

Era muito assustador. Teresa, em geral, entrava no consultório como se pisasse em plumas. Era uma mulher elegante, muito sofisticada. Um odor de perfume acompanhava sua presença. Seu passo era suave; tudo nela era delicado e meticulosamente combinado. Desde os sapatos de grife até a bolsinha de couro legítimo, onde guardava lencinhos de papel. O batom bem delineado, os cabelos impecavelmente tingidos e penteados, as unhas bem feitas, os brincos e o anel com a mesma pedra. Naquele dia, no entanto, estava literalmente transfigurada; os olhos, inclusive, borrados por causa do colírio, e amarelados em volta; os cabelos revoltos e desalinhados.

– Me explica isso direito, Teresa – Laíssa pediu, no momento em que se acomodava na sua própria poltrona.

Teresa bebeu devagar o copo com água que Laíssa deixara em suas mãos, e conseguiu controlar um pouco o riso.

– Você acredita que eu joguei fora os meus óculos com caixinha e tudo?– foi dizendo, enquanto limpava a boca no dorso das mãos, completamente displicente.

Ficou um tempo repetindo o movimento, levando o dorso das mãos até a boca e voltando, como se ouvisse uma sinfonia imaginária. Pelo tom da respiração, dava para perceber que estava bem mais ansiosa do que de costume, um tanto quanto alterada também.

– Mas como isso aconteceu? – Laíssa de novo tentou chamar sua atenção.

– Então! – ela voltou de um salto. – Eu estava no cinema e me emocionei muito com o filme. Um roteiro francês, lindíssimo!... Tão bonita a história...

Novamente ela riu até não poder mais.

– Mas... e os óculos? – insistiu a terapeuta, percebendo que ela já estava de novo prestes a mudar de assunto. – Você assistiu ao filme com eles?

– Não! Tirei logo que cheguei, para trocar pelos de longe!– ela tinha agora o olhar distante, como se lembrasse de tudo. – Passei o filme inteirinho com eles no colo. Na hora de sair, não sei o que foi que me deu, coloquei a caixinha dentro da embalagem da pipoca e joguei no lixo! – de novo ela riu até não poder mais.

– Interessante... Sobre quê era o filme? Você se lembra?

– *Une vie...*– ela repetiu, com sua bela pronúncia francesa. – Foi traduzido como "A vida de uma mulher"... A vida de uma mulher... – ela repetiu, antes de novamente começar a rir.[2]

– Falava sobre quê especificamente, Teresa? – insistiu Laíssa, interessada.

– Ah... Era a história de uma moça, recém-formada, que volta a viver na casa dos pais, no interior da França. Então se apaixona por um jovem visconde das redondezas e decide se casar com ele, mesmo sabendo que era alguém que tinha um nível cultural bem abaixo do seu.. – Teresa subitamente ficou séria, quase triste ao lembrar disso. – A família até insistiu muito em alertá-la, mas ela não quis ouvir...

– E o que acontece com ela? – quis saber a terapeuta.

---

[2] Adaptação do romance de Guy Maupassant. Filme de 2017, dirigido por Stéphane Brizé, ganhador do Leão de Ouro e do César de melhor atriz pela atuação de Judith Chemla.

20 | LYGIA BARBIÉRE

– O de sempre... – novamente ela riu.

– E o que seria o "de sempre", Teresa? – insistiu Laíssa.

Teresa fez um pausa antes de dizer.

– Ela é traída, claro. Eles se casam, mas Julien, o rapaz, logo se mostra infiel e avarento, o que vai minando a alegria de viver da antes esperançosa Jeanne. Na verdade, o marido é um mulherengo inveterado, ela até lhe dá várias chances, mas ele... – de novo ela começa a rir descontroladamente.

Subitamente mudou o foco do assunto:

– Agora você imagina... A própria pessoa jogar seus óculos no lixo... Você acha que isso quer dizer alguma coisa, Laíssa? – perguntou, morrendo de rir, como quem conta uma piada. – Só fui me dar conta no outro dia, depois de um esforço supremo para reconstituir mentalmente a última vez em que me lembrava de ter visto os óculos!... E não é que eu recordei exatamente a cena, da minha mão atirando a embalagem no lixo com os óculos dentro?... – do riso ela passou subitamente ao choro.

Laíssa manteve-se apenas em observação. Ainda estava chocada com toda aquela alteração de personalidade da paciente, com tudo o que subitamente lhe revelava na simplicidade daquele relato, depois de tantos meses de terapia.

– Agora me explica, Laíssa, como é que a gente faz uma coisa sem perceber, e depois ainda consegue se lembrar? – comentou, enxugando as lágrimas, enquanto retirava com cuidado suas longas botas de couro. – Tudo bem se a gente começar a análise agora? Comigo desse jeito? – perguntou, apontando os pés, de novo já morrendo de rir.

– Claro, claro... – Laíssa ainda olhava incrédula para ela, quase maravilhada com a cena inusitada.

Jamais, em todo aquele tempo, imaginara ver Teresa tirando as botas no meio do consultório. Era uma mulher refinada, dessas cheias de regras de etiqueta. Devia ter por volta de 50 e poucos anos de idade, bem disfarçados por uma ótima dermatologista e muitos tratamentos de pele.

– Sabe que eu sempre tive o desejo de fazer análise descalça, pisando aqui neste seu tapete macio – ela mexeu os pés contra o tapete rústico de retalhos arrepiados do consultório. – Posso sentar no chão? – resolveu, já puxando para si uma almofada grande, que ficava ao lado da poltrona.

– Claro – respondeu Laíssa, sempre impressionada. – Então você perdeu seus óculos, depois de assistir a esse filme, e foi ao oculista para fazer novo exame de vista? – tentou recapitular.

– Isso... – novamente ela riu... – Colírio alucinógeno... Ainda por cima, estou vendo tudo embaçado! Muito estranho...

– Não entendo... Mas como você conseguiu chegar até aqui?...

– Sei lá... Vindo. De vez em quando parava para rir... A secretária do médico queria me colocar num táxi, mas aí eu menti para ela... Falei que o meu marido estava me esperando na porta... – ela riu muito.

– E não estava, Teresa? Nunca tinha acontecido isso com você em outras vezes em que esteve no oculista? – estranhou Laíssa.

Teresa riu, riu, riu até não poder mais.

– Nunca...

– Será que não foi algum efeito colateral do antidepressivo? Você chegou a comentar com o médico que toma aqueles antidepressivos?

– Eu quase não consegui falar nada!... O médico era um sujeito muito elegante. Se fosse outro, podia até ter abusado de mim... – novamente ela riu até não poder mais. – Mas ele não fez nada. Apenas pediu que eu voltasse num outro dia... O mais engraçado é você perguntar se o meu marido não veio comigo...

Laíssa permanecia atenta. A paciente mostrava-se cada vez mais diferente do habitual. Talvez fosse a primeira vez que se mostrasse realmente. Chegara ao consultório preocupada com uma crônica depressão que já a atormentava há alguns anos. De tempos em tempos, ela parava de tomar seu antidepressivo e então era vítima de inúmeras crises de choro, que chegavam de repente, em qualquer lugar em que ela estivesse, muitas vezes até sem razão aparente.

Teresa queria entender de onde vinham suas crises de choro para poder controlá-las, mas só conseguia manter controle sobre elas quando voltava a tomar o antidepressivo. Ao mesmo tempo, vinha para a analista e pouco conseguia falar sobre seus sentimentos. Passava a maior parte das sessões contando de suas viagens ao exterior, dos jantares requintados que frequentava com o marido, e mais uma porção de detalhes de uma vida muito movimentada em termos sociais, mas

22 | LYGIA BARBIÉRE

dificilmente mencionava qualquer coisa com relação ao vazio que dizia sentir em seu interior e que seria motivo de suas crises de depressão.

– Por que é engraçado perguntar se o seu marido foi com você ao oculista? Não seria normal se ele fosse? Você não diz que sempre vai a todos os médicos com ele? – questionou a terapeuta.

De novo Teresa riu muito.

– Ai, Laíssa... Hoje você está impagável... O Antônio não vai nem ao cinema comigo!... ao supermercado! Quanto mais ao médico!... Vivemos um casamento de fachada, você já ouviu falar nisso?...

– Ele tem alguma coisa a ver com o rapaz do filme, Teresa? – Laíssa foi direto ao ponto.

Ela voltou a ficar séria.

– Nossa... Eu acho que estou com taquicardia... – disse, levando agora a mão ao peito. – Além disso, estou com a boca seca; me dá mais um copo de água...

Ela fechou os olhos, enquanto Laíssa pegava mais água numa pequena moringa. Assim que a paciente saísse, iria pesquisar sobre colírios para dilatar pupilas. "Que coisa incrível aquilo!", pensava consigo. Teresa pareceu ouvir seus pensamentos quando começou a explicar:

– Não sei o que me deu para te falar tudo isso hoje... Se foi o colírio... Se foi porque perdi a vergonha junto com os óculos... Sei lá. A questão é que hoje estou com muita vontade de falar...Dizer tudo o que estou sentido...

– E o que te fez sentir essa vontade, Teresa? – Laíssa perguntou, encarando-a no fundo dos olhos.

Teresa não respondeu de imediato. Abaixou o olhar, fez boca de quem estava prestes a chorar.

– Não tenho certeza absoluta – disse, arrumando agora a bolsinha de lenços sobre o apoio da poltrona. – Mas sempre que penso nesse assunto, me vem à mente a imagem da minha empregada... A arrumadeira nova que eu contratei... Sim, tudo começou por causa dela...

– Me explica isso melhor, Teresa – pediu a terapeuta.

– Ela me roubou um anel na semana passada. Não era qualquer anel... Era um anel que o Antônio tinha me dado de presente há muitos anos, quando nós completamos dez anos de casados... Eu não sou mesquinha, sabe? Não é porque era um anel de ouro... Mas era um anel especial para mim...

— Mas como você descobriu que...

— Logo que dei falta dele, eu tive uma ideia estapafúrdia, uma ideia maluca que nem imaginei que daria tão certo...

— E que ideia foi essa, Teresa? — Laíssa perguntou, interessada.

— Entrei na cozinha e falei com a cozinheira. Eu tinha certeza de que não havia sido ela. Afinal, Madah, a cozinheira, trabalha para mim desde que me casei com Antônio, há exatos trinta e cinco anos... Seria incapaz de fazer uma coisa dessas! Mas eu sabia que a arrumadeira também estava me ouvindo. Então eu disse, Madah, sua louca, onde você deixou meu anel desta vez? Da última vez eu fui encontrar dentro da cafeteira!

— E ela?

— Ah, ela me olhou como se eu estivesse falando em russo, não entendeu nada. Mesmo assim, eu insisti. Disse: não duvido nada se eu encontrar o meu anel amanhã dentro do açucareiro! Pisquei para Madah e fui lá para dentro. E foi dito e feito! No dia seguinte, quando fui tomar café ... — de novo ela desatou a rir.

— Quando você foi tomar café...

— O anel estava dentro do açucareiro! Eu tive certeza de que tinha sido a arrumadeira! — completou Teresa.

— Mas...

— Só que eu não queria falar para ela isso. Como é que a gente faz para falar uma coisa dessas? ... Fiquei com pena mesmo... Depois de quase uma semana inteira pensando, chamei a moça num canto e disse: Olha, você fez uma coisa muito errada e tenho certeza de que você sabe exatamente do que eu estou falando...

— E ela?

— Imediatamente começou a chorar. Mas eu não deixei que falasse nada. Disse: eu vou te mandar embora como se nada tivesse acontecido. Não vou comentar com ninguém, nem mesmo com a Madah. Vai ser como se isso nunca tivesse acontecido; vou dizer que você pediu para sair. Mas eu quero que você nunca mais faça isso na sua vida, entendeu bem?

Aos poucos, na medida em que ia narrando a história, ela parecia ir readquirindo a seriedade.

– Porque, afinal, pelo pouco tempo que você trabalhou aqui, eu pude perceber que você é uma ótima arrumadeira, uma pessoa legal, não sei por que você achou de fazer isso! Mas acho que você precisa pensar bem sobre essas coisas. Já imaginou se uma outra patroa resolve fazer um escândalo?

– E ela não disse nada? – quis saber Laíssa.

– Na hora, não. Mas depois...

– O que aconteceu depois?

Teresa soltou um suspiro profundo. Parecia ainda indecisa se devia ou não contar.

– Acontece que não foi só o anel...

– Ela roubou mais alguma coisa? – imaginou a terapeuta.

– No fim da tarde – continuou Teresa –, antes de ir embora, ela foi me procurar, lá no meu quarto. Estava chorando muito – lágrimas caíam agora dos olhos da paciente, enquanto ela contava isso e amassava nervosamente o lencinho nas mãos.

– Ela admitiu que havia pegado mais alguma coisa? – insistiu Laíssa.

– Muito pior... – Teresa respirou ainda uma vez antes de dizer: – Ela falou do Antônio.

– Do Antônio? – Laíssa não entendeu.

– Disse que eu tinha sido uma pessoa muito legal com ela... – ela parou e começou a chorar. – Que não tinha coragem de ir embora sem me contar toda a verdade... – ela chorou mais um pouco. – O resumo de tudo é que ele fez de novo, Laíssa... Ela roubou o anel porque estava apaixonada por ele...

– Mas... O que você fez?

– Eu? Nada . O que é que eu ia fazer?

De novo ela começou a rir sem parar.

– É a primeira vez que ele faz isso, Teresa?

– Primeira vez? – Teresa teve novamente um acesso de riso. – Hoje você está muito engraçada, Laíssa...

– Por que você nunca me contou isso antes? – insistiu a terapeuta.

Curiosamente, mesmo enxergando (e sentindo) todos os inconvenientes da situação, Teresa fazia questão de manter aquele casamento de fachada. Antônio era um empresário muito bem sucedido, eles tinham dois filhos já na faculdade – a mais velha prestes a se formar e já de casamento marcado; moravam todos numa casa maravilhosa, imensa, situada em um condomínio fechado no bairro mais nobre da cidade.

Teresa tinha um carro importado, que trocava todos os anos, e a cada nove meses viajava para o exterior. A maneira indiferente como o marido a tratava, contudo, era algo que a fazia profundamente infeliz. Não tinham mais empatia, nem qualquer tipo de intimidade ou afinidades; sequer dormiam no mesmo quarto há muito tempo. Eram como estudantes que dividiam o mesmo espaço numa república por mera 'coincidência do destino'; mal se falavam. Mas saíam sempre juntos quando as conveniências assim o exigiam, e todos em torno os julgavam muito felizes, um modelo de casal.

– Ruim com ele, pior sem ele – costumava dizer Teresa. – Uma mulher da minha idade, depois que se separa do marido, perde todo o respeito da sociedade! De mais a mais, está quase chegando a festa de comemoração de nossos 35 anos de casados! – dissera-lhe em sua última sessão.

– E vai ter mesmo essa festa, Teresa? Está mesmo disposta a fazer essa festa depois de tudo isso? – questionou Laíssa.

– Ah... Laíssa, você não entende. De alguma maneira eu me sinto presa a ele... Meus filhos... Minha mãe de 92 anos... a casa onde moramos! Eu não tenho como sair dali! – desabafou Teresa.

– Você falou que se sente presa a ele. O que será que te faz sentir tão presa a ele até hoje? – Laíssa mais uma vez questionou.

Mas Teresa, em geral, sempre fugia dessas perguntas. Ia para a sessão e falava sem parar, nunca parecia disposta a ouvir muita coisa. Queria apenas desabafar, encontrar uma justificativa para continuar mantendo aquela situação sem sentir tanta culpa, evitando sempre comentar sobre o comportamento mulherengo de Antônio. Exatamente como mais uma vez aconteceu, mesmo em meio à alucinação do colírio.

– Nossa, mas você precisava ver as flores que eu encomendei para enfeitar o jardim... – ela mudou radicalmente de assunto. – Cravinas, você acredita? Dificílimo encontrar cravinas nesta época do ano! Mas eu encontrei! Em vários tons de laranja. Branco e laranja... – ela voltou a rir, mostrando que permanecia ainda sob leve efeito do colírio. – Exatamente igual ao meu buquê de casamento! Pensei em cada detalhe. Vai ser uma festa linda. Inesquecível. Afinal de contas, não é todo dia que a gente comemora bodas de coral, não é verdade?... Já fechei com o *buffet*, com a equipe de garçons, ah! Encomendei cem caixas de *prosecco*! Parece que vêm oito garrafas em cada caixa... E o fotógrafo! Precisava ver que fotógrafo! – novamente ela teve uma crise de riso.

Teresa agora parecia ainda inserida em seu dia movimentadíssimo, cheio de tarefas para complementar tantos preparativos para a festa, e que por ironia terminara com aquele triste evento no oculista, que pela primeira vez a obrigara a de alguma forma refletir sobre toda aquela situação.

Não era uma festinha qualquer que ela estava preparando. Comemoração para quinhentos convidados, com direito a mesas ao ar livre, *show* com orquestra especialmente contratada, queima de fogos e cafezinho com licor no final.

Laíssa achava tudo aquilo surreal. Ficava impressionada com a naturalidade com que Teresa entrava e saía das situações como quem entra numa sala de cinema para assistir um filme, como se tudo em sua vida fosse mero faz de conta. No caso, o filme da vez eram as bodas de coral.

– Ah, não sei... Antônio anda muito estranho. Mais do que o habitual... Não sei se foi ele que piorou ou se sou eu que não estou aguentando mais... – ela confessou de repente, já começando mais uma vez a rir.

– O que exatamente você não está aguentando mais, Teresa? – Laíssa perguntou.

– Você acredita que até agora ele não participou de nada, absolutamente nada junto comigo? – ela parou de rir e indignou-se. – Parece até que estou comemorando o meu aniversário e não as nossas bodas de coral! Falo com ele e não me dá a menor atenção, sequer se dá ao luxo de ouvir o que eu estou dizendo. Está sempre mexendo no celular... Parece até um estranho morando na minha casa; um espírito! – ela soltou uma gargalhada.

– E por que um espírito, Teresa? – Laíssa divertiu-se com a definição.

– Ora, ele vive num mundo fora deste, não faz parte da nossa dimensão! Sério, eu às vezes me esqueço de que ele é o pai das crianças...

– Me explica só uma coisa... Em nenhum momento vocês conversaram sobre a festa? Não decidiram juntos a comemoração? Você mesma decidiu tudo sozinha? Não chegamos a conversar sobre isso na nossa última sessão...

– Ah, o Antônio simplesmente concorda. Tem dias em que eu me sinto uma planta do lado dele, sabe? Planta não, porque planta tem vida, planta a gente tem que dar água de vez em quando. Mas uma estatueta! Sim, uma estatueta ornamental que ele carrega para alguns lugares quando isso é importante para ele. Quase como uma gravata que ele precisa usar quando põe terno, você me entende?– de novo ela começou a rir. – Na verdade, eu sou útil a ele, Laíssa, acho que hoje em dia a nossa relação é só essa...– ela voltou a ficar séria.

– Mas, de certa forma, você compactua com isso... Ou não? – provocou a psicóloga.

– É claro que não! Como você acha que eu me sinto ao lado de um homem que há anos não me faz um elogio? Que não dá a mínima se eu chego em casa de madrugada? Que nem me pergunta onde eu estava quando eu chego? Ele simplesmente diz "que ótimo", como se nem estivesse escutando o que eu estou dizendo. Eu posso dizer: Antônio, eu contratei uma equipe de dálmatas para fazer uma apresentação de nado sincronizado na piscina! – ela chorou de tanto rir. – Sabe o que ele vai responder? "Ótimo, Teresa, faça como achar melhor"... – ela riu mais um pouco.

– E mesmo assim você decidiu fazer essa festa caríssima, para não sei quantos convidados, para comemorar trinta e cinco anos de casada... Mas nem depois da revelação da empregada você comentou nada com ele? – Laíssa voltou subitamente ao ponto nevrálgico da questão.

– Imagine! Se eu aguentei até aqui! Faço questão de comemorar minhas bodas! E ainda vou escolher o anel mais caro que tiver na joalheria para ele me dar de presente. Ah, se vou! – prometeu Teresa, novamente fugindo do assunto.

– E paga? – questionou Laíssa.

– Como assim? É claro que ele paga! Ele tem dinheiro para isso! Para comprar até dez anéis, se eu quiser! – garantiu Teresa.

– Estou perguntando se o anel mais caro da joalheria paga toda essa tristeza que você se obriga a suportar, tudo isso que você está me contando... – Laíssa disse bem baixo, olhando em seus olhos. – Por que está fazendo isso com você mesma?

Teresa não respondeu. Apenas começou a remexer nervosamente a bolsa de novo, em busca de mais lencinhos, intimamente já se culpando por ter esquecido de pegar seu pacotinho de reserva. Quase como uma pessoa enjoada que procura desesperadamente um saquinho de plástico antes de passar mal.

– Pegue – Laíssa estendeu-lhe sua grande caixa de lenços de papel.

Sentada em sua poltrona, esforçava-se por transmitir-lhe uma sensação de compreensão profunda, de interesse intenso e dirigido. Não queria, de forma alguma, magoar Teresa. Apenas ajudá-la a olhar com certo distanciamento para a sua própria vida. De alguma forma, porém, a história da paciente mexia profundamente em suas emoções.

– Obrigada! – Teresa pegou um lenço e limpou delicadamente o nariz. – Não sei, Laíssa... Você pergunta cada coisa... – explodiu, por fim, sem conseguir segurar mais as lágrimas.

A bolsa escapuliu-lhe das mãos e caiu no chão, derramando tudo o que tinha dentro.

– Deixa que eu pego – Teresa adiantou-se, quando a terapeuta tentou ajudar.

Foi jogando tudo dentro da bolsa, de qualquer jeito, enquanto falava:

– Na verdade eu sempre sonhei fazer bodas de coral... Mas não dessa forma... – tomou nas mãos finalmente um lencinho dos seus e enxugou a lágrima que caía, ainda agachada ao lado da bolsa... – Era justamente um anel de coral que ela roubou, você acredita?...

– Será que a coisa mais importante para você, para a sua vida, é realmente comemorar essas bodas, Teresa? – perguntou a terapeuta.

Teresa enxugou mais uma lágrima e levantou-se depressa, como que tomada por um novo fôlego. Sentou-se na pontinha da poltrona e puxou as botas para perto de si.

– Olha só – disse à Laíssa, já calçando as botas. – Na verdade, eu vim só para te dar uma satisfação. Não vou poder ficar hoje até o final da sessão, ainda preciso contratar o pessoal da orquestra; a minha sorte é que eles estão ensaiando aqui pertinho...

– Tem certeza disso, Teresa? – questionou Laíssa. – Você está bem para sair daqui?

– Estou ótima – disse, ajeitando agora os óculos escuros no rosto.

Laíssa entendeu que ela estava decidida. Parecia bem melhor com relação ao efeito do colírio.

– Ah, antes que eu me esqueça...– Teresa tirou da bolsa um gordo envelope, cheio de convites, e uma caneta. – Como é mesmo o nome do seu marido?

– Ricardo... – sorriu Laíssa.

– Laíssa e Ricardo... – Teresa se concentrou antes de escrever no envelope, a letra, contudo, saiu levemente tremida. – Não vai esquecer. Faço absoluta questão da sua presença! – e soltou mais uma gargalhada antes de sair.

2

Naquele fim de tarde, Laíssa deixou o consultório pensativa. O céu estava carregado. Logo viria, certamente, uma forte chuva. Enquanto caminhava, ia observando os casais na rua. Alguns discutindo, outros sentados numa mesma mesa, completamente alheios um ao outro.

Por alguma estranha razão que ela não conseguia ainda explicar, nos últimos meses, os casos vinham se repetindo com uma frequência incomum, como se o seu consultório tivesse se transformado num ponto de atração para o mesmo tipo de pacientes: mulheres sofridas e frustradas; mulheres das mais variadas idades que viviam relações doentias com seus parceiros; mulheres que haviam perdido completamente a noção do que é amar e ser amada, que haviam perdido até mesmo o autorrespeito depois de anos sendo emocionalmente abusadas.

– Afinal, o que será que faz com que tantas pessoas mascarem para si próprias, às vezes por muitos e longos anos, uma relação ruim? – desabafou com sua melhor amiga, enquanto tomavam um lanche numa grande e requintada confeitaria.

Najla, a amiga, era também psicóloga. Vivia também no litoral, numa pequena cidade, e vinha uma vez por mês para consultar-se com sua própria terapeuta – quando as duas sempre davam um jeito de se encontrar no final do dia.

– Também tenho muitos pacientes vivendo situações parecidas. Um relacionamento de aparências, que um dia até já foi muito bom e muito bonito, mas que efetivamente acabou no desgaste natural do tempo, sem que nenhum dos dois tivesse iniciativa de tentar renová-lo – comentou Najla, que, além de psicóloga, atuava também como terapeuta holística.

– Não! Uma coisa é o desgaste natural de um relacionamento, outra coisa é a farsa num relacionamento. Por que tantas pessoas fazem questão de manter as aparências apesar de tudo? – protestou Laíssa.

– Sinceramente acho que é muito mais uma questão de apego ao conhecido, de falta de coragem para encarar uma nova etapa – opinou Najla.

– Como alguém pode se apegar a uma situação de maus tratos físicos? De desrespeito moral? Existem milhares de mulheres como Teresa, que sabem perfeitamente que seus maridos as enganam e ainda assim preferem continuar com eles! É revoltante isso! – desabafou Laíssa.

– Assim como existem por aí milhares de maridos enganados que preferem permanecer com as esposas!

As duas riram.

– Tem toda razão... O que eu questiono é como as pessoas conseguem passar tanto tempo programadas para não enxergar o óbvio... – Laíssa, pensativa, tomou seu último gole de chá.

– É impressão minha ou você ficou muito mobilizada com o caso dessa sua paciente em especial? – observou Najla.

Laíssa não respondeu à pergunta, parecia longe dali, distante. Por alguma razão que ela não conseguia ainda explicar, todos aqueles casos, e especialmente o de Teresa, faziam com que sentisse uma imensa tristeza dentro de si.

– Acho que esse tipo de problema só acontece quando o casal deixa de valorizar a parceria, de querer dividir momentos felizes com a outra pessoa... – refletiu Najla, terminando de se servir de mais um pouco de chá.

Laíssa ficou mais um tempo pensativa.

– Você está distante ou é impressão minha? – Najla perguntou por fim.

– Não, estou aqui... É que a minha paciente falou tanto das bodas dela de coral... Hoje faz treze anos que estou com o Ricardo... Estava pensando sobre isso...

– Vocês têm treze anos de casados? Já tem tudo isso? – admirou-se a amiga.

32 | LYGIA BARBIÉRE

– Não. Na verdade completamos onze de casados no mês que vem. Bodas de aço... Mas, hoje, faz treze anos que a gente se conheceu.

– Bodas de aço... Não aguento essa lista que as pessoas inventaram para rotular casamentos! – divertiu-se Najla. – Outro dia vi uma nova lista para meses de namoro!

– Ah, é bonitinho... – justificou Laíssa.

– Tá. Vou fazer de conta que concordo contigo. E vocês, hoje, vão comemorar? – Najla fez sinal para que o garçom lhe trouxesse a conta.

– Neste ponto vou rir igual à Teresa... Então você acha que o Ricardo vai se lembrar de uma coisa dessas? Se tivesse um número de processo, era capaz até de ele se lembrar...

As duas riram.

– Será que é sério mesmo esse negócio de colírio alucinógeno? – Laíssa perguntou à amiga, ainda preocupada com Teresa.

– Sim, eu li recentemente um artigo sobre isso. Quer ver só uma coisa? – ela clicou no celular uma página da internet, enquanto o garçom chegava com a conta.

Laíssa tirou da bolsa os óculos para ler, não conseguia enxergar direito a letrinha miúda do celular sem eles.

– Olha só... – disse Najla mostrando o celular a Laíssa. – "Esse colírio é usado exclusivamente em oftalmologia para dilatar as pupilas. É uma substância anticolinérgica que age no cérebro, perturbando o seu funcionamento. Como efeito principal, temos a alucinação, ou seja, ver, ouvir e sentir coisas que não existem e/ou perceber os objetos de forma distorcida. Os danos causados pelo uso constante dessa substância são: lesão local (normalmente pinga-se o colírio nas narinas), dependência, taquicardia e, em doses altas, crises de convulsão, podendo-se chegar ao coma. Outros efeitos chamados periféricos também podem ocorrer: intestino fica mais lento e a boca fica seca."[3] – ela leu em voz alta, enquanto Laíssa corria os olhos pelo texto.

– Que coisa... Então era verdade mesmo... – disse Laíssa, retirando novamente os óculos da face. – Mas, mudando radicalmente de assunto, sabe que até que você me deu uma boa ideia – ela olhou pela janela para ver o tempo. – Estava pensando em fazer uma surpresa para o Ricardo... Só espero que não chova até lá...

[3] <http://www.imesc.sp.gov.br/infodrogas/carta15.htm>.

Laíssa pediu o cardápio, escolheu um bom vinho mais algumas especialidades da casa, como algumas pequenas empadas que Ricardo adorava, mandou embrulhar.

– Decidi fazer uma surpresa para o Ricardo! – explicou à amiga.

Satisfeita com sua 'sacola de iguarias', como ela mesma definiu, despediu-se de Najla e seguiu, sob as primeiras gotas da chuva que começava a cair, até o escritório de Ricardo, algumas quadras depois.

3

Andando na chuva com sua 'sacola de iguarias', Laíssa era quase feliz com suas recordações. Certamente Ricardo não devia se lembrar, e ela até já estava acostumada com isso, da mesma forma como se acostumara a tantos detalhes da personalidade do marido que não eram exatamente como ela gostaria que fossem. Mas, ainda assim, tomara a iniciativa da comemoração, já que a data era tão importante *para ela*. Mas em nenhum momento fizera qualquer associação consciente entre o que acontecia e a situação narrada por Teresa. Aliás, nem por um instante ela cogitou que houvesse qualquer semelhança entre a sua vida e a de Teresa ou a de suas demais pacientes. Afinal, Ricardo era diferente de todos aqueles maridos.

Formada em psicologia, com várias especializações, Laíssa até então se imaginava uma mulher moderna, bem-sucedida, adiante de seu tempo, mas sempre quase feliz. Quase, porque sempre faltava alguma coisa, que ela não sabia explicar direito o que era. Nunca soube. Uma sensação que vinha de muito tempo, mas em que ela sempre procurava não pensar, achando que valia mais a pena investir nos momentos de felicidade possíveis e imediatos. Mas nada comparável às vidas que acompanhava da poltrona de seu consultório. Sim, com toda certeza, sua vida não tinha nada em comum com a vida de todas aquelas mulheres. Ricardo tinha lá suas crises de machismo – uma delas era não permitir que ela jamais atendesse a um paciente do sexo masculino. Mas, fora isso, era um marido maravilhoso, um ótimo companheiro. Laíssa sempre acreditara que seus ciúmes eram

Após a Chuva | 35

decorrentes do amor imenso que ele sentia por ela. Em verdade, ela também era apaixonada por ele, desde o primeiro minuto em que se viram. E, por sinal, era também bastante ciumenta, embora sempre vivesse tentando disfarçar essa sua característica.

A primeira vez em que encontrou Ricardo, Laíssa tinha acabado de se formar. Tinha vinte e três anos. Estava em um Congresso de psicologia, o primeiro de que participava, quando o viu sentado, sozinho, no restaurante do hotel em que estava hospedada. Teve mesmo a impressão de que ele levantou os olhos do jornal no momento em que ela estava passando. Ficou nervosa. Há muito tempo não se sentia olhada tão fixamente por um homem. Ainda mais um homem tão bonito. A vida toda nunca tivera exatamente um namorado sério, alguém mais íntimo, planos de uma vida a dois. Ao contrário, quando menina, sempre imaginara que nunca iria se casar. Mas cada vez que Ricardo a olhava na meia penumbra daquele pequeno restaurante, mais ela sentia uma coisa estranha. "O que seria aquilo?", de imediato ela nem sabia como definir.

Ela também estava sozinha, todas as colegas haviam saído para uma festa de confraternização pelo final do Congresso. Laíssa preferira ficar no hotel. Não era lá muito chegada a comemorações, boates, bebidas, noitadas, proximidades exageradas entre colegas de profissão: não gostava muito de nada disso. Sempre fora da filosofia de que tem coisas que é melhor evitar para depois não se aborrecer.

Naquele momento, fascinada com aquele mundo novo que começava a conhecer, não tinha tempo a perder com frivolidades. Estava simplesmente maravilhada diante da possibilidade de entender a vida sob as lentes da psicologia. Era ela mesma no auge de sua essência, inteiramente absorvida pelas próprios sonhos e preocupações; não era absolutamente uma mulher disponível, à espera. Muito pelo contrário até. E Ricardo, olhando-a por cima do jornal, daquele jeito que fazia com que tivesse a sensação de que o tempo todo um cálice com um licor flamejante estivesse entornando por dentro dela, desde a garganta até o estômago. Que olhos penetrantes ele tinha!

Lembrando aquele dia, Laíssa nem sentiu a chuva cair enquanto caminhava apressada para surpreender o marido. Estava literalmente encharcada quando finalmente chegou ao prédio onde ficava o es-

36 | Lygia Barbiére

critório de Ricardo. Ainda a tempo de correr para pegar o elevador antigo – daqueles em que no interior tem escrito *"Cuidado! Porta Pantográfica"* –, que já ia se fechando, vazio, para subir.

"Que sorte", pensou, verificando a sacolinha, que trouxera abraçada por dentro do casaco, "quase não molhou nada" .

Laíssa sorria. Nem sabia porque se sentia tão contente naquele momento. Talvez porque houvesse acabado de se lembrar com tantos detalhes da primeira vez em que os dois haviam se encontrado; talvez pela mera certeza de que seu casamento podia ter vários defeitos, mas pelo menos não estava em crise, como acabara de concluir em seu caminho até lá. Aliás, só o fato de ela estar ali naquela data, com sua sacolinha de iguarias especiais para uma comemoração a dois já era a prova suficiente disso!

Ainda chovia torrencialmente quando entrou na sala do marido, toda contente. Sentia sede de estar com Ricardo naquele final de dia. Queria que ele a visse, com os cabelos molhados daquele jeito, pingando dos pés a cabeça. Num instante de delírio, chegou mesmo a imaginar que ele a arrebatava nos braços cheio de paixão. Mas riu de si mesma a esse pensamento. Onde andaria com a cabeça para pensar essas coisas? Ricardo não era assim.

Era um homem um tanto quanto frio e fechado, um advogado de muito sucesso. Um homem muito honesto, acima de tudo, que vivia para a família e para o trabalho. Que mulher poderia reclamar de um marido assim?

Empurrou devagar a porta, que permanecia sempre aberta quando do ele estava lá atendendo, mas encontrou o escritório vazio. O paletó, porém, estava pendurado na cadeira e o computador ligado – sinal de que ele estava por perto. Decidiu esperar.

Por falta do que fazer, sentou-se e deixou-se rodar na cadeira. De olhos fechados, sentiu a gota de chuva que lhe escorria da testa, o calor de Ricardo que ainda parecia envolver todo o assento, sonhou com o beijo quente que receberia quando ele chegasse. Sim, estava especialmente romântica naquele dia. Devia ser por causa da data. "Será que Ricardo iria gostar do vinho que ela escolhera?", pensava, ainda tentando imaginar a reação dele quando a visse ali.

Foi quando ouviu o sinal de mensagem chegando no computador. Não um sinal comum como o das outras mensagens, tinha um toque diferente. Laíssa percebeu. Quase por instinto, olhou na tela para ver do que se tratava e viu que era uma mensagem de Joana, a esposa de Lupércio, casal com quem eles sempre costumavam sair.

– Ah, a Joana... Só pode estar nos convidando para algum programa – Laíssa deduziu de imediato, já abrindo, curiosa, a mensagem. – Ricardo deve ter se enrolado na hora de escolher o som para anunciar as mensagens! – disse a si mesma, achando tudo muito engraçado.

O coração, porém, disparou à medida em que ela ia lendo o que estava escrito. Abriu os olhos para enxergar melhor sem precisar pegar os óculos na bolsa; só então ela percebeu que eles não estavam na bolsa. "Onde os teria deixado?", ela não se lembrou de imediato. Mas, ainda assim, leu de novo. E abriu mais ainda os olhos, a ponto das órbitas quase saltarem para fora com o que viam. Não podia ser verdade!

Laíssa ficou paralisada, quase congelada na tela. Por alguns instantes intermináveis, só conseguia manter os olhos e os pensamentos fixos na mensagem aberta diante de si. Uma página do *facebook*. Mais precisamente, uma conversa entre dois amigos. Tudo muito normal, não fossem eles o seu marido e esposa de Lupércio. O mesmo casal com quem os dois haviam passado o último final de semana na serra! "Que coincidência!", refletiu com indisfarçável ironia, que lhe percorria a espinha como um raio gelado e elétrico ao mesmo tempo.

Não. Não se tratava de uma simples coincidência. E muito menos de uma simples conversa. Havia palavras provocantes, frases de duplo sentido, todo um jogo de sedução embutido nas entrelinhas picantes que não deixavam espaço para nenhuma dúvida: os dois estavam tendo um caso. Por sinal, haviam acabado de marcar um encontro, para dentro de uma hora, em um motel no bairro vizinho. Laíssa lembrou-se dos óculos e sentiu como se a história de Teresa desabasse sobre ela como um elefante muito pesado. Joana havia marcado um encontro com seu marido naquele motel!

– Qualquer dia você bem que podia me trazer aqui... – ensaiara, certa vez quando passavam por ali.

– Ah, não... esses lugares não são legais! Para quê gastar dinheiro com isso, se a gente tem a nossa casa?

– É... É mesmo... – Laíssa pensara, desanimada, na ocasião.

38 | Lygia Barbiére

Ela se lembrou da cena como se fosse um efeito do relâmpago. "Beijo dragãozinho!", estava escrito no final da mensagem, que ela fez questão de ler mais uma vez. Um sinal apareceu na tela mostrando que ele havia lido a mensagem através do programa interligado que funcionava no celular.

Laíssa perdeu o fôlego, o chão, a noção de quem era ela e do que havia feito ao longo de todos aqueles anos ao lado daquela pessoa. Lembrou-se mais uma vez de Teresa. Sentia-se, ela própria, alucinada sem ter mesmo pingado algum colírio nos olhos. Não, não podia ser verdade... Afinal, quem era aquela pessoa? Em toda a sua vida, jamais imaginara que pudesse um dia vir a ser traída de fato. Será mesmo que não? Sentia-se tão confusa que mal podia costurar as próprias entranhas do pensamento. A vida toda se misturava num relance.

– Tem alguém aí? – do banheiro, ele quis saber, depois de ouvir o barulho da sacola em que sem querer ela esbarrou ao se levantar da cadeira.

– Sim... Sou eu... – Laíssa respondeu, ainda tentando juntar os próprios pedaços.

Ela virou-se para a janela para disfarçar as lágrimas.

– Laíssa? – ele veio lá de dentro abotoando as calças, com o celular na mão.

Era, de fato, um homem muito bonito. Mais do que bonito. Era um homem charmoso, sedutor, do olhar implacável. Em seu íntimo, mesmo sem atinar para o significado mais profundo dessa palavra, Laíssa sempre soubera, sempre intuíra que um dia o marido poderia vir a lhe dar trabalho. Mas tão intensa quanto esta certeza era a sua vontade de vencer os próprios limites. Laíssa não era simplesmente uma psicóloga. Era alguém que a vida toda lutara para conhecer melhor a si própria.

De todos os seus defeitos, um dos que mais a incomodava era saber-se uma pessoa profundamente ciumenta. Lutava com todas as suas forças contra esse hábito, esse padrão, esse sentimento, tivesse lá ele a nomenclatura que fosse. Um sentimento transmitido de bisavó para avó, de avó para mãe, e que agora a inundava como uma enxurrada. Ciúmes e indignação. Sentia-se inteiramente tomada por essa intensa agonia. Logo ela, que lutara tanto contra os próprios ciúmes.

Em nome da obstinada batalha, vencera as próprias intuições e olha só no que dera...

Ainda sem encarar o marido, Laíssa se perguntava agora quando fora exatamente que ela deixara de se ouvir. Desde o princípio, desde o primeiro encontro, fizera uma espécie de pacto consigo mesma: de jamais vasculhar qualquer detalhe da intimidade de Ricardo. Quem de longe admirava aquela dita postura de respeito à privacidade do outro não podia, porém, imaginar o sacrifício íntimo que fora para ela ater-se àquela postura.

E, ao longo daqueles treze anos, cumprira destemidamente o próprio desafio. Em nenhum momento tentara ver qualquer coisa no celular de Ricardo, não se fizera sua 'amiga' no *facebook*, sequer ousara entrar em sua página uma única vez sequer. Não contava, porém, com aquela insólita situação. Jamais imaginara que ele efetivamente chegaria a esse ponto. Afinal, até então acreditava que a doença fosse dela. Quem, afinal, era mais doente?

– Faz muito tempo que você chegou? – ele perguntou, vendo-a agora de costas, olhando pela janela, como se seus pensamentos passassem pela rua, amontoados entre as pessoas de guarda-chuva.

– Não... Entrei agora mesmo... – ela respondeu, lambendo a lágrima salgada que escorria contra sua vontade, misturando-se às gotas de chuva que ainda desciam-lhe, de tempos em tempos, dos cabelos muito molhados. – Vim para saber se... – virou-se, mas não conseguiu levar a mentira adiante.

O próprio Ricardo se encarregou de fazê-lo, sem sequer olhar para os olhos da esposa:

– Que pena... Adoraria voltar para casa com você, mas tenho um encontro agora mesmo com um cliente...

Parecia apressado, juntando suas coisas na mesa para sair.

– Um cliente? ... Sei... – foi tudo o que Laíssa conseguiu responder, já abaixando-se para pegar a sacola com o vinho e os petiscos a seu lado.

Sua vontade era de atirar tudo no rosto dele, avançar, esbofetear-lhe, gritar como uma louca. Todavia, ela se conteve.

– Posso te deixar em casa, se você quiser... É caminho... Meu cliente mora num bairro lá perto... – ele disse, pegando a chave do carro.

O mais incrível é que sequer parecia nervoso!

– Entendi... – por mais que se esforçasse, Laíssa não conseguia responder nada melhor.

Era como se tivesse ficado subitamente bloqueada pelo choque violento; sentia-se desabando de um prédio muito alto. "Quando efetivamente teria terminado o seu casamento?", não conseguia localizar.

Ele, enquanto isso, fechava rapidamente o computador, como que temendo que ela visse a mensagem, como se ainda pudesse fazer algo para evitar que isso acontecesse. Recolheu rapidamente ainda vários papéis sobre a mesa, jogou todos eles, sem muito critério, dentro da pasta que sempre carregava consigo. Gostava de levar todas as pendências para casa na sexta-feira, a fim de organizar uma lista de prioridades para a semana seguinte.

Por ironia do destino, Ricardo era a disciplina em pessoa, "o correto". Esta era sua máscara principal. Como teria ela levado tanto tempo para perceber?, Laíssa constatava agora chocada.

– É só o tempo de pegar algumas coisas e...

– Todo o tempo que você quiser... – ela respondeu, ainda atordoada com os próprios pensamentos.

4

Arespiração é espelho da alma, dizia Kalindi, a professora de ioga de Laíssa. Dificilmente, porém, as pessoas param para pensar sobre isso, ela também costumava dizer. Era fato. Naquele momento, Laíssa respirava tão rápido que mal saberia distinguir quando estava inspirando ou colocando o ar para fora. Estava tudo misturado. O ar, o sentimento, as ideias, muita dor. "Preciso descer". Era a única coisa em que conseguia pensar. Sair dali. Um pensamento tão forte, que até parecia mais rápido do que a velocidade do carro. Tão rápido a ponto de fazê-la perder a noção entre possível e impossível, plausível e implausível, real e imaginário. Tocou os dedos na maçaneta do carro e ficou pensando se deveria abri-la.

— Engraçado... está com gosto de perfume esta bala... — Ricardo comentou, como se nada estivesse acontecendo.

— Bala? Que bala? — estranhou ela, como quem volta de muito longe. — Você não me ofereceu nenhuma bala – ela achou estranho.

— Nossa! É mesmo. Sabe que nem me toquei... Pior que era a última!

— Aah!... — respondeu Laíssa, num suspiro que refletia mais uma constatação.

"Era muita cara de pau... – pensava consigo. – Além de traí-la, ainda era mal-educado. O que, afinal, um dia ela vira naquele homem?"

— Nem sabia que você queria bala... Você nem gosta de bala...

— Eu não gosto? — Laíssa olhou para ele como quem volta de um sonho profundo.

Definitivamente, ele não sabia nada sobre ela, refletiu, aborrecida. "Há quanto tempo havia terminado seu casamento?", era tudo em que conseguia pensar naquele momento. A cabeça não parava, como se todas as lembranças decidissem despertar, ao mesmo tempo, no curto trajeto do escritório até o bairro onde moravam.

As cenas se sucediam na mente como num filme em *fast motion*, aceleradíssimas. A essas alturas, chovia ainda mais. Chuva de cachorro beber água em pé, como costumava dizer sua mãe.

"Há quanto tempo" – pensava, enquanto a chuva caía, – "ela dedicava sua vida a gerenciar a vida daquela pessoa, como a mais eficiente e mais dedicada de todas as... governantas? Secretárias? Mães?" Não conseguia ainda encontrar a definição. Sentia muita raiva. Com toda certeza, seu papel não era o de esposa, mulher, parceira. Não, não era. Há quanto tempo não era mais? Será que algum dia fora? Afinal, teria sido diferente se eles tivessem um filho? E pensar que durante tantos anos ela sonhara tanto ser mãe...Ricardo, não. Dizia que ainda era cedo, tinha sempre muitas outras prioridades. E ela, por amor a ele, foi cedendo. E agora? O que iria ser dela?

– Você tinha alguma coisa para me dizer? – ele perguntou distraído.

– Não, não... Só passei mesmo por causa da chuva... Estava chovendo muito... – ela mentiu, como se uma multidão de palavras não gritasse agora por dentro dela.

– É. Em finais de março, geralmente, não costuma chover desse jeito... – ele comentou por comentar.

– É... Não costuma... – divagou ela.

"Era incrível. Nem por um instante ele se lembrara do aniversário de namoro!", Laíssa pensou em seu silêncio triste. Na mesma falta de assunto, que era pior do que um mutismo, seguiram quase todo o trajeto. E os pensamentos, que não paravam nunca. Tantas cenas passando ao mesmo tempo, tantas lembranças...

Encolhida no banco do carro, agarrava-se à alça da sacola como se ela fosse a sua última lembrança, a última réstia do relacionamento, como se carregasse ali dentro um segredo mágico capaz de tudo solucionar, o seu paraquedas... O tempo todo, na ventania insana daquela emoção, ela se questionava em desespero, intensamente torturada por aquele silêncio que não conseguia romper. Não era propriamente uma falta de assunto. Talvez fosse apenas o eco do seu próprio silêncio. Há quanto tempo ela vinha preenchendo todos os espaços na sua ânsia de dar colorido e sentido à vida soturna de Ricardo? Há quanto tempo será que não tinham mais nada a dizer um ao outro na costura monótona dos dias tão iguais? Era como se subitamente enxergasse o seu casamento com olhos de quem observa de fora, de muito longe. "E os óculos? Onde os teria deixado?", lembrou-se por um instante. A dor, contudo, era muito intensa, não conseguia chegar a nenhuma conclusão.

– Você colocou o cinto? – ele perguntou, como de costume.

Interessante como as pessoas aderiam a padrões como as figurinhas autocolantes de um álbum. As mesmas frases, os mesmos gestos, quase como se decorassem os próprios papéis na rotina dos dias. Lembrava agora os comentários de Joana durante o último jantar que os casais tiveram juntos na serra, num momento em que Ricardo e o promotor Lupércio cumprimentavam alguns amigos numa mesa próxima:

– O Ricardo é um maridão, né? Sempre preocupado com você! – naquele momento, Laíssa quase teve a sensação de ver os olhos de Joana brilharem, mas achou que era só uma impressão. – Hoje mesmo – ela ainda continuou –, na hora em que saímos para buscar mais carne para o churrasco de amanhã, ele fez questão de trazer um pote de mel para você!

– Vocês saíram para buscar mais carne para o churrasco? – estranhou então Laíssa. – Mas ele não tinha ido pegar uns peixes que o Lupércio tinha encomendado na cidade? Você foi com ele?

– Peixe, carne, é tudo a mesma coisa! – Joana desconversou depressa. – É que eu tenho mania de confundir as palavras!

Na hora, Laíssa ficou com a pulga atrás da orelha. Mas logo depois Ricardo chegou e a noite transcorreu tão agradável que ela acabou se convencendo de que tudo era só impressão sua, efeito do vinho que havia tomado. Mais tarde, acenderam a lareira, ela e Ricardo ainda ouviram abraçados uma canção do Milton Nascimento que um cantava para o outro nos primeiros tempos de casados. Tão bons aqueles tempos... Em que lugar do passado teriam ficado?

"Cheguei a tempo de te ver acordar. Eu vim correndo, à frente do sol, abri a porta e antes de entrar, revi a vida inteira...", dizia a canção no toca-CD.

Até então, nada para Laíssa era tão especial como aquele dia em que os dois se conheceram... Por que ela não conseguia parar de se lembrar dessas coisas? Justo agora que não podia chorar, ia pensando, enquanto o carro se locomovia na chuva. Não estava conseguindo mais segurar as lágrimas.

Lembrou-se novamente daquela noite no hotel em que Ricardo a encarara pela primeira vez. Envergonhada,

Pediu um macarrãozinho simples, ao alho e óleo, e foi sentar-se diante da televisão, enquanto aguardava a chegada do seu pedido. Possivelmente, em tempos atuais, os dois sequer teriam tido a oportunidade de se perceberem no mesmo restaurante, cada qual absorto no mundo particular de seus aparelhos de telefone celular. Naquela época, no entanto, ainda não vigorava a febre de redes sociais que hipnotizam até os casais de namorados em uma mesma mesa de bar. E aconteceu de, mesmo sem nenhuma intenção premeditada, os dois se verem e se olharem daquele jeito. Quase uma atração irresistível. Quase?

O tempo todo, Ricardo não tirava os olhos de sua mesa, de sua mãos, de seus olhos. Laíssa sequer conseguia se concentrar no programa que passava na televisão enquanto isso. Tomava um gole de suco de uva, revia suas anotações, olhava para a televisão, fazia tudo e nada ao mesmo tempo. Mas não havia como se descolar do foco daqueles amplos olhos castanhos, que pareciam mesmo ter perdido alguma coisa na mesa onde ela estava sentada. Ricardo era um homem elegante, bem vestido, oito anos mais velho do que ela. Tinha ares de empresário e intelectual – embora não fosse exatamente nem uma coisa, nem outra –, e um perfume agradável que parecia encher todo o restaurante.

Quando o macarrão de Laíssa finalmente chegou, ele tomou nas mãos seu próprio prato do *fettuccine* fumegante, que também acabara de chegar, e dirigiu-se à mesa dela sem qualquer cerimônia:

– Se importaria se eu me sentasse aqui, junto com você, para que jantássemos juntos?

Naquele momento, treze anos depois, revendo seu passado por entre as gotas de chuva do para-brisa, se pudesse voltar no tempo, Laíssa talvez dissesse não. Que ele não deveria sentar-se, que aquele espaço era dela, dos pensamentos dela. E que não havia nenhum lugar para ele na vida dela. Será que não havia mesmo?

Tanto que havia que ele se instalou. E ficou. A grande questão é que tudo muda o tempo todo, nem sempre no mesmo ritmo para todas as pessoas. E só agora – por que não antes? – ela começava a perceber que alguma coisa dentro dela também havia mudado. Ou teria sido dentro dele? Algo ainda impalpável, difícil de se descrever, mas profundamente significativo. Algo que não podia mais continuar.

Laíssa sentiu ainda mais raiva. Sensação de falta de ar. O coração batia como um louco. Destemperado. Faltando poucos metros para chegar à esquina de casa, ela atingiu seu limite:

– Eu quero sair daqui! – de volta ao momento presente, ela disse, de repente, quando o carro atravessava imensa poça, jogando água para todos os lados.

Mais do que sair do carro, queria na verdade descer daquele momento, daquela triste história que não aguentava mais viver. Ele não entendeu.

– Como assim, Laíssa? Nós estamos a um quarteirão de casa! Eu vou te deixar lá e... – preocupado em desembaçar o vidro, ele tentou responder.

– Eu quero descer daqui! – ela repetiu, com a respiração quase ofegante, a essas alturas, já sem muita consciência do que dizia.

Não tinha nenhuma intenção deliberada de fazer uma loucura, de se machucar ou de qualquer coisa assim. Não queria morrer. Queria simplesmente sair dali, apenas isto. Não estava dando conta da quantidade de sentimentos que passavam por ela naquele momento. Em sua urgente necessidade de esvaziar-se daquela angústia, tinha a fantasia de que, saindo de perto dele o quanto mais rápido possível, conseguiria naturalmente acalmar o fluxo dos pensamentos revoltos e confusos.

– Às vezes eu penso que você não regula muito bem! – ele disse com certa rispidez, nervoso com o vidro que não conseguia desembaçar. – Não está vendo que a rua está alagada?

Uma rispidez debochada, quase habitual, sem objetivo consciente de magoar, mas que ainda assim provocava uma dor penetrante, cáustica, perfurante. Para uma pessoa intimamente já tão machucada, era a gota d'água suficiente para fazer toda uma vida a dois transbordar.

– Onde já se viu? Uma chuva dessas! – ele ainda continuou, como que tentando amenizar a aridez do comentário anterior. – Sem guarda-chuva! O carro andando, ainda por cima! Já pensou se...

Antes que Ricardo terminasse a frase, Laíssa, atônita e sufocada, simplesmente abriu a maçaneta e desceu. Com o carro andando, no meio do trânsito. Como se fosse a coisa mais natural do mundo. Como quem pula do calçadão na areia macia da praia. Ou mesmo de um avião, de paraquedas num dia de sol.

Ricardo freou de repente, o carro que vinha logo atrás engavetou em sua traseira, o estardalhaço das buzinas misturou-se ao barulho da chuva que caía, um terceiro carro engavetou no segundo. Ricardo não sabia o que fazer.

Enquanto ele discutia com os outros motoristas, ela se levantou do chão, toda machucada e chamou um táxi. Só então Ricardo percebeu, e até tentou ir atrás dela, mas não conseguiu. Seu tempo com ela havia acabado.

5

Laíssa não voltou mais para casa. Seguiu direto para a chácara de Najla, no litoral fluminense.

– Até agora eu não consigo acreditar... Mas ele não fez nada para te ajudar? Para tentar te segurar? – com os olhos fixos na imensa ferida que com muito jeito ia costurando, Najla perguntou.

Ela também mal havia acabado de chegar.

– Para com isso! – Laíssa se irritou. – Não vê que nem eu mesma consegui me segurar? É serio, não sei direito o que me deu! Foi uma coisa, um ímpeto muito forte! Quando percebi, já tinha pulado! – justificou angustiada.

Lá fora, continuava a chover forte. Daquelas chuvas que até parece que não vão terminar nunca, como se um pedaço do mundo estivesse desabando. Em silêncio, enquanto a amiga cuidava de suas feridas, Laíssa chorava em silêncio, como se toda aquela chuva viesse de dentro dela. Estava no único local onde se sentia segura e à vontade para fazer isso.

Najla, além de psicóloga, era também terapeuta floral. Quando menina, sonhava ser cirurgiã, e chegara mesmo a cursar alguns anos de medicina com este objetivo, antes de mudar radicalmente seus planos e optar pela psicologia. Mas aprendera a fazer pequenas suturas antes de tomar sua decisão. Não costumava fazer esse tipo de coisa em casa, todavia, nas emergências, jamais se permitira deixar de prestar cuidados a quem quer que fosse. Com sua grande amiga não poderia ser diferente.

48 | Lygia Barbiére

Embora fosse dez anos mais velha do que Laíssa, as duas eram mais do que amigas. Laíssa a tinha como uma espécie de irmã mais velha, em quem confiava profundamente desde os tempos de juventude. As duas se conheceram na faculdade de psicologia. Natural da cidade grande, por opção pessoal, Najla morava agora em uma localidade de praia que não era exatamente perto, mas também não era longe da cidade grande. Era onde se sentia mais à vontade para exercer sua vocação sem abrir mão de uma certa qualidade de vida.

– Ai... Está doendo muito... Você tem certeza de que aplicou anestesia suficiente? – Laíssa protestou, sentindo agora as lágrimas pulando dos olhos de tanta dor.

A sensação era de que o próprio coração estava sendo costurado, já que a dor interna parecia ser maior ainda do que a dor dos pontos. Ainda não tinha exatamente a noção se preferia morrer ou continuar viva, embora não fosse caso para isso. Mas, com certeza, ser costurada assim era uma sensação muito desagradável.

– Devia ter pensado nisso antes de resolver descer do carro andando... Onde já se viu? – protestou Najla, ajeitando melhor os óculos antes de dar mais um ponto.

– Ai... – Laíssa protestou mais uma vez. – Falta muito ainda? Pior é que eu acho que perdi meus óculos hoje à tarde...

Mesmo anestesiada, sentia dor intensa e profunda cada vez que a agulha perfurava-lhe a pele sensível. Como se o simples passar da agulha a fizesse reviver cada momento da história de que não queria lembrar.

– Eu estava sem cabeça para nada... Acho que nem conseguia raciocinar direito... – novamente quis justificar-se. – Eu juro, Naj, eu não queria me matar! Em nenhum momento passou pela minha cabeça que... Ai!!!

– Pois devia ter passado! Você podia ter morrido! O carro podia ter passado em cima de você! Te cortado uma perna! E depois? – ralhou a amiga, sem, contudo, perder o tom afetuoso da voz. – Para quê aumentar a prova desnecessariamente? Tudo bem que é seu livre-arbítrio, mas será que vale a pena? Que o Ricardo merece mesmo isso de você? Será que alguém merece que você se machuque desse jeito?

– Não tem nada a ver uma coisa com a outra! Você está misturando tudo! – tentou desconversar Laíssa.

– Nada a ver, Laíssa? Você não pode estar falando sério! Não a Laíssa que eu conheço! – retrucou Najla.

Falava com tanta seriedade e ao mesmo tempo de forma tão natural e carinhosa, que mais parecia uma mãe costurando o vestido rasgado da filha travessa.

– Cozo a roupa mas não cozo o corpo... Cozo um molambo que está roto... – sussurrou como quem canta uma cantiga.

– O que é isso que você está dizendo? – Laíssa não entendeu.

– Ah! Isso era uma simpatia da minha avó. Ela dizia que era preciso dizer isso quando a gente costurava uma roupa no corpo da pessoa... – sorriu Najla.

– Mas você está costurando o meu corpo! – protestou Laíssa.

– Eu sei... – respondeu Najla, concentrada num ponto. – Fica quieta para não ficar torto... Foi só uma brincadeira...

Já havia dado três pontos no queixo de Laíssa e dois no ombro direito, faltavam ainda alguns poucos na perna, do canto do joelho em direção à batata. O tombo fora grande. Ainda assim, não fosse Najla tão preciosista, talvez até já tivesse encerrado a tarefa.

– Minha preocupação é de diminuir ao mínimo a cicatriz... Por isso os pontos miudinhos... Com o tempo, com os remédios e as vitaminas que vou pedir para o Caio passar para você, vai sumir praticamente tudo... Mas alguma coisa sempre vai ficar, é claro. Por outro lado, já reparou como a pele de uma cicatriz é sempre mais resistente? Isso vale também para o nosso refazimento emocional depois de um grande trauma... – disse, finalizando mais um ponto. – Agora vou te dar um remedinho floral que vai te ajudar na cicatrização – ela virou-se para o pequeno armarinho de madeira, onde guardava centenas de componentes de remédios florais.

Caio, o namorado de Najla, não era exatamente um marido, mas também não deixava de ser. Estavam juntos desde que Najla se separara de seu primeiro marido. Caio era médico antroposófico e os dois tinham muitas afinidades.

– Se eu soubesse que ia doer tanto... – choramingou Laíssa.

– Não se sinta como uma vítima! – observou Najla, preparando agora o medicamento de Laíssa. – O segredo para transformar um drama trágico em um drama heroico está em revelar o que existe verdadeiramente por trás de todo aquele drama, perceber que subparte nossa, que não gostamos nem de lembrar que existe, foi mola propulsora de toda a questão... – ela explicou, com os olhos fixos nas gotinhas que caíam de um vidro no outro.

– Do jeito que você fala, parece até que fui eu quem atraiu tudo isso para mim... – choramingou Laíssa.

– Pois saiba que a cada dia mais me convenço, Laíssa, de que somos puro magnetismo: o tempo todo atraímos para nós os professores e as lições conforme a nossa necessidade e o nosso merecimento – ela respondeu, passando a sacudir o frasco em seguida, no intuito de dinamizar a mistura que acabara de preparar.

– O que você chama de magnetismo? – Laíssa mais uma vez protestou.

– Sabe o ímã? – ela parou de sacudir o frasco para explicar. – Dia desses eu deixei um ímã que caiu da geladeira num potinho do banheiro que estava cheio de coisas que vou tirando quando entro no banho: brincos, anéis, grampos, às vezes moedas, clips que estavam nos bolsos... Enfim, no outro dia, quando fui pegar o brinco para colocar, veio o pote todo enfileiradinho!

– Sei. Como era tudo de metal, o ímã fez com que tudo se juntasse – compreendeu Laíssa.

– Exatamente. A mesma coisa acontece o tempo todo na vida da gente. Vamos passando e atraindo o que tem a ver com a nossa vibração, com a nossa necessidade de aprendizado... Somos todos movidos por um conteúdo essencial, que vai em busca exatamente daquilo de que precisa para evoluir.

– Então você quer mesmo dizer que de alguma forma eu atraí isso para a minha vida? – protestou Laíssa.

– Sim. De alguma forma, sim. Não podemos nos esquecer de que nada em um relacionamento acontece de um lado só. Com toda a certeza, por mais doloroso que seja, precisamos sempre partir do pressuposto de que algo em nós, alguma postura nossa contribuiu para que a situação como um todo se delineasse. E tirar proveito disso!

– Assim você me enlouquece, Najla! Como tirar proveito de uma situação como essa? Você tem noção de...

Najla, contudo, não a deixou terminar.

Após a Chuva | 51

– Nos Jogos Olímpicos de 2004, a canadense Perdita Felicien, campeã mundial dos 100m com barreiras, era a favorita absoluta para conquistar a medalha de ouro. Na prova final, ela tocou no primeiro obstáculo e caiu feio. Nem chegou a completar a prova. Muito abalada, a atleta ficou lá chorando sem acreditar no que havia acontecido. Tinha passado os quatro anos anteriores se preparando, seis horas por dia, sete dias por semana, tudo para conquistar a medalha tão sonhada.

– Não me lembro dessa história... – comentou Laíssa.

– Mas é real – prosseguiu Najla, enquanto terminava de dinamizar o remédio. – Na manhã seguinte, durante entrevista coletiva dos atletas, para surpresa de todos, ela disse: "Não sei por que aconteceu, mas aconteceu, e eu vou aprender com isso. Estou decidida a me concentrar mais e trabalhar mais nos próximos quatro anos. Quem sabe qual seria o meu caminho se eu tivesse vencido? Talvez eu perdesse o ímpeto de competir. Não sei, mas a minha gana de vencer é agora maior do que nunca. Voltarei ainda mais forte" – prometeu a todos.

– E ela conseguiu em 2008? – quis saber Laíssa.

– Depende do ponto de vista – respondeu Najla, ainda cuidando da dinamização do remédio, sacudindo muitas vezes com vigor o conteúdo do vidrinho que tinha nas mãos.

– Como exatamente? – Laíssa não entendeu.

– Em 2008, ela acabou sofrendo uma pequena fratura no pé esquerdo e não pôde competir. Em Londres 2012, o azar nem teve tempo de lhe bater à porta: novamente uma das favoritas a medalhas, ficou em oitavo e se contundiu durante a prova, mas nem assim se abateu: "Durmo bem todas as noites, sabendo que dei tudo em todos os momentos em que estive em pista e onde fiz tudo o que consegui fazer", declarou, sem jamais deixar de olhar gloriosamente para sua carreira. Você percebe o que quero dizer? Ela não obteve as vitórias esperadas naquelas provas e nem sempre conseguimos todas as vitórias para as quais estamos preparados. No entanto, o mais importante não é a vitória em si, a vitória comemorada com medalhas, mas a vitória sobre si mesma, a superação das limitações do ego, você compreende?

Laíssa tomou nas mãos o copo com as gotas de remédio que Najla acabara de preparar e bebeu tudo de um só gole.

— Ai, para, para! – disse, por fim, devolvendo o copo. – Dói muito enxergar tudo isso! Dói mais ainda pensar que eu sou uma psicóloga e não enxerguei nada disso antes, neguei meus próprios sentimentos!

Sem querer ela se lembrou de Teresa contando como havia perdido os óculos.

— E não é que Teresa tinha razão? – ela riu sozinha. – Ninguém perde os óculos por acaso... Será que, em alguma medida, o meu inconsciente já sabia de tudo o que estava acontecendo?

— Muito provavelmente, sim. Por isso é importante falar agora. Falar, chorar, esvaziar-se de tudo o que ficou ali ocupando espaço, e que não precisa mais ocupar. Limpar-se de tudo o que não te é mais essencial, ciente de que o fato de ter passado por tudo isso, em si, já é uma vitória do espírito. Enxergar onde falhamos, sem nos deixar consumir pela culpa ou pela autopiedade já é uma vitória do espírito – ponderou Najla, guardando seus instrumentos. – Agora mesmo vou preparar um chá bem quentinho para você...

— Ainda está doendo muito... – novamente choramingou Laíssa.

— ... um chá de alecrim. É bom para cicatrização. Não só das feridas externas, mas principalmente das internas... Hoje você vai dormir aqui! Aliás, hoje só não. Até você se recuperar completamente, não deixo você voltar para casa! – decidiu Najla.

— Mas... e o Caio? Não vai se importar? – Laíssa preocupou-se.

Os dois moravam 'mais ou menos juntos', já que cada um tinha a sua própria casa.

— Eu e o Caio temos uma relação aberta, como você sabe. Ele mora na casa dele, eu, na minha, só nos encontramos quando é bom para nós dois. Sem obrigações! – ela sorriu, tirando os óculos. – E olha que demorei anos para alcançar este estado ótimo de relacionamento!

— Mas... ele não vem sempre para cá nos finais de semana? – lembrou Laíssa, experimentando os óculos da amiga.

— Depois a gente vê isso. Aliás, no mês que vem nós vamos juntos para um Congresso de Antroposofia no Equador, não é o máximo?

— É muito legal quando a gente encontra uma pessoa que tem tudo a ver com a gente, que admira o nosso trabalho, tem assuntos a dividir... – Laíssa observou melancólica, devolvendo os óculos da amiga. – São muito fortes para mim...

Não que estivesse com inveja da amiga. Era apenas mais uma constatação, em meio ao oceano de decepções em que se sentia mergulhada. Naquele momento, só conseguia enxergar tudo o que ela 'não tinha' no seu relacionamento.

– Importante é que neste momento este espaço é seu. Aqui você pode se abrigar, cicatrizar suas feridas, se fortalecer. Quando achar que está bem, você vai e resolve o que for necessário. Como diz uma música da Maria Bethânia, que eu adoro, "Desinflama, meu amor. Do seu jeito é muita dor. Vive!"

Laíssa se emocionou novamente ao ouvir isso. Chorou por mais alguns instantes, respirou fundo e, ainda assim, argumentou:

– Mas eu não trouxe nem roupa para ficar aqui por muito tempo, Naj! Eu...

Vestia agora um roupão da amiga. Sua roupa encharcada ainda secava no banheiro. Antes que ela terminasse de falar, Naj abriu as portas do guarda-roupa que ficava naquele quarto e disse:

– Roupa aqui é o que não falta! Você pode escolher o que quiser. Até calçamos o mesmo número! Desapegue-se! Esqueça a velha Laíssa, por uns tempos. Hoje é sexta-feira. Domingo de manhã cedo você pensa sobre o que vai fazer depois. Permita-se!

– Mas eu não posso desmarcar meus pacientes! – ela protestou. – E quanto aos meus óculos? Não consigo ler nada sem...

– Laíssa, olhe para você! Aliás, queria lembrá-la de que é um ser humano. Bem-vinda ao mundo dos vivos! Como espera conseguir ajudar a alguém nesse estado?

Laíssa desabou ouvindo isso:

– Eu sou uma péssima psicóloga! Jamais deveria ter me permitido chegar a este estado! Tinha de ter enxergado antes, me prevenido, me tratado e... – ela se levantou e começou a caminhar atarantada, com muita dificuldade, pelo quarto.

– E nascido em Júpiter e vivido entre uma outra categoria de seres que não é a nossa! Até para melhor compreender a dor alheia, precisamos aceitar os nossos limites, a nossa própria dor! – Najla gentilmente a conduziu de volta à poltrona onde estivera antes acomodada.

Laíssa voltou a chorar, enquanto Najla preparava a cama para que pudesse se deitar.

54 | LYGIA BARBIÉRE

– Imagine voltar para casa a estas alturas do campeonato! A esta hora da noite! Isso já mostra o quanto está desequilibrada. Você precisa descansar as ideias! – a amiga comentou, enquanto retirava as almofadas e a colcha da cama. – Chegar lá e dar de cara com aquele... Bem, melhor evitar julgamentos – ela se interrompeu a tempo. – Mas você não disse nada para ele sobre a tal Joana, disse?

Laíssa fechou os olhos, como que juntando forças antes de lembrar:

– Realmente não sei o que me deu naquela hora... No minuto em que eu pulei do carro, me senti tomada por uma raiva tão grande que foi impossível segurar. Eu queria ficar quieta, mas não consegui. Quando ele saiu também do carro e se aproximou para me ajudar a levantar, eu trinquei os dentes, por pouco não cuspi na cara dele! Até agora não sei como é que eu fiquei assim... Eu não sou assim, Najla, você me conhece, você sabe que eu não sou! – disse, tomando mais um pouco da garrafa com água que estava a seu lado.

– Às vezes, Laíssa, a gente se segura tanto, por tanto tempo, que não se reconhece quando abre a gaiola. Você já viu como fica um filhote mansinho depois de crescer aprisionado por anos a fio? – lembrou Najla, dobrando agora a colcha.

– Olhei no fundo do olho dele e disse: "Canalha! Patife! Miserável! Sai daqui, seu monstro! Desaparece! Já está quase na hora do seu compromisso com a Joana! Some!" – continuou Laíssa, pousando agora o copo sobre o criado.

– Não acredito! Você falou! E ele? – quis saber Najla, aproveitando para espirrar sobre o machucado do joelho de Laíssa o antisséptico que deixara reservado ao lado do copo.

– Ele ficou branco, azul, roxo, amarelo. Não entendeu nada, porque, afinal de contas, como eu não tinha falado nada no carro, na cabeça dele estava tudo bem. Aposto até que, se ele tivesse aberto a boca, teria dito exatamente isso: "Laíssa, mas estava tudo bem... O que deu em você?". Mas nem isso ele conseguiu dizer dessa vez. Acho que levou um susto. Ficou parado um tempo, olhando para a minha cara como se nunca tivesse me visto.

– E você não disse mais nada?

– Disse! Perdi até a noção do tanto que eu xinguei o infeliz! – Laíssa pegou o copo e bebericou mais um gole de água: ficava nervo-

Após a Chuva | 55

sa de novo só de lembrar. – Sabe que eu nem me recordo mais direito de tudo o que eu falei? Parece que nem era eu... Quase como se eu tivesse aberto um bueiro aqui no meio (ela mostrou um ponto um pouco abaixo dos seios)...

– O seu plexo solar... – observou Najla, saindo rapidamente para levar o vidro de antisséptico até o banheiro do quarto.

– Mais parecia o meu bueiro das trevas! – Laíssa continuou falando. – Era como se tudo de mais horrível estivesse aprisionado ali dentro! Até palavrão eu falei! Sei que foi juntando gente, de repente o Ricardo esticou os braços assim mesmo para me pegar!... – ela virou de uma vez o restante da água. – Ah! Mas me deu um ódio dele! Parecia até que eu era uma bruxa e ele era 'o bonzinho'. Foi quando eu tirei forças, não sei de onde, levantei sozinha e o empurrei para longe... Some! Ainda repeti, antes de sair mancando, com aquelas pessoas todas me olhando.

– Meu Deus... – suspirou Najla, voltando do banheiro com duas toalhas dobradas.

– Atravessei a rua e fui chamar um táxi, só sentia aquele sangue escorrendo por toda parte, uma sensação horrível... Ai...– ela sem querer forçou o queixo.

– Tenta não se empolgar demais quando falar... – Najla verificou o curativo com cuidado. – Mas ele ainda tentou ir atrás de você? – insistiu.

– Olha, nem teve tempo para isso. Foi justamente quando o cara que tinha entrado no carro dele saiu cantando pneu e ele ficou lá no meio da rua, xingando o cara, enquanto eu entrava no táxi e vinha para cá... Acho que ele descontou no homem tudo o que não pôde dizer para mim... Mas nem ouvi o que ele disse. A única coisa que passava pela minha cabeça naquele momento era vir para cá... Ainda bem que você já estava em casa... Uma coisa é certa! Pelo menos ele não conseguiu chegar no motel no horário combinado! – Laíssa tentou brincar, rindo e chorando ao mesmo tempo.

Najla parou o que estava fazendo, agachou-se diante da amiga e as duas se abraçaram longamente. Um abraço tão demorado e profundo que parecia ter suas raízes em épocas remotas de um passado longínquo, onde Najla, sempre muito mística, costumava dizer que elas haviam iniciado aquela amizade.

– Pronto, pronto, pronto... Passou... Já passou... Eu viria de onde estivesse para atender você, minha amiga – garantiu, amparando-a como uma ancestral amorosa.

– Eu sei disso – respondeu Laíssa. – Acho que a sua amizade, a esta altura do campeonato, é a única coisa de que tenho de valioso neste mundo... Você tem ideia de como é horrível esta sensação de se sentir traída?

Najla levantou-se sem nada responder. Abriu o armário e começou a separar roupas de cama. As duas ficaram por alguns instantes absortas em suas próprias reflexões, enquanto Najla preparava a cama onde Laíssa iria dormir. Estava vestindo um travesseiro quando, de repente, quebrou o silêncio:

– Quer saber? Na minha opinião, essa dor que você está sentindo e que até precisou, de certa forma, se materializar nesse tombo esdrúxulo que literalmente te arrebentou toda não foi por causa da traição do Ricardo com essa tal Joana... – ela voltou ao assunto.

– Como não? – estranhou Laíssa.

– O caso do Ricardo, ou seja qual for o nome que você queira escolher para nomear o que aconteceu, foi apenas a ponta do *iceberg*. A verdadeira traição foi de você para com você mesma; já vinha sendo construída há muitos e muitos anos a cada vez que você deixava de ser você mesma para atender a alguma expectativa dele – observou Najla. – Entende onde quero chegar quando digo que você também teve a sua parte, que também contribuiu de alguma forma para que tudo isso acontecesse?

Novamente Laíssa se lembrou de Teresa. Como, no fundo, sua história e a dela guardavam tantas semelhanças.

– Está insinuando que eu venho me anulando todos esses anos para agradar a ele? – ainda com certa resistência, Laíssa começou a cogitar.

– Acho que a única pessoa que pode responder a essa pergunta é você mesma – devolveu Najla, colocando na cama os travesseiros. – Só você tem noção do quanto foi preciso se 'desformatar', por assim dizer, ao longo de todos esses anos para viver esse relacionamento. O que as pessoas em geral não entendem é que para se relacionarem amorosamente com alguém elas não precisam deixar de ser quem elas são para tentar agradar cada vez mais ao outro.

Após a Chuva | 57

– Era isso o que você sentia quando se separou do seu primeiro marido? – deduziu Laíssa.

Najla tinha sido casada por dezessete anos com Fred, seu grande amor da juventude, com quem tivera Pandora, atualmente morando no Canadá e prestes a se formar em biotecnologia. Justamente quando Pandora passou no vestibular e optou pelo intercâmbio, os dois chegaram à conclusão de que o ciclo do relacionamento havia se encerrado e começaram uma nova etapa em suas vidas a partir dali.

– Sim. Posso dizer que demorei dezessete anos para aprender essa lição. Só quando vi minha filha construir seus próprios caminhos, entendi que o relacionamento verdadeiramente sólido só acontece a partir do momento em que as pessoas se respeitam e valorizam tal qual elas são, e isso inclui também os próprios sonhos e aspirações. Jamais poderemos jogar sobre o outro ou viver através dele os nossos desejos, sob o risco de esvaziá-lo de sua própria essência e individualidade.

Laíssa abaixou os olhos entristecida. Não conseguia parar de se perguntar como ela, uma psicóloga, havia passado tanto tempo sem se dar conta do quanto ao longo de todos aqueles anos se anulara para tentar ser a esposa ideal para Ricardo, do quanto ele se tornara o foco mais importante de sua vida, mesmo sem fazer qualquer esforço para isso. Sobretudo, não entrava em sua cabeça como ele, depois de todo esse sacrifício da parte dela, ainda tivera a coragem de agir dessa forma.

Laíssa simplesmente não atendia a nenhum paciente homem em seu consultório, porque Ricardo não admitia, com receio de que ela viesse se apaixonar por algum cliente! E ela, como no fundo também era muito ciumenta, não questionava a loucura dele. Mas nem por isso exigia que ele deixasse de atender a clientes mulheres. Sempre imaginava que Ricardo era muito carente, que só tinha essas atitudes porque carregava consigo muitos traumas de infância e que, na medida em que ela, com seu amor incomensurável, fosse preenchendo seus espaços, ele naturalmente melhoraria. Laíssa se submetia a todos os caprichos dele, achando que assim poderia transformá-lo em uma pessoa diferente, mais próxima do homem que, no fundo, ela sempre idealizara.

– Se você parar para pensar, você também não o aceitava do jeito que era. Só a partir do momento em que aceitamos, admiramos e valorizamos o outro tal qual ele é, sem tentar amoldá-lo às próprias expectativas, é que podemos vislumbrar a perspectiva de construir juntos um caminho. O que não significa que não possamos e nem devamos ceder naquilo que não é importante e nem essencial para nós – observou Najla, terminando de arrumar a roupa de cama.

"Por que não enxerguei tudo isso? Como?", Laissa ainda pensava consigo numa postura orgulhosa. "Era eu quem tinha que enxergar isso em mim mesma!"

– Eu não podia ter perdido meus óculos! – concluiu, inconformada.

Sentou-se na cama amparada por Najla e fechou os olhos, como que capturada por uma compreensão muito profunda. A impressão que dava era de que em instantes ela iria explodir mais uma vez em pranto. Mas permaneceu apenas em silêncio, mantendo o controle da situação, como era seu costume.

– Diz para mim... O que é que está se passando aí dentro? – Najla perguntou, percebendo o quanto estava distante.

– Ouvindo você dizer isso, me lembrei de uma outra coisa aparentemente tão insignificante, mas que nos últimos anos vem me incomodando tanto... Você sabe que até hoje, prestes a completar trinta e cinco anos, eu ainda não tenho carta de motorista?

– Sempre achei estranho, mas todas as vezes em que tocamos nesse assunto você foi tão enfática em dizer que não sentia a menor necessidade de dirigir, que não gostava de engarrafamentos, que o trânsito em uma cidade grande era enlouquecedor, enfim, imaginei que fosse meramente uma opção sua.

– Mas não era. Ricardo nunca foi a favor de que eu aprendesse a dirigir. No princípio, fazia questão de me levar e me buscar todos os dias no trabalho. Eu mesma coloquei na cabeça que não tinha a menor necessidade de aprender. Afinal, se ele dirigia tão bem e nós estávamos quase sempre juntos... Até na hora de escolher o lugar onde eu iria montar o consultório, pensamos nisso. Escolhemos um local próximo ao escritório dele, de maneira que ficasse fácil para irmos e voltarmos juntos todos os dias... Toda a nossa vida era cuidadosamente encaixada... Depois, com o tempo, os horários foram ficando diferentes, Ricardo sempre dizia que era muito mais vantajoso andar de táxi. Assim eu não precisava nunca me preocupar com estacionamento. Ele chegou mesmo a se vincular a uma cooperativa que atendia a todos os meus chamados e depois cobrava a ele mensalmente, como fazem algumas empresas com seus funcionários... Era incrível... Eu sempre me deixei convencer do que ele achasse que era melhor para mim... Mas, de tempos para cá, eu vinha começando a questionar essas minhas posturas...

– Então! Entende o que eu quero dizer quando falo que não foi a traição dele o que verdadeiramente te machucou? Acho que a traição dele foi simplesmente o que te fez enxergar a traição maior, a que você vinha fazendo com você mesma para conseguir levar adiante essa relação! – Najla mais uma vez sublinhou. – Agora descanse um pouco. Vou preparar um lanche gostoso para nós – disse, apagando a luz e encostando a porta do quarto.

Somente horas depois, já de banho tomado, diante do chá quente e das deliciosas bolachas de gengibre preparadas por Najla, Laíssa se deu conta de um importante detalhe:

– Assim que eu cheguei aqui, eu desliguei o meu celular. Mas eu não vou poder manter o telefone desligado para sempre só para não ter de falar com o Ricardo. Não posso nem me dar ao luxo de trocar o *chip* para que ele não venha nunca mais a me ligar. Eu tenho clientes! Esse telefone está comigo há...

– A questão não é fazer com que ele não venha nunca mais a te ligar – observou Najla, servindo-se de um pouco mais de chá. – Aliás, você pode mudar o *chip* mil vezes e ele até acabar descobrindo, afinal, vocês passaram treze anos juntos, têm muitos amigos em comum. O problema maior que eu vejo é desligar aí dentro aquilo que ainda te liga a ele, apesar de tudo. Se você consegue desligar isso, ele pode até te ligar o dia todo, que não vai ter o menor problema...

Nesse momento o telefone fixou tocou. Najla e Laíssa se entreolharam. Najla atendeu. Era Ricardo. De longe, Laíssa apenas fez um sinal com a cabeça. Najla entendeu tudo.

6

Na manhã seguinte, Najla abriu a porta do quarto e encontrou Laíssa chorando, agarrada ao travesseiro.

– Desculpe... .. – ela se apressou em dizer, ao perceber a presença de Najla.

– Ô, querida, não precisa me pedir desculpas... – Najla correu a abraçá-la. – É normal, depois de tudo o que você passou... Não se cobre o impossível... Ao menos conseguiu dormir um pouco esta noite?

– Se você soubesse a raiva que eu sinto de mim mesma... – Laíssa confessou em soluços. – Acredita que eu acordei no meio da noite, preocupada se o Ricardo tinha tomado o remédio de pressão? Se ele iria se lembrar de buscar os ternos na lavanderia? Fiquei pensando que o cupom ficou na minha bolsa e que talvez eles não quisessem entregar os ternos, porque o Ricardo nunca esteve antes na lavanderia...Agora me explica: por que, Nájla, por que uma pessoa, depois de passar por tudo o que eu passei, ainda tem a coragem de se preocupar com...

– Laíssa, calma! Tenha paciência com você mesma! Ao longo de treze anos você criou vínculos com essa pessoa! Ninguém se desliga assim do dia para a noite!

– A culpa é dele! Aquele infeliz dependia de mim pra tudo! Tudo, Náj!

– Você se dá conta do que está me dizendo? Tudo bem que ele tinha uma dependência extrema de você, mas você também fazia questão de agir o tempo todo como se fosse mãe dele, preocupada e atenta às suas menores necessidades... Preocupada com os ternos dele na lavanderia! Olhe para você! Preocupe-se com você!

– Quer saber? Eu nunca vou perdoar o Ricardo, nunca!

Laíssa enfiou a cabeça no travesseiro e chorou mais um pouco.

– Eu gostava muito dele, Najla... Achava que ele precisava tanto de mim... – desabafou.

Najla apenas apertou sua mão, em sinal de solidariedade e compreensão.

– A sensação que eu tinha, a ilusão, era de que, se eu desse todo o meu amor para ele, eu poderia fazê-lo uma pessoa completamente feliz, preenchê-lo de tudo o que ele não recebera desde criança... Mas não era assim! Fiquei a noite toda lembrando; o Ricardo não era feliz comigo! Não era, não podia ser... Estava sempre o tempo todo nervoso, de cara fechada, fazendo contas, sempre emburrado.

– E você? Era feliz com ele? – questionou a amiga.

Só então Laíssa se lembrou daquela sua eterna sensação de 'quase'. Era como se sempre estivesse faltando alguma coisa, algo que ela não conseguia nunca definir o que era de forma a se sentir plenamente feliz.

– Acho que eu condicionava a minha felicidade à felicidade dele... Imaginava que só conseguiria preencher o meu vazio quando conseguisse fazê-lo plenamente feliz... – ela admitiu. – Mas sempre faltava alguma coisa...

– Talvez, o que você quisesse fosse preenchê-lo de tudo o de que ele precisasse para que ele, muito grato por isso, se dispusesse a retribuir a sua gentileza e atentasse para o vazio que você também carrega aí dentro...– refletiu Najla.

– Ele nunca se preocupou muito com isso... Dificilmente percebia quando eu estava triste com alguma coisa... – admitiu Laíssa. – O tempo todo era como se só a vida dele importasse, como se tudo na minha vida girasse em torno das necessidades dele...

– Vocês não tinham sonhos em comum? Sei lá, eu e o Caio, por exemplo, estamos planejando há muito tempo esta nossa viagem para o congresso no Equador. A gente economiza junto, faz pesquisas na internet, imagina o que vai querer fazer lá... Existe essa cumplicidade de dividir um mesmo sonho, que é muito importante num relacionamento... – ponderou Najla.

– Não... Por algum tempo eu bem que tentei dividir com ele os meus sonhos, mas ele nunca se empolgava o suficiente... Que coisa,

62 | LYGIA BARBIÉRE

Naj... Como agora eu percebo tudo com tanta nitidez? Por que não notava nada disso antes?

– Porque talvez não quisesse... Vem, vamos tomar café! – Najla a chamou para a sala.

As duas sentaram-se à mesa para o café da manhã, já previamente preparada com todo o capricho.

– Tem mel, bolachas caseiras, granola, pão de queijo, pão de centeio... – foi apresentando.

– Nossa, se eu comer tudo isso, nem vou precisar almoçar! – exclamou Laíssa, já mais sorridente. – Obrigada, minha amiga, você se preocupa demais!

– Você merece! – Najla sorriu, amorosa. – Mas, na verdade, foi o Caio quem fez.

– O Caio? – espantou-se Laíssa.

– Sim. Ele esteve aqui hoje cedo, preparou esta mesa para nós, depois saiu para providenciar o almoço. Ele adora uma feirinha de orgânicos que tem na praça nos finais de semana! – comentou Najla, servindo-se de um pão de queijo.

– Que coisa... Se me contassem antes que um homem é capaz de fazer isso, acho que eu não acreditaria... – brincou Laíssa.

Foi quando novamente o telefone fixo tocou. Laíssa de imediato empalideceu, mudou completamente a fisionomia. Najla atendeu e por um tempo ficou com o fone na mão, sem saber direito o que fazer. De longe, Laíssa entendeu, só fez um sinal, suficiente para entender que se recusava terminantemente a conversar com Ricardo. Não queria vê-lo e muito menos ouvi-lo. Achava que não tinham mais nada a dizer um ao outro.

– Ele disse que queria conversar um pouco com você, trocar uma ideia... – explicou Najla, desligando o telefone.

– Não tenho mais nada a tratar com essa pessoa! – estressou-se Laíssa. – Mais nada!

– Não acha que está sendo um pouco radical? – Najla questionou, depois de desligar o telefone. – Será que vocês não estão precisando realmente conversar sobre tudo o que aconteceu?

– Não quero falar com ele – Laíssa respondeu emburrada.

APÓS A CHUVA | 63

– Assim você até parece criança... – brincou Najla, servindo-se de algumas uvas miúdas. – Tudo bem que não queira mais ter um relacionamento com ele, mas você precisa ao menos ouvir o que ele tem a dizer, decidir com ele sobre a separação, se for o caso. Afinal de contas, vocês são casados no papel! – ela ponderou.

– Ele não vai desistir! Daqui a pouco vai ligar de novo... – respondeu Laíssa.

Parecia não ter ouvido nada do que a amiga acabara de falar, quase como se contasse os minutos para ele ligar. Najla percebeu que havia um certo prazer naquela postura da amiga. Ela estava gostando de ver o marido correndo atrás dela. Preocupou-se. Logo em seguida, ouviram o barulho de uma mensagem chegando no *whatsapp* de Laíssa, que estava carregando na sala.

– Não falei? – ela correu a pegar o aparelho.

Foi quando percebeu que a mensagem era de Teresa. Laíssa abriu, visivelmente decepcionada:

"Sinto muito pelas coisas que disse na consulta de ontem, por favor, não leve nada a sério. Nem sei como criei tudo isso, foi mera alucinação da minha mente, por conta daquele famigerado colírio. Estou pensando em entrar com um processo contra essa clínica. Mas vou deixar para pensar nisto depois da festa. Aproveito para te avisar que não vou ter como ir nas próximas semanas antes das bodas. Quando passar tudo isso, retomamos. Abs, Teresa." – dizia a mensagem.

– A cara da Teresa fazer isso... – Laíssa retrucou consigo, balançando a cabeça, em sinal de desaprovação.

– Aposto que desmarcou a consulta! – deduziu Najla, passando um pouco de geleia no pão.

– Como você sabe? – admirou-se Laíssa.

– É típico desse tipo de situação. Como ela falou mais do que gostaria, por efeito da alucinação provocada pelo remédio, agora vai fugir de você por um tempo, na esperança de que você esqueça o assunto... Afinal, assumir para você significa, antes de mais nada, assumir também para ela mesma... E tem coisas que a pessoa decididamente não quer enxergar. Por isso perdeu até os óculos!

Laíssa abaixou os olhos, pensando em seus próprios óculos que haviam desaparecido.

– Jogou fora! – corrigiu, brincando com um pedaço de pão no prato. – Como as pessoas podem ser tão covardes? – questionou, levantando-se de súbito para levar o prato na pia.

– Covarde, sobretudo, consigo própria, você não acha? – observou Najla. – Porque a pessoa encontrar uma desculpa para continuar se submetendo a uma situação de abuso emocional, de sofrimento silencioso e profundo em troca de uma vida fictícia, de mera aparência é uma maldade muito grande para com ela mesma... Não sei se eu sou radical, mas penso que existem situações que, por respeito próprio, não podemos manter. Você concorda comigo? Mas você não comeu nada... Já vai levantar?

Laíssa ficou em silêncio. Não dava para saber se refletia sobre as palavras da amiga ou sobre os telefonemas de Ricardo.

– Só espero que você não resolva sumir da minha vida da noite para o dia... – Najla comentou, com certa ironia.

– Como assim? – Laíssa não entendeu.

Foi quando Caio, o namorado de Najla, chegou da feirinha de orgânicos com uma sacola de produtos naturais.

– Atrapalho alguma coisa? – ele perguntou, beijando suavemente os lábios de Najla.

– Que isso, Caio, eu é que nem devia estar aqui e... – Laíssa foi logo se desculpando.

Fazia tempo que não se viam.

– Não tem nada disso! – ele a abraçou com carinho. – Você é sempre bem-vinda por aqui! Minha casa também está à sua disposição! Aliás, pensei que fossem me esperar para tomar café!

– Ô, meu amor, desculpe... Achei que já tivesse tomado café... – desculpou-se Najla.

Sentaram-se todos para mais um café. Agora acompanhado do pão integral quentinho que Caio acabara de trazer, além de uma variedade de frutas, folhas e legumes para o almoço. Foi quando novamente o telefone fixo tocou. Laíssa e Najla se olharam.

– Vocês querem que eu atenda? – perguntou Caio.

– Não. Pode deixar – Laíssa decidiu de repente.

Caio e Najla foram terminar de tomar seu café na pequena varanda coberta que havia nos fundos da casa para deixá-la mais à vontade.

– Sim, sou eu – ela disse, ao telefone.

– Eu imaginei que estivesse na casa da Najla. Já estava até na estrada da outra vez que liguei. Então ouvi sua voz, e tive certeza... Estou aqui fora, tem como você sair um pouco para a gente conversar? – pediu Ricardo, do outro lado da linha.

Era inacreditável, ele tinha ido até lá. Laíssa ficou em silêncio por um tempo. Não conseguia achar o que responder. Não tinha realmente nenhuma vontade de vê-lo, mas sabia que Najla tinha razão. Não podia simplesmente continuar fugindo. Até porque ela não fizera nada de errado. Não havia mais como fazer de conta que nada tinha acontecido.

– Pode ser? – ele voltou a insistir na linha.

– Tudo bem. Me encontra em meia hora lá em frente à igreja, na praça.

Era o ponto mais conhecido da cidade, ela sabia que ele não tinha como errar. Também porque já havido estado lá com ela outras vezes, visitando Najla.

– Naj... – ela gritou para a amiga, logo depois de desligar. – Você me ajuda a me vestir?

Estava ainda com muitas dores, muito machucada. Ainda assim, também estava firme na sua decisão.

– Não quero que apareçam as olheiras! – disse à amiga, pedindo para que a maquiasse.

Ricardo estava sentado na mesinha externa de uma cafeteria, que ficava bem em frente à praça da igreja. Laíssa o viu de longe, quando desceu do carro de Caio, do outro lado da praça. Ele e Najla ficaram de lá observando a cena, para que pudesse se sentir mais segura. Estava muito nervosa, embora tentasse disfarçar. Talvez tivesse sido um erro aceitar vê-lo assim tão logo naquele dia. Mas agora não tinha mais jeito. Armou-se até os dentes para enfrentar a situação:

– Eu vim até aqui só para dizer que você pode vender o apartamento que nós compramos juntos. Ou então comprar a minha parte, tanto faz – foi logo avisando, assim que o viu.

– Laíssa, por favor, me perdoe – ele agarrou na mão dela, quase ajoelhando a seu lado. – Vamos conversar, eu posso...

Ela puxou a mão com força, acabou se machucando.

– Ai... Não está vendo que estou cheia de pontos...

– Meu amor, eu...

Mas ela simplesmente não o deixava falar. Nem mesmo para perguntar sobre o seu estado.

– Para com isso, pelo amor de Deus! "Meu amor" é hipocrisia! – ela se irritou. – Se eu fosse realmente o seu amor, você não teria feito uma coisa dessas comigo!

– Você não entende, eu...

– Não entendo e não quero entender, Ricardo – ela o olhou no fundo dos olhos. – Para mim, o nosso casamento terminou ali, atropelado naquela enchente, você entendeu bem?

– Foi só uma aventura, Laíssa, uma bobagem que eu fiz... Prometo...

– Para! Para com isso, Ricardo! Tenha respeito por mim, tenha respeito por você mesmo! Para de inventar mentiras! Eu não quero saber! A única coisa que eu quero é me separar de você, entende? Acabou. Acabou o casamento, acabou a nossa parceria, se é que algum dia realmente existiu... Eu me decepcionei demais com você.

– Mas... Você não vai voltar para casa? A gente podia...

– Não, Ricardo, eu não vou voltar para casa. Já disse: venda o apartamento, pode vender até as minhas coisas se você quiser. Sinceramente, eu não quero mais nada que me lembre de você... A única coisa que eu quero é recuperar a minha integridade física, mental e espiritual!

– E as suas pacientes? Você vai abandonar as suas pacientes?

– Em nenhum momento eu disse isso. De qualquer forma, este não é um problema seu, Ricardo. Quanto tempo você acha que precisa para vender o apartamento?

– Não sei, Laíssa... Nessa crise, ainda por cima... Olha, eu... – ele também estava atônito com tudo aquilo, mal sabia o que dizer.

– Não tem o que olhar, Ricardo. Por favor, já que você é advogado e está acostumado com essas coisas, prepare os papéis. Você só precisa me avisar para eu assinar quando estiver tudo pronto, ok? Agora você vai me desculpar, mas eu não consigo ficar mais nem um minuto aqui olhando para a sua cara!

– Laíssa... Laíssa! – ele ainda tentou insistir, tentando fazer com que esperasse mais um pouco.

Mas ela nem sentou. Da mesma forma como chegou, apenas virou de costas e saiu.

De longe, Ricardo ficou observando enquanto ela entrava de novo no carro de Caio. Laíssa teve a sensação de que ele estava chorando quando o carro arrancou, mas não sentiu nenhuma vontade de virar-se para ter certeza. No fundo, ela tinha muito medo de fraquejar ouvindo as palavras dele; estava decidida a não se deixar convencer por nenhuma argumentação.

7

Laíssa voltou para casa em silêncio, foi sentar-se numa rede que ficava no fundo do pomar. E lá ficou por longo tempo, imersa em seus pensamentos, até a hora do almoço, quando Caio apareceu para chamá-la:

– Sem querer incomodar o sossego da tua meditação, vem comer alguma coisinha com a gente... – ele fez um carinho em seus cabelos.

– Sinceramente, Caio, eu não estou sentindo a menor fome – disse ela. – É um vazio tão grande aqui dentro... No fundo, eu acho que eu estou é com muita raiva de mim!

Caio puxou um banquinho de madeira que ficava ali no pé de uma das árvores, e sentou-se diante dela.

– Por que raiva, Laíssa? Por que tanta raiva?

– Ah, eu agi que nem uma boba... Não queria ir e fui, cheguei lá e nem deixei o infeliz abrir a boca, só falei que nem uma destemperada... Não adiantou nada! Não chegamos a conclusão nenhuma! E, ainda por cima, ele vai sair por aí dizendo que sou raivosa, histérica e neurótica! Uma coitadinha que precisa de ajuda!

– Sabe, Laíssa, na antroposofia entendemos a raiva como um grito inconsciente, uma manifestação animalesca, uma necessidade de domínio territorialista na competição do mais forte contra o mais fraco, e não como um pedido de ajuda. Nessa primeira fase de entrar no mundo, de se colocar como ser humano, não se está pedindo ajuda, e sim querendo marcar território: o outro é meu inimigo que precisa ser aniquilado – ele explicou.

Laíssa gostava de suas explicações de bases antroposóficas.

– De certa forma é isso que eu sinto – ela concordou. – Ricardo se tornou meu inimigo. Até porque ele pode me enganar e me fazer sentir de novo aquilo que eu sentia por ele... – tentou explicar. – Não posso deixar que isso aconteça!

– Ao mesmo tempo, a raiva é também um importante gatilho para evoluir – continuou Caio. – Já reparou como tudo na vida tem dois lados? O melhor antídoto contra o egoísmo é a raiva, pois nos projeta para fora, para o mundo. O egoísta só vive em volta do próprio umbigo. Ao gerar raiva, ele vai de encontro com o mundo. E nosso aprendizado é burilado pelo confronto. Ao morder o outro, faço uma reflexão do porquê do gesto agressivo. Assim se evolui. Quem não faz reflexão se candidata a adoecer.

– Mas você acha que eu sou uma pessoa egoísta? Em todo o tempo em que estivemos juntos, eu sempre me sacrifiquei pelo bem dele!

– Depende do que você entenda como egoísmo. Acho que você precisa tirar o foco de cima do Ricardo e voltá-lo novamente para você mesma... Já pensou que tudo o que você fez por ele, na verdade foi também por você mesma? Porque, afinal, você achava que cuidando dele daquela forma ele iria retribuir de algum jeito. Não é isso? No fundo, somos todos ainda um tanto quanto egoístas neste sentido. Quase sempre, nos empenhamos em transformar a pessoa que amamos naquilo que gostaríamos que fosse, já parou para pensar nisso?

– Mas isso não justifica a maneira como ele agiu comigo! – defendeu-se Laíssa.

– É claro que não justifica. Nada justifica a falta de respeito aos sentimentos de outro ser humano. Mas só podemos nos responsabilizar por aquilo que nós fazemos, jamais pelas atitudes do outro. Não adianta você pensar em tudo de errado que ele fez. Chegar a essas conclusões não vai mudar nada no comportamento dele. O mais importante é perceber o que foi em você que te fez se aproximar de uma pessoa como ele, com as características dele; qual é o padrão automático de comportamento seu que te leva a procurar uma pessoa assim. Do contrário, você corre o risco de se envolver com outra pessoa igualzinha! Uma após a outra – alertou Caio.

– E o que a minha raiva vai poder me ajudar nesse sentido, já que você diz que ela também pode ser encarada de forma positiva? – ela duvidou.

– Só quando você aprender a ouvir, a perceber, a entender os motivos que te deixam com raiva e refletir sobre esses motivos, internos e externos, mas sobretudo os internos, que te levaram a agir daquela forma, vai conseguir adquirir um controle maior sobre você e se tornar mais consciente de suas escolhas.

A conversa entre os dois foi interrompida pelo grito de Najla que veio lá da cozinha:

– Acabei de tirar a lasanha de berinjela do forno! Está uma delícia!

– O cheiro está ótimo! – observou Caio, ao entrar na cozinha. – Sabe de uma coisa, Naj, estou pensando em levar Laíssa conosco para nosso grupo de estudos...

– Aquele grupo de estudos? – titubeou Najla. – Não sei se ela vai gostar... Se vai entender...

– Pois eu tenho certeza absoluta que sim. Você gostaria de vir conosco, Laíssa? – ele a convidou animado.

– É exatamente sobre quê? – interessou-se Laíssa.

– Na hora você vai ver! – prometeu Caio. – De qualquer forma, o próximo encontro é só daqui a quinze dias – disse ele, experimentando satisfeito o seu primeiro pedaço de lasanha. – Mais importante agora é marcarmos um horário para você no meu consultório. Antes de mais nada, precisamos cuidar do seu físico para que o seu lado espiritual possa florescer de acordo com todas as suas potencialidades!

8

As coisas boas vêm com o tempo. As melhores, de repente, dizia a frase que Laíssa encontrou naquela manhã, por acaso, num pedaço de papel.[4] Caiu de um livro de Najla que ela pegara para folhear ao acaso, um livro que há tempos vinha chamando por ela de seu lugar na estante, mas que, por alguma razão, ela não conseguia pegar para ler, como se algo dentro dela resistisse ao título. Chamava-se *Mulheres que amam demais*. Copiou a frase em sua caderneta e guardou-a de novo na bolsa, como um presságio. E repôs o livro na estante mais uma vez. "Quem sabe mais tarde?", pensou consigo, no automático, sem se dar conta de sua atitude.

Com muita resistência ela aceitara os conselhos da amiga, suspendera todos os seus pacientes e reservara aquele tempo para cuidar de si. Quinze dias haviam se passado. Mas ela ainda tinha muita resistência em enfrentar seus próprios conflitos, aprofundar-se em sua dor. Naquele dia, por sinal, tinha uma consulta marcada com Caio.

A bem da verdade, nunca entendera muito bem o que era a medicina antroposófica. Mas gostava tanto de conversar com Caio e ouvir suas ponderações que resolveu aceitar seu convite e embrenhar-se nesse novo território. Providenciou a série de exames que ele havia lhe pedido e rumou para o consultório, esperançosa de finalmente conseguir encontrar meios de aplacar a sua dor.

– Interessante que seus exames deram um resultado muito semelhante ao que costuma aparecer nas mulheres que tiveram re-

---

[4] Frase da escritora Denise Lessa.

lacionamento com um psicopata – observou ele, ainda verificando os exames.

– Quer dizer então que Ricardo era um psicopata? – ela deduziu apressadamente.

– Eu não disse isso! – sorriu Caio. – Apenas observei que o seu desgaste foi semelhante ao de alguém que passou por essa experiência. Você teve uma baixa bem grande de vitamina B12 no organismo, além disso estão baixas também as taxas de cortisol e magnésio, revelando alto nível de estresse, como se os últimos anos desse casamento tivessem, de alguma forma, consumido suas energias...

– Efetivamente me sinto exausta, em todos os sentidos. Tem dias em que mal consigo me levantar da cama e logo sinto muito sono de novo. Você vê, faz mais de uma semana que estou aqui e hoje foi a primeira vez em que consegui sair de casa para ir a algum lugar! Nem ler, que é uma coisa que eu adoro, eu tenho conseguido, só de pegar em um livro já me dá um cansaço profundo... Como se eu tivesse perdido toda a minha capacidade de concentração!

– E consegue dormir bem à noite?

– Não muito. Diria que tenho um sono raso. Cochilo por algumas horas e logo desperto, cheia de pensamentos, de angústias... Sabe, às vezes me sinto como naquela carta da torre do tarô... Como se toda a minha vida tivesse desabado de repente e eu não soubesse por onde começar a reconstruir...

– Interessante você se lembrar dessa carta. Se você observar bem, as figuras que se encontram em torno da torre não tinham como entrar dentro dela pelos meios convencionais. Além de serem bem maiores do que a construção em si, ela não tem nenhuma porta nas imagens mais clássicas, indicando que, embora tenham supostamente saído dali, aqueles homens não tinham como ter estado dentro dela, estavam aprisionados a uma forma, em algo artificialmente construído e que não tinha como comportá-los por muito tempo...

– Jung gosta bastante das imagens do tarô para nos remeter ao nosso inconsciente... Tenho até um livro sobre isso – comentou Laíssa. – Mas não imaginava que a antroposofia também se voltasse sobre esse tipo de simbolismo. Afinal, Caio, qual a diferença entre a medicina antroposófica e a medicina tradicional? Eu sempre tive vontade de te fazer esta pergunta!

– '*Antropo*' significa 'homem' e '*sophia*' significa 'conhecimento'. Então, teoricamente, significa 'conhecimento do homem'. Ou seja, é uma medicina que não se contenta em fazer calar os sintomas com medicamentos, mas que procura sobretudo se debruçar sobre as origens profundas de cada sintoma. Certa feita, perguntaram a Rudolf Steiner para que servia a antroposofia. Ele respondeu que o objetivo era que o homem aprendesse a essencializar a vida. Ao olhar antroposófico, tudo é perfeito e tem uma lógica, uma sabedoria cósmica que todos temos condições de acessar para compreender melhor nossos ciclos evolutivos. Faz sentido para você?

– Sim. Muito. Acho que é exatamente o que estou buscando neste momento, compreender por que precisei passar por essa vivência, o que em mim foi em busca desta experiência... – observou Laíssa.

– Acho que grande parte de seu processo de cura está em compreender que você não é culpada, que não fez nada de errado. Apenas buscou essa experiência porque precisava dela por alguma razão. É importante vivenciar o luto da sua *des-ilusão*, porém mais importante é encontrar em você as razões que te levaram a construir essa torre, colher os frutos dessa experiência e até mesmo conseguir chegar a atingir um sentimento de gratidão pelo ocorrido – continuou Caio –, porque sempre podemos aprender muito com as experiências vividas.

Laíssa deixou o consultório pensativa. Encomendou na farmácia de manipulação indicada por Caio os medicamentos e voltou para a casa de Najla. Encontrou a amiga envolvida numa operação de faxina.

– Preciso aproveitar quando tenho um tempo livre para fazer isto. Não gosto de deixar a poeira acumulada por muito tempo – ela explicou à Laíssa, enquanto, parada no meio de uma escada, tirava uma sujeira no canto do teto com uma enorme vassoura.

– Deixa eu te ajudar – animou-se Laíssa. – Talvez uma faxina seja exatamente o de que estou precisando neste momento! – ela brincou.

Najla percebeu que a amiga parecia mais triste do que de costume.

– O Caio disse que é comum esse quadro de labilidade emocional... – ela explicou. – Gostei dessa palavra... labilidade! Assim que saí de lá, pesquisei no *google* e vi que significa instabilidade, tendência a passar alternadamente e com certa frequência por estados de alegria e de melancolia. Eu já estava achando que tinha me tornado bipolar... – ela brincou.

– Sim, esse estado seu é algo temporário e até justificável. A bipolaridade já é algo constante, que tem a ver com a produção de determinadas substâncias no cérebro – comentou Najla. – E o Ricardo, não voltou mais a ligar?

Laíssa pareceu ainda mais triste.

– Não. Na última mensagem, ele me disse que estava desocupando o apartamento e que até já havia colocado o imóvel na imobiliária. Mas depois disso não disse mais nada...

– Isto de alguma maneira te frustra? – perguntou a amiga, ainda envolvida com sua vassoura gigante.

– Sabe, mesmo apesar de todo o desencanto, toda a decepção, ainda me dói um pouco no íntimo pensar que nem por um momento ele se arrependeu; saber que, diferentemente do que sempre acontecia quando nós brigávamos, desta vez ele não fez absolutamente nada para me convencer a ficar com ele... – ela confessou.

– Isso não é verdade! Afinal de contas, ele veio até aqui conversar com você! – lembrou Najla.

– Eu sei. Mas acho que ele não insistiu o suficiente. O pior de tudo é que, embora a decisão de terminar com tudo tenha partido de mim, fiquei com uma incômoda sensação de que foi ele quem optou pela separação...

– Como assim? Quer dizer então que você queria que ele tivesse insistido mais? Que tivesse te convencido a voltar atrás na sua decisão? É isso? – Najla desceu da escada surpresa.

– É e não é... Sei lá... No fundo, talvez não imaginasse que o casamento estivesse tão em crise, talvez tivesse mesmo passado ainda muitos anos com ele sem enxergar o que agora parece tão óbvio a todos... Eu sei. Eu não podia ficar com ele depois daquilo tudo. Mas isso não significa que eu tenha deixado de gostar dele da noite para dia. Os sentimentos não evaporam nessa velocidade! Treze anos não são treze dias! – ela desabafou chorosa.

– Você queria voltar com ele? – Najla foi direto ao ponto.

Após a Chuva | 75

– Acho que não. Tenho quase certeza que não. Só que, ainda assim, mesmo com toda a raiva que eu sinto por tudo o que aconteceu, eu ainda sinto saudades...

– Mas o que exatamente você deseja para sua vida? Acha que vale a pena reconstruir esse relacionamento? Ele é realmente a pessoa com quem você quer passar o resto da sua vida? – Najla perguntou, agora limpando com uma flanela a poeira da estante.

De pé, segurando o espanador, Laíssa parecia paralisada. Acabara de se deparar com uma foto, caída atrás de um vaso de flores artificiais, do dia de seu casamento com Ricardo. Num esforço supremo, ela voltou a si e tentou fingir que nada de diferente acontecera. Pegou outra flanela e começou a limpar com força aquele porta-retratos.

– Não! Não quero! Sinceramente, acho que nunca mais conseguiria me deitar com ele, voltar a confiar... Algo em mim se quebrou e não tem jeito de colar... Mas, ainda assim, tem momentos em que eu penso que ele foi a coisa mais bonita que já aconteceu na minha vida e que eu tinha que encontrar um jeito de tentar consertar... Mas se nem me consertar eu estou conseguindo!... – ela deixou sem querer cair o porta-retratos das mãos e começou a chorar.

Najla veio correndo em seu socorro, já com outra vassoura na mão.

– Não se preocupa, num instantinho eu varro isso. Você se machucou?

– Era o retrato do meu casamento!– ela disse.

– E o que é que tem? Podia ser qualquer outro. Se até o casamento um dia pode vir a terminar, por que um porta-retratos duraria para sempre? – Najla varria o chão sem dar muita importância ao acontecido. – Eu devia ter tirado esse retrato daí...

– Foi você quem o empurrou para trás do vaso? – Laíssa deduziu.

Doía-lhe tanto ver aquele porta-retratos tão bonito estilhaçado daquele jeito.

– Vai querer guardar a foto? – perguntou Najla, retirando-a com cuidado por entre os cacos de vidro. – Até que ficou bonita essa foto... Eu era tão jovenzinha aqui... – ela ficou um tempo admirando a imagem.

– Sim – respondeu Laíssa, enxugando uma lágrima. – Acho que vou querer guardar, se você não quiser...

– Depois a gente vê isso – Najla disse, deixando a foto em cima do móvel. – Essa faxina me deixou exausta! A gente bem que podia dar uma caminhada na praia depois! O que você acha? – disse, já entrando na cozinha e arrancando fora o avental que sempre usava nas ocasiões de limpeza.

– Queria, de verdade, que acontecesse alguma coisa na minha vida. Algo inesperado que me ajudasse a enxergar onde eu deixei a minha força... – confessou Laíssa. – Exatamente como nessa frase que encontrei hoje cedo, dentro de um livro seu – ela mostrou-lhe a página de sua caderneta.

– "As coisas boas vêm com o tempo. As melhores, de repente" – Najla leu a frase em voz alta. – Sabe que nem me lembro de onde tirei essa frase?... O que exatamente você gostaria que acontecesse de repente, Laíssa? – ela perguntou, ajeitando os cabelos diante do espelho.

– Sei lá – respondeu Laíssa, também se servindo de um pedaço do espelho para passar batom. – O resultado de um concurso... Um convite para trabalhar numa área nova, dentro da psicologia, onde eu me reconhecesse capaz... uma oportunidade no exterior! Ai, Najla, eu preciso encontrar um jeito de provar a mim mesma que ainda tenho condições de ser feliz fazendo o que eu gosto! – desabafou, angustiada.

– Na vida, Laíssa, tudo é intenção. Pensamento é vida, nossas palavras têm força, mas, antes de mais nada, é preciso querer. O que exatamente você quer para você neste momento? – perguntou Najla.

– Entendo o que quer dizer. Mas sinceramente, ainda não sei o de que preciso – respondeu Laíssa, pegando embaixo da cama um tênis para fazer a caminhada. – Não sei se deveria voltar ao trabalho, se preferia fazer um curso, se gostaria de encontrar alguém e iniciar um novo relacionamento, viajar para o exterior... Tudo o que sei é que preciso parar de sentir essa dor – avaliou.

– Acho que, primeiro de tudo, precisamos ter consciência da imensa força que carregamos em nós, da nossa capacidade de realizar, de literalmente tornar real tudo aquilo que desejamos consciente ou inconscientemente e peneirar esses desejos, escolher mesmo aquilo em que queremos investir – explicou Najla.

– Tudo bem. Vamos dizer que eu escolha. E depois? O que é que eu faço? – questionou Laíssa, terminando de vestir o tênis.

Najla sorriu.

– Aprendi que é importante anunciar em voz alta nossa decisão, para que a intenção nos ouça. E então começar a direcionar mesmo a nossa percepção para os sinais que o universo nos envia, sempre com muita perseverança.

– Entendi... – concordou Laíssa, ficando de pé. – Mas por que você falou em perseverança com relação aos sinais?

– Não só com relação aos sinais. Com a intenção mesmo! Aliás, com tudo na vida. Não podemos simplesmente começar alguma coisa e abandonar logo em seguida, no primeiro momento em que nos sentimos desencorajados. Quando se tem clara a intenção, não se desiste ao primeiro obstáculo!

Instantes depois, estavam sentadas diante do mar, sobre imensa pedra que parecia concentrar a última e mais poética fatia de sol daquele fim de tarde. "Tão bom olhar para o céu e ver os pássaros pertinho, o azul das ondas em seu bater sem fim, a areia molhada por entre os dedos dos pés, conchinhas ligadas como borboletas. Tão linda é a vida, por que será que há momentos em que, mesmo em meio a tanta beleza, a gente pode sentir tanta dor?", Laíssa em seu íntimo se perguntava.

Não era, contudo, uma pergunta de revolta, de agitação. A respiração estava calma, quase podia se sentir voando junto aos pássaros. Ainda assim, no entanto, refletia sobre o seu direito de voar. Tantos anos ao lado de Ricardo... Cuidando de suas camisas, seus resfriados, corrigindo pareceres, assistindo jogos de futebol só para ficar perto. Como Laíssa odiava futebol! Sabia que existiam muitas mulheres que gostavam, mas ela, pessoalmente, não gostava. Preferia ficar lendo seus livros, cuidando do jardim, colando pequenas peças que quebravam dentro de casa. Durante muitos anos, Laíssa tinha orgulho de alardear aos quatro cantos:

– Sou *expert* em pequenos consertos! Conserto qualquer coisa, fica novo! Muitas vezes, acabo transformando em outra peça. Faço um pedacinho que tinha ficado faltando, mudo uma corzinha ali, faço um detalhezinho aqui, acaba virando obra de arte particular!

Assim na casa como na vida. Uma de suas primeiras constatações, logo ao se casar com Ricardo, fora a de que "a casa é uma mulher vaidosa". Enchia tudo de paninhos, tapetinhos, vasinhos de flor,

quadrinhos, aromas. Por onde passava, ia deixando seu rastro mágico, como se fosse uma fada, com sua varinha de condão. Seu sonho
era transformar a vida de Ricardo no mais aconchegante e feliz dos
contos de fadas.

Da primeira vez em que ela consertou um jarro de barro que ele
sem querer havia quebrado ao passar, ele ficou tão maravilhado que
comprou lindas flores para colocar dentro. Flores artificiais, posto
que era agora um vaso todo trabalhado em cacos, por assim dizer.
Mas tão bonitas que até pareciam de verdade. Depois disso, porém,
não ligou muito mais para as muitas coisas que ela vivia consertando.

Por muito tempo enfeitaram a cozinha de Laíssa. O vaso refeito
e as delicadas margaridinhas. Não se lembrava agora se as tinha dado
ou guardado em algum lugar.

– Sabe o que eu percebo? O problema é que a gente vive criando prazos, cenários e condições para a felicidade chegar. Às vezes,
de tanto se preocupar com os preparativos e os detalhes, acaba não
percebendo o que verdadeiramente importa nas situações – observou
Najla, cortando-lhe aqueles pensamentos. – Acho que todos nós precisamos aprender a ser felizes pelo simples fato de estarmos vivos,
aqui, hoje, pela nossa capacidade de superar obstáculos, grandes e
pequenos. Afinal, qual o principal objetivo de estarmos aqui? O nosso crescimento espiritual! Isso é o mais importante de tudo!

Novamente Laíssa pensou no vaso. Com o tempo, mesmo tendo sido colado com tanta arte e cuidado, por ficar na cozinha foi se
tornando engordurado, daquela gordura que não sai nem com água
quente, as florezinhas foram perdendo sua graça e naturalidade. Só
por isso o retirou de lá.

– Sabe que eu acabo de ter uma ideia? E se nós fôssemos ao cinema hoje à noite? – sugeriu Najla, em mais uma tentativa de animá-la.
– Vou ligar para o Caio. Você escolhe o filme!

9

Decidiram ver "O Regresso".[5] Laíssa escolheu pelo título, que achou bastante significativo. Mal poderia imaginar quanto. Ambientada no século 19, a trama acompanhava a trajetória do guarda de fronteira Hugh Glass (Leonardo DiCaprio) que, depois de viver anos com uma tribo selvagem e ver sua esposa nativa ser cruelmente assassinada numa invasão do acampamento pelos franceses, passa a liderar uma missão americana ao longo do rio Missouri, juntamente com seu filho sobrevivente, até ser atacado por um urso, que quase o matou.

Literalmente costurado vivo por um companheiro, Glass chega à beira da morte e fica para trás com alguns colegas de expedição, que recebem a missão de conduzi-lo em segurança até o acampamento. O guarda, no entanto, acaba vendo seu filho sendo cruelmente assassinado e ainda é enterrado vivo na floresta pelo colega encarregado de sua tutela. Para surpresa de todos, no entanto, ele não só sobrevive como ainda encontra forças para atravessar sozinho imensa área inóspita em busca de vingança.

Vendo aquele filme, Laíssa viveu uma experiência catártica. À medida em que as cenas iam transcorrendo na tela, experimentava tal identificação com o personagem que começou a soluçar no momento em que o urso lutava corpo a corpo com o protagonista e só conseguiu parar de chorar algum tempo depois que as luzes se acenderam. Não pela trama em si, nem pela vingança ou pela dor do per-

---

[5] Adaptação romance *The revenant: a novel of revenge*, de **Michael Punke, que rendeu ao protagonista seu primeiro Oscar de melhor ator**.

sonagem em cena. Mas pela própria dor dela, Laíssa, por sua própria luta íntima, que vira refletida naquele homem, em plena neve, todo ferido, vencendo os próprios limites com tanta garra para dar mais um passo. Sozinho, atravessando as cavernas úmidas e frias de sua própria dor, sem medo de nada, sem perceber que a cada dia vencido naturalmente se fazia mais forte.

Ao sair da exibição, Laíssa ainda tinha a mente tão fixada nas cenas do filme que, sem perceber, de tempos em tempos soltava um suspiro profundo, de quem acabou de muito chorar. Ao mesmo tempo, sentia-se aliviada: era como se tivesse deixado parte de sua dor nas cadeiras do cinema.

– O que são aquelas luzes lá na frente? – ela apontou, avistando de repente a vitrine do outro lado da praça.

Além de iluminada, estava cheia de livros expostos. Uma antiga máquina de escrever e uma porção de bandeirinhas coloridas faziam parte da decoração.

– É a nossa livraria – disse Caio. – Vamos até lá para você conhecer!

– Vamos... – Laíssa respondeu curiosa.

Era um local bastante pitoresco, que chamava atenção pela originalidade.

– Cada bandeirinha tem um verso escrito! – constatou Laíssa maravilhada.

Tinha esse olhar quando entrou e encontrou-se com o olhar do homem que naquele momento atendia no balcão. Laíssa sentiu uma coisa estranha, sua figura parecia-lhe extremamente familiar. Não se lembrava de tê-lo encontrado antes em nenhum lugar, nem mesmo naquela cidade, nas outras vezes em que estivera ali visitando Najla. No entanto, desde o primeiro olhar, reconhecera-o como se fosse alguém a quem conhecesse de longa data.

– Esse aqui é o Joaquim, o dono da livraria – Caio o apresentou, logo que ele saiu do balcão.

– Muito prazer – ele disse com uns olhos profundos e um voz que parecia recortada de um disco de vinil de tempos antigos.

Incrível. Até a voz lhe era familiar! Tão familiar que Laíssa sentiu vontade de chorar, quando de repente ele começou a recitar para elas uma poesia:

Sol posto. O sino ao longe dá Trindades
Nas ravinas do monte andam cantando
As cigarras dolentes... e saudades
Nos atalhos parecem dormitando...
É esta a hora em que a suave imagem
Do bem que já foi nosso nos tortura
O coração no peito, em que a paisagem
Nos faz chorar de dor e d'amargura...

— Que lindo, Joaquim! É seu? – aplaudiu Najla.

— Não. É... – ele tentou dizer.

— Florbela Espanca. "Sol Poente" – complementou Laíssa.

— Você conhece? – ele sorriu surpreso.

— É um dos meus favoritos!... Sou apaixonada pelos poemas dela! Tudo nela é muito profundo, muito psicológico. Uma mulher passional e intensa. Acabou falecendo em sua terceira tentativa de suicídio, aos trinta e seis anos. Fiz um trabalho sobre a obra dela nos tempos de faculdade – ela contou.

Falar de Florbela Espanca era uma das coisas que a empolgavam, mas ela havia perdido completamente a noção disso nos últimos anos. Sentia-se naquele momento revigorada por essa lembrança.

— Sabe que eu me lembro? – observou Najla. – Sei de que trabalho você está falando. O meu foi sobre Frida Khalo!

Laíssa, contudo, mal conseguia ouvir o que a amiga dizia. Naquele instante fugidio, uma estranha sensação invadia-lhe o peito, a respiração, tudo nela parecia sorrir de tanta alegria. "Por que sentia tanta alegria só de ouvir um poema querido? O poema ou o rapaz? Que sensação era aquela?", ela ainda se perguntava. "As coisas boas vêm com o tempo. As melhores, de repente", lembrou-se da frase do marcador.

— Confesso que não conhecia tantos detalhes. Mas também é um dos meus poemas preferidos! – explicou ele. – Diria que sou um colecionador de palavras e de livros!

— Eu também! – admitiu Laíssa, num sorriso.

Trocaram rápido olhar que parecia de encantamento, logo ele foi chamado a atender um senhorzinho que procurava um livro; e também um jovem que queria um romance sobre determinado tema. De longe, Laíssa não pôde deixar de observar a enorme empatia que ele parecia criar de imediato com todas as pessoas.

As duas ficaram um bom tempo passeando por entre as estantes, que eram muitas, enquanto Caio deliciava-se com um exemplar sobre a vida de Rudolf Steiner. Laíssa verificou toda a parte de psicologia, folheou alguns livros de autoajuda, acabou se atendo à imagem de uma das "bandeirinhas poéticas", penduradas pela livraria em clima de São João.

– É um grupo de amigos meus que escreve – Joaquim apareceu de repente, por entre os livros.

Novamente ela estremeceu ao ouvir sua voz, mas fez o máximo possível para tentar disfarçar.

– É linda essa! "Não quero um amor presente. Quero um amor gerúndio" – ela leu alto o texto escrito.

Joaquim se aproximou da bandeirinha, calmamente retirou o pregador que a mantinha fixa a uma espécie de varal que atravessava toda a loja, depois tomou uma das flores que havia no vaso sobre o balcão atrás dele, colocou sobre a bandeira e a entregou a Laíssa com um sorriso.

– É sua! Um presente da livraria para que volte mais vezes!

Laíssa gelou. Ficou tão surpresa que não conseguiu achar o que dizer. Ainda sorria quando ouviu Najla ao longe a chamando para ir embora. Ela já a esperava na porta da livraria, segurando nas mãos um bonito embrulho.

– Então... então, tchau! – Laíssa despediu-se por fim. – Até outro dia!... E obrigada pelo presente!

Não comentou nada de imediato com os amigos. Parecia mesmo capturada por uma outra dimensão da realidade. Era como se um mês inteirinho tivesse se passado ao longo das horas daquele dia, desde que acordara.

– Gostou do Joaquim? Ele faz parte daquele grupo de estudos de que o Caio e eu participamos – disse Najla.

– Falando nisso, a reunião já vai ser agora no final desta semana. Você vem? – Caio perguntou.

Laíssa nem entendeu direito por que, mas sentiu uma alegria profunda quando ele disse isso.

APÓS A CHUVA | 83

– Claro, claro... – respondeu contente. – Eu vou sim...

– Tome! Isto aqui é para você – disse Najla, entregando-lhe o bonito embrulho.

– Para mim? – Laíssa recebeu o embrulho surpresa.

Tinha nos olhos um brilho diferente. Como se ainda ecoasse por dentro dela, o restante do poema que só ela sabia de cor: "é a hora também em que cantando/ as andorinhas vão p'lo meio das ruas/ Para os ninhos contentes/ chilreando./ Quem me dera também, amor, que fosse/ esta hora de todas a mais doce/ em que eu unisse as minhas mãos às tuas!..."[6]

---

[6] In: *O livro d'ele* (1915-1917).

Segunda Parte

Encantamento

> Ah, ele sempre foi um grande galanteador. Um homem bonito, charmoso... Todas as mulheres sempre caíam de amores por ele... Mas eu não sabia disso, no começo...
> (Depoimento de uma "mulher que ama demais")

10

Na manhã seguinte, logo ao acordar, Laíssa suspirou profundamente ao lembrar-se do encontro na livraria. Sentia-se docemente encantada por aquela lembrança... por aqueles olhos, pelo poema, pela bandeirinha que ganhara de Joaquim na livraria. "Não quero um amor presente, quero um amor gerúndio", ela ficou meditando na frase. Era como se toda a sua vida fosse uma colcha de frases, umas se sucedendo às outras, permeando e resumindo os acontecimentos. Era exatamente o que ela queria, o que sempre desejara ao longo de toda a sua vida. Não amar, simplesmente, sofregamente, doentiamente, mas acordar todos os dias amando, sem gerundismos forçados, vivendo o seu amor com toda a intensidade e se sentindo retribuída com a mesma intensidade. Seria isso possível? Seria sinônimo de fraqueza desejar um amor assim? Por que, afinal, apesar de desejar tanto um amor intenso, ela havia se conformado por tantos anos com um relacionamento morno e rotineiro?

Por curiosidade, vestiu seus novos óculos, que sempre ficavam ao lado da cama, tomou nas mãos o livro que ganhara de Najla e abriu-o ao acaso numa página qualquer, a fim de apreciar o texto. Laíssa era uma pessoa que se encantava por textos como quem se encantava por pessoas, não raras vezes até misturava as coisas, se encantando por pessoas por causa de textos. Logo naquele primeiro instantes, ela se interessou pelas palavras que leu.

> Complexos psicológicos negativos se erguem e questionam seu valor, sua intenção, sua sinceridade e seu talento. [...] Estar dentro de

88 | LYGIA BARBIÉRE

> um complexo é o mesmo que estar dentro de um saco preto. Ali dentro é escuro, não conseguimos ver o que nos capturou, só sabemos que fomos apanhadas por alguma coisa. Ficamos temporariamente incapazes de organizar nossos pensamentos ou nossas prioridades e, como animais presos dentro de sacos, começamos a agir sem refletir.

Era um livro de histórias, histórias míticas e arquétipicas ligadas ao feminino, possivelmente um dos livros mais profundos que já lhe caíra nas mãos. Chamava-se *Mulheres que correm com os lobos* e era assinado por uma analista junguiana, que era também uma contadora de histórias, chamada Clarissa Pinkola Estés.[7]

– Pode não parecer, mas eu te dei de presente uma farmácia! – brincou Najla, entrando no quarto e vendo que ela estava folheando seu presente.

Ela foi até Laíssa e a abraçou com carinho.

– E então? Dormiu bem?

Laíssa fez que sim com a cabeça.

– Estou encantada com este livro! – ela exclamou.

– As histórias, contos de fadas, lendas do folclore, mitos e arquétipos populares de todos os tempos são na verdade bálsamos medicinais, que têm toda uma força própria. E que força! – explicou Najla.

Ela abriu o armário para pegar uma roupa.

– Penso que a cura para qualquer dano ou para resgatar qualquer impulso psíquico perdido está nas histórias, porque elas oferecem acesso ao que há de mais sagrado na mulher, que é o vasto mundo subterrâneo feminino presente em cada uma de nós – continuou, enquanto procurava um vestido no imenso guarda-roupas. – E esse livro é um conjunto de histórias ancestrais, uma verdadeiro *closet* da psiquê feminina! – ela brincou, fechando o armário, já com um vestido na mão.

– Puxa, só de folhear as páginas, eu já adorei! – agradeceu Laíssa, sentando-se na cama. – É maravilhoso! Nem sei por onde começar... – ela exclamou, verificando agora o índice.

---

[7] ESTES, Clarissa Pinkola. Estés *Mulheres que Correm com os Lobos: mitos e histórias do arquétipo da Mulher Selvagem.* Tradução de Waldéa Barecellos. 1ª edição, Rio de Janeiro: Rocco, 2014. O trecho citado faz parte do cap. 10: "As águas claras: o sustento da vida criativa, o rio em chamas", p. 350.

– Que tal pelo começo? – brincou Najla.

– Claro! – Laíssa riu. – Como cada um fala sobre uma história, pensei em ver por qual delas me sentia mais atraída neste momento... – ela explicou.

– Na verdade, estamos entrando no capítulo quatro. Este é o livro que usamos naquele grupo de estudos de que o Caio falou. Se quiser, pode começar pelo quatro e depois fazer como achar melhor. Nosso estudo vai ser agora, na próxima sexta-feira! – ela comentou. – Você vai participar conosco, não vai? – novamente ela insistiu.

– Sim!... Agora, mais do que nunca, eu quero ir – respondeu Laíssa, abraçando o livro. – Você realmente acertou em cheio. Era o livro de que eu precisava!

Assim que Najla saiu, porém, enquanto arrumava o quarto, sem querer Laíssa encontrou num canto a antiga do foto de seu casamento. Foi o suficiente para remexer profundamente o seu íntimo, bagunçar de novo todas as suas ideias.

Passou o resto do dia com o livro debaixo do braço, mas, embora empolgada, não conseguiu voltar a lê-lo de imediato. De tempos em tempos tirava de dentro a foto, que deixara guardada ali mesmo, na orelha do livro, e a olhava por um tempo. A mente continuava ainda repleta de pensamentos ligados ao fim de sua relação com Ricardo, mas também ao inesperado encontro com aquele rapaz que mexera tanto com ela. Será que estaria presente no estudo da próxima sexta? E Ricardo? O que diria se soubesse que ela começava a se interessar por outra pessoa, outro homem?

Ao contrário do que imaginara, Ricardo não fizera mais nenhum drama ao longo de todas aquelas semanas. Nenhuma desculpa, nenhum pedido para voltar, nada. Fria e educadamente, tratavam apenas dos detalhes ligados à separação. Sempre pelo *whatsapp,* numa relação quase profissional. Tamanha indiferença só aumentava ainda mais a ferida que Laíssa trazia dentro de si.

A semana passou mais rápido do que nunca. A cada vez que ela começava a ler novo trecho do livro, os pensamentos, as lembranças jorravam aos borbotões, enchendo-lhe a mente até que não coubesse mais nenhuma linha ali dentro. E quanto mais ela pensava, mais nítida e sólida era a constatação de que sua relação efetivamente acabara,

90 | Lygia Barbiére

e maior a sensação de sufocamento, de falta de norte e de chão que ela experimentava dentro de si.

E por isso também se culpava. Como podia ela, uma psicóloga, que estudava tanto, ter se deixado chegar a tal ponto? Como pudera ser tão cega? Por que não pulara do barco antes de seu naufrágio total? Precisava ainda compreender que cada um tem seu tempo certo de amadurecimento e aprendizado. Não dava para pular etapas. Mas, naquele momento, tudo o que Laíssa conseguia fazer era se cobrar e se interrogar mais e mais.

A dor era muito grande, como se os buracos não fossem nunca se fechar. Pior de tudo é que naquela semana Najla esteve tão ocupada com seus pacientes que as duas mal tiveram tempo de conversar. A amiga saía cedo e voltava muito tarde. No decorrer da semana, ainda precisou ir ao Rio com Caio para resolver detalhes da viagem ao Equador que iriam fazer. Laíssa, pela primeira vez depois da separação, sentiu-se profundamente só. Quando chegava a noite, o vazio parecia ainda mais insuportável. Ela então se agarrava à lembrança de Joaquim, como se fosse seu segredo mais precioso, o único fio de esperança que ela carregava consigo, a esperança de que seu coração voltasse a bater por outra pessoa. "Será que tenho esse direito?", mais uma vez se perguntava.

E de novo ela se lembrava da voz de Ricardo, vinham as saudades do tempo em que a vida até parecia um sonho. O mais difícil era ter de reconhecer que os últimos tempos andaram muito próximos de um pesadelo!

Coisa mais horrível dormir ao lado de uma pessoa que ocupa espaço na cama, mas espiritualmente parece que nunca está ali, verdadeiramente ocupando aquela cama! Para completar, de tanto que trabalhava sem limites, nos últimos anos vinha tendo um sono para lá de agitado. Dificilmente Laíssa conseguia dormir uma noite inteira ao lado dele. Eram noites tensas, de pesadelos, tremores, angústias. Houve um momento em que o próprio colchão pareceu começar a dar choques de repente no meio da noite. A incompatibilidade que se erguera entre os dois fazia com que se sentissem separados por um muro, mesmo quando estavam de mãos dadas. Como ela podia ainda sentir saudades de tudo isso? "Seriam mesmo saudades?", ela se questionava, olhando mais uma vez para a antiga foto.

Os últimos anos tinham sido bem complicados. De tempos em tempos, angustiada com a dificuldade de fingir para si mesma algo que seria tão óbvio para alguém que trabalha o tempo todo analisando e retrabalhando os sentimentos de outras pessoas, Laíssa saía nas ruas e comprava coisas – vestidos, sapatos, almofadas, brincos, flores, vasos de cristal. Por mais que enfeitasse a casa e a ela mesma, no entanto, a sensação de vazio não desaparecia. E ela tentava desesperadamente preencher todos os possíveis vazios de Ricardo, como se de alguma forma pudesse impedir com isso que um dia o mesmo sentimento de fim, que ela tanto negava, aflorasse também dentro dele.

Então saíam com amigos, bebiam até altas horas da noite dizendo bobagens, jantavam nos mais finos restaurantes e voltavam para casa exaustos, empanturrados e embriagados, prontos a dormir por mais um domingo inteiro e adiar por mais uma semana aquela conversa que tanto precisavam ter. Era horrível o silêncio de quando estavam juntos, como se a relação houvesse perdido completamente seu encanto, seu perfume, seu som...

Mas como podia ela agora estar sentindo tanta dor por ter saído de uma relação assim? "Dor de quê?", não cansava de se perguntar. E assim Laíssa permanecia sempre imersa nessas dores, nessas lembranças, como que nadando bravamente para escapar do furacão que se formara no mar de si mesma.

Somente após alguns dias de muito ler sem nada reter, com muito sacrifício, conseguiu parar de pensar e se focar na história que seria tema do estudo no final da semana.

Era uma lenda afro-americana sobre um homem selvagem que se chamava Manawee e que vivia a cortejar duas irmãs gêmeas, cujo pai só daria em casamento àquele que conseguisse adivinhar seus nomes. Uma lenda típica de uma cultura polígama, para a qual era natural um único rapaz desposar várias mulheres ao mesmo tempo. Manawee tentava muito, mas não conseguia nunca adivinhar o nome das moças que tanto desejava.

Até que um dia decidiu visitá-las em companhia de seu cãozinho de estimação, que imediatamente enamorou-se por elas. Os cães são por natureza psicopompos – capazes de enxergar outras dimensões, além da nossa, já que sua função, segundo a mitologia, é guiar ou conduzir a percepção de um ser humano entre dois ou mais eventos significantes. Em sua intuição natural, o cãozinho logo percebe que uma irmã era mais bonita do que a outra, mas a outra era mais delicada do que a primeira. E embora nenhuma das duas irmãs possuísse todas as virtudes, o cachorrinho gostou muito delas, porque lhe deram petiscos e sorriram, olhando-o no fundo dos olhos.

Assim, ao final de mais aquele dia em que Manawee não adivinhou o nome das moças, o cachorrinho voltou correndo para a choupana das irmãs, disposto a descobrir-lhes o nome para levar para Manawee. Ele enfiou a orelha por baixo de uma das paredes laterais e ouviu as moças dando risinhos e falando sobre como Manawee era bonito e másculo. Enquanto falavam, iam chamando-se mutuamente pelos nomes. O cachorrinho ouviu e correu a contar a seu dono.

Acontece que, no caminho, ele encontrou um enorme osso que havia sido deixado por um leão ao devorar a sua presa. O cachorrinho não resistiu e atracou-se com aquele osso até não poder mais, até que todo o sabor desapareceu. Ah! O pequeno cãozinho lembrou-se então da tarefa interrompida, mas esquecera completamente o nome das moças.

Por isso, ele correu de volta à choupana das gêmeas e dessa vez já era de noite, e as jovens estavam passando óleo nos braços e pernas uma da outra, e se arrumando como se fosse para uma festa. Mais uma vez o cãozinho as ouviu chamarem-se pelos respectivos nomes, e mais uma vez, voltando para casa, foi atraído por um estímulo externo. Dessa vez um irresistível cheiro de noz moscada – e não havia nada que aquele cachorrinho adorasse mais do que noz moscada! Desviou-se, então, mais uma vez do caminho até deparar-se com a bela torta de laranjas esfriando bem em cima de uma tora. E mais uma vez, após deleitar-se como um deus, ele percebeu que havia esquecido de novo o nome das moças.

Novamente ele voltou à choupana e percebeu que agora elas estavam se preparando para se casar. "É preciso me apressar", ele pensou, "quase não há mais tempo". E pela terceira vez guardou os nomes na mente (ele sempre podia ouvi-los!) e saiu em disparada, desta vez na firme determinação de que nada iria impedi-lo de transmitir a mensagem a seu dono o mais rápido possível.

Acontece que, desta vez, encontrou-se com um estranho todo vestido de preto, que saltou subitamente do mato e o agarrou. Agarrou-o pelo pescoço e sacudiu-o ao ponto de seu rabo quase cair. Queria, por toda lei, saber o nome das moças. Mas o cachorrinho não disse. Achou até que ia desmaiar com aquele punho lhe apertando o pescoço, mas lutou com bravura. Ele rosnou, arranhou, esperneou e, afinal, mordeu o estranho entre os dedos. Seus dentes picavam como vespas e o estranho berrava como um búfalo indiano, mas o cãozinho não soltava. O estranho correu mato adentro com o cãozinho pendurado numa das mãos. Até que implorou ao cãozinho para que o deixasse ir em troca da própria liberdade. O cão concordou, mas rosnou para que ele nunca mais voltasse por ali.

E assim o cachorrinho prosseguiu pelo mato, meio mancando, meio correndo, até conseguir finalmente encontrar Manawee, que o recolheu com carinho, deu-lhe banho e cuidou de seus ferimentos. O cão contou-lhe então toda a história, assim como o nome das moças. Manawee correu de volta até a choupana das gêmeas com o cachorrinho nos ombros, "e as orelhas do cachorro dançavam ao vento como rabos de cavalos".

Quando Manawee chegou até o pai com os nomes das filhas, as gêmeas o receberam já vestidas para viajar com ele; haviam estado à sua espera o tempo todo. E foi assim que Manawee conquistou duas das mais belas donzelas da região. E todos os quatro, as irmãs, Manawee e o cãozinho, viveram juntos em paz por muito tempo.

E assim terminava a história do livro. Laíssa fechou-o com cuidado e se pôs a pensar. O resto do dia ficou lembrando daquela história. A essas alturas, já era sexta-feira. Somente no último dia conseguira efetivamente terminar a história.

Quando, mais tarde, ela se viu sentada entre os participantes do grupo de estudos esotéricos comandado por Caio, nem acreditou que aquilo fosse verdade. Era, de fato, uma vitória sobre si mesma conseguir estar de novo em algum lugar entre muitas pessoas, ter lido um texto a ser discutido com aquele grupo. Olhando as almofadas coloridas e despojadas da sala de estudos na casa de Caio, Laíssa sentiu-se muito feliz por estar ali. Era como se estivesse voltando à vida depois de um longo período de recolhimento. Por coincidência, na hora da saída caiu uma chuva semelhante à que caíra na noite do flagrante. Laíssa ficou balançada com isso, mas foi assim mesmo.

– O que mais me chamou a atenção na história foi o fato de serem duas mulheres. Aliás, não apenas duas mulheres, mas duas gêmeas. Uma era mais bonita, outra mais delicada. – Maíra, uma jovem estudante de psicologia, foi a primeira a falar, quando Caio iniciou o estudo. – Mas também o fato de o homem ser duplo. O cachorrinho na história é quase um pedaço dele!

Eram poucas pessoas, cerca de seis mulheres e três homens, contando com Caio e Najla. Contando ela mesma, sete. Joaquim não estava entre os homens, ela observou logo ao chegar. Ainda não tinha certeza se gostaria de vê-lo de novo e tinha passado o dia todo nervosa com isso. "Está vendo, não tem nada a ver. Tira isso da cabeça. Você não tem nem condição de iniciar um novo relacionamento", disse a si própria.

– Acho que a questão das duas mulheres, independentemente de a história ter sido transmitida por uma cultura poligâmica, simboliza os dois aspectos do ser, a alma e o corpo físico, a mulher externa e a mulher interna – opinou um dos homens do grupo, que também era terapeuta e se chamava Giuseppe.

Laíssa estava encantada. Como podiam existir tantos homens interessados em estudar um livro que falava essencialmente sobre mulheres? Para Najla, no entanto, tudo era muito natural. Na concepção dela e de todos aqueles homens ali presentes, entender as mulheres era também um meio entender a si próprio. Afinal, todo homem já viveu dentro do útero de uma mulher, ao longo de suas vidas, todos permanecem, de alguma forma, conectados com o universo feminino.

– Interessante que a própria autora complementa essa observação com a história do rei africano que, antes de morrer, chamou toda a família e deu um palitinho de madeira a cada um. Depois de pedir que todos quebrassem o seu pauzinho ao meio, ele deu a cada parente um novo pauzinho e disse: "É isso o que acontece quando uma pessoa está só e sem ninguém. Ela pode ser quebrada com facilidade. É assim que eu gostaria que vocês vivessem depois que eu me for: juntem seus pauzinhos em feixes. Temos força quando nos juntamos a outra pessoa. Quando estamos juntos, não podemos ser quebrados" – lembrou o outro rapaz.

– Acho que aqui ela quis mostrar a importância das pessoas perceberem que têm muitas partes, mas que para que funcionem bem é necessário que estejam integradas. As duas irmãs são super integradas, super complementares. Tanto que na história uma está passando óleo na outra; elas são praticamente uma unidade formada por dois seres! – lembrou outra moça, que vinha a ser professora de ciências numa escola pública.

– A mim chamou a atenção o fato de o personagem masculino precisar conhecer o nome das mulheres. Na tradição grega, o nome era de uma importância singular para as pessoas. A ponto de as pessoas possuírem um nome secreto que a ninguém costumava ser dado conhecer. Conhecer o nome secreto significava conhecer verdadeiramente a pessoa – opinou uma senhora, dona da farmácia de manipulação.

"O próprio livro diz isso" – lembrou Najla, já localizando a página que havia marcado, lendo em voz alta para todos:

> Dar nome a uma força, uma criatura, uma pessoa ou a um objeto tem algumas conotações. Nas culturas em que os nomes são escolhidos com cuidado pelo seu significado mágico ou auspicioso, saber o verdadeiro nome de uma pessoa representa conhecer a trajetória da vida e os atributos da alma daquela pessoa. E o motivo pelo qual o nome verdadeiro é muitas vezes mantido em segredo está na proteção do seu dono, para que ele ou ela possa crescer e cumprir o potencial do nome, e na proteção do próprio nome de modo que ninguém o avilte ou prejudique e, assim, para que a autoridade espiritual de cada um possa se desenvolver até suas proporções plenas.

Logo todos colocavam, animadamente, as suas opiniões. Laíssa sentiu que lágrimas escorreram de seus olhos nesta hora. Seu raciocínio engasgou a partir da frase: "É isso o que acontece quando uma pessoa está só e sem ninguém. Ela pode ser quebrada com facilidade". O verdadeiro nome de uma pessoa? Será que algum dia Ricardo soube quem ela era de verdade? Estava quase se entregando à sensação de pena de si mesma, quando, de repente, ouviu aquela voz, que cortou a sala como se fosse uma trovoada.

– Pois a mim impressiona a coragem do cachorrinho – todos se voltaram para a porta para olhar para Joaquim, que entrava na sala, todo molhado, com seu capacete. – Enfrentou todos os obstáculos, se dominou para conseguir atender aos anseios de seu dono. Quase que nem deu para chegar até aqui com este dilúvio! – ele brincou.

Todos riram. Sem que nem ela mesma entendesse por quê, Laíssa corou imediatamente. Havia até pensado em comentar alguma coisa, mas naquele momento mudou de ideia. Sentiu muito medo de que aquele homem a conhecesse.

– Sim, como bem destacou o nosso amigo Joaquim, o cão passa por etapas, obstáculos! – observou Caio, depois de fazer um rápido retrospecto de toda a discussão para Joaquim. – É preciso vencer--se para cumprir uma importante tarefa! Assim como ele, todos nós possuímos nossa própria tarefa – disse, lembrando-se do filme a que havia assistido recentemente.

– Só que muitas vezes a gente perde o rumo por causa de outra pessoa, que cruza o nosso caminho. Que atrapalha tudo, sem que a gente queira! – lembrou a jovem estudante de psicologia.

– Acho que a outra pessoa, o ser vestido de preto, era mais uma subparte do personagem principal, assim como o cãozinho representava uma subparte sua, mais animalizada, mais sujeita às atrações materiais, passageiras. O ser vestido de preto era o seu lado sombra, que vai se defrontar justamente com o seu lado mais instintivo, mais animalizado. Ele sacode o cãozinho como se dissesse: como ousa desprezar todos os atrativos do mundo das sensações que surgiram pelo caminho para cumprir um dever de lealdade para alguém? É justamente a luta do ser para vencer os próprios instintos!

– Interessante é que é justamente esse lado mais essencial, mais instintivo representado pelo cão que consegue acessar as gêmeas, consegue perceber-lhes o nome todas as vezes em que se aproxima – Laíssa não resistiu.

– Sim, penso que essa história quer nos mostrar, entre outras coisas, é claro, que todos nós ainda possuímos essa parte mais anima-lizada. É isso o que nos faz semelhantes, o que possibilita que a gente se comunique – Joaquim opinou em seguida. – Existe uma beleza em ser frágil, em vencer os obstáculos criados por nossas próprias fraquezas e conseguirmos assim até ajudar alguém!

– Será? – Laíssa deixou escapar sem querer.

Ele abriu imenso sorriso para ela, que olhou para baixo, ainda mais envergonhada, talvez até por medo de que ele percebesse como ela era sensível à sua presença. De fato, seus olhos até ganharam um brilho diferente quando ele chegou, mas ela não tinha consciência disso. Ao contrário, o tempo todo ralhava consigo, porque não queria sentir o que estava sentindo. "E quem seria aquele homem? Sabia que ele era dono da livraria, mas quem seria ele como pessoa? Alguém tão interessante certamente deveria ter uma esposa, uma companheira... Por que ela tinha sempre a sensação de que ele não tinha ninguém?", ela de repente se pegou pensando.

De sua parte, ele também olhava para ela, todas as vezes em que a discussão se inflamava. Ficava em silêncio, apenas olhando. E sempre que por acaso os olhares dos dois se encontravam, ele sorria para ela. E ela abaixava a cabeça, mais que rapidamente.

Laíssa, no fundo, sentia-se culpada quando ele olhava para ela – novamente a culpa! Então olhava para as mãos, e lembrava que havia retirado a aliança. Não era mais casada. Ou será que ainda era?

A sensação era de que muito tempo havia se passado desde que ela chegara àquela cidade de praia. Mas ela ainda não conseguia ter certeza absoluta de que era uma mulher separada, livre para flertar com quem bem entendesse.

– Acho que a história mostra também a importância do conhecer-se. Numa relação, é preciso que todas as subpartes de ambos se relacionem com perseverança. O rapaz não conhecia os nomes das gêmeas, mas ele tentava. Ele queria saber, ele ia todos os dias. Tanto que o cachorro, que era a subparte mais animalizada dele, vai em busca quando ele desiste – destacou Caio, trazendo-a de volta ao estudo.

– E elas, por sua vez, as subpartes dela, aceitam as subpartes dele. Observem que o texto diz que, "embora nenhuma das duas irmãs possuísse todas as virtudes, o cachorrinho gostou muito delas porque elas lhe deram petiscos e sorriram olhando fundo nos seus olhos". Isso significa que houve uma comunicação de almas! – acrescentou a farmacêutica, que era também estudante de antroposofia, como ficaram sabendo durante o estudo.

De onde estava, neste momento Joaquim olhou fundo nos olhos de Laíssa, que sem querer desta vez encontrou-se com os olhos dele e não teve como desviar. Imediatamente se sentiu gelada por inteiro, como de hábito, mas ainda assim sustentou o olhar, como que hipnotizada por ele.

– Para conquistar o coração de uma mulher selvagem, entendendo aqui mulher selvagem com a mulher em essência, a mulher profunda que habita o ser feminino, seu parceiro deve entender profundamente sua dualidade natural. É isso o que resume o texto para mim – Joaquim fez questão de sintetizar, sempre olhando para ela.

Ao fim do estudo, ainda trocaram alguns olhares, mas, como chovia, e a chuva aumentava, Joaquim se apressou em ir. Disse que tinha um compromisso ainda naquela noite, passara só para não deixar de vir. Laíssa fez de longe um sinal de cabeça para ele, que mais uma vez sorriu para ela, e fez um gesto como se tirasse o chapéu, numa divertida reverência, antes de sair.

11

Laíssa custou a dormir naquela noite, lembrando de tudo. O coração batia mais depressa do que de costume. O que estaria acontecendo? Não quis contar nada a Najla. Sentia-se culpada por pensar nessas coisas – de novo a culpa! Ainda assim, despertou com um buquê de hortênsias azuis:

– Não colho! Mas te envio com gotas de amor puro, tá? Faltam palavras que exprimam! – dizia Joaquim, no estranho sonho que ela teve com ele, logo ao amanhecer.

Não se lembrava de muita coisa. Apenas de Joaquim chegando junto à cama onde dormia na casa de Najla, beijando-lhe o rosto e entregando-lhe o buquê. "Seria um sonho premonitório?", ela se perguntou, sentindo o coração se encher de esperança. Pela primeira vez, depois de todo aquele tempo, ela abriu os olhos e não pensou em Ricardo.

Saiu da cama cantarolando, ficou longo tempo no banho passando cremes, até secou o cabelo com secador.

Mais uma vez, embora fosse sábado, Najla havia saído para seus atendimentos. Desta vez, porém, Laíssa não se importou. Todo o seu pensamento estava ocupado com Joaquim. E se o procurasse nas redes sociais? Quem sabe algum detalhe... Correu até o computador para ver se encontrava alguma informação sobre ele e percebeu que havia um convite esperando-a no *facebook*. Era da parte dele. Antes que ela o encontrasse, ele a havia encontrado! Laíssa sentiu suas mãos ficarem geladas de imediato. Incrível aquela capacidade que ele tinha. Era só insinuar a sua presença que ela de imediato já ficava gelada! "E agora?",

99

pensou. Aceitou o pedido e fechou o *laptop*. O coração estava disparado. Parecia até um sonho. Laíssa olhou-se no espelho e percebeu que sorria. De quê? Pouco importava, simplesmente sorria. Era bom sorrir de novo! E como estava bonita, há quanto tempo não se via assim!

O vínculo entre os dois começou a se intensificar a uma velocidade inimaginável. Ela tomou café e correu a verificar se havia novas mensagens. E tinha.

– Seja bem-vinda! É uma honra recebê-la em minha página! Foi incrível o nosso estudo de ontem. Sabe que eu poderia jurar que sonhei como você dividida em gêmeas? Mas não me lembro, nem sei de verdade se aconteceu. De qualquer forma, era apenas um sonho! – ele brincou, logo no início da manhã.

– Que coincidência! Acordei com a sensação de que conversamos muito esta noite, durante o sono. Despertei alegre e disposta! – ela respondeu radiante.

– Mas é claro que conversamos! Pensamento é vida; tudo aquilo que desejamos se realiza! – ele tornou de lá.

– É bom pensar que Deus permite uma coisa assim... Pena não nos lembrarmos depois de tudo o que aconteceu – ela considerou.

– Mas Ele permite! Só não nos deixa lembrar porque então seria mais difícil prosseguir, caminhar... mas acho que gostaria de te ver mais uma vez... Quando vem de novo à livraria? – ele perguntou. – Você continua na cidade?

Nesse ponto, Laíssa parou de digitar. Suas mãos agora suavam de nervoso. O que dizer? Foi até a cozinha e preparou um café. Estaria certo isso? Afinal de contas, ela ainda estava casada perante a lei! Logo ele enviou também a foto de um pequeno pássaro, aconchegado dentro da própria camisa. "O que quereria dizer isso? Quem era aquele homem?", mais uma vez ela se perguntou. Seria casado? Será que ela estaria correndo algum tipo de perigo, trocando aquelas mensagens com ele? O rosto estava vermelho, quente, e as mãos geladas, como sempre. Estava morrendo de medo do que estava sentindo. "Não! Não fazia o menor sentido! Ela não poderia estar sentindo todas aquelas coisas!", brigou consigo mesma. Ainda assim, meia hora depois, foi de novo olhar se havia chegado alguma nova mensagem. Reparou então que ele enviara um recado, logo depois da foto com o pássaro.

– Esteve aqui hoje! Deus sempre! Sempre contigo. Fique em paz e beijo – ele escreveu, logo depois do pássaro.

Laíssa entendeu que ele estava indo trabalhar quando enviou a mensagem. Que mensagem! Recebeu aquilo como se fosse o maior presente do mundo. Sentia-se verdadeiramente abençoada. Quanta atenção! Suspirou profundamente e saiu da tela. A vida começou a ganhar outro colorido naquela manhã. Até as feridas, antes tão inflamadas, pareciam estar cicatrizando mais depressa. Não era possível estar acontecendo tudo aquilo. Será que era?

Foi até o supermercado e comprou lírios para enfeitar a sala. A vontade que tinha era de enfeitar a casa toda; nem estava mais tão preocupada com o dia de ir embora. Mal podia esperar pelo momento do reencontro. Será que ele iria convidá-la para alguma coisa? Lembrou-se de que ele comentara algo sobre ela aparecer na livraria. Ao mesmo tempo, porém, Laíssa se sentia confusa. Não, de forma alguma. Ela não iria aparecer lá assim do nada! De forma alguma!

Estava quase chegando em casa com as compras e as flores, quando de repente uma borboleta azul, enorme, pousou em seu ombro como se a conhecesse, como se trouxesse um recado para ela.

– Você não vai acreditar... – escreveu para ele, toda emocionada, ainda na porta da casa, lembrando-se do pássaro que ele lhe mandara de manhã. – Ela era enorme, linda! Só não fotografei porque não consegui! No que abri a bolsa para pegar o celular, ela voou...

Ele respondeu de imediato, com a fotografia de uma borboleta exatamente igual à que ela acabara de ver, pousada numa antiga prancha de *surf*, como se a mesma borboleta tivesse saído de onde ela estava e, numa fração de segundos, tivesse ido pousar onde ele estava. Borboletas azuis e transformações – era tudo em que Laíssa conseguia pensar naquele momento.

– É muito lindo tudo isso! Ainda no supermercado? Eu estou agora indo pra casa para almoçar, daqui a pouco chego! Até... quando quiser! Beijo – novamente ele enviou para ela.

– Ai, até respirei... – digitou Laíssa de volta, abrindo a porta de casa ao mesmo tempo em que segurava o vaso e as compras com a maior dificuldade.

Laíssa não se lembrava mais de Ricardo, nem de separação ou traição. Pela primeira vez na vida, queria apenas ser feliz. Estava fora de si, quase embriagada de tanta felicidade, tanto que nem se zangou quando a caixa de ovos escapuliu de suas mãos trêmulas e espatifou-se inteira no chão. Laíssa sentou-se no chão e ficou rindo sozinha.

Respirou fundo, limpou toda a sujeira e foi guardar as compras do supermercado, o tempo todo imaginando como seria maravilhoso quando pudesse se encontrar de novo com ele. Será que ele se entenderia com Caio? Quem será que o convidara para participar do estudo? Reviu as cenas do estudo em grupo, os olhares trocados na hora de sair. Será que ele também estava sentindo a mesma coisa que ela?

A dor passou de repente; nada mais parecia importante, mas... A essas alturas era sábado e no domingo era preciso voltar. Remarcara suas pacientes para segunda-feira. Ricardo já se mudara. Os dois combinaram que ela poderia ficar no apartamento até que ele fosse vendido. Laíssa sentiu vontade de não mais voltar, mas ao mesmo tempo sabia que não podia fazer isso.

– Que tal se nos encontrássemos hoje à noite? – ele perguntou por mensagem, já no final da tarde.

Laíssa ficou tão nervosa que desligou o aparelho. Não sabia o que dizer. Só quando, bem mais tarde, Najla voltou para casa, ela tomou coragem de ligar de novo o celular, para mostrar à amiga os últimos acontecimentos.

– E agora? O que eu faço? – perguntou, nervosa como uma adolescente.

– Sai, boba, o que você tem a perder? – Najla empolgou-se.

– Mas eu não conheço ele direito! Você conhece bem esse cara? – Laíssa estava insegura.

– Bem, conhecer, conhecer mesmo, eu não posso dizer que sim. Sei dizer que faz pouco tempo que ele chegou à cidade. Soube que comprou a livraria, tempos depois estava frequentando o nosso grupo. Parece que gosta muito de estudar. Acho que foi o Giuseppe, aquele outro terapeuta, quem o convidou. Mas realmente não sei muita coisa sobre ele, a não ser que ele é muito simpático... – opinou Najla. – Ah! E que tem uma iguana de estimação!

"Uma iguana? Que curioso!..." – pensou Laíssa. – Ah, não sei... Estou muito nervosa... Ao mesmo tempo em que meu coração está batendo de um jeito que eu nem lembrava mais que era capaz de bater, eu me sinto culpada... Como se estivesse traindo o Ricardo se aceitasse sair com ele...

– Trair o Ricardo? Você só pode estar louca! Foi o Ricardo quem traiu você! Só por isso você está aqui! – lembrou Najla. – Anda! Vamos escolher uma roupa!

– Não! – resistiu Laíssa. – Espere... Ainda não sei se eu quero ir...

– Laíssa, me fala o que você tem a perder? – insistiu Najla, toda animada. – Hoje é sábado! Você só vai sair com um amigo, pronto! O máximo que pode acontecer é você não gostar da conversa dele e querer voltar para casa!

– Mas eu adoro a conversa dele, adoro tudo o que ele fala! Esse é o problema!

– Como assim esse é o problema? – Najla questionou.

– E se eu me apaixonar por ele? – Laíssa estava transtornada diante dessa hipótese.

– Se você apaixonar, ótimo! Quem sabe não é disso que você está precisando?

– Eu? Deus me livre me apaixonar outra vez! – Laíssa até sacudiu a cabeça, como a espantar aquele pensamento.

– Esse vestido vai ficar lindo... – Najla decidiu, tirando um vestido xadrez azul de dentro do armário.

– É lindo... mas eu... – tentou protestar Laíssa.

– Mais tarde a gente resolve isso. Quer saber? Acho que você está precisando tomar um vinho para se descontrair! – imaginou Najla. – Vem! Vamos até a cozinha!

Abriram uma garrafa de vinho e ficaram esperando nova mensagem. Mas não chegou.

– E agora? O que a gente faz? – Laíssa perguntou, começando a ficar apreensiva. – Será que ele desistiu?

– E se você mandasse mensagem para ele? – sugeriu Najla.

– De jeito nenhum! Isso nunca!

– Então tudo bem – concordou Najla. – O Caio vai preparar um jantar essa noite. Você quer vir?

– Não, não... Nem sei se quero sair com ele. Prefiro ficar aqui – disse Laíssa, tentando disfarçar sua decepção.

Horas depois, quando Najla saiu para ir jantar na casa de Caio, Laíssa continuou esperando. "O que teria acontecido?", ela não conseguia entender. Já era quase meia-noite, quando Joaquim voltou a dar sinal de vida, depois de enviar-lhe a foto de um buquê de margaridas.

– Colhi no caminho de casa, especialmente para você! – ele escreveu em seguida.

– Pensei que não fosse mais me escrever. – ela respondeu, meio desconfiada.

– Eu jamais na vida quero deixar de escrever para você! – ele respondeu. – Trabalhei até agora. Estou moído. Mas até sairia de novo se você quisesse comer um talharim comigo!

Laíssa ficou tão nervosa quando leu a mensagem que até engasgou com a própria saliva.

– Acho que preferia deixar para amanhã. Estou com um pouco de sono – ela mentiu, morrendo de medo.

– Posso ligar para você? – ele pediu.

Novamente ela demorou um tempo para responder. Mas passou o telefone. E ele ligou. Conversaram até de madrugada. E continuaram por mensagens, depois de desligar. Laíssa, aliviada, ficou sabendo que ele não tinha ninguém em especial. Ele comentou que vivera anos no sul com uma moça, mas, depois que essa moça viera a falecer, de forma trágica, ele nunca mais voltara a se relacionar com ninguém. Laíssa quase perdeu o fôlego quando ele disse isso. Era bom demais para ser verdade! Ainda assim, procurou disfarçar. Não queria que ele desconfiasse o quanto ela já estava envolvida com toda aquela história.

– Vamos à praia amanhã? – ele sugeriu, já no final da conversa.

– Está um pouco frio, poderíamos caminhar depois do almoço – ela contrapropôs, querendo, na verdade, adiar ao máximo o momento do encontro.

– Combinado. Te chamo amanhã à tarde – ele prometeu.

– Sim, pode ser – ela digitou, trêmula.

Estava tão agitada que mal conseguiu pregar os olhos depois da conversa. Como se a vida toda houvesse esperado por aquele momento que estava prestes a viver.

12

Laíssa acordou de um salto no dia seguinte. E se ele não ligasse? E se ela não fosse? Numa fração de segundos, passavam-lhe todas as possibilidades pela cabeça. Najla não viera dormir em casa. Não havia com quem conversar. Provavelmente, Najla ligaria logo, preocupada em saber onde ela iria almoçar. Mas Laíssa não estava preocupada com almoço. Antes de mais nada, ela precisava decidir se queria ou não se encontrar com Joaquim. Valeria a pena?

Vestiu todas as roupas que havia comprado desde que chegara. Nenhuma ficou boa. E nem as que Najla costumava lhe emprestar. A qualquer momento ele poderia ligar... ou mandar mensagem... O que fazer?

Ficou lembrando da conversa que tivera com ele por telefone.

– Há muito tempo sou um homem sozinho – ele dissera. – Pensei que nunca mais me envolveria com ninguém até conhecer você.

Mas ele não gostou muito quando ela explicou que ainda estava casada.

– Na verdade, eu nunca me relacionei com uma mulher casada – ele respondeu, quando ela disse.

– Eu também nunca me relacionei com nenhum homem desde que conheci meu marido. Mas estamos em processo de separação. Não me sinto mais uma mulher casada. Quer dizer, não exatamente... – ela tentou justificar sua situação.

Foi quando Joaquim falou rapidamente sobre sua última relação. Mas não quis se aprofundar muito. Todas as vezes em que Laíssa

105

tentou, ele mudou de assunto. Disse ter escolhido abrir sua livraria naquela cidade por estar disposto a começar uma nova vida.

Era um homem culto, que lia muito sobre os mais variados assuntos e adorava plantar. Mas nunca tinha feito uma faculdade. Ao longo de todo o tempo que conversaram, virtual ou oralmente, ela não viu nele nenhum defeito. Ao contrário, o tempo todo ele parecia perfeito demais. Um homem jovem, bonito, inteligente, culto, razoavelmente bem sucedido, interessado em assuntos psicológicos e espirituais.

Talvez nem se sentisse digna de alguém tão perfeito. Será que era certo uma mulher que passara por tudo o que ela acabara de passar se envolver com uma outra pessoa assim tão rápido? Mas e se ela não quisesse? Será que passaria de novo uma pessoa assim pela vida dela nos próximos anos?, Laíssa perguntou-se diante do espelho, enquanto experimentava mais um vestido de malha.

Vou. Não vou. O dia inteiro ficou nessa dúvida. Às três horas em ponto, quando ele ligou, ela quase teve uma síncope.

– Você já almoçou? – ele perguntou do outro lado da linha. – Está um sol lindo aqui na praia! Tem uns quiosques... Está tendo até uma passeata política. Você não gostaria de vir comer um risoto comigo?

– Eu vou... – Laíssa respondeu depois de alguns instantes.

Marcaram encontro na calçada da praia. Bem em frente ao quiosque de siris onde Ricardo sempre gostava de ir. Laíssa titubeou quando ele sugeriu o lugar. Mas aceitou. "É só um restaurante", pensou consigo. "Não pertence ao Ricardo".

O mais incrível é que, depois de um dia inteiro escolhendo, a roupa certa surgiu na mente no momento em que desligou o telefone. Um vestido leve de bolinhas vermelhas, uma sapatilha, um casaquinho, porque naquela época do ano era comum esfriar no final da tarde. Estava terminando de se arrumar, quando se deparou com o livro das mulheres que correm com os lobos jogado ao lado da cama e decidiu guardá-lo melhor. Foi quando caiu de dentro, sem querer, a antiga foto de seu casamento.

Laíssa tomou-a nas mãos, olhou para aquela imagem por alguns instantes, respirou fundo, decidiu:

– Eu vou!

Suas pernas tremiam no momento em que pisou do outro lado do portão. Buscou na mente alguma música enquanto caminhava até a praia, para tentar se distrair. E a música que veio foi "Começar de novo", de Ivan Lins. Laíssa riu. Quando percebeu, ela já estava cantando. Então parou e apenas sorriu. Buscou na bolsa um chiclete e pôs-se a mascá-lo para tentar disfarçar seu nervosismo.

O coração batia cada vez mais rápido. Havia muitas pessoas caminhando na praia naquele domingo por causa da passeata, que por sinal já havia acabado, mas seus integrantes permaneceram na praia em pequenos grupos, conversando sobre a situação política do país. E se ela não o encontrasse? Se não o reconhecesse? Puxava pela memória e não conseguia se lembrar direito do rosto dele.

– Fora corruptos! – gritou um rapaz, enquanto outro soprava uma vuvuzela.

Foi quando ela avistou Joaquim parado, sem camisa, de mãos na cintura sob uma dessas barracas gigantes, de quatro pernas e teto triangular. "Fazemos massagem", estava escrito na plaquinha pendurada. Mas não havia ninguém ali. Nem mesmo uma máquina. Apenas Joaquim, sorrindo e olhando para ela, enquanto bebia uma garrafa de água gelada.

Ela foi se aproximando devagar, ele também, seus olhos se encontraram, quando os dois perceberam, estavam se beijando. Foi o beijo mais longo de toda a sua vida.

13

Por muito tempo, Laíssa se lembraria daquela tarde mágica. Caminharam por horas de mãos dadas à beira-mar, conversando sobre os mais variados assuntos. Tinham tanto a dizer um ao outro que muitas vezes até se atropelavam nas palavras. Pareciam mesmo feitos um para o outro, tão perfeitamente se encaixavam suas mãos, seus corpos, seus anseios. Qualquer um que os olhasse, tinha a impressão de que estavam juntos há muito tempo, tamanha era a sintonia entre eles.

– Eu sempre sonhei encontrar uma pessoa assim como você – ele disse, tirando-lhe os cabelos dos olhos antes de beijá-la mais uma vez diante do mar imenso.

– Às vezes tenho a sensação de que estou sonhando... Nem sei como tive coragem de deixar você me beijar...

– Eu te beijei? Foi você quem me beijou! – ele sorriu.

– Eu? – estranhou ela.

Não tinha mais certeza de nada. Apenas de que era bom estar ali, naquele fim de tarde, passeando de mãos dadas com ele naquela praia maravilhosa. Em dado momento, ainda caminhavam pela orla, quando ele parou por alguns instantes e ficou a observar. Havia um homem muito magro caído na areia, bem próximo à arrebentação. Parecia desmaiado.

– Deve ter bebido muito – imaginou Laíssa.

Joaquim soltou-se então delicadamente de suas mãos, tomou aquele homem nos braços e foi ajeitá-lo lá no alto da praia, sob alguns coqueiros.

APÓS A CHUVA | 109

– Assim pelo menos, quando ele acordar, não vai ser com a água entrando pelo nariz dele... – comentou, limpando as mãos depois de voltar para perto dela.

– Você é uma pessoa incrível! – os olhos dela brilharam quando disse isso.

Até se esqueceram de almoçar. Só depois de muitos beijos, Joaquim se lembrou de que estava com fome. Foram sentar-se então em um quiosque com música – longe do que Ricardo gostava, para alívio de Laíssa. E dançaram naquele final de tarde ao som de Marisa Monte. O tempo todo pareciam dois apaixonados, quase dois adolescentes que não conseguiam parar de rir.

Eram quase nove horas da noite quando Laíssa finalmente voltou para casa, inebriada de tanta felicidade. Sentia-se como uma jovem de dezessete anos, beijando Joaquim escondido no portão sem conseguir nunca terminar de se despedir dele.

– Amanhã nos veremos? – ele perguntou, antes de tomar coragem de finalmente deixá-la.

– Acho difícil... Vou precisar viajar de manhã cedo... Na verdade vai ser o primeiro dia em que vou voltar para a minha cidade, depois de tudo o que aconteceu... – ela havia contado a ele sobre o final de seu casamento.

– Continuo achando que esse teu marido era um idiota! Como pode ter feito uma coisa dessas como uma pessoa como você? Sinceramente, não sei como seu casamento pôde durar por tanto tempo! – ele comentou. – Está na cara que esse homem não te merece! Quer casar comigo?

Laíssa corou. Sabia que ele estava brincando, mas era tão bom ouvir aquelas coisas... Ao mesmo tempo, sentia-se envergonhada em ouvir Joaquim falando sobre Ricardo. Como se ela estivesse fazendo uma coisa errada.

– Me dá um toque então quando você chegar lá? Eu vou ficar preocupado. Tem certeza de que irá ficar bem? – ele perguntou, mantendo-a dentro de um abraço protetor.

– Eu espero que sim! – ela sorriu, desvencilhando-se para entrar. – Agora preciso entrar – ela apontou para a luz acesa. – Najla deve estar preocupada!

Despediram-se ainda mais uma vez e ele se foi. Seguiu andando de costas pela calçada, jogando beijos para ela.

Laíssa entrou em casa como se estivesse pisando nas nuvens.

– Nem precisa dizer nada! Pela sua fisionomia já vi tudo! – Najla ficou contente ao vê-la.

– Ai, Naj... Achei que nunca mais fosse me sentir desse jeito... – ela suspirou, jogando-se sobre o sofá. – Foi tão bom... É tão bom me sentir assim...

14

Naquela segunda-feira, Laíssa finalmente voltou para suas atividades com ânimo e coragem renovados. Só tinha cliente no dia seguinte, mas era preciso dar um jeito na casa. Afinal, ela não entrava no apartamento desde a tarde em que Teresa fora sua última paciente no consultório. Agora, no entanto, pensava em tudo isso como se fossem lembranças de outra encarnação. Fora preciso acontecer tudo aquilo para que ela conseguisse voltar ao ponto onde sua vida havia parado...

No momento em que pisou no apartamento, contudo, ela teve uma sensação muito ruim. Por alguns instantes, se viu prisioneira do próprio vazio. O vazio do espaço que Ricardo um dia já ocupara por dentro dela; um vazio que não podia ser simplesmente preenchido, que precisava cicatrizar. Uma dor incapacitante pareceu começar a subir do âmago de si mesma. Já estava prestes a chorar quando de repente ela se lembrou mais uma vez da tarde mágica que passara ao lado de Joaquim e arregaçou as mangas para começar a arrumação.

Deixou as malas num canto e foi ver o que havia sobrado de produtos de limpeza na área de serviço.

Não por acaso, começou pelo antigo quarto onde dormia. Laíssa desmontou literalmente o quarto inteiro. Até a cama de casal veio abaixo.

– Não quero mais esta cama! – disse, suada, juntando as partes que ficaram pelo chão depois de desmontadas.

Trouxe do outro quarto um sofá-cama antigo, levou seu colchão para o quarto de empregadas. Não contente, mudou também a po-

111

sição dos móveis, fez algumas trocas com os objetos que ficavam na sala, encontrou alguns restinhos de tinta e pintou uma parede de outra cor, um laranja bem vivo que contrastava com os armários de pátina clara. Ricardo já havia retirado praticamente tudo que era seu, de uso pessoal, de dentro do apartamento. Ainda assim, se dera ao luxo de deixar uma gaveta cheia de coisas que não queria mais. Laíssa juntou tudo numa sacola e deixou o embrulho próximo à porta da cozinha para descer com ele quando fosse sair.

"Vou mandar mensagem e pedir para ele pegar na portaria", decidiu em silêncio.

Restava agora apenas recolher as fotos espalhadas pela casa, guardar lembranças e porta-retratos numa caixa única. Era quase como arrumar a casa de alguém que já morreu, ela pensou, lembrando de seus pais há muito já falecidos.

Quando terminou tudo, foi até a rua e comprou um vaso de orquídeas, lindas, e o colocou na sua mesinha do quarto, para dar vida ao ambiente.

Ficou tudo muito bonito, ela constatou, depois de encerrar a arrumação por aquele dia. Pensou então em Joaquim. Ainda podia sentir suas mãos abraçando-a no momento em que entrou no banho e mais uma vez ficou gelada. Não era de frio. Era uma coisa que ela já sentira há muito tempo atrás, tanto tempo que até desconfiava se era aquilo mesmo. "Não pode ser, eu nem conheço o cara!", disse a si mesma, enquanto passava o *shampoo*. Ao mesmo tempo se sentia vaidosa, com muita vontade de cuidar de si mesma.

Era a primeira noite que passava no apartamento e, diferentemente do que a princípio imaginara, ela não se torturava lembrando de cada frase que Ricardo dizia ao entrar em casa, cada gesto, cada posição em que se sentava no sofá. Ao contrário, ela estava conseguindo até pensar em outro homem! Saiu do banho, olhou para o *laptop* em cima da mesa e foi jantar.

"Foi forte, né?" – Joaquim dizia na mensagem que enviara para ela naquela manhã. Como prometera, ela lhe enviara nova mensagem logo que chegara, mas ele até agora não havia respondido. "Estaria trabalhando?", ela se perguntava curiosa. Mal podia esperar para se comunicar com ele de novo.

Tirou o nhoque de batata doce que encontrara guardado no *freezer*, preparou um suco de uva, colocou no som uma música para tocar. E nada de mensagem. Será que ele não iria mandar nada para ela naquele dia?

E nada de Joaquim ligar. Laíssa continuou esperando. Veio a noite, porém, e ele ainda não havia ligado e nem mandado qualquer sinal. Laíssa achou estranho. O que fazer? Será que eu ligo? Na *internet* ele também não estava. E nem estivera mais, depois das últimas mensagens. Onde estaria?

As horas foram passando, o entusiasmo arrefeceu como que por encanto; logo começou a se transformar numa espécie de medo. Ela mal conhecia aquele homem, não sabia a história dele, não sabia praticamente nada sobre ele! Como podia ficar ansiosa daquele jeito? Se ao menos Najla estivesse perto para conversar um pouco...

O resto da noite passou andando pela casa, pensando sobre tudo, como se subitamente houvesse sido acometida por um surto de intensa racionalidade. Ao mesmo tempo, verificava as mensagens no computador e no telefone a cada meia hora. E nada. "Que bom que não disse mais nada. Melhor assim. Está claro que ele não quer nada comigo! Foi só uma ilusão! Ele não serve para mim", tentou conformar-se. Mas não adiantou nada. Os beijos dele não lhe saíam da cabeça; não queria que ele sumisse assim desse jeito. O que teria acontecido?

– Estou muito confusa – tomou coragem e escreveu para ele, alta madrugada. – Não sei direito o que acontece, o que sinto... Como interpreta tudo isso? Por que sumiu desse jeito? Penso que talvez seja melhor esquecer e virar simplesmente essa página, fazer de conta que nunca nos encontramos...

Rolou na cama o resto da madrugada; só conseguiu pegar no sono quando o dia já começava a nascer. Acordou com a síndica batendo na porta para perguntar se ela tinha visto a confusão do dia anterior, quando a vizinha do lado trocara desaforos com o vizinho de cima que ocupara sua vaga na garagem. Falou, falou, a história parecia não ter fim. E Laíssa, ouvindo por educação. Pior de tudo é que justamente nessa hora ela escutou o barulho de uma mensagem chegando no celular que estava carregando lá no quarto. Assim que a síndica saiu, ela correu a verificar de quem era.

114 | Lygia Barbiére

"Diz a lenda que quando não conseguimos dormir à noite é porque estamos acordados no sono de alguém" – ela finalmente teve o prazer de ler.

Verificou o horário e percebeu que ele havia escrito isso pouco depois que ela fora se deitar, ela só não vira porque o telefone descarregou. Logo abaixo havia outra mensagem:

"Fiquei com insônia e confuso... Interpretar? Agora não consigo, tudo 'muito diferente', de tudo! Mas quero... Bom dia, até já! Desculpe estar assim, meio lerdo, bobo! rs verdade..."

Laíssa não respondeu de imediato. Mas transbordou. Sentia-se como o café quente exalando do bule. Como ainda fosse cedo e ela também morasse perto da praia em sua cidade, decidiu dar uma caminhada antes de se preparar para seu primeiro dia de retorno ao consultório.

"Estou assustada. Não sei mais o que significa estar sentindo essas coisas. Se eu podia, se eu devia... Então penso na borboleta e vou andar na praia. Preciso andar, voltar para o lugar de algum jeito..." – escreveu para ele antes de sair.

Andou por uma hora na beira da praia, viu as gaivotas, verificou seus passos na areia. Mesmo assustada, ainda sorria. Por que sorria? Ainda tinha os lábios frouxos e leves naquele dia. Até o céu parecia mais azul. Teria direito de amar de novo algum dia? E se ele a abandonasse? Se de novo a machucasse como fizera Ricardo? Como podia pensar tanta coisa se mal o conhecia? Como podia pensar tanto numa pessoa que mal conhecia?

Voltou para casa e encontrou outra mensagem.

"Querida! Já muito Querida! Estou viajando e vi suas palavras. Gostaria de ter podido falar contigo sobre tudo que está acontecendo. Estou 'mexido', assustado, confuso, mas não desinteressado em desvendar o que agora me envolve e me deixa assim, daí não poder agora escrever o que na verdade sinto, que é algo muito intenso e novo, que me atrai de uma forma jamais sentida! Bem, já de novo na estrada, para voltar para compromissos à noite, mas te pedindo que me dê a chance de falar contigo... Porque... Quero! Porque preciso... Podemos? Espero que sim, quando voltar mais à noite te busco, posso?"

Laíssa sentiu como se entornasse um pote inteiro de melado quente por dentro do peito. Ficou quase anestesiada de tanta emoção. O que fazer? Teve medo, tontura, enjoo, tudo ao mesmo tempo. Percebia que estava começando a se envolver de forma um tanto quanto perigosa com aquela história. Afinal, quando uma pessoa já machucada leva um tombo por cima, o estrago é sempre muito maior. Valeria a pena correr todo esse risco?

"Quando voltar mais à noite te busco", o que será que ele quereria dizer com isso?

Não havia muito tempo agora para pensar. Uma antiga paciente a esperava no consultório.

15

Carolina e Laíssa não se viam desde a semana anterior ao período de afastamento da terapeuta. Fazia quarenta e cinco dias. Na última vez em que haviam se encontrado, Carolina estava literalmente em flor, contando os dias para a oficialização do casamento com seu primeiro namorado de infância.

Sua história era quase um conto de fadas. Os dois haviam se conhecido aos quinze anos de idade, na escola. Ficaram amigos, namoraram por um ano, até que o pai dele, que era funcionário de uma embaixada, foi transferido para outro país. Só voltou com a família depois de muitos anos no exterior. Carolina e Armando se reencontraram, por acaso, numa festa de amigos em comum.

Desde então namoravam. Sete anos haviam se passado. Aos poucos, as coisas foram evoluindo, ele lhe transmitia muita segurança, Carolina confiava nele totalmente, até porque já tinham sido amigos antes de serem namorados. Tinham uma relação muito boa, porque, além de se darem muito bem, tinham os mesmos gostos e isso os aproximava cada vez mais.

Recentemente, haviam decidido que era hora de irem viver juntos. Com a ajuda dos pais, Carolina conseguira comprar um apartamento no mesmo prédio onde vivia com a família, não havia mais por que morarem em casas separadas. O combinado era morarem juntos por um tempo, planejavam se unir definitivamente em breve, numa cerimônia simples para a qual não haviam ainda marcado a data.

Ele trabalhava como estagiário para um escritório de arquitetura; ela tinha uma clínica de estética, com *shiatsu*, acupuntura e vários tipos de massagem. Viviam então aquela fase de construir um lar aconchegante para dois, escolhendo e comprando tudo o de que precisavam para a casa. Na última consulta, Carolina dissera que os dois esperavam apenas a chegada da cama que haviam encomendado para se mudarem definitivamente para o apartamento.

Carolina parecia uma rosa radiante. A pele, os cabelos, os olhos, tudo nela brilhava de tanto contentamento. Estava, inclusive, pensando em dar um tempo da análise. Tinha sido ela, portanto, a única paciente que não tivera qualquer dificuldade em desmarcar. E justo ela seria quem mais precisaria de Laíssa naquele período.

Naqueles quarenta e cinco dias, muita coisa havia mudado. Foi justamente depois de receber uma mensagem dela que Laíssa decidira que era hora de voltar ao consultório. Na mensagem, Carolina não explicava muita coisa. Apenas perguntava quando Laíssa iria voltar, dizia que estava sentindo muito a sua falta.

Extremamente conectada a seus pacientes, Laíssa entendeu logo o pedido de socorro, só não imaginava que a situação efetivamente fosse tão grave. Abriu a porta naquela tarde e deu de cara com uma Carolina completamente diferente daquela da última vez em que a vira. Abatida, de olhos inchados, muito magra; nem parecia mais a mesma pessoa. Ela olhou para Laíssa, se jogou em seus braços e simplesmente caiu em prantos.

– Carolina! O que aconteceu? Venha... – Laíssa a acolheu no interior do consultório.

Vieram caminhando devagar, abraçadas, até a poltrona onde os clientes costumavam se sentar. Carolina chorava sem parar, parecia até uma viúva.

– Afinal de contas, o que aconteceu? – Laíssa mal sabia como perguntar.

Carolina chorou por mais de dez minutos, sem nada conseguir falar. Laíssa olhou para suas mãos, tentando encontrar alguma pista, e percebeu que ela continuava usando aliança na mão direita. "O que teria acontecido?", perguntava-se.

118 | LYGIA BARBIÉRE

– Você está nervosa por causa do casamento, é isso? – ousou sugerir. – Você e o Armando já estão morando no apartamento?

Carolina era uma jovem de vinte e cinco anos, extremamente bonita. Tinha longos cabelos cacheados, olhos verdes e misteriosos, um corpo perfeito, um rosto delicado. Contudo, toda sua delicadeza acabava por demonstrar com ainda mais clareza a sua devastação.

– Não vai ter mais casamento... – finalmente anunciou, sem conseguir parar de chorar.

– Como? – Laíssa mal pôde acreditar.

– O Armando tem outra... Ela está grávida dele de oito meses! – contou a paciente.

– Meu Deus... – foi tudo o que Laíssa conseguiu dizer. – Então, todo o tempo em que estiveram juntos...

– Sim, ele manteve nós duas ao mesmo tempo. Por muito tempo – admitiu a jovem, arrasada...

– E você nunca desconfiou de nada? – perguntou Laíssa.

– Só comecei a desconfiar que havia algo de errado alguns dias antes de nos mudarmos definitivamente para o novo apartamento... De uma hora para outra, o Armando deixou de aparecer, mal falava comigo como era habitual. Tentei conversar com ele, para entender o que se passava, mas ele disse que não havia nada de errado, apenas estava cheio de exames da faculdade, precisava de todo o seu tempo livre para estudar. O mais engraçado, que seria engraçado se não fosse trágico, é que em nenhum momento eu supus nada. Muito pelo contrário, longe de pensar o pior, nem quis fazer muita pressão, deixei passar... – ela foi se acalmando à medida em ia contando a história.

– E, mesmo depois de você falar, ele continuou distante... – Laíssa incentivou para que continuasse.

– Sim. Até que, na sexta-feira, a cama que nós estávamos esperando chegou. Liguei para ele e pedi muito para que viesse ao apartamento, queria fazer uma surpresa. Ai, meu Deus... – ela abaixou a cabeça angustiada. – Não gosto nem de lembrar...

– Apenas respire... – pediu a terapeuta.

– Eu estava sentindo muito a ausência dele... – ela continuou. – Então ele apareceu. Já era tarde, quase nove horas da noite. O tempo todo parecia um pouco ausente e estranho. Mas parecia esforçar-se para mostrar que estava tudo bem. Até que eu perguntei: "o que está acontecendo, Armando, você está me traindo?"

– E ele? – quis saber Laíssa.

– Ele disse que eu estava sendo dramática, que deixasse disso, que eu tinha mesmo era que trabalhar em novela de televisão! Mas, sabe? Quando eu falei aquilo para ele, não acreditava que fosse verdade. Falei só por falar, para provocar... porque eu acreditava tanto nele. Nunca imaginei que ele fosse capaz de fazer tal coisa!

– E depois?

– Deixei o assunto de lado e até passamos alguns momentos bons, mas senti que tinha algo de errado. No dia seguinte, de manhã bem cedo, ele foi embora. Então veio o final de semana e ele desapareceu mesmo.

– E o que você fez?

– Ah, fiquei angustiada... Não conseguia entender o que estava acontecendo. Tinha aperto no peito, dor de cabeça, uma sensação horrível que você não pode imaginar. Era como se algo em mim já soubesse o que estava prestes a acontecer...

– Você o procurou? – imaginou Laíssa.

– Quando chegou segunda-feira, no fim da tarde, eu não aguentei e liguei. E mais uma vez eu perguntei para ele o que estava acontecendo. Ele então disse que estava vindo encontrar-se comigo para termos uma conversa séria. Nossa, Laíssa, nesse momento senti meu corpo inteiro estremecer, sabia que era algo grave, senti claramente que ele tinha outra...

– Ele te contou? – Laíssa perguntou.

– Quando ele chegou, entrei no carro dele e meu corpo tremia por dentro. Pedi a ele que dissesse logo tudo, por favor, sem rodeios. E ele disse: "sim, eu te trai e nem consigo te dizer mais nada... Desculpa..."

Carolina parou um pouco e fez um esforço para respirar pausadamente. Estava disposta a se controlar.

– E você? – continuou Laíssa, ao perceber que ela respirava melhor.

– Não sei o que me deu na hora – Carolina lembrou. – Era quase como se eu já soubesse de tudo. Me enchi de coragem e falei para ele: "O que mais? Pode dizer o resto." Ele então abaixou a cabeça e confessou: "Ela está grávida". E foi assim que tudo aconteceu.

Laíssa não disse nada, apenas apertou-lhe as mãos em sinal de solidariedade e carinho. Estendeu-lhe em seguida uma caixa de lenços.

– Naquele momento, a minha vida desabou. Senti uma dor tão grande no meu peito que nem sei como explicar, parecia que eu não suportaria mais o meu espírito dentro do meu corpo... Foi horrível, como é que ele tinha feito uma coisa daquelas comigo? Como é que era possível ? Eu tinha acreditado tanto nele... pensava que me amava de verdade! Como pudera ser capaz... Senti revolta por tudo o que eu tinha deixado de viver enquanto estava com ele. Para depois ele me fazer isso... Ao mesmo tempo, eu me perguntava: mas por quê? O que é que tinha faltado, em que é que ela era melhor que eu? O que tinha acontecido na realidade? O que se passou com ele? Quem era ele, afinal? Tudo passava na minha cabeça ao mesmo tempo. Eu só queria desligar de tudo, mas as lágrimas insistiam em não parar, a dor no peito era cada vez mais forte... – ela reviveu de novo tudo aquilo e ficou muito abalada.

Laíssa identificou-se profundamente com ela. Enquanto Carolina narrava sua história, ela viu a si mesma naquele dia fatídico, sentindo seu ar e sua força acabando no silêncio do carro de Ricardo. A terapeuta esforçou-se muito para permanecer no presente. Mas não teve como evitar a empatia.

– Eu sei que é horrível pensar nisso agora... – ensaiou, depois de um tempo em silêncio. – Mas que bom que foi agora.

– Como assim ? – protestou a jovem.

– Podia ter sido muito pior! Já pensou se você descobrisse isso daqui a alguns anos, você também com filhos dele? – perguntou, lembrando-se de sua própria história.

– O problema é que eu gosto demais dele... Não consigo me conformar que... – Carolina mal conseguia falar, de tanto que soluçava.

– Você não pode gostar mais de outra pessoa do que de você mesma! O que você sentiria por um cara que fizesse isso com a sua irmã? Com a sua melhor amiga? – sugeriu Laíssa.

– Eu iria odiá-lo! – respondeu Carol, por entre lágrimas.

Por mais um tempo, Laíssa deixou que sua resposta ficasse ecoando no ar.

– E como pode amar tão profundamente uma pessoa que faz isso com *você*? Não que deva odiá-lo, não estou dizendo isso. Mas precisa primeiro cuidar de si mesma, proteger-se de pessoas que não se preocupam com os seus sentimentos... – Laíssa foi ponderando devagar. – Não pode simplesmente perdoar, como se nada tivesse acontecido, uma pessoa que te enganou por oito meses seguidos...

– E pensar que aquele bebezinho poderia ser meu... – imaginou ela, olhando agora para a aliança. – No meu apartamento, tão ... – Ela não conseguiu terminar de falar. – Eu queria tanto ter um filho dele... Mas agora... Nunca mais vou poder ter uma família com ele... A família que eu tanto sonhei...

– Não fala assim... Não sinta pena de você! Será que valeria mesmo a pena construir uma família com uma pessoa que traiu dessa forma a tua confiança? – questionou a terapeuta.

– E se ele me procurar de novo? Se pedir desculpas, se me implorar para voltar, o que é que eu faço?... Ai, Laíssa, todas as noites eu tenho a sensação de que ele vai me procurar e já me desespero com antecedência, pensando que não vou saber o que dizer...

De novo Laíssa se lembrou dela própria, em seus primeiros dias na casa de Najla, em todas as vezes em que o telefone tocava. Somente naquele momento, entendeu o que a amiga quisera dizer-lhe na ocasião.

– Isso não é real, Carolina, você está se alimentando de uma falsa expectativa, de algo que talvez nunca venha a acontecer... Você já percebeu isso? E se ele não voltar nunca mais a te procurar? Certamente ficou com vergonha depois de tudo o que você descobriu!

– Ele vai, Laíssa. Eu sinto que ele vai. O que eu não consigo saber é como eu vou reagir no dia em que isso acontecer! – insistiu a jovem.

– O que você aconselharia a você mesma numa situação destas? – ela jogou de volta a pergunta para a paciente. – Se fosse você a melhor amiga da Carol, o que diria para ela fazer se isto acontecesse?

Carolina enxugou as lágrimas e pensou por alguns instantes.

– Acho que me diria para pensar um pouco antes de decidir... – foi refletindo devagar. – Ele é mentiroso, não posso me esquecer disso... Sim, acho que aconselharia a mim mesma a ouvir com cuidado, a pensar bem sobre tudo o que ele me dissesse... Não posso negar para você que eu estou esperando por esse dia... – ela olhou novamente para a aliança. – Mas sei que não posso simplesmente aceitar suas desculpas... Foi muito grave o que ele fez... Na verdade, está tudo ainda muito confuso na minha cabeça...

– Peça esse tempo, dê a si mesma esse tempo. É normal tudo isso que você está sentindo... – disse Laíssa, percebendo agora o quanto havia sido importante para si própria afastar-se por aqueles dias. – Você não precisa tomar nenhuma decisão antes de estar segura do que realmente quer. Está claro isso para você?

– Concordo com você. Tenho que perceber melhor mesmo. Não sei se seria capaz de lidar com certas coisas no futuro... Talvez precise tomar uma decisão definitiva...

Laíssa olhou no fundo de seus olhos antes de dizer:

– A única coisa que precisa ser definitiva é a sua postura de respeito para com você mesma. O resto, tudo pode mudar. Nada impede que ele até venha a se arrepender, que isso o faça mudar essa maneira de se relacionar com as mulheres, que você também mude a sua maneira de agir e num futuro vocês venham até a se reencontrar, ambos modificados, e se relacionarem de uma forma diferente, mais madura, mais responsável. Porém, o mais importante é que, aconteça o que acontecer, você sempre se mantenha fiel a si mesma, aos seus anseios, àquilo que realmente deseja construir para sua vida... A vida é tão curta, Carol, por que perder tempo com o que não conduz a lugar nenhum?

Laíssa às vezes se impressionava com suas próprias palavras enquanto estava atendendo. Lembrou-se das gêmeas do conto de Manawee. Sim, ela se percebia literalmente duas. A que atende aos pacientes e a que sente em si mesma. A que atende aos pacientes era tão mais forte, tão mais segura... A que sente em si mesma, no entanto, era quem verdadeiramente compreendia aquela jovem, a que entendia de fato tudo o que ela estava sentindo. E era preciso ser as duas em uma, buscar a que tinha sofrido em si mesma para poder tentar ajudar àquela paciente. O pior de tudo é que ela sabia, por experiência própria, que nada do que dissesse seria suficiente. Apenas Carolina poderia curar a si mesma.

– Por mais que ele fale, não tem justificativa, entende? Eles não tiveram um caso há oito meses e aconteceu esse bebê. Eles mantiveram um caso ao longo de todo o tempo em que eu estive com ele... Ao mesmo tempo, eu senti tanta pena dela... Os pais a expulsaram de casa quando descobriram que ela estava grávida... Ela só tem ele, não tem mais ninguém! – Carolina estava muito triste em fazer esta constatação. – Ela é mais nova do que eu...

Era doloroso ver uma jovem de vinte e cinco anos passando por tanto sofrimento, chorando como se a vida dela tivesse acabado ali. Laíssa enxergava que não. Que era uma bênção ter podido receber esse aviso, essa mensagem, antes de construir toda uma vida a dois. "Por que será que era tão difícil enxergar com esse olhar o fim de seu próprio relacionamento?", no íntimo, ela se questionava.

Mas que mulher não sofre quando por alguma razão perde o bebê que carrega na barriga? Carolina não perdera um bebê, posto que não engravidara. Todavia, perdera ali todos os sonhos que durante anos gestara, de construir uma vida a dois com aquele rapaz. Vivenciava ali o aborto doloroso de todo um projeto de vida. Mas era preciso que entendesse que ela tinha tempo para começar tudo de novo, que podia traçar novos planos amadurecida pela experiência.

– Quero crer que, com o tempo, com o amadurecimento, você vai conseguir compreender essa dor como lição aprendida. Em tudo o que nos acontece, existe sempre alguma lição a ser aprendida. Ainda que seja apenas que não devíamos ter pensado ou agido de determinada forma. Só de pensamento em pensamento, de reflexão em reflexão, esforço a esforço, conseguiremos evoluir. Sinceramente, a cada dia mais acredito que é para isso que nós estamos aqui – Laíssa observou.

– E o que eu faço, enquanto isso? – novamente Carolina perguntou.

– Apenas permita-se vivenciar essa dor, seu luto, seu desencanto, suas observações, sobretudo suas observações. Escute-se. O que você aprendeu sobre você depois de ter passado por tudo isso? Quem é você depois de ter passado por tudo isso?

Estava saindo do consultório, ainda pensando sobre tudo isso, quando de repente percebeu que Ricardo estava estacionado bem em frente à portaria do prédio. Laíssa estremeceu. O que estaria fazendo ali?

16

Ricardo desceu do carro e veio falar com ela.
– O porteiro do nosso apartamento me disse que tinha chegado. Imaginei que estivesse aqui – ele explicou.
– Há muito tempo que você estava esperando? – ela quis saber.
Ele olhou no relógio antes de responder:
– Mais ou menos umas duas horas.
Laíssa sorriu. Ele sentiu que podia avançar um pouco mais.
– Será que podíamos conversar? Você já almoçou? – ele perguntou, já com uma voz envolvente. .
Laíssa ficou em dúvida. Ao mesmo tempo, olhando para ele, constatou que não sentia mais tanta raiva. "Ou será que sentia?", não tinha exatamente a certeza. Ainda assim, não tinha nenhuma vontade de almoçar com ele. Disso ela tinha certeza.
– Se preferir, podemos jantar. Posso voltar mais tarde e...
"De noite, te busco", ela rapidamente se lembrou da mensagem de Joaquim.
– Ah, Ricardo... Hoje não vai dar... Quem sabe outro dia? – ela respondeu, bem simpática, querendo muito que ele fosse embora para que pudesse verificar seu celular. – Agora, se não se importa, estou com um pouquinho de pressa... Táxi! – ela esticou rapidamente o braço ao ver o carro passando.
Foi tão rápida que, mais uma vez, Ricardo não teve como impedi-la de partir. Ficou sem ação, ainda não estava acostumado a ser

tratado por ela daquela forma. Saiu da vaga cantando pneus, parecia mesmo que estava com muita raiva.

Laíssa entrou no táxi e correu a verificar o celular. Precisava ver se Joaquim havia mandado alguma mensagem. Tinha esperança de que ele dissesse que a esperava em algum lugar na cidade. Ou mesmo na porta do prédio. Precisava tanto de um abraço naquele dia... Mas ele também não mandou nenhuma mensagem ao longo de toda a tarde.

Laíssa almoçou, dormiu um pouco, saiu para uma caminhada na praia no fim da tarde. E nada de mensagem. "Por que Joaquim fazia isto com ela?", ela se perguntou, entristecida. "Será que era de propósito? E se Ricardo aparecesse de novo?", perguntava-se. O que será que ele queria com ela?

– E então, você vem? Não disse que vinha me buscar? – ela não aguentou e escreveu uma mensagem para Joaquim, logo ao entrar em casa, sentindo muita ansiedade.

A resposta não demorou a chegar. Mas ele, de alguma forma, escapuliu, tentando bancar o poeta:

– Disse te busco, mas é no sonho. Assim a gente pode se encontrar o tempo todo, todas as noites – respondeu.

– Ah... – respondeu Laíssa, decepcionada.

– Não entendi – ele tornou de lá.

– Queria muito te ver – ela ousou responder, com muita sinceridade.

A essas alturas, queria apenas ser ela mesma, dizer o que estava sentindo. Andava cansada de joguinhos e frases com duplo sentido.

– Vou ver aqui o que é possível fazer – ele respondeu. – Quem sabe no final de semana?

Laíssa sentiu sua primeira dor. Como assim "vou ver aqui o que é possível fazer?" Então ele não queria o mesmo que ela? Não estava envolvido do mesmo jeito que ela? Tudo o que ela queria era voltar no tempo e continuar aquele domingo. Será que ele não pensava assim?

"Quem sabe no final de semana", ele dissera. E assim ela passou mais uma noite em claro, apenas pensando e pensando: será que ele viria?

No dia seguinte, logo cedo, ele a surpreendeu com um telefonema:

– Estou enrolado com a loja, estou achando que não vou ter como ir.

— Mas... Como assim enrolado?... Nem no final de semana você vai vir? Queria tanto que viesse... – ela protestou, triste.

— Estou achando difícil. Estou com poucos funcionários; não tenho como deixar a loja assim... Não posso fazer isso, entende?

Laíssa entendia. Ao mesmo tempo, não entendia. Novamente ficou triste. Era como se a vida perdesse completamente a graça só de ouvir isso. Ela tinha tanta urgência em ser feliz...

Mas Joaquim não veio. Nem naquele final de semana, nem nos seguintes. Será que ainda viria?, Laíssa, desolada, se perguntava. Ricardo, enquanto isso, ligava todos os dias. Queria muito conversar. Laíssa, contudo, pediu mais um tempo. Não se sentia ainda preparada para conversar com ele. Mas no fundo sabia que não poderia adiar mais por muito tempo aquele encontro.

17

"Sem ti / senti/que/ ainda sentia. Sempre/senti/ sem ti./Só não sabia."[8] – ela escreveu para Joaquim, depois de receber dele algumas fotos. Ainda não perdera as esperanças. Todos os dias, ele mandava fotos. De flores e borboletas, da praia linda onde haviam estado juntos naquela tarde. Quase sempre acompanhadas de alguma mensagem muito bonita. Mas que nunca era exatamente a mensagem que ela queria receber. O que, afinal, havia acontecido com ele?, Laíssa não conseguia entender.

Muita saudade, era o que ela sentia. Seria possível sentir tantas saudades de alguém que ela mal conhecia? No fundo, talvez sentisse apenas saudades de amar alguém. Vontade de jogar o mundo inteiro para o alto e mergulhar de novo naquela alegria, naquele momento de felicidade, naquele domingo. Todavia, a cada mensagem trocada com ele, a cada telefonema, ela se sentia mais longe daquele dia. "Por que ele ficava mandando aquelas fotos? Por que não aparecia? Por que não combinavam de uma vez um encontro? Ou por que não sumia logo de uma vez?", ela muitas vezes questionou.

– Será que perdeu completamente o interesse? – Laíssa perguntava a si própria todos os dias diante do espelho, na esperança que algo acontecesse e mudasse o rumo daquela situação. – Será que tem alguma coisa de errado comigo?

No final de semana, tomou uma decisão: eu vou até lá! Arrumou uma pequena mala; antes de sair para a rodoviária, ligou para ele, toda entusiasmada:

[8] Vitti, Rafael. *Quer se ver no meu olho?* São Paulo, Seoman, 2015.

– Estou pensando em ir para aí no final de semana. O que você acha da ideia? – perguntou, querendo ver o que ele dizia, certa de que diria "venha".

Mas não foi bem assim que aconteceu.

– Eu sinto muito! – ele disse. – Mas prefiro realmente que você não venha.

Laíssa não esperava por essa resposta. Levou uma ducha de água fria.

– Sente muito? – tentou compreender.

– Acho que estou confuso, não posso assumir compromisso nenhum com ninguém por enquanto – ele justificou.

Às vezes realmente ela tinha a sensação de que ele tinha muito medo dela, de envolver-se com ela. "Seria isso mesmo? Mas por quê?", perguntava-se. A voz dele era triste, parecia que havia pensado realmente muito sobre aquele assunto.

– Cheguei à conclusão de que preciso realmente ficar um tempo sozinho. Desde que me separei, há dois anos, vivi muitas histórias, mas até hoje não havia chegado à conclusão do quanto é importante passar um tempo sozinho, me conhecer realmente, entende?

Laíssa ficou interessada em ouvir o que ele estava sentindo. De alguma forma ela também se identificava com aquelas suas palavras. Mas ainda resistia muito à ideia de perdê-lo.

– Tem uma coisa que eu preciso te contar... Eu não tive coragem antes... – ele disse, gostando cada vez mais de conversar com ela pelo telefone. – Mas um dia eu vou te dizer.

– Mas assim... problema com relação a quê? – Laíssa ficou curiosa.

– Ah, sei lá... Sabe o que acontece? Eu não consigo amar. Taí. Este é o meu problema. Nunca, na minha vida, eu consegui amar ninguém – ele disse.

Laíssa achou aquilo estranho.

– Mas você foi casado, quer dizer, um dia gostou de alguém, chegou mesmo a viver com ela! – considerou.

– Ah, ela foi um caso à parte. Na verdade, eu aprendi a amá-la ao longo de muitos anos de relação. Não era apaixonado por ela quando decidimos morar juntos. Ela se chamava Rita... Era uma mulher muito especial...

– Mas então... por que foram morar juntos? – na cabeça dela isto não fazia muito sentido.

– Coisas do passado, prefiro deixar para uma outra ocasião – novamente ele fugiu.

Despediram-se num clima meio estranho. Laíssa voltou para o quarto com a mala e foi guardando tudo devagar. Ficou pensando nas palavras de Joaquim, na forte empatia daquele encontro na praia. Teria sido tudo por acaso? Uma ironia do destino? No fundo, porém, ela o admirava. Sim, porque, afinal, era alguém que estava em busca de si mesmo. Não queria encontrar-se com ela porque estava em um momento de interiorização, de analisar seus próprios caminhos até ali. Como não admirar um homem assim?

Por um bom tempo, continuaram então se falando por telefonemas e mensagens. Mas sobretudo por telefonemas, onde Joaquim sempre contava mais um pedaço de sua história e Laíssa escutava, cada vez mais interessada. Em seu delírio, de novo achava que ela seria a mulher capaz de curá-lo, do que quer que fosse. "Sabe que eu sempre procurei uma pessoa assim como você?", ela nunca conseguia se esquecer dele dizendo isso. Tinha sido tudo tão forte, não podia ter sido um engano, afirmava a si mesma, apegada àquela frase como a um tesouro muito valioso. Precisava muito se convencer disso.

Joaquim tornara-se seu principal foco, a tarde na praia, a melhor coisa em que conseguia pensar. Aos poucos eles foram criando uma relação de troca abstrata, era como se um alimentasse o outro, de alguma forma, com aquelas conversas constantes. E assim as semanas foram passando, entre muitas flores e borboletas, Laíssa sempre ansiando pelo momento em que finalmente ele iria 'descobrir' que estava apaixonado por ela. Ele, no entanto, não afirmava nem confirmava nada. Às vezes parecia até que ele apenas jogava. Se por um lado não parava nunca de mandar suas mensagens, por outro era escorregadio como um peixe de escamas molhadas.

– Eu gosto de conversar com você – disse, certa noite, ao telefone. – Mas, sinceramente? Eu não mereço você. Não perca tempo comigo. Eu tenho essa dificuldade que já te falei. Não tem jeito. Na verdade, eu tenho muito desejo sexual, mas não consigo amar ninguém.

Tentei várias vezes, mas não consigo – ele explicou. – Houve muitas mulheres que fizeram de tudo para ficar comigo. Elas me acham bonito, atraente, sei lá. Tenho pensado que isso só me atrapalha, só me atrapalhou até hoje. Não quero ser só isso, entende? Mas eu realmente não consigo me apegar a ninguém.

Ao mesmo tempo em que dizia tudo isso, fazendo Laíssa passar horas depois analisando-o como a um paciente difícil, sempre terminava o diálogo jogando para ela uma pequena fagulha de esperança. Que ela recebia como se fosse uma labareda.

– Mas um dia eu vou ficar bom. Então, se você ainda estiver sozinha, eu vou me casar com você, porque você realmente é a mulher com quem eu gostaria de me casar! – afirmava mais uma vez.

Laíssa quase acreditava, ficava inteiramente bagunçada depois de ouvir isso. Não era possível! Que pessoa mais confusa! Como é que ele falava uma coisa dessas e não sentia nada por ela? Não dava para entender, ela não podia se conformar. Sequer lhe passava pela cabeça que ele pudesse estar simplesmente brincando. Ela queria muito que fosse verdade.

– Mas você precisa se dar uma chance! Se não tentar, como vai conseguir? – chegou mesmo a dizer para ele, desejando muito que fizesse uma experiência com ela.

Joaquim, no entanto, como de hábito, foi evasivo quando ela disse isso.

– Alguém uma vez me disse que eu sou como um portal. Minha função é apenas ajudar as pessoas a atravessarem para uma nova etapa de suas vidas. Talvez seja apenas esse o meu papel – explicou.

E assim encerraram o telefonema. Ele sempre terminava dizendo que entrara um cliente na livraria ou que estava sendo solicitado. Sempre o trabalho, sempre de passagem, sempre indo para algum lugar e, por isso, impedido de falar por mais tempo.

Laíssa desligou o telefone e passou o resto da noite pensando, como sempre. "Queria tanto entendê-lo... Será que não se valorizava? Que tinha baixa autoestima? O que fazer para ajudá-lo? Para conquistá-lo? Afinal, por que ela sempre tinha tanta atração por homens problemáticos, carentes, machucados?", pela primeira vez se questionou. No dia seguinte, porém, acordou com um poema:

Estou em processo...
Há coisas a aprender...
e há coisas a reprogramar...
Há coisas que sou...
e não quero ser...
Há coisas que ainda não sou...
e quero ser...
Há coisas que sou...
e ainda não sei...
Mas estou buscando saber...
Estou em construção...
Mas já estive em demolição...[9]

Ficou ainda mais encantada. Ele era um homem tão sensível... Achava incrível a maneira como ele falava de seus próprios sentimentos. Entendia também as suas questões, a sua necessidade de viver seu luto, se fortalecer. Na verdade, achava que ela própria também deveria estar vivendo essa sensação, ao menos 'teoricamente'. Por tudo o que já havia estudado, sabia ser esse o esperado, o ideal para uma pessoa que acabou de encerrar um relacionamento. Mas começava a perceber que a vida nem sempre permite que as coisas sejam vividas de forma tão delimitada, tão padronizada e comum. Uma parte de si gostaria de vivenciar uma coisa de cada vez. Cicatrizar primeiro a ferida de seu *descasamento* com Ricardo para depois vir a se envolver com uma outra pessoa. Mas outra parte sua estava tão ferida, tão profundamente maculada que tudo que ela desejava era alguém que a amasse tão profundamente a ponto de fazê-la esquecer toda a dor por que havia passado. Numa única palavra, que ela, aliás, odiava, estava carente e isso a tornava ainda mais sensível e vulnerável.

– Talvez eu também precise do mesmo que você falou – ela escreveu para ele, logo em seguida. – Enfrentar a minha solidão, ver quem mora aqui dentro... Mas é que eu acabei de descobrir que é bom ser feliz, não estava com nenhuma vontade de me entregar à dor, entende?

Mas, assim como o namorado de Carolina, ele não voltou mais a aparecer por aqueles dias. Noite e dia esperando, impaciente. A todo momen-

---

[9] Poesia de Eliane Stahl.

to em casa, o mesmo ritual. Laíssa abria e fechava o *laptop*, levantava e sentava muitas vezes, a cada instante verificando o telefone. E nada. Acendia e apagava o celular, relia antigas mensagens, sofria. Sentia angústia profunda, não conseguia fazer mais nada da vida. De dia, o trabalho no consultório; de noite, a espera infinita. Até que tomou coragem e escreveu para ele:

— Está doendo muito esse gelo...

— Oi, Querida! – para sua surpresa, ele respondeu de imediato.

— O que aconteceu com você? – ela perguntou.

— Sentiu a minha falta? – ele brincou, antes de mandar-lhe a foto de um canteiro de flores com uma borboleta.

Sempre a borboleta. Enorme e azul, como a paciência de Laíssa.

— Sabe que estou pensando em achar um nome para esta borboleta?

— Que tal Ayla? – ele brincou do outro lado.

— Ah, Joaquim, eu nem sei mais o que dizer... Não consigo ficar muito tempo sem ligar, sem escrever para você... Eu juro que tenho tentado. Mas juro também que tem sido quase insuportável cada vez que penso que vou desistir simplesmente de você! – ela se derramou. – Queria te dizer que não te vejo como uma porta...

— Você não me conhece...

— É verdade. E mesmo assim, você já me disse tantas coisas... Sabe, te admirei tanto naquele momento, mas tanto, tanto, que você não pode imaginar. A sua sinceridade, o seu esforço, todo o seu trabalho com você mesmo, os seus questionamentos, o seu desejo de se tornar uma pessoa melhor. Eu gosto muito de conversar com você. Talvez você não tenha noção da grande sabedoria que já acumulou neste tempo... – ela respondeu.

— Ando exausto, sem carregar peso; ando mudando, e mudar não é fácil, então ando me empenhando para desconectar geral... – ele respondeu. – Fiquei sem *internet* por uns dias, aproveitei para me isolar um pouco de tudo.

— Evoluir é difícil mesmo. Mas já pensou quantas pessoas no mundo não estão sequer preocupadas com isso? Mas o que queria que você soubesse é que o que me atraiu de verdade em você foi a sua essência. Os seus questionamentos, a sua sinceridade, o fato de te reconhecer alguém humano e em busca assim como eu. Só fiquei triste que tivesse sumido desse jeito...

– Não é gelo – ele respondeu simplesmente.

– É o que então?

– Ainda nada. Esse é o problema. Aconteceu – ele foi enfático. – Simplesmente aconteceu. Já escutou essa música? Se não escutou, escute. É da Ana Carolina. Ela tem tudo o que eu gostaria de dizer a você. Beijo.

Ao fim da mensagem, veio o *link* da música. Laíssa literalmente gelou. De novo lembrou de Carolina: sentiu seu corpo inteiro estremecer, sabia que era algo grave o que aquela letra tinha a lhe dizer.

Rapidamente buscou a música na *internet* e mais uma vez, entendeu tudo: "Simplesmente aconteceu, não tem mais você e eu, no jardim dos sonhos, no primeiro raio de luar... Simplesmente amanheceu, tudo volta a ser só eu, nos espelhos, nas paredes de qualquer lugar... Não tem segredo, não tenha medo de querer voltar... A culpa é minha, eu tenho o vício de me machucar...", dizia a canção. Laíssa sequer aguentou ouvir até o fim. Sim, ele desistira de tudo. Encerrara o romance antes mesmo que efetivamente o começassem. E agora? O que fazer?

18

Dizem que os olhos têm o poder de segurar nas coisas como se fossem braços da mente. Naquela tarde, contudo, era como se estivessem literalmente fora de órbita. Por pouco, Laíssa não perdeu o equilíbrio e foi ao chão. Isso jamais acontecera ao longo de muitos anos de aulas de ioga.

– Tudo bem, Laíssa? – Kalindi, a instrutora, veio em seu socorro.
– Sim, sim... Acho que ainda são resquícios daquele tempo em que eu faltei – ela se desculpou depressa.

Mas não teve como impedir que seus olhos se enchessem de água ao dizer isso. Sentia-se péssima, a última de todas as mulheres do mundo. Traída pelo marido, abandonada pelo eventual possível namorado logo depois do primeiro encontro. Não dava para se sentir de outro jeito.

Era tão grande a dor, a tristeza profunda, a desesperança que ela sentia dentro de si, que era preciso caminhar nas ruas com o *headfone* no máximo para não ouvir os próprios pensamentos. Só assim conseguia chegar no trabalho, na aula de ioga, fazer suas compras no supermercado, tocar os dias adiante.

Caminhar era o que de melhor conseguia fazer. Não queria, não podia parar, deixar que todos a vissem no estado em que verdadeiramente se encontrava. Não. Queria ser forte. Nesta desesperada busca, diariamente caminhava por duas horas. Era urgente e necessário dispersar toda aquela angústia, aquela dor.

O grande problema era quando ela parava e os pensamentos a envolviam como uma fumaça quente e úmida, que vinha sorrateira lá de dentro. Assim como naquele momento acontecia. Não tinha sido uma boa ideia voltar para as aulas de ioga, pensava consigo, olhando para o relógio na parede e já morrendo de vontade de voltar para casa – único lugar em que se sentia segura de fato. Ali, não. Só de ouvir aquela música tranquila, reflexiva, ela já se sentia completamente desprotegida. Entrar por alguns instantes em contato de repente com ela mesma fora o suficiente para que uma vontade de chorar viesse, derrubando tudo. "Como uma psicóloga poderia agir deste jeito?", questionava-se, sempre dura consigo mesma.

– Está tudo bem mesmo, Laíssa? – Kalindi, a instrutora, percebeu que ela estava distante.

– Não... Quer dizer, tudo! – ela tentou disfarçar, enquanto se preparava para o relaxamento.

Impossível, porém, permanecer tanto tempo ali deitada.

– Solte agora cada dedinho do seu pé, sinta cada músculo seu afrouxando, relaxando, expandindo-se... – prosseguia a instrutora.

Laíssa mal conseguia ouvir o que ela dizia. Havia muitos pensamentos transitando, ela não conseguia se desligar deles. Em instantes, os olhos começaram a chorar sozinhos, ela não conseguia evitar que acontecesse. Ao fim da aula, enquanto enrolava sua esteira, percebeu que a professora a olhava como que querendo conversar, mas aproveitou-se enquanto ela falava com outra colega e escapuliu de fininho. Não estava disposta a conversar com ninguém por enquanto. Se ao menos Najla morasse mais perto... Laíssa sentia vergonha de falar sobre o que estava acontecendo em sua vida para outras pessoas.

Mesmo sendo psicóloga, sentia-se extremamente frágil naquele momento. Afinal, por mais que sempre soubesse bem orientar suas pacientes, ela também era humana e, em sua vida pessoal, também envolvia-se em emoções delicadas assim como qualquer pessoa. "E o que fazer nessas ocasiões?", ela se perguntava todos os dias, preocupada em não conseguir atender suas pacientes. Mas era incrível como, nos momentos em que atendia, ela adquiria uma força, era quase uma leoa a estimular seus pacientes a enfrentarem e vencerem seus próprios desafios. Quando saía dali, no entanto, voltava a ser como uma rosa murcha, uma rosa ferida, que a cada amanhecer trocava parte de seu caule por um pouquinho mais de vitalidade. Até quando?

136 | Lygia Barbiére

Era exatamente assim que Laíssa se sentia naquela tarde, no momento em que aquela mulher entrou no seu consultório pela primeira vez. Dália era seu nome. Era uma mulher simples no vestir, mas eloquente no falar, uma mulher forte e amargurada pelo tempo, bela e rara como uma dália flor. O que ela tinha a dizer mudaria completamente os caminhos de Laíssa.

– Estou aqui porque cheguei à conclusão de que o meu marido é um sedutor... Preciso criar coragem para poder me desvencilhar dele de uma vez. Não posso mais continuar passando pelo que eu estou passando... – ela explicou.

Parecia tensa, dessas pessoas que transmitem muita apreensão, como se algo, ou alguém, a perseguisse em silêncio.

– Como assim um sedutor? Me fala um pouco sobre isso –pediu a terapeuta, intrigada.

Dália pensou por alguns instantes antes de responder:

– Ah, ele sempre foi um grande galanteador. Um homem bonito, charmoso, todas as mulheres sempre caíam de amores por ele... Mas eu não sabia disso, no começo... – ela pareceu voltar no tempo em suas lembranças.

– E como foi que vocês se conheceram? – perguntou Laíssa.

– Ah, ele era maravilhoso... Um homem íntegro, profissional dedicado, bonito, inteligente, capaz, organizadíssimo com suas coisas pessoais, com o trabalho dele... Hoje eu vejo que a gente percebe o conquistador no primeiro momento em que olha para ele... porque eles gostam de conquistar... quase como se fosse uma compulsão. Eles têm sempre um objetivo, um objeto da vez. Não só as mulheres, como também outras coisas na vida. E chegou a minha vez de ser conquistada... E eu tinha vinte anos. Era uma moça linda, bronzeada, tinha tantos pretendentes... Eu já o tinha visto uma vez, passando num carro. Nossos olhares se cruzaram e eu senti um frio aqui na barriga – ela contava como se ainda estivesse apaixonada.

Laíssa deixou que prosseguisse.

– Até que um dia ele entrou no meu local de trabalho, me viu de longe e começou a puxar conversa ... No dia seguinte, voltou de novo, um mês depois estávamos namorando. A partir daquele mo-

Após a Chuva | 137

mento, eu esqueci de mim para passar a viver 'ele' as vinte e quatro horas do dia... – ela respirou fundo, antes de continuar.

– Me conte exatamente como isso aconteceu – novamente a terapeuta pediu.

– Ah, era uma paixão que você não pode imaginar... A cada dia ele me conquistava de uma maneira diferente. No meu primeiro aniversário juntos, ele escreveu em vários muros da cidade, até na igreja!... Era um homem surpreendente... No meu segundo aniversário que passamos juntos, ele ficou sabendo que o meu maior sonho era ter um som, para ouvir na beirada da cama. Como entendia muito de eletrônica, conseguiu montar, junto com os amigos, um som especialmente para mim! – seus olhos brilhavam como os de uma adolescente. – Chegou na minha casa com uma fita cassete, tocando a música de que eu mais gostava... Era uma música do Fagner, "minh'alma de sonhar-te anda perdida, meus olhos andam cegos de te ver, não és sequer a razão do meu viver, pois que tu és, já, toda a minha vida..." – ela cantarolou , emocionada. – Sabe qual é?

Tinha a voz embargada a essas alturas, mal podia conter sua emoção. Sim. Laíssa conhecia, sim, a canção, também gostava bastante dela bastante. Por sinal, era uma música escrita a partir de um poema de Florbela Espanca, sua escritora favorita.

– Como não ser conquistada por um homem destes, não é mesmo? – Dália continuou, dona de sua própria história. – Que mulher não se apaixonaria? E eu era tão amorosa, achava mesmo que era incapaz de fazer um homem infeliz! Na verdade, o problema é que eu era uma pessoa que, apesar de na época ter só vinte anos, já tinha vivido várias histórias de desafeto, de desamor, dentro da minha casa mesmo, em várias áreas da minha vida... Era um prato cheio para ele! E aí foi a fome com a vontade de comer!

– Então vocês se casaram? – deduziu Laíssa.

– Sim! Acontece que, logo que a gente se casou, eu comecei a perceber que ele era um cara que não conseguia se satisfazer com uma mulher simplesmente. Necessitava sempre de outras conquistas secundárias. Eu era o porto seguro, para onde ele sempre corria e se escondia nos momentos mais difíceis... Porque ele tinha de voltar para algum lugar na hora do vazio... Mas, enquanto isso... – seu tom de voz, a essa altura, já era triste.

138 | LYGIA BARBIÉRE

Laíssa a ouvia interessada.

– Aos poucos eu fui percebendo. No princípio era só de vez em quando, com o passar do tempo, praticamente todos os dias acontecia a mesma coisa. Ele voltava do trabalho, tomava banho, se arrumava todo, passava perfume. Meus meninos então eram pequenos, queriam ajuda nos deveres de casa, queriam brincar, mas logo ele recebia um telefonema, ele sempre recebia um telefonema... E aí dizia que estavam chamando por ele na empresa, que precisava sair para resolver uma emergência. Tudo mentira... Interessante é que, quando ele saía e voltava, muito tarde, para casa, sempre vinha depois com flores, bombons, querendo bancar aquele homem que ele, lá no íntimo, gostaria de ser, mas não dava conta... Mas, conforme o tempo foi passando, ele foi perdendo até a preocupação de esconder. Nos últimos tempos, parecia ter perdido completamente o escrúpulo, o pudor, sei lá que palavra utilizar... – ela tinha os olhos cheios d'água ao chegar a esta constatação.

– Como assim? – Laíssa não entendeu.

– Às vezes voltava para casa recendendo a uma noite com outra – desabafou a paciente. – Ainda assim, se deixasse, ainda queria fazer amor comigo... Amor, não. Sexo. Não dá para chamar isso de amor...

– E você deixava? – a terapeuta fez questão de perguntar.

– Ah, fui educada num tempo em que a mulher aprende, desde pequena, que sua principal finalidade no mundo é satisfazer ao marido. O que é que eu ia dizer? Até porque, muitas vezes ele já chegava bêbado, eu não tinha como resistir... Não gosto nem de me lembrar dessas madrugadas...

Ela abaixou os olhos, envergonhada e triste. Ficou em silêncio.

– Você já chegou a conversar com ele depois sobre isso? – Laíssa perguntou, após algum tempo.

– E como não? – redarguiu Dália. – Chegou um ponto em que não dava mais para fazer de conta que eu não sabia de nada. Disse a ele que não podíamos mais continuar com aquela situação.

– E ele? – Laíssa quis saber.

– Ele riu de mim quando eu falei. Disse que eu não conseguia. "Você não tem coragem! Nunca vai me deixar", afirmou. Foi quando olhei para os meus filhos dormindo e percebi que eles já eram dois adolescentes. Na época, eu estava indo a outra psicóloga. Ela me ajudou muito na separação. Mas, depois disso, perdemos o contato.

– Então quer dizer que você já se separou dele?

– Na verdade, nós já estávamos separados há algum tempo quando aconteceu de fato. Desde o dia em que ele chegou em casa... bem, o importante é que desde esse dia nós passamos a dormir em quartos separados – ela explicou constrangida, sem conseguir explicar o que acontecera. – Lembro que, naquele dia, estive na psicóloga e ela me disse que a questão não estava na separação de corpos, mas no autorrespeito. Como eu iria falar de respeito com os meus filhos, ensiná-los a respeitar seus pares no futuro, se eu não me fazia respeitar?

– Sim, o respeito é algo que não acontece simplesmente dentro da cabeça, mas dentro da alma – complementou Laíssa.

– Sei dizer que, pouco tempo depois dessa consulta, eu tomei uma decisão – continuou Dália. – Disse a ele que um de nós precisaria sair de casa, não podíamos mais continuar daquele jeito.

– E ele saiu? – quis confirmar a terapeuta.

– Durante dois meses ele ainda relutou, mas acabou saindo – continuou a paciente. – Um dia, cheguei da rua com os meninos e percebi que os armários dele estavam vazios...

– E tudo isso faz quanto tempo? – quis saber Laíssa.

– Dez anos. Na verdade, hoje, meu filho mais velho já está até formado na faculdade – ela fez as contas.

– Mas, então... – Laíssa não conseguiu terminar a frase.

– O grande problema é que eu não consigo mais recuperar a minha alegria, não consigo deixar de pensar nele um só dia da minha vida! – novamente Dália se emocionou. – É quase como se um pedaço de mim houvesse se perdido pelo caminho. Refiz minha vida, passei a trabalhar fora, terminei de criar meus filhos, houve uma época em que até arranjei um namorado...

– E não deu certo?

– Na verdade, eu acho que nunca vai dar... porque, toda vez que meu namorado chegava perto de mim, que ele me tocava, eu me sentia como se estivesse fazendo algo de errado... Quase como se eu ainda pertencesse ao meu marido...

– Entendo... Você sente saudades dele? – perguntou Laíssa.

– Não! Não é isso! Eu tenho pavor dele quando me lembro de tudo o que vivi! Mas, ao mesmo tempo, sinto pavor de mim toda vez que penso em me envolver com alguém... Eu sinto saudades, sim, daquele com quem eu me casei, mas não daquele outro que foi embora lá de casa... Ele chegou a me dizer que o melhor momento vivido conosco, comigo e com nossos filhos, não se comparava aos momentos que ele vivia na rua! – ela recordou, com uma dor muito grande.

– E será que, no fundo, você não espera até hoje que ele se arrependa, que te peça perdão por tudo o que aconteceu e se transforme no marido ideal que você sempre sonhou? – Laíssa questionou, lembrando-se de tudo o que ouvira de Carolina.

Dália ficou em silêncio. Deixou cair algumas lágrimas antes de responder.

– Acho que talvez você tenha razão... – ela admitiu. – Tenho muita raiva de mim, mas confesso a você que eu fico perturbada sempre que encontro alguém na rua usando o mesmo perfume que ele usa... Por isso estou aqui. Preciso que me ajude a superar este momento... Sei que não posso jamais voltar com esse homem!

Laíssa ficou um tempo olhando para ela, comovida com o seu sofrimento. De alguma forma, ela se identificava profundamente também com Dália, sobretudo no que se referia à questão da raiva. Lembrou-se então de sua conversa com Caio e procurou reproduzir para ela o que aprendera com o médico antroposófico:

– Sabe, recentemente, eu aprendi que a raiva é nossa aliada. Não podemos sufocá-la, precisamos ouvir o que ela tem a nos dizer. O que será que a sua está querendo dizer a você mesma? Do que exatamente você tem raiva? De você mesma por gostar de alguém que já mostrou que não merece o seu amor? Ou por não conseguir transformar esse homem na pessoa que você gostaria que ele fosse? Justamente por sentir raiva, não querendo sentir, é que temos condições de refletir sobre nossas emoções, avaliar o quanto já evoluímos como seres humanos – explicou. – Afinal, como você gostaria de estar se sentindo neste momento com relação a ele?

O tempo terminou. Dália ficou de voltar na semana seguinte. Naquele dia, Laíssa atendeu apenas a ela. Muitos pacientes se afastaram, durante os dias em que se mantivera longe do consultório. Voltou para casa revivendo mentalmente a sua história. Não bastassem as lembranças inevitáveis do final de seu próprio casamento, uma frase dita por Dália, em especial, deixara em alerta todos os seus pensamentos, como se fosse a chave mágica capaz de ajudá-la a decifrar todo o enigma que ela estava vivendo. "Afinal, seria Joaquim um sedutor?", ela não conseguia parar de se perguntar.

Terceira Parte

Des-Ilusão

Eu geralmente me apaixono pelas minhas conquistas. Gosto de estar apaixonado, do novo, das descobertas (dentre várias outras razões e motivações). Uma delas me tirou do sério, me fez sofrer. Foi amor o que eu senti por ela? Não sei. O fato é que, depois de muito tempo e por razões específicas, nos afastamos. [...] Não sei se algo ou alguém seria capaz de fazer um conquistador que não consegue amar ninguém passar a fazê-lo.

Acho que isso está no DNA. No meu caso, eu tenho vários tipos de amor, inclusive pela minha esposa. Amo meu filho, amo minha mãe, amava meu pai. Para mim, o desejo de conquista não está relacionado a ser capaz de amar outra pessoa ou não.

(Depoimento de um sedutor.)

19

Toda a decepção é finita, mas a esperança é infinita. Mesmo a despeito de todas as suspeitas que o encontro com Dália lhe trouxera, Laíssa voltou para casa com aquela música na cabeça. "Podem voar mundo, correr alto, que tu és como um Deus, princípio e fim". Ainda pensava tanto em Joaquim... Mas pensava também em Ricardo, não tinha como negar. "Como podia pensar tanto neles e tão pouco em si mesma?", de repente perguntou-se. Mas não se deteve para refletir sobre a pergunta. Seguiu adiante, faltavam ainda alguns quarteirões.

"E desde aquele dia eu me esqueci de mim para passar a viver o ele", dissera-lhe Dália. E ela, Laíssa? Por quanto vivera como que impregnada sob a pele de Ricardo? Como pudera anular-se a este ponto, sem sequer perceber? Caminhava para casa e se lembrava de tudo mais uma vez. Nova chuva se iniciava. Voltar para casa e fazer o jantar, comprar presentes nas datas festivas, cuidar das compras, da farmácia, de marcar os médicos, de orientar a faxineira, do próprio trabalho, é claro! Mas sempre com reservas, "afinal de contas, agora você tem uma família", diziam sempre os amigos. De acordo com os valores que lhe haviam sido passados desde a infância, o marido devia ser sempre o centro principal de todas as suas atenções.

Ainda não conseguira perdoar o ex-marido por tantos desenganos. Ele era tão importante para ela, desde o princípio... Onde teriam tropeçado, de forma a não reparar que o amor entre eles agonizava? Onde teria se partido irremediavelmente o cristal que haviam lapi-

145

146 | LYGIA BARBIÉRE

dado ao longo daqueles treze anos de convivência? O fato é que a decepção fora tão profunda que ela sequer tinha vontade de vê-lo.

Agora são apenas estranhos, meros conhecidos que não simpatizam um com o outro. Mal conseguem conversar, não trocam olhares, se evitam. Como tanto amor poderia ter se acabado desse jeito tão triste? Laíssa não tinha sequer vontade de ouvir a voz dele. O amor dissolvera-se na poeira das mágoas.

Depois da tarde com Joaquim, o de mais importante que pudera constatar fora que Ricardo e ela não tinham mais nenhuma afinidade. Era maravilhoso conversar o dia todo, intensamente, com alguém; andar de mãos dadas na praia sorrindo da vida, despreocupados de tudo, apenas felizes pela infinita alegria de estar ali juntos, naquele momento! E naquela tarde dançaram, se olharam, sentiram a pele um do outro e trocaram calor como se pulsassem numa mesma sintonia. Por que coisas boas assim não podiam durar mais que um minuto, uma tarde, um domingo ao longo de toda uma vida? O que, afinal, faltava nela para que Joaquim tivesse agido daquela forma? O próprio Ricardo? Será que ela nunca ia ser digna de um companheiro de verdade? Doía-lhe no íntimo pensar sobre isso.

O tempo todo, Joaquim parecia ser para Laíssa o melhor de todos os homens da face da terra. Era dono de uma livraria! Como se não bastasse, dizia-lhe, em prosa e verso, tudo o que ela sempre sonhara ouvir. "Não imagina há quanto tempo eu procurava alguém como você", ela não conseguia se esquecer da maneira como ele a olhava, mexendo em seus cabelos, naquela tarde na praia. Laíssa não podia se esquecer disso. Ou será apenas que não queria desapegar-se daquele sonho?

Todos os dias, ela revia a cena. "O que mudara? Por que desistira dela tão rapidamente?", não cansava de se perguntar. Como se houvesse uma simples resposta capaz de tudo consertar.

Era bem verdade, no entanto, e ela agora não conseguia parar de se lembrar disso também, que, por alguns momentos na praia, ela tivera a impressão de observar um comportamento estranho da parte dele. Joaquim era sempre extremamente, exageradamente gentil com todas as mulheres interessantes que passavam. Em dado momento, chegou mesmo a se levantar para elogiar a cantora. Laíssa sentiu algo de estranho naquele comportamento, mas daí a dizer que ele era um sedutor, talvez fosse um exagero. Sequer cogitara dessa possibilidade, nem dera muita importância a isso enquanto estava com ele. Nos momentos em que aconteceu, chegara até a sentir um pouco de ciúmes, mas estava tão acostumada, a vida toda, a lutar contra esse seu sentimento, e ao mesmo tempo tão encantada por aquele sujeito, que fez um esforço maior para 'nem ligar'. Viu ali uma possibilidade de vencer sua fraqueza, por que não? Afinal, tudo valia a pena para poder ficar com ele!

Todavia, agora, ela se lembrava disso como se fosse uma característica que o ligava aos sedutores de que a paciente falara. Seria Joaquim um sedutor, mais uma vez ela se perguntava. Por mais que desejasse muito que não fosse verdade, esta possibilidade não podia ser descartada.

Laíssa se recordava vagamente de ter tido uma aula sobre isso nos tempos de faculdade, mas jamais chegara a se aprofundar no assunto. Até porque nunca antes atendera a nenhum caso específico no consultório. Mas agora se lembrava de que tinha até um nome específico esse comportamento. "Como seria mesmo?", ela insistentemente buscava na memória, tentando relembrar.

Entrou no prédio e o porteiro avisou:

– Tem uma pessoa aí, esperando pela senhora – ele mostrou, apontando para onde ficava o sofá da portaria, num cantinho atrás de uma pilastra.

Laíssa foi andando devagar. Bem devagar. Naquela infinita fração de segundos, ficou gelada dos pés à cabeça. Curiosamente, a primeira pessoa que lhe passou pela cabeça foi Ricardo. "Mas não, não podia ser ele", um pensamento acorreu-lhe de imediato, no infinitesimal intervalo entre segundos em que um olho gira de um lado para outro. "O porteiro conheceria Ricardo! Mas também poderia ser Joaquim, e seu coração logo disparou quando ela pensou nisso. E se..."

– Najla! – exclamou surpresa, correndo a abraçar a amiga.

De certa forma, sentia-se aliviada.

– Meu telefone descarregou agora no final da tarde, como estava sem carregador, resolvi arriscar... Posso me hospedar aqui com você esta noite?

– E você ainda pergunta? Mas é claro, Naj! Minha casa é sua! Vamos subir! – respondeu Laíssa contente.

Entraram as duas no elevador, cheias de livros e sacolas.

– O que aconteceu, afinal, para eu ganhar este presente? – Laíssa perguntou. – Você era a única pessoa com quem eu queria conversar neste dia!

– E eu também com você! Estou às voltas com uma monografia do doutorado, que ainda preciso terminar. Sobre síndrome de dom--juanismo, já ouviu falar?... Vou precisar ir amanhã cedo na faculdade, levar um relatório para o professor avaliar e...

– Não acredito! – os olhos de Laíssa se iluminaram no momento em que ela disse isso. – Era esse o nome! Não... Você não pode estar estudando sobre isso! – exclamou admirada.

– É um trabalho recente, do Clauze – Najla citou o nome o professor, que Laíssa também conhecia. – Precisava escolher uma síndrome específica e...

– Pois eu tenho muito para te falar! – empolgou-se Laíssa, abrindo a porta de casa.

– Nossa, mas ficou ótimo isso aqui! Você mudou completamente o apartamento! – exclamou Najla admirada.

Em instantes, estavam as duas sentadas no escritório, cada qual com sua xícara de chá e seu *laptop*, cercadas por vários livros que Najla havia trazido da biblioteca da faculdade. Laíssa acabara de lhe contar tudo o que ocorrera (ou não ocorrera) entre ela e Joaquim nas últimas semanas; sentia-se desafogada em poder finalmente dividir toda aquela história com alguém de sua inteira confiança.

– Meu Deus! Eu não imaginei que a coisa tivesse chegado nesse pé! Eu nunca tinha percebido isso antes, até porque convivo muito pouco com ele, mas, por tudo o que você me falou, esse cara realmente é um sedutor! Caramba, minha amiga... – Najla lamentou, compungida por ter incentivado aquele romance.

– De novo essa palavra! – constatou Laíssa. – Como assim, um sedutor? Me explica, por favor, isso direito! Eu preciso entender exatamente o que isto significa! – pediu à amiga.

– É uma doença, não deixa de ser; uma espécie de compulsão que gera um comportamento doentio nas pessoas – explicou Najla. – O nome dom-juanismo é uma expressão em desuso, que veio à tona há algum tempo, depois do filme *Don Juan de Marco*, com Marlon Brando e Johnny Depp.[10] Don Juan é um personagem literário tido como símbolo da libertinagem.

– Eu sei, eu sei...

– Então. O primeiro romance com referência ao personagem foi a obra *El Burlador de Sevilla*, de 1630, do dramaturgo espanhol Tirso de Molina. Posteriormente, dom Juan aparece em José Zorrillacom, na estória de *Don Juan Tenorio* – Najla estava empolgada com suas últimas pesquisas. – A figura de dom Juan foi também cultuada na música, em obras de *Strauss* e *Mozart*, este último com a ópera *Don Giovanni*, composta em 1787.[11]

– Nunca antes havia atentado para isso, mas é um tema bem recorrente em todos os tempos... – observou Laíssa.

– Sim. Jung acreditava que, assim como os mitos, todas as formas de arte são veículos para a expressão do inconsciente coletivo – continuou Najla. – Por isso dom Juan é tão recorrente. Trata-se de um padrão de personalidade caracterizado por uma pessoa narcisista, enamorada, inescrupulosa, amada e odiada; que faz tudo valer para a conquista de uma pessoa. "Porque eles gostam de conquistar. Quase como se fosse uma compulsão. Eles têm sempre um objetivo, um objeto da vez. Não só as mulheres, como também outras coisas na vida", Laíssa lembrou-se da definição de Dália.

– Olha só, tem até na Wikipédia – Najla mostrou no computador. – "A síndrome de dom-juanismo ou compulsão por sedução, é um transtorno caracterizado por necessidade compulsiva por sedução, envolvimento sexual fácil, mas fracasso no envolvimento emocional, sendo assim, determinada por relacionamentos íntimos pouco duradouros ou até mesmo inexistentes."[12] – ela leu e estendeu, em seguida, seu *laptop* à amiga, para que visse o conteúdo de toda a página.

Laíssa mexeu o cursor para cima e para baixo, interessada. Deteve-se de novo no parágrafo lido por Najla:

[10] O filme *Don Juan de Marco* foi escrito e dirigido por *Jeremy Leven*.

[11] A figura do eterno sedutor continua atrelada a dom Juan, que aparece ainda na obra de *Molière*, em *Le Festin de Pierre*, no poema satírico de *Byron* chamado simplesmente *Don Juan*, no drama de *Bernard Shaw*, chamado *Man and superman*.

[12] *In: Compulsão à sedução; síndrome de Don Juan*. www.psiqweb.med.br/site/?area=NO/LerNoticia&idNoticia=172.

– "Os indivíduos que têm esta síndrome são excessivamente se-dutores e, em geral, têm como alvo pessoas 'difíceis' ou 'proibidas' de serem alcançadas" – ela continuou a leitura. – "As outras pessoas facilmente se apaixonam por eles, entretanto, o indivíduo com a sín-drome logo se apercebe de que o parceiro ou o relacionamento não tem mais graça e, por fim, acaba por abandonar a pessoa" – ela parou a leitura, impressionada. – Ele fez exatamente isso comigo! – cons-tatou. – Será?... – ainda assim, colocou-se em dúvida. – Mas em que exatamente eu era difícil?

– Ora essa, mobilizar emocionalmente uma mulher que acabou de passar por tudo o que você passou, ainda por cima uma psicóloga, não deixa de ser um desafio! Até porque, quando vocês se conhece-ram, você estava simplesmente dando um tempo com Ricardo. Você reparou se o afastamento dele não aconteceu justamente quando ele percebeu que você estava realmente convicta de sua decisão de se separar de Ricardo?

– Sabe que faz sentido o que você está dizendo... – refletiu Laíssa.

– Esses indivíduos não se apegam aos seus parceiros – explicou Najla –, porque o que eles experimentam é apenas uma atração fugaz, simplesmente não conseguem sentir mais do que isso. Como se ti-vessem a sua capacidade de sentir as emoções sufocada, danificada...

"Ah, sei lá... Sabe o que acontece? Eu não consigo amar. Taí. Este é o meu problema. Nunca, na minha vida, eu consegui amar nin-guém", Laíssa se lembrou de Joaquim dizendo.

– Ele me disse isso! Ele me disse exatamente isso! Mas, Naj, se ele falou isso para mim, significa que ele tem consciência! Acho que, de alguma forma, ele está pedindo socorro! – deduziu Laíssa.

– Pedindo socorro! Pelo amor de Deus, Laíssa, tira essa expressão do seu vocabulário! Precisa parar com essa mania de querer socorrer todo mundo! Não tem que ter pena porque ele é assim! É simples-mente uma característica dele, algo que se encontra impresso na per-sonalidade dele. A única pessoa que pode fazer algo para modificar algum tipo de característica de sua personalidade é ela mesma. Não dá para a gente chegar lá, apagar e desenhar de outro jeito! Quando irá compreender que não podemos 'salvar' ninguém? – Najla chamou a atenção da amiga.

– Não é essa a questão! – protestou Laíssa. – Ele foi tão sincero sempre comigo... Sabe, em uma das nossas conversas, chegou mesmo a dizer que não se considerava digno de uma pessoa como eu! Confesso que fiquei comovida quando ele me disse isso! – ela lembrou, sensibilizada.

– Sinto te dizer, minha amiga, mas isso também é um comportamento típico dos sedutores. É impressionante como eles sempre conseguem envolver as mulheres com a mesma conversa! – observou Najla, um tanto quanto indignada. – Puxa, Lah, te peço desculpas por não ter percebido antes que ele era uma pessoa assim...

– Ao mesmo, tempo, achei que ele foi um pouco agressivo comigo, nas últimas vezes em que nos falamos... Parece que estava irritado, com problemas na livraria, me deu duas respostas atravessadas, parecia não ter mais nenhum prazer em falar comigo – Laíssa continuava longe, como quem se surpreende com as peças de um difícil quebra-cabeças. – Acho que foi a última vez em que conversamos. Sabe, ultimamente, todas as vezes em que eu falo com ele, seja por mensagem, seja por telefone, sempre me arrependo depois. Fico me sentindo uma idiota, achando que não devia ter ligado...

– Interessante... Segundo pude ver na bibliografia, a agressividade latente também é uma característica do sedutor. Isso significa que ele está começando a se envolver realmente com a pessoa sobre a qual investiu seu poder de sedução... Nesse momento, é como se disparasse um alerta em sua personalidade, a fim de evitar qualquer experiência genuína de amor. No fundo ele não quer amar ninguém! Sua conduta, na sequência, passa a ser de fuga ou mesmo de uma infantilidade chocante aos olhos do parceiro. É quando passa a emitir conceitos do tipo "não estou preparado para amar" ou "não me considero merecedor de uma pessoa como você" – analisou Najla. – Na próxima vez em que se falarem, com toda certeza, ele vai dizer algo do gênero "olha, eu não posso estar ao seu lado, porque você deseja algo muito profundo, sendo que a minha pessoa não é merecedora de tamanha dádiva..."

– Ele já disse isso! – admitiu Laíssa impressionada. – Não, não pode ser tão simples assim...

Ela ficou em silêncio. Em dado momento, chegou mesmo a lhe passar pela mente a ideia de que Najla estivesse dizendo tudo aquilo apenas para desestimulá-la, que não tivesse o coração suficientemente aberto para perceber o quanto ele era uma pessoa que necessitava de estímulos e cuidados, apesar de tudo. "Será que a amiga estava com inveja?", chegou a lhe passar pela cabeça. Afinal de contas, Joaquim era um homem muito bonito. Mas não fazia sentido. Najla e Caio viviam uma relação muito legal. Não havia porquê Najla sentir isso. Abaixou os olhos e continuou a ler o texto em silêncio:

> No momento em que percebem que o outro já foi conquistado, este mesmo vira enjoativo, sem graça e a atração desaparece. Não raro, a síndrome associa-se a uma personalidade fria e insensível para com os sentimentos alheios, cujo próprio interesse momentâneo é o objetivo maior. Sendo assim, são pessoas frequentemente egoístas e com uma grande sensibilidade à monotonia: são intolerantes ao tédio, o que os faz comumente buscarem estímulos e novidades, caracterizando uma inconstância nos relacionamentos que se tornam enjoativos facilmente. Por tais características, a síndrome pode ser confundida ou ser um dos sintomas do transtorno de personalidade antissocial, ou mais popularmente conhecido como psicopatia.

– Nossa! Então quer dizer que todo o sedutor é um psicopata? – ela se preocupou de repente.

– Não! – garantiu Najla. – Na verdade, pelo que eu estudei, todo psicopata é sedutor, mas nem todo sedutor é necessariamente psicopata. O comportamento sedutor é apenas um dos traços da personalidade do psicopata, o que não impede que o sedutor venha um dia a se transformar num psicopata, caso desenvolva também as demais características – ela tentou explicar.

Laíssa se deteve por alguns instantes nas características do homem dom Juan, segundo o mesmo site que estavam consultando:

– Olha isso aqui, Najla! – ela passou a ler a lista em suas mãos:

> Aparenta superficialmente ser um homem gentil, charmoso e ideal para as mulheres; raramente tem um relacionamento íntimo duradouro. Quando assume um relacionamento, tem várias mulheres ao mesmo tempo e trata todas como únicas. Em geral,

se afasta de uma para se aproximar da outra, e quando é cobrado diz que se afastou por medo de se envolver. O objetivo é conquistar, e para isso ele fará o que for preciso. Para o dom Juan, os fins justificam os meios. Após conseguir a conquista, de repente, rapidamente ele se afasta, muda o comportamento esfria ou então desaparece, abandona a mulher. Reaparece quando sente necessidade de reafirmar que ainda tem poderes sob aquela conquista. Raramente racionaliza se esse tipo de conduta causa prejuízos no campo sentimental e emocional das mulheres, sendo que alguns desses homens dizem francamente não se importar com isso. Não sente culpa ou remorso por tais comportamentos. Não há cura.

– Nossa... Que radical! Será que não existe mesmo cura? – Laíssa duvidou, sentindo o coração apertado apesar de tudo.

Em seu íntimo mais profundo, imaginava que ela, Laíssa, poderia encontrar um jeito de curar Joaquim. Afinal, ela era uma psicóloga! E ele, como homem, tirando esse problema da sedução, era exatamente a pessoa com que ela havia sonhado toda a sua vida. Até porque ele lhe parecia tão frágil, tão machucado pelo próprio passado... Parecia-lhe mais alguém que precisava de cuidados do que o portador de características tão assustadoras. Não, não era possível... – ela ainda tentava se convencer.

– Escuta aqui, Laíssa! – Najla percebeu no ar a sua intenção. – É impressão minha ou você está alimentando a ideia de cuidar também desse cara?

– E por que não? – sorriu Laíssa, cheia de esperanças. – Ele é diferente!

– Laíssa, você está pior do que eu imaginava! Não pode estar envolvida com ele. Você sequer conhece direito esse cara! Estou achando que você está precisando urgente de um tratamento! Já pensou em voltar para a análise? Aliás...

Mas Laíssa parecia realmente enfeitiçada pela possibilidade de ser feliz que aquele homem a fizera vislumbrar.

– Ah, não sei, Naj... Eu nem sei se acredito em todas essas teorias... Preciso pesquisar mais sobre isso. O fato, porém, é que quando estou com ele tenho sempre a sensação de que já o conheço de muitas e muitas vidas... – ela romantizou.

– Pois eu acho que você está agindo do mesmo jeito que aquela sua paciente nova que te alertou sobre os sedutores! Igualzinho a ela! Continua inventando desculpas para não enxergar o que está na sua frente! Não adianta investir nesse cara, Laíssa, não perca seu tempo com ele! Olha isso aqui: – ela abriu um dos livros e começou a ler para Laíssa o trecho que havia marcado:

> Partindo para um estudo mais social da questão, não só a sedução é uma das formas mais dissimuladas do poder, como uma tentativa de escravizar o outro através de todo tipo de artifício, seja de natureza sexual ou não. O único objetivo é a satisfação narcisista do sedutor, sempre ocultando sua verdadeira personalidade. Sua meta básica é exclusivamente a de seu profundo egoísmo pessoal.

– Se pensarmos até na questão da depressão que parece caracterizar a personalidade de um sedutor em alguns momentos, acharemos, até mesmo aí um forte conteúdo manipulador. Ele se diz deprimido, mas parece sempre almejar a solução de fora. Em geral, já se acostumou a tirar prazer na tentativa dos outros melhorarem seu estado de espírito. Acredite em mim, minha amiga, você teve uma sorte incrível desse indivíduo já ter se afastado de você. Fuja dele! – insistiu Najla.

"A sedução e o narcisismo, irmãos quase que gêmeos" – Laíssa leu ainda no texto que estava na tela – "talvez sejam a barreira mais neurótica contra uma real experiência amorosa, pois, quando ambos atuam, tudo o que importa é o holofote dirigido a si próprio, sendo que o outro só tem importância como um espectador passivo e necessário para dirigir os aplausos ou seu desejo recém-despertado para o sedutor."

Najla fechou a tela.

– É forte, né? Se você pensar que na nossa sociedade somos todos educados para sermos grandes conquistadores... – divagou ela.

_ Mas são sempre homens? Não existem mulheres sedutoras também? – questionou Laíssa.

– Claro! Trata-se de um desvio de comportamento humano, que pode acontecer tanto com homens quanto com mulheres. Mas acredito que os casos masculinos sejam mais comuns porque a sociedade em geral ainda é muito machista e esse tipo de comportamento entre os homens ainda é muito estimulado. Não há denominação satisfatória para descrever a mulher que preenche os requisitos do dom--juanismo, mas elas existem indubitavelmente. São também pessoas movidas pela compulsão da conquista e sedução do outro, pela inclinação ao relacionamento impossível, seja com homens mais velhos ou muito mais novos, casados, padres, enamorados de outras mulheres, enfim, pessoas que oferecem alguma condição de desafio.

– O que move a conquista então é a própria dificuldade do relacionamento – concluiu Laíssa.

– Sim. Nos casos mais sérios a inclinação à sedução pode adquirir caráter de verdadeira compulsão, tal como acontece no jogo patológico. De certa forma, apesar dessa conquista compulsiva servir-lhe para melhorar sua sensação de segurança e autoestima, uma vez possuído o quê, a pessoa que se desejava, ocorre imediata perda de interesse. Em alguns casos, o dom Juan, seja ele masculino ou feminino, começa a se desestimular com a conquista quando percebe que a pessoa conquistada já está apaixonada por ele. Pode até nem haver necessidade do ato sexual a partir do momento em que ele percebe que a pessoa aceita e deseja o sexo com ele. Por outro lado, se a pessoa a ser conquistada é indiferente ou não cede à sedução, o dom Juan se torna mais obstinado ainda. O que não significa que experimente verdadeiro sentimento de amor. Sua compulsão está sempre focada no desafio da conquista. – explicou Najla.

Laíssa ficou um tempo lembrando de suas conversas com Joaquim. Efetivamente, na noite em que ela se expressara de uma forma mais intensa em suas mensagens, ele parecera começar a recuar.

– Você não chegou a dizer que o amava, chegou? – Najla cogitou.

– Mais ou menos... – respondeu Laíssa. – Desde as primeiras mensagens que ele me enviou, sempre brincava com uma sigla: JTA. Eu perguntava o que era e ele dizia que logo iria me contar. Até que uma noite ele traduziu, dizendo "Já te amo". Alguns dias depois, eu estava me sentindo tão contente por ele estar na minha vida, tão feliz por não estar mais sentindo aquela dor horrível que experimentei na tarde em que descobri que o Ricardo me traía com aquela mulher, que disse a ele: "Tenho a sensação – ainda que não seja real – de que sou capaz de recriar o mundo inteiro! Te amo, sem nem me responsabilizar direito pela profundidade que isso significa." Mas não era um 'Eu te amo', entende?

– E ele? – quis saber Najla.

– Achei estranho na hora. Parece que se assustou. Respondeu "tudo isso"? Tem toda razão... Foi justamente a partir deste diálogo que eu senti que ele começou a se afastar...

– Laíssa, não tem jeito... Esse cara é um sedutor, tem todos os sintomas, todas as características! – insistiu Najla.

– De todos esses sintomas, só um deles realmente me assusta... – ponderou Laíssa, de novo pensativa. – Você realmente acredita que essa síndrome não tem cura?

Najla pareceu refletir por alguns instantes, enquanto recolhia os livros espalhados e os arrumava na mochila que carregava especialmente para isso.

– Olha, há alguns anos eu tive um paciente assim. Até por isso escolhi este tema... Era um rapaz super bonito, conhecido desde os tempos de escola como 'grande pegador' – ela enfatizou com a voz. – Resolveu procurar a minha ajuda depois que aquela rotina começou a transformar a vida dele num inferno... Ele tinha um relacionamento estável de dez anos, e sempre, sempre foi infiel. Acontece que, ainda que ele se relacionasse com mais de cinco mulheres por semana, o prazer da relação terminava na cama. Todo o prazer dele estava na conquista, exatamente como uma pessoa viciada em drogas. No momento em que ele conseguia levar a mulher para cama, era quase que imediatamente tomado por um sentimento de culpa e solidão.

– E ele conseguiu se curar? Você conseguiu ajudar a ele para que saísse desse padrão? – Laíssa perguntou ansiosa.

– Ele levou um tempo em fase de aceitação do problema. Até então, achava normal ter um relacionamento estável, com uma mulher que garantia a ele um futuro e, ao mesmo tempo, dar as suas 'escapadas' quase que diárias. Parecia que a cada dia ele se conscientizava mais da sua questão. Começava a compreender que nem os relacionamentos rápidos a que estava acostumado nem tampouco um relacionamento estável naquelas bases conseguiriam trazer-lhe felicidade. Mas logo em seguida teve uma recaída, duas, até que um dia sumiu e nunca mais voltou... Gostaria de dizer que ele está curado, mas infelizmente acredito que ele continue levando uma vida múltipla – considerou Najla. – É preciso ter sempre em mente que isso é um desvio de caráter. A cura é uma questão de reprogramação, de esforço da própria pessoa interessada, que, na maioria dos casos, acostumou-se a viver à sombra deste tipo de comportamento e age dessa forma para tudo, entende?

Laíssa passou o resto da noite fazendo comparações entre o que diziam as muitas páginas que encontraram na *internet* e todas as falas e comportamentos de Joaquim. Ainda lhe era difícil acreditar, mas eram, de fato, muitas as coincidências.

Deitou-se na cama e ficou revendo as páginas, que continuavam a passar por sua mente em retrospecto.

> Ele é tão encantador que parece bom demais para ser verdade. Parece vindo de um conto de fadas. Só que, quando consegue o que quer, perde o interesse e some. Cafajeste? Nem sempre. Embora aja de caso muito bem pensado, não é por maldade que se comporta assim. Pode ser um conquistador compulsivo.

> O narcisismo dessas pessoas é uma das características mais marcantes, a ponto de elas amarem muito mais a si mesmas que a qualquer outra pessoa conquistada.

> Assim que parece que o namoro vai engrenar, ele salta fora. Sem explicação, sem adeus. E não raramente até troca o número do celular para não ser incomodado. Geralmente esse perfil não suporta levar um "não" e acaba vencendo pela insistência.

> Eles dizem não sentir remorso e alegam que a maioria das mulheres se deixa levar muito facilmente por conta da carência afetiva. O dom Juan retira satisfação e prazer do processo da conquista e não do objeto dela. Ele ama só conquistar.

> Parece que eles não experimentam com o amor o mesmo tipo de sentimento que as demais pessoas. O amor neles é um sentimento fugaz, passageiro e que, continuadamente, tem o objeto-alvo renovado.

Já era muito tarde quando Laíssa finalmente conseguiu pregar os olhos. Mal podia se dar conta de que, apesar de tudo, ela continuava no mundo da lua, completamente apaixonada por um homem doente. Quase como se ela não quisesse acreditar em tudo o que lera. A mais dura de todas as descobertas, no entanto, ainda estava por vir.

20

Naquela noite, Laíssa teve um sonho estranho. Sonhou que estava em uma universidade. Mas não era uma universidade qualquer. Era muito grande, quase uma cidade, no alto de uma montanha verde, composta por diversos prédios que de longe pareciam inteiramente de vidro. Tinham uma arquitetura diferente, com escadas aparentes, muitas plantas, sacadas e janelas, tudo muito arejado e banhado de sol.

No sonho, Laíssa parecia acostumada a estar ali. Movia-se com desenvoltura, sabia exatamente onde estava. Atravessava andares e corredores, subia agitada por uma escada até entrar rapidamente em uma sala, onde estava começando uma aula. Como uma estudante comum, ela se sentava depressa em uma das carteiras.

– Ufa! Quase perdi esta aula! – suspirou aliviada.

Aparentemente, sentava-se sempre ali. Havia, inclusive, coisas de uso pessoal dela guardadas no interior dessa carteira, uma espécie de pasta com algo dentro e um lápis de ponta especial que parecia até uma luzinha.

Havia cerca de vinte pessoas, mais ou menos, entre os que assistiam. O ambiente era impecável, tanto em termos de limpeza, quanto de equipamentos. Mais interessante é que inexistiam papéis, tudo, absolutamente tudo ali era informatizado, dos cadernos dos alunos até as bibliotecas. No fundo da parede, havia imenso quadro de vidro, onde as principais ideias enunciadas pelos professores apareciam automaticamente escritas em letras coloridas como se fios invisíveis ligassem esses quadros à mente daqueles que ensinavam.

160 | LYGIA BARBIÉRE

Laíssa era aluna daquele departamento e, naquele dia, tinha um estudo a ser discutido em classe. O tempo todo no sonho ela sabia disso e repetia, atarantada, que por pouco não havia se esquecido de vir. Abria então sua pasta, que não era de papelão e nem de plástico, mas de um material que fazia lembrar uma fibra sintética, finíssima. Dentro dela havia um *tablet* de proporções de um caderno grande, cheio de recursos que ela ali movimentava sem qualquer dificuldade.

– E então, Laíssa, é você quem vai apresentar para a classe o trabalho que está sendo desenvolvido? Em que ponto da pesquisa vocês estão? – pediu a professora.

Neste momento, Najla também entrou na sala:

– Nossa, peço desculpas pelo atraso! Acabei me distraindo por conta de algumas leituras na hora de dormir! Mas trouxe aqui os principais tópicos do nosso trabalho! – ela mostrou sua própria pastinha informatizada, piscando de longe para Laíssa.

Laíssa estava surpresa. Interessante como ela, uma vez estando ali, reconhecia que nada lhe era estranho, nem o lugar, nem o que era dito; tinha mesmo consciência de por pouco não ter se esquecido de comparecer à aula. Ao mesmo tempo, uma parte dela parecia ainda admirada com tudo aquilo, como se não tivesse plena consciência do que estava acontecendo:

– Quer dizer então que não foi uma coincidência? – tentou recapitular os fatos da maneira como lhe era possível. – Najla não apareceu na minha casa por acaso para fazer esse trabalho? Mas, afinal, esse estudo que ela está realizando, ou melhor, nós duas, é algo para o curso de doutorado que ela está fazendo em psicologia ou um trabalho nosso para esta instituição?

A professora, que usava uma espécie de crachá – aparentemente feito do mesmo material que o quadro negro, uma pequena tela que parecia de vidro, onde um nome brilhava em letras amarelas – escrito Gladys, sorriu:

– É comum, quando se está encarnado, transferir para as tarefas do dia a dia as mesmas atribuições com que lida o espírito nos momentos em que se encontra temporariamente desligado do corpo físico. Tanto você quanto Najla são alunas de nossa instituição que, durante o período do sono físico, vêm até aqui para continuar seus estudos em nossa universidade. A efetiva assimilação desses estudos, no entanto, requer toda uma série de vivências como seres encarnados. O estudo que realizam aqui, na verdade, oferece o necessário suporte para que possam melhor aproveitar as oportunidades de aprendizado que se fazem presentes na vida de vocês – explicou a professora Gladys.

A amorosidade era o traço característico de sua voz, tudo o que ela explicava parecia entrar com suavidade no entendimento das pessoas.

– Quer dizer então que a minha separação... e até mesmo o meu envolvimento com o Joaquim... tudo fazia parte deste estudo? – Laíssa, ainda confusa, tentava entender.

– Na verdade este estudo, como um todo, faz parte da tarefa de aprendizado que você escolheu antes de reencarnar – esclareceu a orientadora. – Todos, sem exceção, temos nosso planejamento reencarnatório vinculado às nossas principais necessidades de aprendizado como seres integrais. Sendo assim, é natural que sempre tendamos a atrair para nós situações que nos possibilitem o necessário aprendizado. Mas a misericórdia divina determina que sempre tenhamos o suporte indispensável para que possamos tirar o máximo de proveito de tudo – e isto inclui tanto as situações que acontecem no plano físico, como estes cursos que vocês fazem aqui conosco, nas universidades do espaço, durante o período do sono físico. Ninguém passa por nenhuma prova, nenhuma situação de aprendizado sem contar com o devido preparo, que acontece antes e durante o período reencarnatório, e não raro se prolonga após a experiência vivida na carne.

– Mas... Como acessamos todas essas informações? – quis entender Laíssa.

– Tudo fica registrado em seus arquivos íntimos. Mas a essência do aprendizado pode ser encontrada também nos cadernos pessoais para onde o espírito naturalmente transfere aquilo que de mais importante extrai das lições. Veja! Você tem tudo aí com você! A transmissão é automática! – ela apontou para a pasta que Laíssa tinha nas mãos.

Com certa surpresa, Laíssa abriu a pasta, clicou no *tablet* e se viu diante de tudo o que ela e Najla haviam estudado na noite anterior. Naquele aparelho haviam ficado registrados trechos de livros, de páginas da *internet*, algumas anotações que ela havia feito sobre características típicas dos sedutores e até mesmo pensamentos que tivera a respeito. Estavam também ali registradas as últimas aulas a que assistiram naquela sala.

– Tudo, absolutamente tudo o que pesquisamos sobre um assunto fica arquivado desta forma? – ela ainda olhava admirada para o aparelho em suas mãos.

– Fica o que verdadeiramente te impressiona – esclareceu a professora.

– Que incrível... – ela constatou. – Bem, de acordo com o que está anotado aqui, então, eu tenho uma dúvida... Professora Gladys, por favor, me explica uma coisa... É uma doença? Existe um tratamento para essa doença, o dom-juanismo?

Todos na classe tinham suas próprias anotações, o grupo parecia realmente empenhado no estudo e ouvia atentamente o que era explicado.

– Considerando o critério estatístico comum da Terra, aquele que constata a normalidade ou 'não-normalidade', tendo como base a ocorrência estatística do fenômeno, podemos dizer que o donjuanismo não é normal porque a maioria das pessoas não é assim. Espiritualmente falando, porém, esse tipo de comportamento é visto, sim, como uma doença, na medida em que é algo capaz de provocar o sofrimento em outras pessoas e que, por isso mesmo, em algum momento deverá ser resgatado para que o espírito possa continuar sua trajetória evolutiva. Afinal, o universo é harmônico e tudo aquilo que provoca desarmonia nessa ordem natural precisará em algum momento ser trabalhado de forma a reparar o dano causado, até que seja restabelecida a ordem.

– Pelo que consegui entender, todos os que estamos no momento estudando este assunto e até mesmo sofrendo com esse tipo de comportamento já estivemos, em algum momento, vivendo o outro papel – observou Najla.

– Quer dizer que eu também um dia já fui uma sedutora? – deduziu Laíssa. – Já desrespeitei os sentimentos de outras pessoas?

– Perfeitamente. Um dos nossos principais aprendizados na Terra consiste em passar por situações que um dia já vivenciamos. Seja repetindo o mesmo papel, para ver se efetivamente já conseguimos agir de forma diferente à que anteriormente agimos, de forma a não mais prejudicarmos os nossos semelhantes; seja no papel de vítimas

Após a Chuva | 163

daquele mesmo tipo de comportamento, para que possamos efetivamente internalizar os inconvenientes daquele tipo de procedimento, ao qual já temos maturidade suficiente para perceber como algo errôneo e prejudicial ao nosso próprio crescimento evolutivo – complementou a orientadora do grupo.

– Mas o que caracteriza mais fortemente uma pessoa com essa doença? – quis saber um dos colegas da classe.

– Diria que é a falta da capacidade de empatia: a pessoa simplesmente não se mobiliza com o sentimentos de outras pessoas! – respondeu Najla.

– Me parece um egoísmo muito profundo... – observou uma senhora.

– Não deixa de ser. Mas não podemos nos esquecer de que o portador da doença também sofre. Não pelo sofrimento que possa estar causando em outras pessoas, mas pelo simples fato de sentir que tem um coração de pedra. Ele não consegue se envolver verdadeiramente com uma pessoa, e sofre, porque no fundo se sente profundamente carente e sozinho. É para fugir a esse sofrimento que ele renova constantemente o alvo de suas conquistas.

– Mas por que uma pessoa se torna fria a esse ponto? – tentou entender outra colega.

– Isso acontece porque, ao longo de muitas existências vivenciando esse mesmo padrão de comportamento, da conquista como um esporte, um passatempo, uma brincadeira irresponsável, o ser espiritual como que desregula sua emotividade, sua capacidade de verdadeiramente sentir. É como um chuveiro elétrico que, durante o banho, a título de brincadeira, a pessoa levasse de repente ao máximo pico de altura só pelo efêmero prazer do choque momentâneo na torneira. Chega um ponto em que o chuveiro queima e não consegue mais atingir gradações de temperatura – exemplificou a professora Gladys.

– Pelo que estive estudando, o processo é semelhante ao que acontece com o adicto de drogas como a cocaína. O uso da droga aciona a liberação artificial de uma substância no cérebro que costuma ser ativada quando a pessoa experimenta situações de prazer. Com o tempo, a constante ativação artificial desta liberação faz com que a pessoa não experimente mais prazer com situações simples do cotidiano, tais como um pôr do sol ou a risada de uma criança. A pessoa se condiciona a receber prazer artificialmente através da droga e, com o tempo, passa a precisar de cada vez mais droga para ativar o mesmo mecanismo. O mesmo acontece com os sedutores – explicou Najla.

– Eles também liberam alguma coisa em seus cérebros a cada vez que realizam uma conquista? – quis saber outra colega.

– Sim, como, aliás, ocorre também com relação ao jogo e a todas as compulsões em geral. No exato momento em que realiza seu intento, o cérebro da pessoa produz uma substância que é uma espécie de emanação do sentimento de vitória diante de um desafio conquistado – esclareceu ainda a mentora.

– Quer dizer que eles passam a viver em função dessa substância que liberam mentalmente e que emanam sob forma dessa vibração que você descreveu? – deduziu Laíssa.

– Não só eles. Como todo o vício, a prática da sedução também atrai amigos espirituais que desencarnaram nas mesmas condições. Todo o universo é regido pela lei de sintonia entre as mentes. Atraímos sempre para perto de nós seres que pensam e sentem de maneira semelhante à nossa. No caso específico da sedução e da conquista compulsiva, tais seres se alimentam, literalmente, das emanações desse excesso da substância que provoca a sensação de prazer no cérebro do sedutor encarnado – detalhou a orientadora.

– Como se fossem vampiros... – concluiu o rapaz ao lado de Laíssa.

– Sim. De certa forma eles também se alimentam da vibração das suas vítimas; é com ela que constroem sua autoestima reforçada – acrescentou Najla.

– Mas é gostosa essa energia da conquista, ninguém pode negar... – observou outra aluna.

– O exercício da conquista, como reforço da autoestima, pode, durante alguns momentos da vida, ou em certas circunstâncias afetivas, ser eficiente. Entretanto, se a personalidade for mais bem estruturada, a atitude conquistadora acaba, mais cedo ou mais tarde, por dar-se por satisfeita diante do objetivo conquistado. Essa é a principal diferença entre a sedução compulsiva e as conquistas normais durante a vida de qualquer pessoa. Mas, sem sombra de dúvida, o que mais caracteriza o sedutor compulsivo em atividade é a total ausência de consideração para com os sentimentos alheios. Ele não tem a menor noção crítica sobre os transtornos sentimentais causados nas pessoas conquistadas e, em seguida, abandonadas.

– E o que podem causar nos próprios sedutores tais desequilíbrios? – quis saber Najla.

– Nas falhas do campo genésico, temos a considerar, acima de tudo, a crueldade mental praticada em nome do amor... Na perseguição ao prazer dos sentidos, tais espíritos sedutores costumam armar as piores ciladas aos corações incautos que lhes dão crédito... Contudo, embora fugindo à palavra empenhada ou faltando aos compromissos e votos assumidos, não há como fugir à lei de correspondência, que nos devolve, inteiro, o mal que praticamos e em cuja intimidade as bênçãos do conhecimento superior nos agravam as agonias. Isso, para não falar dos crimes passionais perpetrados na sociedade humana todos os dias em razão dos abusos das faculdades sexuais... – observou a orientadora.

– Muitas pessoas chegam ao extremo de acabar com a própria vida ou cometer sérios desatinos depois de terem sido envolvidas por uma paixão assim! – lembrou outra colega.

Laíssa, mesmo em sonho, teve uma sensação estranha ao ouvir isso. Quase como uma premonição de que algo de muito ruim estivesse prestes a acontecer a Joaquim.

– Nada na experiência terrestre acontece à toa ou por acaso. Tudo tem uma necessidade, um aprendizado que precisa ser devidamente compreendido e internalizado – reiterou a professora, como se ouvisse seus pensamentos. – Aliás, aconselho vocês a pesquisarem agora sobre o tipo de personalidade que atrai para perto de si pessoas sedutoras. É parte essencial da pesquisa para que o assunto seja bem compreendido – ela recomendou.

No dia seguinte, ao despertar, Laíssa não se lembrava de muita coisa do sonho. Najla sequer recordava de ter sonhado alguma coisa.

– Mas é engraçado. De vez em quando me voltam umas imagens de relance... Eu tenho a sensação de ter sonhado com um lugar, uma cidade toda de vidro... – ela comentou, enquanto preparava seu pão na mesa de café.

– Que coisa... Sabe que eu também tenho a impressão de ter sonhado com um lugar assim? Estou quase certa de que era uma espécie de universidade... – recordou Laíssa. – Vai ver que continuamos estudando durante o sono – ela falou sem a menor convicção de que fosse realmente verdade, enquanto se servia de um pouco de café. – Mas sabe que acordei morrendo de vontade de pesquisar sobre o perfil das pessoas que se envolvem nesse tipo de relacionamento?

– Nossa! Preciso correr! – Najla olhou as horas no relógio. – Tenho encontro às dez com o meu orientador!

Logo depois que ela saiu, Laíssa ainda permaneceu algum tempo tentando lembrar mais detalhes do sonho. Continuava com a intuição de que Joaquim corria algum perigo, mas não sabia exatamente de quê e nem o que ela poderia fazer para protegê-lo. Será que havia, de fato, alguma coisa a fazer? Sentia, contudo, que recebera no sonho alguma recomendação, alguma tarefa a ser realizada...

Entrou no escritório e percebeu que Najla havia deixado uma pilha de livros sobre a mesa. De longe, se sentiu atraída por um dos exemplares da pilha. Aproximou-se para folheá-lo, tinha a sensação de já ter visto antes aquela lombada. Ao pegá-lo nas mãos, a surpresa:

– Não acredito!

21

Dе novo aquele livro. Desde a sua separação, era a terceira vez que Laíssa se encontrava com ele. A primeira, na livraria de Joaquim – ela o deixara de lado para apreciar as 'bandeirinhas literárias'; na segunda, chegara a retirá-lo da estante, na casa de Najla, mas recolocara-o no lugar sem sequer folheá-lo. Era como se de alguma forma aquela publicação chamasse por ela, mas, ainda assim, ela sempre hesitava em penetrar-lhe os domínios. Talvez por causa do título, que lhe causava estranho mal-estar. Chamava-se *Mulheres que amam demais.*[13]

Que grande incômodo lhe causava aquela expressão! Tudo o que ela não queria naquele momento era ler sobre mulheres assim. "Será?", repensou rapidamente, imaginando o quanto era curioso aquele mesmo livro ter vindo parar justo dentro de seu escritório e ainda por cima tê-la atraído de novo, fazendo-a aproximar-se como se fosse a primeira vez. "Ah, se ela tivesse agido com a mesma ponderação quando Joaquim começou sua aproximação...", não pôde deixar de pensar.

Todavia, se Najla o trouxera entre os que faziam parte de sua pesquisa, deveria haver alguma razão. "Afinal, será que mulheres que amam demais tinham alguma coisa a ver com o perfil de pessoas que se envolvem com sedutores?", ela refletiu, correndo rapidamente os olhos pelos outros títulos da pilha a seu lado. Mas não teve vontade de pegar outro exemplar, algo agora a compelia para que finalmente explorasse o material que tinha nas mãos.

---

[13] Norwood, Robin. *Mulheres que amam demais.* 31ª ed. SP, Arx, 2005.

168 | LYGIA BARBIÉRE

Puxou a cadeira e sentou-se. Não tinha nenhum paciente marcado para aquele dia, resolveu então que seria uma boa ideia continuar auxiliando a pesquisa da amiga. Algo dentro dela pedia por isso, estava realmente curiosa a respeito daquele assunto. Começou passando as páginas devagar; logo se ajeitava na mesa para se concentrar melhor na leitura. Era surpreendente aquele assunto.

"Apesar de toda a dor e insatisfação, amar demais é uma experiência tão comum para as mulheres que quase acreditamos que é assim que os relacionamentos íntimos devem ser", dizia o texto. "A maioria de nós amou demais ao menos uma vez e, para muitas, está sendo um tema repetido na vida. Algumas nos tornamos tão obcecadas por nosso parceiro e nosso relacionamento que quase não somos capazes de agir", definia a autora, logo no prefácio.

Laíssa seguiu interessada.

> Amar demasiado não significa amar muitos homens, ou apaixonar-se com muita frequência, ou mesmo ter um grande amor genuíno por alguém. Significa, na realidade, ficar obcecada por um homem e chamar isso de amor, permitindo que tal sentimento controle suas emoções e boa parte de seu comportamento, mesmo percebendo que isso possa estar exercendo influência negativa sobre sua saúde e bem-estar. E ainda assim sentir-se incapaz de opor-se a esse sentimento. Significa medir a intensidade do seu amor pela quantidade de sofrimento.

– Será? – Laíssa perguntou-se, fazendo uma rápida retrospectiva de todos os seus relacionamentos até então.

À medida em que ia acompanhando as explicações, Laíssa sentia uma sensação estranha dentro de si, quase uma dor, que fazia o seu coração disparar e sua respiração tornar-se cada vez mais ofegante. Como se tivesse diante de si algo de muito grave e muito importante, diretamente ligado à sua vida.

– Meu Deus! Acho que eu sou uma dessas mulheres! Por que nunca me dei conta disso antes? Mas o que terá me tornado uma pessoa assim? Será que a gente já nasce com essa propensão? – ela questionou estarrecida, antes de retornar à leitura.

APÓS A CHUVA | 169

O texto explicava que na vida de mulheres assim sempre faltou o afeto e o carinho. Por esta razão, buscariam desesperadamente no relacionamento amoroso os mesmos sentimentos ausentes na infância. Todavia, por estarem habituadas à falta de amor, se predisporiam a ter paciência, esperança e a agradar o companheiro infinitamente, acreditado que sem eles jamais conseguirão ter uma vida própria.

Parou por alguns instantes e ficou se lembrando de seu relacionamento com Ricardo. Em poucos instantes, ela já começava a chorar. Não. Ela relutava em admitir, mas eram muitos os indícios. Laíssa se enquadrava perfeitamente na descrição das chamadas "mulheres que amam demais". E, como, sendo psicóloga, nunca antes se deparara com essa constatação? Como nada disso lhe passara antes pela cabeça? A traição de Ricardo fora como um jato de água gelada na nuca, despertara-a de anos de sono profundo.

Lembrou-se então das palavras de Najla, numa das conversas que tiveram logo depois de sua separação:

"Talvez, o que você quisesse fosse preenchê-lo de tudo o de que ele precisasse para que ele, muito grato por isso, se dispusesse a retribuir a sua gentileza e atentasse para o vazio que você também carrega aí dentro..."

Sentindo muita raiva de si mesma, Laíssa lembrou-se então da paciente que perdera os óculos para não enxergar sua real situação no casamento em que vivia. Sim. Literalmente Teresa *vivia* aquele casamento. Era quase uma refém emocional de um relacionamento doentio. Teria sido por isso que se incomodara tanto com seu relato naquele dia fatídico? Por quanto tempo ela mesma vivera uma relação doentia com Ricardo? E justo naquele dia, quase como se a consulta de Teresa fosse uma premonição, tudo acontecera. Tanto que ela própria perdera seus óculos naquele mesmo dia!

Lembrava agora e chegava a sentir agonia. Desde o princípio, era sempre assim que eles haviam se relacionado. Laíssa achava que precisava fazer de tudo para agradar Ricardo. Em horários, sobremesas, até mesmo no corte de cabelos! Em nome de seu imenso amor, fazia-lhe todas as concessões. Mas ele sequer percebia. Se percebia, não valorizava. Era um homem cheio de vontades, de manias, a que ela simplesmente se submetia.

Olhava para ele e o via sempre tão menino, tão dolorosamente desprotegido. Ricardo, na infância, fora abandonado pela mãe e criado pelos avós paternos. No dia em que soube disso, Laíssa quase se derreteu. Ficou completamente comovida, louca para dar a ele tudo o que a mãe não lhe tivera dado até então. E sempre pensara nesse seu 'papel' como uma coisa muito bonita, uma atitude de extrema abnegação, de amor profundo por aquela pessoa.

Agora, no entanto, começava a perceber que aquela sua forma de olhar as coisas tinha algo de patológico.

Ao mesmo tempo em que ela queria compensá-lo de todo amor que ele não recebera na infância, sentia-se no direito de controlar toda a vida dele, desde a marca de sua colônia pós-barba até o estado das cuecas na gaveta. Laíssa sempre se esmerara para que o guarda-roupas dele estivesse impecável. "Um advogado precisa estar sempre bem vestido!", pensava sempre consigo. Era ela também quem lhe marcava os médicos, o dentista, quem decidia quando era a hora de verificar o grau dos óculos ou até mesmo de cortar as unhas! Até que ponto isso era amor?

Aos poucos, ela começava a perceber que havia nela algo de errado. Afinal de contas, ela não era mãe dele, não era esse o tipo de preocupação que gostaria de ter com um companheiro. Ela parou a leitura e foi buscar o que havia na *internet* sobre mulheres que amam demais. Estava agora curiosa em entender mais sobre esse assunto.

Em um *site* de psicologia especializado no assunto, encontrou:

> Possuem características similares: são oriundas de lar desajustado, apresentam sintomas de necessidades emocionais não satisfeitas, tentam suprir a insatisfação emocional com outra pessoa e são atenciosas de início, mas se tornam sufocantes no decorrer do relacionamento.

Sufocante. Taí uma palavra em que ela nunca havia pensado. "Teria sido uma mulher sufocante em seu relacionamento com Ricardo?", ela agora se perguntava, morrendo de pavor de chegar à resposta, que quase podia adivinhar.

O texto no *site* continuava ainda:

> Como estão habituadas à falta de amor, essas mulheres se predispõem a ter paciência, esperança e agradar sem fim ao companheiro. Acham que sem eles não terão vida própria e alimentam a codependência.

– Nossa, desse jeito eu é que vou ter mesmo de voltar para a análise! – ela se abanou de nervoso diante da tela do computador.

Sim, era fato. Com o passar dos anos, Ricardo tornara-se quase um filho, cheio de caprichos e vontades! Mas o que ela agora começava a perceber é que o grande problema não estava nele, mas nela, naquele estranho padrão de comportamento que sempre a levava a viver de novo, de alguma forma, aquele mesmo papel de 'salvadora', curadora; de sempre procurar homens que 'precisavam' dela para se alimentarem melhor, para se vestirem de forma mais elegante, para conseguirem se transformar em pessoas mais felizes. "Então não estava ontem mesmo disposta agora a curar Joaquim de sua síndrome de dom-juanismo?", ela riu de si própria enquanto refletia. "Mas como não percebera nada disso antes?", ela mal conseguia crer. Não era possível, deveria haver algum engano naquilo tudo.

E novamente voltou à leitura do livro deixado por Najla, que falava agora sobre a origem de tudo. Segundo explicava o texto, mulheres que amam demais, em geral, provêm de famílias inconstantes e desequilibradas, onde as pessoas não são livres para expressar uma série de experiências, vontades, desejos e sentimentos. Todavia, quando a família nega a realidade, a criança necessariamente a nega também, e isso prejudica seriamente o desenvolvimento dos instrumentos básicos para a vida e para o relacionamento com pessoas e situações.

– Meu Deus... – ela exclamou, cada vez mais chocada.

Estava tudo detalhado ali. Pessoas que passam por experiências típicas de um lar desajustado, em que falta o diálogo e predomina o autoritarismo, aprendem – até como uma necessidade de sobrevivência – a não acreditarem em suas próprias percepções, intuições e sentimentos. Precisam sempre se convencer, de alguma forma, que tudo é normal, que tudo vai ficar bem após os conflitos.

Laíssa compreendeu. Era como se, de tanto serem obrigadas a passar por situações de dor e abuso emocional em seu círculo familiar, as pessoas distorcessem a própria capacidade de sentir e de discernir sobre os fatos que acontecem com elas; como se desenvolvessem uma capacidade além do comum em relevar situações difíceis – exatamente como se viram por tantos anos obrigadas a fazer na infância, de forma a continuarem a conviver 'saudavelmente' com suas próprias famílias.

Ela parou para refletir por alguns instantes. Sentiu que seu coração de novo estava disparado. Tinha a nítida sensação de ter ouvido algo semelhante há pouco tempo. Mas quem? Era como se aquele assunto a rondasse. Rememorou seu rápido diálogo com Najla no café da manhã. Não, não haviam comentado sobre isso. Ela, no entanto, não conseguia acessar o que lhe ficara registrado do sonho que tivera durante a noite. Ao mesmo tempo, tudo aquilo lhe era muito pertinente, por isso mexia tanto com ela.

Sem querer, Laíssa se viu de repente transportada à infância. Estava brincando com uma boneca, diante de uma mesinha com xicrinhas de brinquedo e todo um arsenal de objetos imitando comidas sobre os pequenos pratinhos, quando seus pais entraram no quarto brigando. Brigavam muito os seus pais. Ela nem se lembrava direito das razões porque eles discutiam tanto naquela época, mas, ainda assim, lembrava-se nitidamente dos dois brigando. Laíssa amava muito seu pai, mas não gostava nada quando ele parecia adquirir toda uma força, uma voz brava que parecia fazê-lo crescer por cima de sua mãe. Suas perninhas tremiam muito nesses momentos e ela sentia não apenas o coração, mas todo o seu corpo disparar por dentro quando ele começava a gritar com ela.

Mas Laíssa sabia que, se dissesse alguma coisa, se interferisse de qualquer jeito, seu pai iria acabar batendo em sua mãe e depois, certamente, um dos dois iria dizer que isto só tinha acontecido por causa dela.

– Se você não tivesse se metido no meio, seu pai não teria perdido a cabeça... – diria sua mãe, como de costume.

– Se não tivesse gritado, eu não teria ficado tão bravo! – complementaria ele.

De tanto ouvir frases assim, acostumara-se a permanecer sentada como se nada estivesse acontecendo. Ou então a ter atitudes de rompante, como a que tivera ao pular do carro de Ricardo naquele dia.

Estaria tudo tão obviamente ligado assim? Sentiu por alguns instantes as lágrimas a escorrerem por suas bochechas. Será que ela nunca iria se curar disso? Que sua doença era tão sem cura quanto a de Joaquim?

Talvez por isso tivesse tido tanta resistência a verificar o conteúdo daquele livro. Ele parecia descrever o que ocorrera na maior parte de sua infância e juventude ao lado dos pais. "Não havia espaço para a dor, o medo, a solidão, a honestidade; não havia espaço para a verdade sobre a criança ou a sua vida. Porque seus pais ladeavam constantemente a realidade, ficava implícito que ela deveria ladeá-la também, e não virar a mesa. Tendo os pais como cúmplices silenciosos, ela mergulhava ainda mais fundo na mentira que sua vida era, certa de que, se conseguisse parecer boa externamente, tudo ficaria bem – ou pelo menos silenciado internamente" – continuava o texto, contando o caso específico de uma paciente, de história muito semelhante à sua.

Laíssa respirou fundo e ficou pensando nas explicações contidas naquele livro. Por que até hoje doía tanto lembrar dessas coisas? Mas era fato e isto ela sabia a partir de tudo o que já estudara sobre psicologia. Quando as pessoas passam muitas vezes, ao longo de muitos anos, por situações limite como estas, adquirem uma característica peculiar. Situações e pessoas que outros evitariam naturalmente por serem perigosas, desconfortáveis ou perniciosas não são repelidas por essas pessoas, já que perderam a capacidade, com esse mecanismo repetitivo de sobrevivência, de avaliar com discernimento. Aqueles que amam demais não confiam em seus próprios sentimentos, não os utilizam para dirigir suas vidas. Acabam, com isso, sendo atraídos por perigos, intrigas, dramas e desafios que teoricamente poderiam evitar, mas que na verdade os atraem por serem réplicas do que viveram ao crescerem: é o conhecido, o habitual. Embora doloroso, é aquilo com que sabem lidar.

– A maioria das pessoas age numa constante repetição de padrões, como forma de reconhecer e honrar os próprios pais – Laíssa disse alto, como se conversasse consigo própria. – Sim, é isso! A gente repete, reproduz o tempo todo, ainda que inconscientemente, as situações em que já está acostumado a transitar! Reproduzimos, sem querer, nos relacionamentos, as mesmas situações que vivenciávamos com nossos pais! Meu Deus... E já faz tantos anos que perdi meus pais...

174 | LYGIA BARBIÉRE

Era realmente incrível. Tantos anos estudando psicologia, tantos anos lidando com pacientes mulheres e nunca refletira mais profundamente sobre esse mecanismo com relação a si mesma. Fora preciso acontecer tudo aquilo com Ricardo, depois aparecer alguém como Joaquim em sua vida para...

Ela voltou os olhos mais uma vez para as explicações do livro. A "mulher que ama demais" seria, portanto, aquela que, de tão habituada à falta de amor nos relacionamentos pessoais, se mostra sempre disposta a ter paciência, esperança, tentando agradar cada vez mais. No fundo, porém, guardam profundo medo de ser abandonadas e fazem qualquer coisa para impedir o fim do relacionamento. Como não receberam um mínimo de atenção, tentam sempre suprir essa necessidade insatisfeita através de outra pessoa, tornando-se superatenciosas, especialmente com os aparentemente carentes.

– É claro! Na impossibilidade de transformarem seus pais nas pessoas atenciosas, amáveis e afetuosas de que precisavam, se sentem fortemente atraídas por tipos familiares, mas inacessíveis, a quem elas irão tentar, mais uma vez, transformar através de seu amor! – Laíssa não pôde evitar mais uma vez as lágrimas ao constatar isso.

Ler sobre tudo aquilo despertava-lhe lembranças muito dolorosas. Mais adiante, o texto explicava:

> Mulheres que amam demais provêm de famílias em que foram muito solitárias e isoladas, rejeitadas ou sobrecarregadas de responsabilidades desproporcionais, e que, dessa forma, tornaram-se superatenciosas e autossacrificantes; ou foram submetidas a um caos perigoso, de forma que desenvolveram uma compulsão de controlar as pessoas ao redor e as situações em que se encontravam.

Sim, pela primeira vez Laíssa olhava para o seu próprio lado controlador. Não mais como algo de que se envergonhar, mas como consequência natural da única forma que encontrara para sobreviver ao caos que fora sua vida familiar. Como se através do controle e de seu imenso amor pudesse efetivamente modificar as situações.

Entretanto, como ninguém transforma a ninguém – só a própria pessoa é capaz de mudar a si mesma –, logo o mais incomensurável amor do mundo acaba se tornando motivo de brigas, de raiva, de um forte sentimento de não reconhecimento e ingratidão por parte do outro.

A lista dos traços marcantes das chamadas "mulheres que amam demais" lhe era profundamente indigesta. Laíssa engastalhou ali, não conseguiu ir adiante.

Pegou o telefone e ligou para a Najla:

– Você não sabe o que eu acabo de descobrir... – foi dizendo, assim que ela atendeu. – Homens sedutores são naturalmente complementares de mulheres que amam demais...

– Puxa, que bom. Então meu livro ficou aí? – deduziu Najla. – Você descobriu isso depois de ler o *Mulheres que amam demais*, não foi?

– Sim. Por que não me disse nada? – Laíssa respondeu.

– Nada sobre quê? – Najla não entendeu.

– Eu sou uma dessas mulheres que amam demais. Precisei ler o livro quase todo para me convencer. Você sempre soube disso, não soube?

– Tem coisas que não adianta muito a gente falar. A própria pessoa precisa constatar... Mas o universo sempre ajuda! Não vê? Era para eu ter trazido esse livro para mostrar para o meu orientador e acabei esquecendo aí, na sua casa, na mesa do seu escritório! Pensei até que havia deixado lá em casa!

Laíssa ouviu a campainha de mensagem chegando pelo *whatsapp* e se apressou em verificar, pensando que pudesse ser alguma de suas pacientes.

– Só um instante – pediu licença à amiga e mudou de tela.

"Estou fechando um trabalho aí pertinho de você. Se quiser, podemos tomar um café juntos. Que tal?", dizia a mensagem. Laíssa gelou. Era Joaquim.

– Não é possível... – ela suspirou, ainda atônita.

– Aconteceu alguma coisa? – Najla perguntou do outro lado.

– Não... Coisa de política – ela disfarçou, sem coragem de contar a verdade à amiga. – Bem, mais tarde a gente se fala. Talvez eu precise dar uma saída, ainda não sei... Mas você está com a chave, né? – por via das dúvidas, achou melhor assegurar.

Uma parte dela se sentia profundamente feliz com o convite, mas, depois de tudo o que lera, não tinha coragem de confessar isso nem diante do espelho. Ainda assim, demorou mais de uma hora no banho, se aprontando. O tempo todo dizia a si mesma que não iria, que seria absurdo aceitar qualquer convite dele. Mas, mesmo pensando desta forma, ela continuava se arrumando, em um estado de absoluta ansiedade, esperando que ele voltasse a ligar. E nada.

Já estava começando a escurecer quando o telefone finalmente tocou. Era ele. Parecia nervoso:

– Eu tive um imprevisto, vou precisar entregar alguns livros antes de encontrar você.

– O que aconteceu?

– Depois eu te explico. Estou me desfazendo da livraria, repassando alguns livros.

– Se desfazendo da livraria? Nossa, mas você nem me disse nada! – assustou-se Laíssa.

– Pois é. Te conto tudo mais tarde. Podemos trocar o café por um jantar? – ele sugeriu.

– Você jura que vem? – duvidou Laíssa.

– Palavra de honra! – brincou ele.

– Então tá. Eu espero – ela respondeu desanimada, com plena certeza de que ele não viria.

Tarde da noite, quando Najla finalmente voltou para casa, nem reparou no carro parado diante do prédio. Encontrou Laíssa toda arrumada, cochilando diante da TV. Mais uma vez, Joaquim não aparecera.

Sequer passava pela cabeça de nenhuma das duas que Joaquim estivesse, àquela hora, parado na porta do prédio, olhando pensativamente para a janela acesa do apartamento de Laíssa. Mas ele, a essas alturas, já sabia que Najla estava com ela. Ligou novamente o carro e foi embora sem nada dizer.

22

Naquela noite, Laíssa sentia tanta e tão profunda dor que foi preciso dormir com o saco quente grudado junto ao peito. Sequer saberia dizer ao certo de onde vinha aquela dor. Era uma mistura de muitas pequenas coisas, que, juntas, avolumavam-se de uma maneira tal que parecia até que em algum momento iria abrir-se um buraco no meio do peito.

Sequer quis conversar com Najla, quando a amiga a conduziu até o quarto, ainda sonolenta. Limitou-se a dizer que estava com muita cólica – o que nem era mentira. Mas na hora em que Najla lhe trouxe aquele saco de água bem morninho e ela o encostou junto ao peito, quase numa intuição, entendeu que o incômodo maior não vinha da barriga.

Era muita dor. Pelos treze anos em que se dedicara a Ricardo como se ele fosse o bem mais precioso de sua vida; por todo o tempo em que ele a traíra sem que ela desconfiasse de nada (que naquele momento ela fantasiava como infinito); pelo luto que sentia pelo final da relação. Mas também por aquele homem que sumira tão rápido quanto surgira em sua vida. Joaquim parecia ter levado com ele um pedaço seu, tamanha era a falta que lhe fazia o sonho que ele lhe proporcionara no curto período de tempo em que haviam estado juntos. Laíssa acreditara em cada uma de suas borboletas. Em seu íntimo, mesmo depois de ter acesso a todas aquelas informações, ela ainda relutava diante da ideia de que ele fosse meramente um sedutor e, a cada indício de confirmação de suas suspeitas, sofria ainda mais.

178 | LYGIA BARBIÉRE

Ele não enviara sequer uma mensagem ou um *whatsapp* explicando por que não viera. Com os olhos abertos no quarto escuro, Laíssa apertava o saco quente contra o peito e encarava o telefone aceso a seu lado. "Burra! Você é muito burra!", ralhava consigo mesma por entre as lágrimas que não paravam de escorrer.

Tivera o cuidado de tirar o som para não ser incomodada por nenhum barulho durante a noite, mas em compensação a cada instante pegava o aparelho para verificar se não havia chegado nenhuma mensagem. E a cada verificação, mais aumentava aquela dor.

Acabou cochilando entre as muitas lágrimas que desciam-lhe dos olhos. "Por que ele fazia isso com ela?", perguntava-se em silêncio. Não adiantava. Por mais que estudasse, ela não conseguiria nunca compreender! Não queria, de jeito nenhum, aceitar que as coisas fossem assim. Joaquim era um sedutor e não havia nada que ela pudesse fazer para mudar isso. "Ou será que havia?", ela não se cansava de se perguntar.

A tão esperada mensagem chegou só depois que ela já estava dormindo. Somente no dia seguinte, ao acordar, ela encontraria finalmente o recado por que tanto havia esperado, numa mensagem de voz, cheia de barulhos no fundo:

"E aí, beleza? Pois é, eu tive que resolver um problema de última hora, ainda por conta da livraria que eu estou passando adiante... Tanto problema, você nem imagina... Terminou ficando muito tarde, eu estava cansado e acabei voltando direto para casa. A gente se fala. Depois eu te ligo. Beijo."

– Uhrrr! – ela urrou de raiva.

Sua vontade era atirar o telefone na parede. Nem por um instante passou-lhe pela cabeça que ele estivesse mentindo. Que tivesse ido até a porta do edifício e tivesse conseguido ligar.

Em instantes, chegava nova mensagem. Mais um poema.Desta vez de Cecília Meireles. Laíssa parou para ler:

Postal

Por cima de que jardim
duas pombinhas estão,
dizendo uma para a outra:

APÓS A CHUVA | 179

"Amar, sim; querer-te, não?"

Por cima de que navios
duas gaivotas irão
gritando a ventos opostos:
"Sofrer, sim; queixar-se, não?"

Em que lugar, em que mármores,
que aves tranquilas virão
dizer à noite vazia:
"Morrer, sim; esquecer, não?"

E aquela rosa de cinza
Que foi nosso coração,
Como estará longe, e livre
De toda e qualquer canção!

Após o poema, mais uma Ayla, mais uma borboleta, azul e sem muito compromisso. Todas as coisas que ele mandava para ela poderiam ser encaradas como profundamente significativas ou, ao contrário, letras e imagens vazias sem a menor significação. Apenas para manter ativa a isca. Laíssa estava com tanta raiva que, pela primeira vez, deletou tudo de imediato. Até o poema de Cecília Meireles. Por um instante, quase se arrependeu. Mas não. Acima de tudo, sentia raiva de si mesma. Como poderia levar tão a sério uma brincadeira tão vil e inconsequente? Não, ela não queria mais brincar. Naquele momento estava tão zangada que jurou para si mesma que nunca mais queria vê-lo. Pensou até em deletá-lo para sempre de todos os seus contatos.

– Você está muito aborrecida ou é impressão minha? – Najla percebeu de imediato pela sua respiração quando se encontraram na mesa para o café da manhã. – Afinal, por que estava tão arrumada ontem? Você ia sair? O que aconteceu, afinal?

Laíssa demorou um pouco a responder. Ficou um tempo concentrada em passar manteiga no pão com muita força. Não sabia o que dizer.

– Joaquim... – confessou por fim.

– De novo? Não acredito! Ele marcou de sair contigo e...

Laíssa não a deixou terminar.

– Não precisa nem xingar! Já sei que sou uma burra, uma idiota. Quer saber? Eu juro para você que nunca mais atendo nenhuma ligação dele!

– Não fica assim, minha amiga... Tenha paciência com você mesma... – Najla foi até ela e agachou-se a seu lado com carinho.

– Por que, Naj? Por que ele fica brincando comigo desse jeito? Por que eu me deixo levar tão facilmente?

– Ao invés de tentar entender as razões dele, procure primeiro entender as suas razões. Não se cobre tanto por ter se envolvido com ele. É normal. Já pensou o estado de carência que você estava quando ele surgiu na sua vida? Caramba, você é um ser humano!

Laíssa de novo começou a chorar.

– Eu queria tanto que tudo tivesse sido diferente... – desabafou.

– Vivemos sempre as experiências de que necessitamos para nos tornarmos pessoas melhores, já pensou nisto?... Ele mandou pelo menos alguma mensagem, dizendo por que não veio? – quis saber Najla, voltando para o seu lugar na mesa.

– O de sempre... Borboletas... Lindas borboletas...

Novamente ficaram as duas em silêncio por mais um tempo, até que ambas começaram a rir ao mesmo tempo. Riram tanto que Laíssa chegou a chorar de tanto rir.

– Me diz uma coisa, já que você está se aprofundando nessa questão dos sedutores... – ela perguntou, ainda parando de rir. – Por que tantas borboletas? Tem alguma coisa a ver? Todo sedutor tem mania de borboletas? – até se sentia mais leve, depois de tanto rir.

– Por que as borboletas? Você ainda pergunta? – Najla sorriu, se servindo de um pouco de café. – Porque as borboletas vão em todas as flores! Vivem de polinizar, nunca se detém por muito tempo numa única flor! Exatamente como os sedutores! Matei a xarada?

– Nossa, eu nunca tinha pensado nisso... – refletiu Laíssa surpresa. – Ódio!!!! – ela cravou a faca bem no meio de um pãozinho.

– Não tenha ódio. Procure encarar como uma doença. É impressão minha ou você está pensando em matá-lo? – brincou a amiga, olhando para a faca cravada no pão.

– Impressão sua – ela respondeu, concisa e breve, retirando a faca do pão como se fosse a coisa mais normal do mundo.

Naquele instante, experimentou de novo uma sensação ruim, como se Joaquim estivesse correndo algum tipo de perigo. Mas não se deteve nesse pensamento. "Nem começa, Laíssa", ralhou consigo mesma em silêncio.

Najla tinha razão. Laíssa mal estava conseguindo dar conta dela mesma naquela manhã.

– Então quer dizer que Joaquim manda Aylas para todas as suas conquistas? – perguntou Laíssa, pensativa.

– Manda o quê? – Najla até se engasgou com a pergunta.

– Aylas... Foi o nome que ele batizou uma borboleta que... ah, deixa para lá – ela se irritou com a lembrança. – Você acha então que ele manda essas borboletas para todas as mulheres com quem ele flerta?

– Muito provavelmente... – supôs Najla, mordendo um pedaço de pão.

Laíssa levou um tempo mastigando seu pão em silêncio, profundamente imersa em seus pensamentos. Não bastasse o amargo dessa constatação, reconhecia-se agora autêntica portadora da síndrome das "mulheres que amam demais" – ah, como ela odiava ainda essa expressão!

Tudo isso a deixava muito irritada. Tão irritada que, pela primeira vez, ela decidiu não atender o telefone quando, para sua surpresa, Joaquim ligou para ela pelo *whatsapp*. E nem nas outras duas vezes em que ele ligou para o seu número, logo em seguida.

– Nem adianta! Eu não vou atender! – disse, desligando o aparelho celular sob o olhar admirado de Najla a seu lado.

23

Najla acabou decidindo ficar lá todo o final de semana. Era muito bom estudar com Laíssa. Parecia até que as duas faziam juntas o curso de doutorado em psicologia, tamanho era o empenho com que a amiga vinha se dedicando junto com ela.

Estavam estudando juntas no escritório, quando Laíssa veio com aquela constatação:

– Você se lembra da história da Medeia, na mitologia grega? – ela perguntou.

– Medeia? Mais ou menos... Você é que sempre foi boa em mitologia grega... Mas por que se lembrou disso agora? – ela pediu a Laíssa.

– Pois então... Eu vou te contar a história e você vai entender – Laíssa explicou. – Cheguei à conclusão de que Medeia é o arquétipo por excelência das mulheres que amam demais.

Ela largou sobre a mesa a coleção sobre mitologia que ela acabara de consultar e acomodou-se na cadeira para começar a contar.

– Veja se você não concorda comigo... Medeia conheceu Jasão quando este chegava ao reino da Cólquida, governado então pelo pai dela, Eetes. Medeia era neta do sol, Hélios, e princesa da Cólquida. Apaixonou-se por Jasão desde o primeiro momento em que o viu. Foi realmente amor à primeira vista. De tão apaixonada, sequer percebeu que era apenas da parte dela todo aquele sentimento arrebatador. Jasão era apenas um grande aproveitador, como mostraria mais tarde. Mas, naquele momento, Medeia confiava tanto em seus poderes pessoais que sequer cogitou ouvir suas próprias intuições. Queria a todo custo mostrar-se a mulher certa para ele.

– Interessante... eu nunca tinha pensado nesse mito sob este foco... Ela tinha uma coisa de bruxa, não tinha? – Najla recordou-se por alto.

– Sim. Era, na verdade, descendente de toda uma linhagem de magas, sobrinha da feiticeira Circe, com quem aprendera a exercer seu dom... Sua mãe era Hécate, deusa da noite, que reinava absoluta nas extensões desérticas, recolhendo as ervas venenosas geradas pela terra, senhora dos segredos de todas as ervas – Laíssa continuou seu relato.

– E como é que ela conhece Jasão? – quis lembrar Najla.

– Jasão liderava a expedição dos Argonautas, que navegara até a Cólquida em busca do velocino de ouro que o pai de Medeia mantinha guardado como precioso tesouro. A conquista do velo de ouro – que era, na verdade, a lã de um carneiro mágico outrora ali sacrificado aos deuses – era condição para que Jasão recuperasse o trono que lhe fora usurpado pelo próprio tio – explicou Laíssa.

– Simples assim? Ele chega lá no outro reino, pede o velocino e o rei entrega? – admirou-se Najla, sentando-se mais perto dela para ouvir melhor.

Laíssa permanecia sentada, concentrada em seu relato. Fazia-lhe bem, naquele momento, transferir seu foco de atenção para a narrativa mitológica, que ao mesmo tempo a ajudava a analisar a situação sob uma perspectiva mais filosófica e profunda.

– Bem, de imediato, Eetes, o rei, pai de Medeia, fazendo-se de muito gentil, se prontificou a entregar ao herói o precioso velocino, de sua propriedade, o qual mantinha cravado num carvalho, num bosque vigiado por um dragão. Mediante, contudo, é claro, uma singela condição – Laíssa observou com um tom de ironia.

– E qual era a condição? – Najla perguntou, interessada, enquanto verificava os livros que Laíssa havia empilhado sobre o sofá.

– Jasão deveria executar quatro tarefas, em princípio impossíveis de serem realizadas por qualquer mortal: pôr o jugo em dois touros bravios, de pés e cornos de bronze, que lançavam chamas pelas narinas; depois atrelá-los a uma charrua de diamante; lavrar com eles uma vasta área, onde deveriam ser semeados os dentes de um dragão, presente raro da deusa Atena para Eetes; matar os gigantes que nasceriam desses dentes; e finalmente eliminar o dragão que montava guarda ao velocino, no bosque sagrado do deus Ares.

– Apenas... – brincou Najla, divertida.

– Tudo isso num só e mesmo dia, entre o nascer e o pôr do sol – acrescentou Laíssa. – Do contrário, não seria mitologia!

Laíssa aproximou-se da mesa e passou a juntar as folhas espalhadas enquanto ia contando:

– Obviamente, Jasão ficou bem desanimado depois de ouvir as tarefas que deveria executar. Até porque, como disse antes, ele não era exatamente um herói destemido; faltava a ele alguma coisa, e essa era, na verdade, a razão de todo aquele processo de iniciação a que estava sendo submetido. Estava prestes a desistir quando surgiu Medeia, que, apaixonada por ele, comprometeu-se então a ajudá-lo a vencer todas as tarefas sob o juramento solene de que Jasão se casaria com ela e a levaria com ele.

– É, para mim, o problema dessa moça já começa aí! Ela praticamente o convence a casar-se com ela! Se eu me lembro bem, em nenhum momento do mito diz que Jasão apaixonou-se por Medeia! – lembrou Najla.

– Foi o que eu disse no começo. O tempo todo esse homem busca através das mulheres não o amor, mas a vantagem pessoal, o poder, como vai ficando cada vez mais claro no decorrer de tragédia! – ressaltou Laíssa, ainda juntando os papéis.

– É isso mesmo! Ele também tem tudo a ver com um sedutor! – constatou Najla. – Que incrível você lembrar desse mito com tantos detalhes! Deixa eu anotar algumas coisas... – ela pegou sua pequena caderneta e passou a escrever rapidamente.

– Meu professor dizia que Jasão não era exatamente um herói, mas sim o modelo do herói fracassado. Seu nome, Jasão, significa curador, e ele, inclusive, chegou a receber toda a formação para tornar-se um médico, tendo sido educado pelo centauro Quírão,[14] mas, mesmo depois de concluir sua formação, o mito diz que ele desce do monte com

---

[14] Quando Esão, pai de Jasão, foi destronado por seu irmão caçula, Jasão, ainda criança, foi entregue ao grande médico Quirão, o centauro, que educou todos os heróis gregos.

uma só sandália, o que, por si, só, já simbolizava que era ainda um herói incompleto. As sandálias, na mitologia, costumam ser associadas à elevação espiritual do indivíduo. Vão possibilitar que ele possa deixar o viscoso do concreto para erguer-se ao abstrato... – detalhou Laíssa.

– Se não me engano, ele nunca conseguiu conquistar a outra sandália... – Najla outra vez lembrou-se vagamente.

– Sim. A sandália que falta é a tradução do espírito desprotegido, de uma incompletude. O pé descalço do herói é uma nova imagem do homem 'coxo', deformado pela educação, porque Quírão é também o símbolo da banalização – explicou Laíssa, terminando de limpar a mesa. – A iniciação de Jasão só se complementaria quando ele conseguisse provar que era digno do poder a que aspirava. Deveria superar a 'desordem física', o pé descalço, e adquirir a insígnia da vitória espiritual e sublime. Por isso, ao obter seu diploma de médico, Jasão desceu do monte Pélion vestido com uma pele de pantera, que simbolizava a aquisição da energia do animal, com uma só sandália e uma espada em cada mão, representando sua índole guerreira.

Elas se serviram de mais um pouco de café que estava numa garrafa térmica sobre uma bandeja com duas xícaras.

– Ele desce já no intuito de recuperar o trono do pai – deduziu Najla.

– Sim, acontece que seu tio Pélias, ao vê-lo, leva um susto, porque já havia sido advertido por seu oráculo de que seria destronado por alguém que usava uma só sandália. Muito esperto, ele fez então uma pergunta ao sobrinho: "Jasão, se você fosse o rei e alguém quisesse tirar-lhe o trono, o que você faria?" Ao que Jasão inocentemente responde: "ora, eu mandaria buscar o velo de ouro, que originalmente pertence aos gregos e não está na Grécia.

– E foi assim que ele chegou até as terras de Medeia... – deduziu Najla, após um gole de café.

– Sim. O tio, naturalmente, o manda buscar o velo de ouro, que havia sido deixado na Cólquida, que era uma cidade da Turquia. Acontece que Jasão não se sentia suficientemente forte para realizar sozinho o feito excepcional e por isso mandou convocar outros heróis, e foi assim que todos embarcaram na nau Argo rumo à cidade de Medeia.

– Mas como foi que Medeia, na prática, o ajudou a vencer a prova? – quis saber Najla.

186 | LYGIA BARBIÉRE

– Medeia havia aprendido com sua tia Circe muitas artes da magia. E era também muito esperta, seu lado feiticeira simboliza toda a sabedoria do feminino sagrado – disse Laíssa, após um gole de café. – Preparou então para Jasão um bálsamo maravilhoso e recomendou-lhe que untasse com ele o corpo e as armas, de forma a tornar-se invulnerável ao ferro e ao fogo. Sugeriu-lhe ainda que, tão logo nascessem os gigantes dos dentes de dragão semeados no solo, atirasse, de longe, uma pedra no meio deles, na certeza de que os monstros começariam a se acusar mutuamente do lançamento da pedra, e lutariam uns contra os outros até se exterminarem por completo.

– E o dragão que tomava conta do velocino? – perguntou Najla.

– Vencida a primeira sequência de batalhas, Medeia, com seus sortilégios, fez adormecer o dragão no bosque de Ares e Jasão o atravessou finalmente com sua lança, apossando-se finalmente do cobiçado velocino de ouro. Mas logo vieram novos problemas. Diante da recusa de Eetes, que naturalmente se negou a cumprir a promessa feita e ainda ameaçou incendiar a nau Argo, Jasão fugiu com Medeia, que levou junto, como refém, seu jovem irmão Apsirto. Diz uma das principais vertentes do mito que, tão logo o rei Eetes mandou seus exércitos atrás dos argonautas, Medeia teria esquartejado o irmão, espalhando-lhe os membros em direções várias para confundir os perseguidores.

– Tudo isso em nome da paixão avassaladora que ela sentia por Jasão... – chocou-se Najla.

– A mitologia diz que somente através do amor, a grande faísca de eternidade, é possível transmutar impossíveis em possíveis. E eles ainda tiveram de enfrentar vários problemas e obstáculos em alto mar. Tiveram, inclusive, de passar pela ilha onde vivia Circe, a tia de Medeia, então considerada como a maior feiticeira grega, para que esta os purificasse pelo assassinato de Apsirto... Interessante é que Circe se recusou peremptoriamente a receber Jasão. Purificou a todos, mas não a ele. Ao que tudo indica, ali estava selada a sua sorte... Por fim, chegaram à ilha dos Feaces, onde os esperava um navio de Eetes para levar Medeia. Os súditos de Eetes, a essas alturas com a vida em jogo, pressionaram violentamente o rei para que lhes entregasse Medeia. Antínoo, o velho sábio que ali reinava, porém, estabeleceu, por sugestão de sua esposa, Arete, que entregaria a filha de Eetes, desde que ela, uma vez examinada, ainda fosse virgem. Caso Medeia já tivesse se tornado mulher de Jasão, deveria permanecer com ele e não poderia regressar para sua terra de origem. A própria Arete se encarregou de mandar um recado a Medeia, que, naquela mesma noite, se entregou ao amado, selando seu destino.

– Novamente a paixão por esse homem... – comentou Najla, cada vez mais interessada. – Que coisa! Eu nunca tinha me dado conta do quanto Medeia se entrega inteiramente a Jasão, em todos os sentidos!

– Sempre impulsionada por essa mesma mola mestra, Medeia continuou a extrapolar seu *métron*.[15] Era como se o amor dela não tivesse limites, assim como a imaturidade de Jasão... Interessante é que se trata de uma imaturidade plena, que se manifesta em todas as circunstâncias – observou Laíssa. – Acho que isso também tem muito a ver com os sedutores...

– Como assim? – Najla não entendeu.

– Ele volta ao palácio de Iolco e, de novo na sua inocência, por assim dizer, entrega o velocino nas mãos do tio sem qualquer garantia de que este lhe devolveria o trono, o que, é claro, não acontece. E novamente Medeia intercede.

– Também em Iolco? Disto eu não me lembrava...

– Como não? A cena é antológica! Disposta a vingar os crimes e ultrajes de Pélias, o tio usurpador, Medeia mais uma vez lança mão de seus dotes de magia. Depois de realizar um feitiço, onde coloca num caldeirão um cordeiro velho em pedaços e o faz depois ressurgir como um cordeirinho, com sua vida renovada, ela convenceu as filhas do rei de que poderiam facilmente rejuvenescer o pai, já muito avançado em idade, se o fizessem, da mesma forma, em pedaços e o deitassem a ferver no mesmo caldeirão de bronze, em meio a uma poção mágica, cujo segredo só ela conhecia...

– E as filhas esquartejaram o pai... – deduziu Najla.

– Segundo o mito, as filhas ficaram convencidas de que poderiam fazer coisa semelhante em relação ao pai e assim devolver-lhe a juventude. Naquela mesma noite, depois de Medeia ter dado a Pé-

---

[15] Segundo os gregos, *métron* é o limite máximo até onde uma pessoa pode ir em seu livre-arbítrio. As tragédias, portanto, sempre ocorreriam quando alguém ultrapassa esta medida.

lias uma poderosa poção para fazê-lo dormir, elas cortaram o rei em pedaços. Todavia, tão logo elas colocaram os pedaços no caldeirão, Medeia desapareceu sem dizer as palavras mágicas que o trariam de volta à vida. As filhas de Pélias enlouquecem e o filho varão de Pélias expulsa então os dois de Iolco, sem o velocino.

– Meu Deus... Não me lembrava mesmo dessa parte – comentou Najla. – Ela é realmente capaz de tudo por Jasão...

– E, desde então, Medeia se fez conhecer na mitologia como aquela mulher capaz de enfrentar o mundo todo em nome do seu amor infinito e tridimensional. Por Jasão fora capaz de trair o próprio pai, o próprio reino, esquartejar o irmão, destruir sua família de origem e ainda tramar o assassinato de Pélias. Agora fico pensando, depois de tudo aquilo que li sobre as mulheres que amam demais: que quantidade de traumas devia carregar Medeia... – Laíssa riu sozinha ao pensar sobre isto.

– Sim! Você acha, então, que ela é, por assim dizer, a grande ancestral de todas as mulheres que amam demais? – deduziu Najla.

– Mas é claro! Mais do que isso, ela representa um modelo de comportamento que vem sendo passado de geração para geração desde os tempos mais remotos – observou Laíssa.

Quanto mais recordava a tragédia, mais Laíssa se convencia de que Medeia jamais poderia ter amado aquele homem de forma tão intensa e doentia. Ele sequer merecia!

– Segundo dizia o nosso professor, e eu me lembro bem, porque a minha monografia de final de curso foi sobre isso, o grande problema foi que Medeia, com todo o seu auxílio, acabou por impedir que Jasão se transformasse num herói de fato. Para tornar-se verdadeiramente um herói, o ser mitológico precisa vencer os desafios naturais de sua trajetória, encontrar em si os meios e a sabedoria para atingir esta vitória. No caso de Jasão, porém, foi ela quem arquitetou todo o plano para a conquista do velocino – explicou Laíssa.

– Entendi a coligação que você fez com as mulheres que amam demais. Elas fazem tanto pelo homem amado que acabam impedindo que eles desenvolvam seu próprio potencial – relacionou Najla.

– E o pior de tudo é que muitos homens ainda ficam com raiva de suas mulheres por causa disso! – lembrou Laíssa, pensando em Ricardo.

APÓS A CHUVA | 189

– É natural. Em geral são homens acomodados, que não apenas se escoram na capacidade e na liderança das mulheres e ainda usam isso como justificativa para sua falta de iniciativa. Por isso acabam sentindo raiva delas, porque, de certa forma, mesmo sem ter essa intenção, elas acabam esfregando na cara deles o quanto são incompetentes – Najla comentou.

– De certa forma, Medeia fez isso até o fim... – observou Laíssa.

– Não lembro direito os detalhes do final da história... Me conta de novo! Você faz isso tão bem... – pediu Najla.

– Segundo uma das principais vertentes do mito,[16] Jasão, Medeia e os filhos, Feres e Mérmero, acabaram por se fixar na cidade de Corinto, onde viveram bem até que o rei local, Creonte, teve a ideia de casar sua filha Glauce com o herói dos argonautas . Afinal de contas, Medeia era uma bárbara, uma estrangeira e mulheres assim não eram levadas em consideração pelas leis gregas.

– Que absurdo! – protestou Najla.

– Além de que, Creonte é um tirano, para quem pouca coisa importa senão a sua vontade, que era a de garantir a qualidade de sua estirpe, escolhendo como genro alguém de sangue nobre, cujos feitos heroicos eram conhecidos em toda a parte. Como tirano, sente-se imbuído de poder divino para decidir o que bem entender sobre os destinos de todos os que habitam seu reino – justificou Laíssa.

– E Jasão era tão canalha que aceitou...

– Sim – prosseguiu Laíssa. – O detalhe principal que nos faz associar Jasão aos sedutores é que em nenhum momento ele se faz atento para as chagas que seu obstinado desejo de poder ia deixando pelo caminho... Para desespero e decepção profunda da antiga princesa da Cólquida, Jasão aceitou de imediato a proposta do enlace real e repudiou Medeia, que foi banida de Corinto pelo próprio soberano. Foi preciso implorar ao rei o prazo de um dia para que ao menos pudesse organizar suas coisas!

– E quanto a Jasão? O que ele disse a ela? – Najla parecia cada vez mais absorvida pelo relato mitológico.

– Na tragédia de Eurípides, Medeia descobre tudo no momento em que já está ocorrendo o cortejo nupcial. Em seguida, passa-se ao

---

[16] Todo mito tem muitas versões.

diálogo com Creonte, banindo-a do reino, e só então ela confronta-se com o próprio Jasão. Trata-se de um dos mais belos diálogos de todo o teatro grego, onde cada um responsabiliza o outro pela falta de equilíbrio e pelo vazio de sua existência; onde cada um acredita ter sacrificado ao outro as melhores oportunidades da sua vida e, desse modo, ambos se transformam em inimigos que se desafiam e se combatem mutuamente – recordou Laíssa.

– Peraí... Mas o que ele diz a ela para justificar seu procedimento? Existe uma justificativa? – Najla quis saber.

– E como não? É justamente quando ele se revela como um exímio sofista, um homem frio, cínico e calculista, que não ama coisa nenhuma senão o trono com que sempre sonhou!

– O grande sedutor... – complementou Najla.

– Exatamente. Vaidoso como é, Jasão diz que deve todo o êxito de sua expedição à deusa Afrodite, que, como deusa, teria sido a grande mentora de todo o projeto de navegação. Alega que Medeia recebeu muito mais do que deu, pelo fato de ter sido retirada de uma terra bárbara e ido morar na Grécia. Chega mesmo a dizer que não entende como essa mulher, que a vida inteira quis o melhor para ele, fica tão exasperada quando percebe que ele está dando continuidade a sua caminhada em direção ao poder! Afinal, ela não lhe fazia ver sempre como a felicidade dele era importante para ela? Por que agora quer estragar essa possibilidade de ele alcançar aquilo por que sempre lutou? – Laíssa parecia agora impregnada da história.

– É incrível como você se lembra de tudo isso com tantos detalhes!

– Incrível é como, mesmo tendo estudado tanto sobre tudo isso, eu me permiti passar por situação tão semelhante como esposa de Ricardo... – Laíssa entristeceu ao fazer esta constatação.

– Mas espere aí. Em nenhum momento Jasão reconhece a dedicação de Medeia para com ele?

– Não, Najla! Na cabeça dele, ela fez apenas o que fazem todas as mulheres; não há nada de extraordinário nisso. Ele não a forçou a nada e, além do mais, ele também acha que fez muito por ela! É quando entra em cena o lado mais lúcido e também o lado mais doentio de Medeia...

– Lúcido em que sentido? – estranhou Najla.

– Ela se faz de boba. Ao mesmo tempo em que finge aceitar as argumentações dele como decisões razoáveis e acertadas, de um marido que age para defender os interesses da família ao escolher casar-se com uma princesa para dar novos irmãos aos filhos bárbaros que tivera com ela, Medeia cria, naqueles breves instantes, todo o seu plano de vingança. É justamente esse o ponto onde eu queria chegar! Foi quando entrou em cena o lado mais doentio da personalidade de uma mulher que ama desgovernadamente. Enlouquecida pela dor e pela ingratidão do esposo, Medeia perde completamente a noção de tudo. Usa suas últimas forças para arquitetar seu plano. Chega ao ponto de pedir desculpas a ele, de dizer que entende que ele só está fazendo isso pelo bem das crianças e que vai preparar presentes especiais para a noiva para que ela aceite criar os meninos no palácio. Jasão, é claro, na estreiteza de raciocínio que lhe é peculiar, acha tudo uma maravilha – ironizou Laíssa.

– É interessante que, nesse momento, Medeia sabe exatamente quem é o marido dela, mostra que o conhece tanto que sabe até manipulá-lo quando preciso... – observou Najla.

– E é precisamente aí que ela vê confirmada a hipótese que daria corpo a toda sua vingança. Em mais um arroubo de vaidade, Jasão então se dirige aos filhos, falando de todas as aspirações que tem para eles a partir de seu casamento com a princesa; de seu sonho de ver os meninos chegarem à juventude exuberantes de vigor, em companhia dos irmãos que ainda virão, superiores em tudo aos seus inimigos.

– Um cínico...

– Ali Medeia se transforma. Seu objetivo de vida passa a ser aniquilar Jasão, destruir literalmente os frutos do imenso amor que até então sentira por ele. Envia então à noiva, por intermédio dos filhos, um sinistro presente de núpcias: um véu e uma coroa de ouro lindíssimos, um vestido todo dourado capaz de deixar ainda mais bonita qualquer mulher que o vista. Ora, Glauce, ou Creúsa, segundo a versão do mito que você preferir, também é uma mulher muito vaidosa. Reluta a princípio, mas acaba não resistindo à beleza dos presentes, sem imaginar que estavam, na verdade, impregnados de poções mágicas e fatais, capazes de fazer perecer horrivelmente junto com ela todos os que a tocassem.

– Ela veste as coisas e pega fogo, não é isto? – recordou Najla.

192 | LYGIA BARBIÉRE

– O palácio inteiro consome-se em chamas! E assim vieram a falecer não apenas Glauce, mas também seu pai, envolvidos em inextinguível incêndio, símbolo máximo da paixão de Medeia. O plano de vingança, contudo, ainda não estava terminado e aí vem a parte pior da tragédia...

– Ela realmente enlouquece... – analisa Najla.

– É como se todo aquele fogo estivesse dentro dela. Exatamente como acontece num incêndio. Não há mais como deter a loucura que toma conta daquela mulher, que havia quase se transformado no amor doentio que sentia por aquele homem... Mortos Creonte e Glauce e incendiado o palácio real, Medeia assassina então os dois filhos diante do pai e foge para Atenas num carro alado, presente de seu avô Hélio, o Sol, puxado por duas serpentes monstruosas. Na tragédia escrita por Eurípides, ela própria faz questão de afirmar: a paixão é mais forte em mim do que a razão.[17]

– Ou "o coração tem razões que a própria razão desconhece", como diria o próprio Eurípides – lembrou Najla. – Nossa, para mim esta é a pior de todas as tragédias... Chega a me doer só de pensar...

– Na Grécia Antiga, mitos como este costumavam ser recontados nas tragédias de forma a educar as pessoas comuns. Acreditava-se que, através da *catarsis*, o sentimento de horror e piedade suscitado nas pessoas ao ver cenas assim, possíveis sentimentos semelhantes eram trabalhados na plateia, que então compreendia profundamente os perigos de alguém ultrapassar seu *métron* de forma semelhante à que viam retratada nos palcos – esclareceu Laíssa.

– Será que reações extremas como essa acontecem de verdade? – refletiu Najla.

– Muito mais frequentemente do que você imagina. Na época da faculdade, cheguei a fazer um levantamento em que pude constatar a existência de vários casos semelhantes no mundo contemporâneo. Em geral, as mulheres se matam também depois. É muito triste. Mas eu nunca antes havia associado essa tragédia à situação das "mulheres que amam demais", até porque o meu enfoque, na época, era diferente. Eu via Medeia apenas como uma mulher neurótica, que havia se deixado levar pelo ciúme doentio...

---

[17] Todo o relato mitológico foi extraído da coleção "Mitologia Grega", de Junito de Souza Brandão. RJ: Petrópolis, Vozes, 1993; 3V.

– É verdade. Depois de estudar sobre as "mulheres que amam demais", a gente consegue enxergar a tragédia sob outra perspectiva, que não se limitava apenas à traição, ao ciúme e à vingança da 'mulher Medeia'. É também uma reflexão sobre a dimensão da doença e do vazio nessa mulher que empenhou literalmente todo o seu ser, todo o seu poder pessoal em prol da realização do homem amado, que em nenhum momento se mostrou digno de todo o seu sacrifício. E que, no final das contas, era apenas um grande sedutor, preocupado em projetar sua imagem de conquistador acima de qualquer coisa.

– Talvez, matar os filhos tenha sido uma forma de matar-se a si própria... – refletiu Laíssa.

– Na minha opinião, ela já se sentia morta quando elaborou sua vingança. Mas, de qualquer forma, muito obrigada! Sua lembrança do mito de Medeia realmente vai ser muito útil para o meu trabalho! – Najla salpicou-lhe um estalado beijo no rosto. – Gratidão!

Laíssa saiu para caminhar um pouco na praia e deixou-a sozinha com suas reflexões. Foi só pisar na areia da praia para que automaticamente voltasse a pensar em Joaquim. Aquele dia ficaria para sempre guardado na sua memória. Será que ele também pensava nela? O barulho das ondas a envolvia como uma nuvem de minúsculas gotas de suave perfume, sob as garças que conversavam no ar. E se ela o encontrasse, por acaso, caminhando por aquela praia?

"Mulheres que amam demais idealizam a realidade", a frase voltou-lhe à mente como se fosse um alarme. Ela se recompôs olhando para o peixe morto na areia da praia.

Voltou a caminhar e imediatamente o pensamento voltou, sem que ela quisesse. Devia haver alguma razão para ele ter sumido daquela forma no dia anterior. Não era comum ele agir daquela forma. Ao contrário, era sempre tão gentil... Será? Laíssa percebeu que de novo ela começava a fantasiar. Talvez essa história de "mulheres que amam demais" tivesse mesmo alguma coisa a ver com essa mania de tudo fantasiar, de tudo conseguir transformar numa história romântica e bonitinha.

Laíssa compreendia agora que mulheres assim vivem mais no sonho, no ideal que um dia sonham ver concretizado, do que no real propriamente dito. Talvez por isso fossem presas fáceis para sedutores. Assim como Medeia, mulheres que amam dessa forma gostam de sonhos e esta é a especialidade dos sedutores.

– Quer saber? É só por hoje, como falam nesses grupos de anônimos. Só por hoje, eu não vou mandar nenhuma mensagem. Amanhã resolvo o que fazer – decidiu, quando voltava para casa.

Najla não estava. Tinha ido fazer mais uma pesquisa numa livraria do *shopping*, estava escrito no bilhete sobre a mesa da cozinha. Já estava entrando no banho quando o telefone mais uma começou a tocar e vibrar em cima da cama. Laíssa ficou um tempo indecisa. Era Joaquim. De novo o coração disparou, as mãos começaram a suar. "Não vou atender, não vou atender", ela ainda tentou relutar. Mas não resistiu. Quando deu por si, estava com o telefone nas mãos.

Para sua surpresa, ele já estava na portaria do prédio.

– Posso subir? – perguntou.

24

—Me dá só dez minutinhos que eu acabei de sair do banho – Laíssa mentiu para poder ganhar tempo.

Correu até o banheiro e preparou-se inteira com os seus melhores óleos e perfumes. Uma rápida secada nos cabelos, um pouco de lápis nos olhos, trocou a calça colorida que havia escolhido por um *jeans*... coisas de mulher. Mais uma ajeitada no espelho e a campainha tocou. Era ele.

Por alguns instantes se olharam, ele quase enroscou-se no pescoço dela quando se cumprimentaram. Dois beijinhos que eram quase um 'cheiro' de Recife. Trazia os dois braços para trás.

– Que cheirosa! Morango ou maracujá? – ele perguntou.

Laíssa não gostou muito da brincadeira. Não sabia o que dizer, sem querer, de tanto nervoso, acabou sendo grosseira:

– E eu lá tenho cara de quem usa perfume de morango ou maracujá? – sorriu vermelha.

Ele então levou as mãos à frente, mostrando-lhe o que trouxera. Era duas pequenas tortinhas, cobertas de *chantilly*. Ele apontou com os olhos para cada uma delas:

– Morango ou maracujá? – repetiu num sorriso para Laíssa.

– Ai, desculpa... Que delícia! Que gentil... Vem! – ela o puxou pelo braço. – Vou fazer um café agora para a gente tomar com essas tortinhas!

E assim entraram. Por um bom tempo conversaram na cozinha sobre amenidades, enquanto Laíssa preparava o café. Quando o café ficou pronto, sentaram de frente um para o outro, os joelhos quase se encostando por debaixo da mesa. Instantes infinitos. Era muito forte

195

a atração entre eles, quase irresistível. Laíssa queria muito ser forte, mostrar-se indiferente a ele, mas por debaixo da mesa era preciso controlar as pernas para que ele não percebesse o quanto estavam tremendo. De repente, sem que ela fizesse nada, ele encostou suas pernas na dela. O coração disparou de imediato. Fechou os olhos por alguns instantes e pensou em Deus: "Ô, meu Pai... Me ajuda a resistir a esse homem... Eu sei que ele não serve para mim... Eu preciso acreditar em tudo o que me tem sido mostrado... Me ajuda!"

Respirou fundo e sentiu-se fortalecida. Mas era preciso vigiar muito os pensamentos para não perder a concentração no seu desejo de não demonstrar exagerado interesse por ele.

– Mas, afinal, o que aconteceu ontem com você? – ela disse, após um gole de café quente, desvencilhando-se das pernas dele com o máximo de naturalidade.

– Na verdade, não aconteceu. Eu pensei que estivesse indo fechar o negócio da livraria, assinar os documentos com o cara que iria assumir de agora em diante o ponto, com os livros que restaram. Mas na última hora o cara deu para trás. Pediu mais um mês para me dar a resposta definitiva. E o pior de tudo é que eu tô cheio de dívidas... – ele lamentou.

– Você podia ter me ligado. A gente saía para conversar... – disse Laíssa, esforçando-se ainda mais para fazer de conta que aquilo era um comentário banal, que ela nem havia ficado chateada.

– É, não liguei... Se eu te disser que eu vim até aqui e só não subi porque já era tarde e eu não tive coragem, você acredita? – ele perguntou, segurando a mão dela. – Fiquei um tempão lá embaixo, só olhando para a sua janela.

– Não – ela puxou de repente a mão.

"Ele é um sedutor", pensava consigo. Por mais que negasse, ela, no íntimo, sabia que fazia muito sentido aquela suspeita. Não podia se permitir cair em nova armadilha.

– E, afinal, você então não vai mais vender a livraria? – ela tentou voltar ao assunto anterior.

– Essa história da livraria é tão complicada... Faz parte de um negócio que eu tinha feito em parceria com os irmãos da minha ex--mulher... Um dia eu te conto. Mas ainda não perdi as esperanças. No final deste mês, o cara vai me dar uma resposta positiva.

Após a Chuva | 197

– Você já foi ou não casado? – quis saber Laíssa.

– Não exatamente casado, com aliança, no papel. Mas já vivi muitos anos com uma pessoa, lá no Sul. Infelizmente, não deu certo. Ou melhor, deu. Tudo dá certo até o momento em que deixa de dar, não é assim? Você quer ver a foto dela?

Laíssa achou muito louca aquela pergunta.

– Não! Imagina! Num outro dia, quem sabe...

Joaquim, porém, já havia retirado do bolso a carteira e estava agora com a foto na mão.

– Muito bonita ela... – Laíssa observou sem achar nada melhor para dizer.

Ele guardou novamente a foto. Ela não sabia o que pensar. Afinal, aquele cara estava ou não estava interessado nela? Por que será que era tão difícil chegar a uma conclusão? Fora até sua casa, com duas tortinhas, para mostrar-lhe uma foto da mulher?

– Realmente, não faço a menor questão de te mostrar uma foto do meu ex-marido! – ela brincou. – Mas vamos sentar na sala. Vou colocar música para nós...

– Na verdade, eu queria te convidar para jantar! – ele disse, novamente tocando-lhe as mãos.

Engraçado que até parecia nervoso, Laíssa reparou.

– Jantar? – ela não esperava pelo convite.

– É! Tem um ótimo japonês aqui perto. Você gosta de comida japonesa?

– A-a-adoro – Laíssa respondeu sem graça.

Embora fosse uma psicóloga, era uma pessoa bastante tímida. Mas quase imediatamente, depois de dizer isso, se arrependeu. Afinal, ela sabia que não devia sair com aquele cara! Num átimo de segundo, lembrou das suas dores, seus problemas de infância, sua tendência a agir como aquelas "mulheres que amam demais" que ela não gostaria mais de ser. E se fizesse tudo errado de novo?

– Você ficou séria... Aconteceu alguma coisa? – ele percebeu.

Foi quando Laíssa se lembrou então de uma frase de Sartre que ela adorava, e que sempre carregava consigo desde os tempos de faculdade: "Não importa o que fizeram com você, importa o que você faz com o que fizeram com você."

– Vou assim mesmo? – ela retomou o assunto num sorriso, apontando para a própria roupa.

Tinha um lindo sorriso. Era essa uma das coisas que mais encantavam Joaquim em sua personalidade.

– Por mim, você está linda desse jeito! Ainda mais linda do que da última vez em que eu te vi! – ele respondeu, em seu tom sedutor habitual.

Sua voz era aveludada como a de um tenor italiano, grave e agradável. Laíssa mal conseguia disfarçar a enorme admiração que sentia por ele.

Foram no carro dele. Entraram no restaurante como se fossem um casal, ele com o braço pousado sobre os ombros dela. Laíssa com o coração disparado, o tempo todo.

Nenhum dos dois costumava beber com frequência, mas resolveram tomar juntos uma dose de saquê japonês – o suficiente para que se soltassem um pouco mais do que normalmente.

– Você não me contou sobre a sua ex-mulher... – ela comentou, lembrando-se da única vez em que ele mencionara o assunto por telefone. – Por que vocês se separaram?

– Quer ver a foto dela? – ele perguntou num rompante, já procurando no celular.

– Não, não precisa... – Laíssa empurrou levemente o telefone quando ele mostrou.

Viu, de relance, o retrato da moça, mas se sentiu um tanto quanto constrangida com o gesto dele. Chegou então o garçom, trazendo a água mineral que Laíssa havia pedido junto com o saquê. Joaquim guardou o telefone.

– Você ainda se lembra da primeira vez que nós nos beijamos? – ele perguntou, enquanto Laíssa tomava um copo de água para rebater o efeito do saquê.

Ela parou o copo de repente, se engasgou. Ele se aproximou muito dela para bater-lhe nas costas, de forma a aliviar o engasgo.

– Onde você pretende chegar com isso? – Laíssa o encarou com o olhar, quando finalmente conseguiu parar de tossir.

Ele recuou.

– Você sabe que eu sei que você é um sedutor, não sabe? – ela brincou com o sal em volta do copo de saquê.

Após a Chuva | 199

– Como assim um sedutor? – ele pensou que era uma brincadeira.

Talvez não imaginasse o quanto ela estava falando sério. Não tinha a mais vaga ideia do quanto ela havia estudado profundamente sobre aquele assunto só naquela tarde.

– Eu apenas juntei as peças que você foi me fornecendo ao longo do caminho... É engraçado isso. A gente o tempo todo emana quem a gente é. Eu percebi, desde a primeira vez que a gente saiu, que você olhava para várias mulheres que passavam...

– E tem algo de errado em admirar as pessoas bonitas? – ele rebateu.

– Ah, mais ou menos, né?... – sorriu Laíssa.

Ela sorria sempre que ficava sem graça.

– Quer dizer então que isso te deu o direito de me rotular como um sedutor... – ele tomou mais um gole de seu copo.

– Não só isso! Muitas outras coisas! – respondeu Laíssa.

– Por exemplo?

– Você uma vez me disse que nunca tinha conseguido amar de verdade uma pessoa...

– Eu disse isso a você? – ele não se lembrava.

– Disse também que tinha um defeito, uma coisa que não podia me contar ainda, mas que era uma coisa que você estava se esforçando muito para vencer... Lembra de quando me disse isso?

Ele ficou um tempo em silêncio. Havia apenas outro casal no lado extremo do restaurante, ainda assim ele olhou para os lados, como que certificando-se de que não havia mais ninguém por perto, antes de dizer.

– E se eu te disser que eu não sou um sedutor?

– Eu vou te dizer que é! – respondeu Laíssa, depois de virar de uma vez meio copo de saquê.

– Como pode ter tanta certeza? – ele insistiu.

– Porque eu sou uma psicóloga! Sabe há quantos anos estudo a mente humana? Por mais que eu queira negar, eu estudei sobre isso e tracei muitos paralelos com a maneira como você se comporta! Eu não tenho a menor dúvida! Você sofre da síndrome de dom-juanismo! – ela disse de uma só vez, batendo o copo vazio na mesa ao terminar.

Ele ficou olhando para ela surpreso. Sacou do bolso o celular e começou a mexer. Laíssa ficou olhando.

200 | Lygia Barbiére

– E o quê exatamente você chama de síndrome de dom-juanismo? – ousou perguntar, sem tirar os olhos do celular.

Novamente Laíssa sorriu. Estava com a resposta na ponta da língua depois daqueles dois dias de estudo intenso com Najla.

– Descreve-se o dom-juanismo como uma personalidade que necessita seduzir o tempo todo, que aparentemente se enamora da pessoa difícil, mas, uma vez conquistada, a abandona por desinteresse.

Ele levantou os olhos do celular enquanto ela se servia de mais um gole de saquê.

– As pessoas com esse traço não conseguem ficar apegadas a uma pessoa determinada, partindo logo em busca de novas conquistas – ela continuou.

Ele pousou na mesa delicadamente o celular e passou a olhar exclusivamente para ela.

– Elas são os anarquistas do amor, na definição do psicólogo argentino Adrien Sapetti:[18] para essas pessoas é válido todo tipo de conquista, independentemente dos meios. No fundo, é quase como se fosse um jogo, uma brincadeira. Com um porém: os sentimentos da outra pessoa não são levados em consideração. Aliás, Foucault enfatiza essa questão ao dizer que *dom Juan* arrebenta com as duas grandes regras da civilização ocidental: a lei da aliança e a lei do desejo fiel! Garçom, mais um saquê!

Joaquim olhava para ela assustado. Nunca uma mulher falara com ele daquele jeito, jamais alguém o desvendara tão cientificamente! E o pior é que ele tinha de reconhecer que ela não estava de todo errada. E que até argumentava muito bem! Estava chocado.

O garçom apareceu trazendo o saquê e o combinado japonês que havia sido pedido.

– Por que está me dizendo tudo isso? – ele perguntou, enchendo de molho sua tigelinha.

– Porque eu gosto de você! – ela disse, após mais um gole de saquê. – Será possível que você ainda não percebeu isso?

– Se você gosta de mim, por que está me dizendo isso? – Joaquim insistiu. – Para me machucar? – ele abriu seus *hashis*.

– Claro que não! Me dou a esse trabalho porque você é um cara legal, uma pessoa bacana em muitos sentidos. Penso que esse tipo de

---

[18] Sapetti, A.; Rosenszvaig R. *Sexualidad en la pareja*. Editorial Galerna, 1987.

Após a Chuva | 201

atitude não combina mais com a pessoa que você é! – argumentou Laíssa, experimentando um *sashimi*.

– Eu tenho noção do que você está dizendo, mas, para te ser muito sincero, a maior parte das vezes eu não preciso fazer muita coisa. São as mulheres que se jogam para cima de mim. Até a mãe de amigo meu já tentou se oferecer para mim! Semana passada teve uma que me deixou até com nojo...

– O que ela fez? – quis saber Laíssa, provando mais um *sashimi*.

– Imagine! A mulher está fazendo a maior festa de bodas de prata! O marido é podre de rico! – ele serviu-se.

– Mas... como você teve acesso a essa mulher? – quis saber Laíssa, imediatamente lembrando das bodas de Teresa.

– Na verdade, eu estive lá com um amigo meu, que tem uma empresa de fotografia. Ela contratou esse meu amigo para fazer as fotos do evento e eu, como ando meio quebrado e sempre fotografei muito bem, vou dar uma força para ele no dia da festa...

"Não. Deve ser outra pessoa", Laíssa pensou consigo.

– Mas o que a mulher fez, afinal? – novamente ela insistiu.

– Ela me mandou... eu tenho até vergonha de dizer... Me mandou um monte de fotos dela pelada numa banheira vazia, você acredita? Dessas banheiras bem antigas...

Laíssa ficou assustada. "Não, certamente não é Teresa. Sua cliente jamais faria isso."

– Cara! – ela se aproximou assustada. – Isso é muito sério! Você precisa se cuidar! Uma hora dessas você machuca os sentimentos de uma mulher dessas e...

Neste momento, Joaquim não resistiu e a beijou. Laíssa quase desfaleceu em seus braços. Não havia como negar, ela era completamente apaixonada por ele. O que fazer, ainda se perguntava.

– O que é mesmo que você iria dizer? – ele perguntou, após mais um beijo.

– Ai, Joaquim! Desse jeito você me enlouquece!

– Sabe que você fica ainda mais bonitinha assim zangada? – ele sorriu, brincalhão.

– Eu estou falando sério! Cara, você é uma pessoa super carismática, você tem muitas qualidades, com certeza tem um monte de gente que adora você! Acontece que o mundo está cheio de mulheres muito carentes, mulheres muito doentes que não têm mais condições de passar por esse tipo de decepção. Uma hora uma mulher dessas mata você!!!! – ela se empolgou.

Joaquim ficou sério:

– Eu tenho noção disso. Desde que eu fiz quarenta anos, tenho andado até bastante preocupado. Eu leio muito sobre espiritismo, sabe? Até vou a um centro de estudos kardecistas de vez em quando. Eu sei que eu já cheguei na metade da minha vida e tenho muito medo de como eu vou estar na hora em que a morte chegar...

– Grande bobagem! Você ainda tem, certamente, pelo menos mais quarenta e cinco anos pela frente. Está apenas começando uma nova etapa de sua vida... – Laíssa quis dissolver aquela imagem pesada.

– Mas não foi você quem falou que uma hora dessas uma mulher poderia me matar? – agora foi ele quem sorriu para ela.

– Não é isso. A minha preocupação é de que você acabe ferindo alguém de uma forma que te prejudique no futuro... Ai, acho que fiquei um pouco tonta...

Ele ficou por alguns instantes reflexivo, parecia distante dali. Até que começou a contar:

– Já que você tocou neste assunto, vou te contar uma coisa muito estranha que me aconteceu por estes dias... Tem um sapateiro lá na minha rua, uma pessoa muito simples que uma vez estava passando por alguns problemas e eu encaminhei para o centro espírita que eu frequentava na época. Sei dizer que ele frequenta lá até hoje e desde então ficou muito grato. Outro dia, eu estava passando na rua, quando, de repente, ele me chamou e disse: "Joaquim, que bom que eu te encontrei! Estava muito preocupado com você!" Ele é dotado da faculdade de vidência e também tem sonhos premonitórios, fala cada coisa que você nem imagina!

– Como assim? – Laíssa não entendeu.

– Não sei se ele viu, se ele sonhou, o fato é que ele me disse que eu tinha que tomar muito cuidado, porque duas mulheres tinham feito trabalhos contra mim. Pior é que, depois que ele falou, eu descobri de imediato quem eram as mulheres. Tenho certeza de que sei quem elas são! Uma delas, inclusive, há coisa de uns quinze dias, me encontrou numa festa onde eu estava com uma amiga, e eu senti, pelo olhar dela, que ela ficou com ódio de mim: "Vejo que você já se recuperou completamente", ela disse.

– E o que mais que o tal sapateiro vidente disse? – perguntou Laíssa.

– Uma coisa bem grave... Ele disse que, se eu não tomar muito cuidado, uma delas pode vir a me envenenar... Pior que eu já ando sentindo muita dor de estômago! – ele confessou.

– Com quantas mulheres você se relaciona, Joaquim? – Laíssa perguntou, sem conseguir disfarçar muito a sua indignação. – Sério, quantas mulheres você mantém ao mesmo tempo nesse clima de flerte complicado?

– Não! São duas ex-namoradas. Eu só me relaciono com uma mulher de cada vez! – ele disse.

Pela posição de seus olhos, Laíssa percebeu que ele estava mentindo.

– Tudo bem. Vou fazer de conta que acredito – ela disse, lembrando das muitas mulheres que viviam escrevendo na linha do tempo dele, onde estivera por diversas vezes por curiosidade. – Mas você percebe a gravidade do que eu estou tentando te mostrar? Tudo nesta vida tem um limite, Joaquim, um limite que não pode ser ultrapassado – ela se lembrou da definição grega de *métron* e, por conseguinte, de Medeia.

– O que você acha de me dar mais um beijo e deixar todas essas coisas para lá? – ele a puxou para si.

Laíssa, a princípio, não resistiu. Mas não suportou por muito tempo a pressão de sua própria mente. "Você só pode estar louca! Como pode estar tão envolvida por um homem desses? Já esqueceu o número de seguidoras que ele tem só no *facebook*? Você já sabe que ele é um sedutor! Sedutores não amam ninguém! Acha que existe a menor chance de um relacionamento sadio com uma pessoa assim?", gritava-lhe a consciência.

– Eu preciso ir embora, se você não se importar – ela pediu, já fazendo sinal para que o garçom trouxesse a conta para a mesa.

– Está se sentindo mal? – ele perguntou preocupado.

– Na verdade estou com um pouco de frio; acho que minha pressão baixou... – ela disse.

Ele tirou então o casaco e fez com que ela o vestisse. Quando o carro parou diante do edifício, ele quis conversar mais um pouco:

– Vou te confessar uma coisa, para servir como prova da minha seriedade, do meu empenho verdadeiro em me tornar uma pessoa melhor. Se você quer saber, eu tenho feito um grande esforço para não agir mais deste jeito com as pessoas... Desde que o sapateiro me falou esse negócio dos trabalhos, eu fiquei meio preocupado com isso...

– E o que exatamente você chama de grande esforço? – Laíssa perguntou, divertindo-se agora com o comentário dele.

Era realmente incrível, ele tinha a coragem de falar sobre a doença dele!, Laíssa estava admirada.

– Se você visse o esforço que eu fiz no outro dia para resistir a uma pessoa... – ele começou a contar.

Parecia muito à vontade em conversar com ela, como se fossem grandes amigos de longa data:

– Cheguei em casa super cansado – ele continuou. – De repente percebi que estava sem a chave. Voltei lá no barzinho onde havia estado com alguns amigos para ver se tinha ficado lá, mas não encontrei nem a chave, nem os amigos. Em lugar disso, encontrei uma mulher, que sempre deu em cima descaradamente. Comentei com ela o problema da chave e você acredita que, por toda a lei, ela queria que eu fosse dormir no apartamento dela?

– E você foi? – ela perguntou.

– Não! De jeito nenhum. Dormi no carro até o dia amanhecer! – ele soltou uma gargalhada.

Laíssa olhou para ele com ternura. Queria tanto acreditar em suas palavras, em seu esforço, desejava tanto que ele realmente estivesse empenhado no processo de autoconhecimento, se esforçando para vencer aquela característica. Mas ela tinha estudado muito sobre o dom-juanismo. Sabia que não era exatamente assim que as mudanças aconteciam.

– O que foi que você está me olhando com essa cara? – ele perguntou sorrindo.

Seus olhos diziam que ele estava disposto a voltar a beijá-la a qualquer momento.

– Não está acreditando em mim, né? – ele deduziu. – Pois eu vou te contar mais uma coisa! Há algumas semanas eu venho desenvolvendo uma nova tática para me proteger!

– Uma nova tática? – ela parecia incrédula.

APÓS A CHUVA | 205

– Cheguei à conclusão de que o processo todo começa no olhar. Olhou, dançou. Então, não olho mais! – ele explicou.

– Como assim "não olho mais"? – Laíssa não entendeu.

– Simplesmente não encaro. Não olho para mais ninguém do jeito como agora estou olhando você, por exemplo – ele explicou, olhando profundamente nos olhos dela.

– E por que você está me olhando desse jeito? – ela o desafiou.

– Por que estou morrendo de vontade de te dar mais um amasso! – ele a agarrou.

Não foi exatamente fácil sair daquele abraço, daquele carro. Mas Laíssa conseguiu. Quando finalmente abriu a porta para descer, teve a impressão de que ele esperava que ela o convidasse para subir, mas ela achou melhor não. Naquele momento, estava mais preocupada em não deixar que ele novamente a ferisse, não queria mergulhar de novo naquela ilusão. Além de que, Najla estava hospedada no seu apartamento.

– Qualquer hora a gente se vê! – ela despediu-se. – Ah! O seu casaco! – ela fez menção de tirá-lo.

– Fica! Tá frio para você entrar. Da próxima vez você me devolve – ele a impediu com um toque no ombro. – Pelo menos assim eu tenho mais uma desculpa para voltar a te ver!

– Então quer dizer que vai ter próxima vez? – ela sorriu.

Ele se aproximou e selou seu lábios com um beijinho carinhoso.

– Com certeza! – ele disse, antes que ela fechasse a porta.

– Acho que eu não daria conta nunca de uma pessoa assim como você... – disse-lhe ainda pela janela.

– Por que não?

– Eu sou única! Não sou como todas essas mulheres! Além disso, gosto de exclusividade!

Jogou-lhe mais um beijo e entrou no prédio depressa. Nem reparou que Ricardo, o ex-marido, a observava de dentro de seu próprio carro, do outro lado da rua. Ele não parecia nada satisfeito. Além disso, estava muito bêbado. Quase caiu na rua quando desceu do carro.

Joaquim percebeu quando ele entrou no prédio, em zigue-zague, logo depois de Laíssa e ficou olhando de longe desconfiado. Desligou o carro e decidiu esperar mais um pouco.

25

— Você não tinha o direito de sair com outro homem! – Ricardo, indignado, forçava a porta.

— Você é que não tem o direito de entrar na minha casa desse jeito! Como é que o porteiro te deixou subir? – ela forçava do outro lado.

— Sua casa? Desde quando? Esqueceu que nós compramos esse apartamento juntos? Desde quando o porteiro vai me impedir de entrar no meu apartamento?

— Ricardo, você bebeu? – ela percebeu o cheiro.

Ela abriu a porta e ele quase caiu.

— Nós havíamos combinado por telefone que eu ficaria morando aqui até que nós definíssemos a nossa situação. Afinal, não fui eu que... – ela estava agora parada diante porta.

Ela percebeu que ele mal parava em pé.

— Você bebeu? – insistiu.

Ele baixou a cabeça e tentou disfarçar.

— Olha, eu não vim aqui para brigar. Na verdade eu vim para te fazer uma proposta.

— Justo no sábado à noite? – Laíssa se mostrou surpresa. – Afinal de contas, o que você quer?

— Posso entrar? – ele pediu.

Ela deu um passo para trás e fez um sinal para que ele entrasse.

— Mas se começar a gritar, já sabe. Sai na mesma hora! – ela foi logo avisando.

Ele sentou no sofá, olhou em volta, ficou alguns instantes em silêncio. Tinha os olhos cheios d'água.

– Por que, Laíssa? Por que as coisas tinham de terminar desse jeito? Nós tínhamos um relacionamento tão bonito... Até nossas fotos você tirou... – ele balançou a cabeça em desalento.

O tempo todo, dava para perceber que estava bastante alterado.

– Pelo amor de Deus, Ricardo, você acha que eu ia conseguir morar aqui cercada de fotos de nós dois juntos?

– E o que você fez com as fotos? – ele perguntou.

– Piquei – ela fez cara de cínica.

– Sério? – Ricardo duvidou.

– Não. Você sabe que eu não conseguiria fazer isso. Guardei tudo numa caixa. Por acaso você quer?

Ficaram os dois em silêncio. Ela finalmente sentou-se, no outro sofá.

– Tinha mesmo que ser assim? – ele olhou para ela com ar de vítima.

– Acho que essa pergunta era minha, né? Mas, enfim...

– Você até já arrumou outra pessoa...

– Ricardo, onde exatamente você quer chegar? Não posso acreditar que você veio até aqui num sábado – ela olhou no relógio. – Meia noite e meia, só para me dizer esse monte de bobagens!

– E desde quando falar do nosso casamento é bobagem?

– Ricardo, você bebeu? – ela foi direto ao ponto.

– Um pouco – ele respondeu. – Mas pode ter certeza de que estou completamente lúcido.

– Sei! – ela respondeu num suspiro profundo.

Ele quase caiu do sofá ao tentar aparentar 'lucidez'. Só então Laíssa se lembrou de que ela também havia tomado duas doses de saquê e que até estava se sentindo um pouco alterada quando saiu do restaurante. Agora, no entanto, depois do susto, era como se tivesse tomado água a noite inteira. Não havia mais qualquer resquício de álcool em seu raciocínio. Ao contrário, Ricardo estava com os olhos bem avermelhados. Todo ele era puro álcool.

– Laíssa, me perdoe... – ele segurou a cabeça com uma das mãos, como se estivesse prestes a começar a chorar.

"Ai, meu Deus", pensou Laíssa. "O que eu faço?".

– Olha só... eu vou preparar um chá bem gostoso, você toma, daí amanhã a gente... – ela se interrompeu percebendo que um telefone vibrava no bolso do casaco.

Ficou um tempo procurando, até que levou as mãos ao bolso interno e percebeu que o celular de Joaquim havia ficado lá dentro. O aparelho mostrava a foto de uma mulher e o nome: Sheila.

– Mais essa agora... – ela comentou consigo mesma.

– Você não vai atender? Deve ser o seu namorado... – ironizou Ricardo.

– Não. Não é. Na verdade, esse telefone nem... Ah, Ricardo, eu não tenho mais que te dar nenhuma explicação! Quer saber, aliás nem você nesse estado eu tenho mais obrigação de...

O telefone voltou a tocar e ela desligou.

– Amanhã resolvo isso. Vem. Vou preparar o seu chá.

– Eu não quero chá – Ricardo respondeu. – Se ainda fosse um conhaque...

– Ótimo – ela colocou o telefone desligado sobre a mesa e voltou a sentar-se. – Afinal de contas, ao que você veio então? Apareceu algum comprador para o apartamento?

– Na verdade, não... Mas não acho justo eu ficar pagando aluguel e você...

Laíssa abriu a boca de espanto, como se não acreditasse no que ouvia. Mas nem por isso perdeu a postura.

– Já entendi tudo. Você vai querer me cobrar um aluguel referente à sua parte no apartamento, é isso? – imaginou, sempre muito prática.

– Não! Pensei apenas que nós talvez pudéssemos dividir o apartamento e...

– Você? Dividir o apartamento comigo? Você só pode estar ficando louco, Ricardo! Não tem a menor condição de..

– Não era bem isso o que eu estava dizendo, mas... já que você falou isso, e se a gente tentasse de novo? – ele foi até ela. – Se esquecêssemos tudo o que aconteceu, você termina com esse seu namorado e... – ele sentou-se na ponta do sofá onde ela estava, numa estratégia para se aproximar.

– Ricardo, pare! Por favor, não continue a dizer isso! – ela se levantou e foi até a porta da cozinha.

Estava começando a ficar nervosa com aquela situação.

– Olha só, já é muito tarde, eu estou cansada... Acho justa a sua reivindicação. Podemos estudar um valor e eu fico te pagando esse meio aluguel até que...

Ele foi até ela e segurou suas duas mãos.

– Laíssa, você sabe que não é isso o que eu quero! Eu amo você! Nunca amei outra mulher! O nosso casamento só estava em crise, se não tivesse acontecido comigo, fatalmente teria acontecido com você!

– Nunca! – ela se afastou. – Eu jamais trairia você! Se algum dia acontecesse de eu me apaixonar por outra pessoa, eu...

– Eu nunca estive apaixonado por ela!

"Beijo dragãozinho" – a frase voltou imediatamente à lembrança de Laíssa.

– Pior ainda, Ricardo. Sinceramente, eu não sei conviver com esse tipo de coisa. Não posso aceitar na minha cama um homem que...

– Droga! – Ricardo deu um grito e um murro na mesa que ficava no meio da sala.

Seu grito ficou um tempo ecoando no vazio.

– Será que você é tão perfeita que nunca seria capaz de perdoar? Afinal, será que não poderia ter sido você se tivesse conhecido antes esse babaca com quem você estava até agora? – ele continuou falando alto.

Laíssa ficou apreensiva, morava numa rua silenciosa, sua sensação era de que todos os vizinhos estavam escutando.

– Sinceramente, Ricardo, eu não estou entendendo por que você está gritando – ela disse, mantendo a voz o mais baixa que podia. – Acho que já está na hora de você ir!

Nesse momento o interfone começou a tocar.

– Deve ser o teu namorado! – deduziu Ricardo, colocando-se diante dela para impedir-lhe a passagem para a cozinha.

O interfone continuava tocando. Laíssa não sabia o que fazer.

– Não vai atender? – ele a provocou.

– Não. Não vou atender – ela decidiu.

– Já entendi tudo. Quer que eu vá embora porque ele está subindo, não é isso?

– Isso não vem ao caso. Acho realmente que está mesmo na hora de você ir – ela desviou direto para a porta da rua, que logo abriu para ele. – Hoje não tem a menor condição de continuarmos esta conversa.

O interfone voltou a tocar.

– Tem certeza de que não vai atender? – ele continuava parado diante da entrada que ia da sala para a cozinha e que ficava bem ao lado da porta principal do apartamento. – Vamos, eu aposto que você está louca para atender!

– A nossa conversa já terminou por hoje, Ricardo.

O interfone parou. Talvez fosse Najla! – Laíssa só então pensou nisso.

Ricardo ainda fez menção de dizer alguma coisa, mas desistiu. Virou de costas e saiu.

Depois que ele desceu, Laíssa precisou tomar um copo d'água para conseguir se recompor do desgaste. "E Najla?", ela se lembrou de repente. Ainda estava ligando para o porteiro para saber quem era no interfone quando ouviu os tiros. Dois tiros secos. Ela teve um sobressalto, o coração disparou de um jeito diferente daquele que sentia quando estava ao lado de Joaquim.

Recolocou rapidamente o interfone de volta e correu até a varanda. Foi quando se deparou com a horrível cena. Um homem estava caído na calçada, logo algumas pessoas começaram a cercá-lo. Ela não conseguia ver direito a pessoa e nem o carro que estava parado do lado, mas pôde ouvir o barulho de uma porta de carro se fechando bruscamente e depois um veículo saindo em disparada. Era um carro preto, exatamente igual ao de Ricardo, mas ela não conseguiu ver a placa. De sua varanda, Laíssa apertou o tecido do casaco com que estava vestida e sentiu um horrível calafrio.

26

O susto foi grande. Joaquim chegou a cair com o impacto da bala. Teve mesmo a sensação de que algo o havia perfurado, mas, ainda assim, conseguiu se levantar. Tinha uma sensação estranha. Estava todo ensanguentado, mas não sentia dor. A impressão era de que havia levado um choque muito grande, os membros, inclusive, estavam um pouco dormentes. Olhou para Ricardo, que havia acabado de entrar no carro com uma cara muito assustada, viu quando ele arrancou.

– Ei! Espere aí! Me ajude aqui! Eu estou ferido! – Joaquim ainda gritou.

Mas ninguém ouviu. Mesmo se sentindo estranho em alguma coisa, que não sabia ainda explicar, conseguiu chegar até a portaria do prédio sem olhar para trás. O porteiro, contudo, o ignorou solenemente. Parecia mais interessado em olhar o que estava acontecendo ali adiante, onde algumas pessoas já começavam a se juntar.

– Não houve nada, acho que passou de raspão. Mas acho que eu me machuquei muito... Você chegou a ver se foi ele quem atirou? – só então ele percebeu que o porteiro o tinha deixado falando sozinho.

Foi atrás dele.

– Ei! Volte aqui! Podia ao menos ligar para a Laíssa e pedir para ela vir me ajudar? – disse, agora bravo, depois de tanta indelicadeza.

Mas o porteiro continuou a conversar com o outro porteiro do prédio adiante, como se nada estivesse acontecendo:

– Ele tinha acabado de sair daqui da portaria, rapaz! Queria falar com uma pessoa do prédio; estava preocupado por causa de uns gritos que ouviu...

Joaquim achou estranho o diálogo, continuou escutando.

– O pior é que o marido dela acabou de vir lá de cima... Quer dizer, ex-marido...

– Nossa, você acha que foi ele? – quis saber o outro porteiro.

– Ah, não sei não... Mas o seu Ricardo estava muito estranho quando passou por aqui... Nem me cumprimentou direito! Acho até que tinha bebido um pouco... Estava com cheiro de bebida forte!

– Ele disse alguma coisa? – quis saber o outro porteiro.

– Só disse assim: Nivaldo, você sabe me dizer quem foi?... Quem interfonou lá para casa ainda há pouco?

– Era o cara? – deduziu o outro porteiro.

– O próprio! Estava parado bem em frente à portaria. Acho que queria mesmo falar com dona Laíssa... Mas aí, antes que eu terminasse de responder, o seu Ricardo viu e foi atrás dele.

– Como assim? – Joaquim estava confuso. – De quem vocês estão falando? Então viram quem atirou quando eu estava discutindo com ele?

Mas de novo eles não responderam. Joaquim parou diante deles.

– Qual é o problema de vocês? Não estão me vendo não?

Os dois porteiros continuaram a conversar como se nada acontecesse. Desta vez, o próprio Joaquim teve um calafrio. Parou por alguns instantes. Estava zonzo. Recapitulou na mente os últimos acontecimentos.

Logo que o avistou, Ricardo veio atrás dele e o segurou pela gola da camisa. Parecia um pouco alterado, com jeito de quem bebeu um pouco além da conta.

– Ei, cara! Qual é a tua? – ele o enfrentou.

Ricardo o soltou e ficaram os dois um tempo se encarando em posição de luta, ambos pareciam ser experientes nesse tipo de embate.

– Fica longe da Laíssa, entendeu bem? – Ricardo ameaçou. – É só isso que eu tenho para te dizer. Laíssa é uma mulher casada!

– E quem é você para me dizer isso? Que eu saiba, vocês não estão mais juntos! – desafiou Joaquim, já querendo partir para cima dele.

APÓS A CHUVA | 213

– Pois fique sabendo que eu ainda sou o marido dela! – gritou Ricardo.

Foi quando vieram de repente os tiros. Não deu para ver se Ricardo estava armado, mas ele tinha a impressão de que não. "Ou será que estava?", ele não conseguia ter muita certeza. Por outro lado, se não tivesse sido Ricardo, então quem teria sido?...

Ele correu então até o local onde tudo ocorrera, querendo ver se encontrava alguma pista. Só então se deparou com o corpo coberto no meio da rua e estremeceu. Laíssa estava agora parada ao lado do corpo, chorando muito. Ele teve um mau pressentimento.

– Laíssa! – chamou por ela.

Najla, porém, chegou neste instante e a tirou de lá.

– Laíssa! – ele ainda gritou.

Mas Laíssa também não respondeu. Era como se ele fosse invisível.

– Laíssa! – novamente ele insistiu.

– Ai, meu Deus... É como se eu estivesse escutando ele gritar meu nome – ela disse a Najla.

– Como assim? – de novo Joaquim se assustou. – Você me ouve?

– Ai, eu não quero escutar mais nada! – ela tapou os dois ouvidos. – Estou muito impressionada... – ela desatou a chorar. – Isso não podia ter acontecido, Naj!

– Vem, amiga, vamos subir... – Najla entrou com ela no prédio.

Joaquim ficou muito desconfiado daquela cena. Seguiu atrás delas pela portaria. Estava achando cada vez mais estranho aquilo tudo. Foi quando olhou para ela e se lembrou de que o celular estava dentro do bolso do casaco. Joaquim aproximou-se de Laíssa e tentou enfiar a mão no bolso para pegar o celular e percebeu que não conseguia segurar direito o casaco, era como se o tecido fosse atravessado por suas mãos. Alguma coisa de muito errada estava acontecendo.

– Meu celular ficou com você? – ele perguntou a Laíssa, abraçando-a. – Fica calma, está tudo bem... Só preciso agora que me leve até um hospital. Você leva?

Laíssa, no entanto, só fazia chorar. O elevador chegou na portaria. Laíssa e Najla entraram, Joaquim continuou onde estava.

"Caramba... Será que eu morri?"

Já havia estudado sobre estas coisas no centro espírita, mas não sabia exatamente como uma pessoa fica sabendo que morreu. Até porque, apesar do sangue, ele se sentia completamente normal. Não, não podia ser... Não agora.

Ele voltou à rua, muito confuso. Não sabia bem o que fazer, estava dividido. Por um lado, sentia-se de alguma forma atraído por aquele corpo estendido no chão. Mas não tinha coragem de ir até lá. E nem, tampouco, de sair de onde estava. O corpo permanecia coberto por aquele plástico escuro. Precisava ver o rosto daquela pessoa.

Começava a se sentir angustiado, quase como se fosse um medo de ficar ali sozinho. Foi se aproximando do corpo, bem devagar. Percebeu que havia uma equipe de enfermeiros que o aguardavam. Mas não havia nenhuma ambulância ali perto. "De onde teriam vindo?", ele se perguntava, desconfiado.

– Venha, você precisa descansar um pouco – disse um deles.

Joaquim estava cada vez mais confuso. Não conseguia saber se aqueles enfermeiros estavam encarnados ou desencarnados. Mas não queria acreditar nesta segunda hipótese, queria lutar contra ela.

– Vocês... vocês estão falando comigo? Ai, que bom! Por um instante cheguei a pensar que... – ele respirou aliviado.

– Deite-se na maca, precisamos tirar você daqui – insistiu outro enfermeiro.

A cena foi cortada pelo barulho da ambulância que acabava de chegar. Joaquim olhou para a maca, novamente para o corpo no chão, que logo seria retirado pela outra equipe de enfermeiros, que neste momento descia da ambulância. O próprio movimento da maca que eles traziam fez com que o plástico se levantasse e ele viu seu rosto na pessoa morta.

– Não! Não pode ser! – ele tentou segurar os enfermeiros que carregavam o corpo. – Espere um pouco! Esse aí sou eu! Preciso entrar depressa nesse corpo! Eu estou aqui do lado! Ainda não chegou a minha hora!

Mas o enfermeiro simplesmente colocou a maca dentro do furgão e bateu a porta quase na cara de Joaquim.

O grupo de enfermeiros que falara com ele novamente tentou se aproximar:

– Venha conosco, descanse um pouco – disse um deles, despejando uma espécie de fluido calmante em torno de Joaquim.

Após a Chuva | 215

Joaquim, no entanto, percebeu a energia que começava a envolvê-lo e se desviou.

– Não!! De jeito nenhum! Ainda não posso sair daqui!

Imediatamente formou-se em torno dele espécie de escudo que passou a repelir todas as energias que vinham da parte daquele grupo. Ao mesmo tempo, na medida em que foi se formando essa espécie de carapaça escura em torno dele, passou a divisar mais um grupo de estranhos seres que o espreitavam do outro lado da calçada, um grupo razoável, com cerca de dez indivíduos de aspecto sombrio, entre homens e mulheres.

Joaquim ficou assustado. Entrou correndo no prédio de Laíssa e se escondeu atrás de uma das pilastras da portaria. "E agora, o que é que eu faço?", ele se perguntou, sentindo o coração disparado.

27

Ricardo acordou de ressaca. Uma dor de cabeça que nunca antes havia experimentado na vida. De tão desesperado, colocou até bolsa de gelo na cabeça. O pior de tudo é que mal conseguia se lembrar de como chegara até em casa na noite anterior, mesmo estando dirigindo.

Tivera tantos pesadelos durante a noite que mal conseguia agora distinguir o que fazia parte de suas memórias relacionadas à noite anterior, do que fazia parte do pesadelo propriamente dito. A sensação que ele tinha era de que não havia uma divisão entre as duas coisas, como se a realidade houvesse naturalmente se prolongado durante o tempo de sono.

No sonho, Ricardo, assombrado, via quando um bando de pessoas de aspecto perverso cercava o prédio de Laíssa. Queria avisá-la, preveni-la para que não saísse de casa naquelas condições. Todavia, no sonho, ele pegava o aparelho celular e não conseguia, de forma alguma, se lembrar do número da casa dela. Era-lhes impossível o contato, como se não houvesse mais nenhum tipo de rede disponível entre eles.

Ainda assim, ele queria muito avisá-la e sentia tanta angústia que subia no prédio por uma escada de incêndio que havia a partir do *playground*. De repente, porém, quando finalmente chegava na janela dela, levava um susto: Laíssa estava deitada dormindo, como se nada acontecesse. O tal namorado dela, no entanto, estava sentado na poltrona do quarto, observando-a dormir.

216

No mesmo sonho, contudo, Ricardo repetira o momento que efetivamente testemunhara quando acordado. O momento em que ele e Joaquim se olhavam, ainda medindo forças, quando de repente os tiros surgiram do nada e o fizeram cair no chão.

De sua posição, tudo o que Ricardo conseguira ver fora a mulher de longos cabelos soltos e botas, correndo ladeira abaixo a partir da esquina que descia em direção ao centro. Pelo barulho dos passos, aliás, dava para perceber que eram botas de salto alto. O barulho das botas, contudo, em dado momento no sonho, fundia-se ao barulho do motor arrancando, à imagem do homem caindo diante dele e ele não sabia mais o que era sonho ou realidade.

Acordou com o telefonema de Adriano, um grande amigo que trabalhava com ele no escritório.

– Seu nome saiu em todos os jornais! O porteiro te entregou de bandeja para a imprensa! Acho que vai precisar da minha ajuda! – disse-lhe o amigo. – Ainda por cima, o cara era namorado de Laíssa, segundo o porteiro!

Só então Ricardo ficou sabendo de tudo o que efetivamente acontecera, segundo o relato do porteiro, que o amigo a essas alturas já lera nos jornais.

– É fatal, meu amigo. Logo a polícia vai te procurar. No final das contas, você é o principal suspeito – avaliou o amigo, depois que ele contou o pouco de que se lembrava.

– O pior de tudo é que não me lembro de quase nada. A única coisa de que me lembro com certeza é de que eu estava num bar com uns amigos na avenida da praia. O Pedro, que é meu colega no MBA, estava comemorando o estágio que conseguiu na Espanha, era um bota-fora que a gente estava fazendo para ele. Só sei te dizer que eu de repente comecei a me lembrar da Laíssa, fiquei com muita vontade de conversar com ela, tem dois meses que ela está fugindo de mim! Daí para frente eu não me lembro mais de nada... Só *flashes*... Lembro, inclusive, que eu entrei num posto de gasolina e comprei uma garrafa de vodca... E que ela me expulsou de novo de casa...

– Então você foi mesmo até lá? – quis confirmar Adriano.

– Sinceridade? Só de pensar, a minha cabeça dói. Mas eu tenho uma vaga lembrança que sim... Esta noite tive uns sonhos muito estranhos. Estou com medo de ter participado realmente desse assassinato de que você falou... Não lembro de muita coisa, mas só de você falar nisso, eu tenho a sensação de que vivi essa história e sinto muita raiva desse tal... como é mesmo o nome que você falou?

– Não guardei direito. Vou verificar, é um nome estranho. Está em todos os jornais. Para mim tem cara de crime passional. Dois tiros de pistola. Mas você não tem uma arma, tem?

Ricardo fez silêncio por alguns instantes, segurando o telefone, sem saber o que dizer.

– Tenho... Exatamente uma pistola...

– Não é possível... que azar! – lamentou Adriano.

– Foi do meu pai. Fica embaixo do banco do carro – confessou Ricardo.

No fundo, ele também estava preocupado.

– Não tem como se livrar dela?

– O pior, cara... – Ricardo não sabia como dizer. – É que alguém já se encarregou disto...

– Como assim? – Adriano não entendeu.

– O revólver sumiu naquele dia. Procurei por toda parte, mas não está mais lá.

– Pode ser que eu me engane, mas tenho a impressão de que você tá ferrado, meu amigo – analisou o outro advogado, do outro lado da linha.

– Eu vou conversar com a Laíssa. Tenho certeza absoluta de que ela vai encontrar um álibi para mim – Ricardo respondeu com segurança.

Quarta Parte

Perturbação

> Acho que levei uns dois anos para superar tudo, as mentiras, as idas e vindas, as explicações etc. Fiz tratamento espiritual, fui em centro de candomblé, joguei búzios, fiz de tudo... Uma hora passou, não sofro mais, mas só eu sei o que sofri...
> (Depoimento de uma "mulher que ama demais")

28

Por muitos dias, Laíssa não conseguia tirar da cabeça a cena de Joaquim baleado, quase na porta do edifício. Minutos antes, segundo o porteiro Nivaldo, ele pedira para interfonar para o apartamento dela, preocupado com o grito que ecoara na rua, justo quando Ricardo, transtornado, postara-se na porta da cozinha para impedir-lhe de atender o interfone. A explicação fizera com que Laíssa se sentisse ainda mais consternada com o ocorrido. Pensava em Joaquim dia e noite, não conseguia, de forma alguma, se desligar dele.

> Em que lugar, em que mármores,
> que aves tranquilas virão
> dizer à noite vazia:
> "Morrer, sim; esquecer, não?"
>
> E aquela rosa de cinza
> Que foi nosso coração,
> Como estará longe, e livre
> De toda e qualquer canção!

A todo momento, vinha-lhe o final do poema de Cecília Meireles que ele mandara para ela. Justamente o que ela deletara. Como se o tivesse gravado na pele da alma. "Onde estaria Joaquim?", era o que Laíssa se perguntava, dia após dia. Não conseguia pensar em ou-

221

tra coisa. Lembrando agora, aquele poema até parecia um presságio? Será que ele tinha ideia do que estava prestes a acontecer?

– Não, não tinha, Laíssa... Não tem ideia da angústia que eu estou sentindo agora... Eu sei que eu morri, que desencarnei, mas ao mesmo tempo é como se continuasse vivo do mesmo jeito que antes, você me entende?

Laíssa fechou os olhos com força, tentando espantar aquele pensamento que parecia ecoar por dentro de seu cérebro. Não queria mais pensar em Joaquim, nem no assassinato, mas... O pior de tudo é que ela tinha mesmo fortes suspeitas de que Ricardo fosse o assassino, dado o estado de desequilíbrio com que deixara o apartamento. Por sinal, ela não era a única a cultivar tais suspeitas.

– O Ricardo me ligou pela milésima vez! – ela desabafou com Najla.

Tinha ido passar o final de semana na casa da amiga para poder se recompor do choque.

– Você atendeu? O que ele quer desta vez?

– Ele quer que eu fale a favor dele. Sinceramente, acho que ele não está bem da cabeça... Diz cada coisa, pede cada coisa! Não faz sentido isso! – esbravejou Laíssa.

– Mas, afinal, o que ele quer? Eu ainda não entendi! – insistiu Najla.

– Parece que, depois do depoimento do porteiro, ele está sendo considerado o principal suspeito – Laíssa virou de uma vez um copo de café.

– Tá frio esse café! – protestou Najla. – E você acha que foi ele?

Laíssa ficou um tempo em silêncio antes de responder. Parecia que estava apreciando ainda o gosto do café morno na boca.

– Tá bom – ela se referiu ao café. – Não sei, Naj... Que eu saiba, Ricardo nunca teve arma. Mas tinha tanta coisa sobre ele que eu não sabia que, a essas alturas, não coloco mais minha mão no fogo por nada... Ele quer que eu diga que na hora do assassinato ele estava lá em casa, mas acontece que o porteiro viu os dois brigando na calçada!

– Eu já disse a você que não foi ele! – insistiu Joaquim a seu lado. – Tenho quase certeza de que não... – estava sentado na cadeira ao lado como se estivesse ali normalmente tomando café com elas.

Ele mantinha-se com o mesmo aspecto ensanguentado do dia do incidente, estava, porém, cada vez mais abatido. Ele e Laíssa estavam unidos por um forte sentimento de tristeza e inconformação que os envolvia a ambos numa vibração tão intensa que era quase uma só.

– Mas você disse que viu o carro do Ricardo arrancando... – argumentou Najla.

– Mas isso não significa necessariamente que tenha sido ele quem tenha atirado! Sei lá, estou muito confusa, Naj. Não consigo chegar a uma conclusão. Pode ter sido uma coincidência... até porque tem uma voz estranha na minha cabeça o tempo todo me dizendo que acha que não foi ele. Ai, Najla, é uma coisa tão esquisita... Tem horas que eu escuto direitinho, como se ele estivesse falando aqui do meu lado... – ela apertou a blusa na altura do peito, como quem amassa o coração.

– Voz estranha? Como assim? – estranhou Najla.

– Ah, sei lá... É uma voz. Só que eu não escuto com os ouvidos. É como se ela brotasse de dentro do meu cérebro...

Joaquim ficou intrigado com aquilo e se aproximou mais dela. Já percebera a facilidade de comunicar-se com Laíssa. Queria avaliar, porém, até que ponto ela captava integralmente as suas ideias.

– Você disse ele... está falando de...

– O Joaquim, claro. Você acredita que tem momentos em que eu até sinto um gosto estranho de sangue na minha boca? – contou Laíssa, preocupada.

Joaquim parou para perceber o gosto de sua própria boca.

– Nossa, mas isso é incrível! Eu também! – constatou. – De onde será que vem isto? – ele olhou para as próprias roupas. – Se pelo menos eu tivesse um jeito de tomar um banho...

– Acho que vou tomar um banho... – comentou Laíssa, de alguma forma também se sentindo como se estivesse suja.

– Mas quem você acha que poderia ter atirado nele, então? – Najla insistiu.

– Aí que está – ela foi tirando a roupa no banheiro, enquanto falava.

Joaquim se afastou um pouco, em sinal de respeito.

– O Joaquim era um sedutor, a gente sabe disso... – admitiu Laíssa.

– Está vendo como você me julga mal? Eu aqui no corredor, para não te ver tomando banho e você me rotulando desse jeito! – Joaquim protestou.

– Vivia cheio de mulheres atrás dele – ela continuou.

– Lá isso é verdade – ele admitiu.

– E o que é pior: machucava muitas com essa sua atitude.

– Peraí! Também não era assim! Desse jeito você acaba comigo! – ele protestou.

– Meu Deus! E olha que naquela noite nós havíamos até falado sobre isso! Parece até que eu tive uma premonição! – Laíssa lembrou.

Joaquim parou por alguns instantes e deixou que a cena lhe voltasse à memória:

"Eu tô falando sério! Cara, você é uma pessoa super carismática, você tem muitas qualidades, com certeza tem um monte de gente que adora você! Acontece que o mundo está cheio de mulheres muito carentes, mulheres muito doentes que não têm mais condições de passar por esse tipo de decepção. Uma hora uma mulher dessas mata você!", ele se lembrou de Laíssa falando para ele no restaurante.

– Você acha mesmo isso? – ele perguntou intrigado.

– Para! Me deixa tomar banho em paz! – protestou Laíssa.

– Você acha que uma das mulheres pode ter atirado nele? – questionou Najla, entrando também na mesma sintonia dos dois.

– Não sei... A essas alturas, tudo é possível. Ou uma das mulheres, ou alguém a seu mando. Acredita que ele me contou que tinha descoberto que haviam feito dois trabalhos contra ele?

– Trabalho? Como assim? – Najla não entendeu de imediato.

– Sim! Foi isso mesmo! Como não pensei nisso antes! – captou Joaquim.

– Macumba, feitiçaria, sei lá! Me disse até que andava passando mal do estômago por causa disso! – lembrou Laíssa.

– Mas estava mesmo! – ele confirmou. – Uma dor de estômago que vocês não imaginam! Sabe que agora passou? Interessante, passou também o aperto no peito sempre que eu pensava na...

– Cruzes! Parece até coisa de Medeia! – Najla não pôde deixar de brincar.

– Natália! De repente me veio esse nome na cabeça! Você conhece alguém na cidade com esse nome?

– Não que eu me lembre... – ponderou Najla, tentando fazer um inventário de todo mundo que ela conhecia na cidade.

– Ai, amiga, o fato é que eu tô arrasada... Não consigo parar de pensar nele um minuto sequer... Parece até que é a voz dele que eu escuto falando aqui dentro de mim... Como se uma parte dele tivesse ficado do meu lado...

Najla a abraçou.

– Eu sei o quanto tudo isso deve estar sendo duro para você... Vai ter que depor? – perguntou, depois de soltá-la do abraço.

– Sim. Até já fui convocada. Ai, eu estou tão nervosa com isso...

– E o que é que você vai dizer?

– Dá para parar de fazer pergunta difícil?

– Nossa, é isso mesmo! Você tem que me ajudar! – ele se deu conta de repente.

– Se ao menos eu pudesse fazer alguma coisa para ajudá-lo... Sabe, quando eu estava te dando uma força naquela pesquisa sobre os sedutores, por um momento eu tive a esperança de conseguir encontrar um meio de ajudá-lo a sair desse padrão...

– Que bonitinha... – ele se comoveu.

– Você quis dizer "transformá-lo numa pessoa mais feliz através do seu enorme esforço em curá-lo, não é isso?" – Najla foi sutil, mas não teve como disfarçar sua ironia.

– Ai! Eu sei que me enquadro em gênero, número e grau no perfil das "mulheres que amam demais"! – reclamou Laíssa.

– Do que vocês estão falando? – Joaquim não entendeu.

– Isso não é da sua conta! – Laíssa falou como se falasse com ele.

– Como assim? – assustou-se Najla.

– Não foi com você! Era com ele que eu estava falando! – explicou Laíssa com naturalidade.

– Coisa mais estranha... Não estou gostando nada disso! Há quanto tempo você está ouvindo essa 'voz'? E conversando com ela? Isso não é normal!

– É coisa da minha cabeça. Acho que fiquei com a presença dele muito viva dentro de mim... Foi tão legal aquele último dia. Ai, meu Deus, se eu soubesse...

– O problema é que isso pode não ser coisa da sua cabeça – considerou Najla.

– Não? – Laíssa se preocupou.

226 | LYGIA BARBIÉRE

– Já te ocorreu que o espírito dele pode estar do teu lado até agora?

– Cruzes! – assustou-se Laíssa.

Ela fez o sinal da cruz, depois bateu três vezes na madeira.

– Deus me livre! – disse em seguida.

– Sério que você tem medo de mim? – Joaquim riu a seu lado.

– E ele acabou de morrer de rir. Não acredita que eu possa ter medo dele – traduziu Laíssa.

– Gente! É surreal! Ela fala com ele!!!! Ìsso já tinha te acontecido antes?

– Só quando a minha avó morreu. Fiquei um tempão ouvindo a voz dela. Parecia até que ela continuava cuidando de mim, todas as vezes em que a minha mãe saía.

– Quantos anos você tinha?

– Uns seis ou sete, eu acho...

– E o que a sua mãe fez? Alguém fez alguma coisa na época? – quis saber Najla.

Joaquim também ouvia interessado.

–Ah, lembro que eles me levaram num lugar estranho, lá no su-búrbio. Tinha um monte de mulheres vestidas com uma roupa que parecia de baiana. Eu fiquei muito assustada. Lembro que meu pai entregou para eles uma sacola com uma roupa da minha avó, que eles levaram lá para dentro, depois ficaram dançando em volta de mim. Ah, sei lá... Foi muito estranho, nem gosto de lembrar!

– Devia ser um candomblé... – imaginou Najla.

– Olha só, eu estudei um pouco sobre espiritismo, cheguei até a frequentar palestras, era muito ligado a um centro espírita lá onde eu morava. Mas, justamente por saber como é que as coisas acontecem por lá, acho que você não deve procurar nenhum centro agora. Eu preciso muito que antes você me ajude, entendeu? Antes! Se você for a qualquer centro, eles vão tentar me tirar do teu lado! Eu sei que eu não vou poder ficar muito tempo por aqui!

– Ai, está vindo tanta coisa na minha cabeça... Estou me sentindo um pouco confusa... – disse Laíssa.

– Você não gostaria de ir a um centro espírita que tem aqui perto de casa? Se não me engano, o Joaquim até ia lá de vez em quando.

Após a Chuva | 227

– Não! Esse, menos ainda! – ela respondeu sem pensar, influenciada por Joaquim. – Não gosto dessas coisas. Vai passar! Eu sei que vai passar!

Joaquim permanecia em silêncio, pensativo e atento.

– Preciso que ajude a descobrir quem me matou! – pediu a seu lado.

– Eu quero descobrir quem matou o Joaquim – ela disse. – Eu preciso descobrir!

Najla observou que seu olhar tinha qualquer coisa de diferente, mas não conseguiria explicar o que era.

– Mesmo que tenha sido o Ricardo? – ela questionou.

– Mesmo – Laíssa reiterou.

– Mas... Como você pensa em fazer isso? É uma coisa complicada. Você precisa de pistas! – advertiu Najla.

– Eu tenho as pistas – disse Laíssa.

– Tem? – duvidou Najla. – Mas como?

– O celular! – ela respondeu, pegando o aparelho na bolsa. – Sinto que está nele a resposta de que precisamos.

– O meu celular! Isso! – ele sublinhou ao lado dela.

Às vezes dava a sensação de que ele, de alguma forma, gerenciava as ideias dela.

– Só tem um problema... – ela observou, ainda com o aparelho na mão, lembrando-se da noite no restaurante. – O telefone tem senha... Além disso, como já faz alguns dias que tudo aconteceu, o aparelho descarregou.

– Então coloca para carregar – Najla pegou um carregador na gaveta com várias saídas diferentes. – Veja se este serve... Amanhã a gente tenta descobrir a senha...

29

Naquela noite, como de costume, Najla leu uma mensagem antes de dormir. Fazia isso todos os dias, mas naquele dia, em especial, experimentava uma urgente necessidade de orar, num pedido íntimo que lhe vinha do fundo da alma. Não sabia explicar, mas sentia uma energia estranha no ar. Mal podia supor que Joaquim estivesse tão próximo.

Najla estava situada em outra faixa vibratória, ao contrário de Laíssa, que pensava nele dia e noite, fortalecendo cada vez mais com sua postura a sua ligação psíquica com Joaquim. Mesmo sem estar tão ligada assim, Najla podia, contudo, captar algum tipo de alteração no padrão habitual da casa. Assim como Joaquim, ela também frequentava esporadicamente uma casa espírita, em geral sentia-se muito confortada por tudo o que lhe era explicado pelos espíritas. Mas tudo ainda em um plano bem intelectual, não havia nela um comprometimento íntimo com aqueles ensinamentos, uma convicção profunda em suas próprias intuições.

Talvez por isso, em momento algum tivesse lhe ocorrido que o espírito recém-desencarnado de Joaquim pudesse estar passando por algum tipo de perturbação. E, menos ainda, que pudesse estar na casa dela naquele momento, dado o elo fluídico e emocional que vigorava entre eles. Alheia a todos esses fatores e detalhes, Najla abriu o pequeno livrinho que mantinha na cabeceira antes de fazer sua prece antes de dormir. Jamais poderia imaginar o quanto aquela mensagem, aberta ao acaso em nome de uma simples intuição, viria a afetar os pensamentos já tão confusos de Joaquim:

> No homem, a fé é o sentimento inato de seus destinos futuros; é a consciência que ele tem das faculdades imensas depositadas em gérmen no seu íntimo, a princípio em estado latente, e que lhe cumpre fazer que desabrochem e cresçam pela ação da sua vontade.[19]

Fora o suficiente para conduzi-lo a uma crise profunda. O simples fato de entrar em contato com palavras que tantas vezes ouvira dentro de uma instituição espírita o fez transportar-se para uma outra porção de si mesmo, um lado seu que nos últimos tempos vinha praticamente duelando com aqueles antigos padrões. Sentimentos indefiníveis lhe senhoreavam agora o coração; sequer conseguiu ouvir a prece que Najla fez após a leitura da mensagem. Pouco a pouco, Joaquim foi se recordando de muitos momentos vivenciados no ambiente espírita até sentir-se levado por um retrospecto de fatos marcantes de todo o seu histórico nesta vida. E novamente ele se lembrou de palavras que ouvira de Laíssa naquela derradeira noite antes do tiro:

"Você é uma pessoa super carismática, você tem muitas qualidades, com certeza tem um monte de gente que adora você!"

E então vieram imagens de muitos momentos felizes. Joaquim, que por vários períodos atuara como tarefeiro de casas espíritas que frequentara, lembrava-se agora desses momentos como alguns dos mais valiosos de toda aquela sua existência. Visitas a asilos, APAEs, orfanatos, um leprosário. Mesmo com todos os seus defeitos, Joaquim, quando realizava essas tarefas, fazia realmente com muito amor, dava o melhor de si.

A este pensamento, Joaquim sentiu-se como que envolvido por uma bola de luz que trazia para ele uma sensação de reconforto profundo. Ele se emocionou. Todavia, logo em seguida a essas imagens, começaram a se suceder cenas de mulheres chorando, apaixonadas e magoadas por ele. Muitas mulheres. Eram muitas lembranças. Algumas bem tórridas, outras não muito agradáveis. Joaquim experimen-

---

[19] Esta mensagem, que faz parte do livro de mensagens *Os genéricos da alma*, de André Antônio de Siqueira, editora Panorama, 2002, foi extraída de *O evangelho segundo o espiritismo*, cap. XIX, item 12, que transcreve mensagem ditada por um espírito protetor em Paris, 1863.

tou simultaneamente diversas sensações. Ora ria, ora chorava, ora se via triunfante após mais uma conquista, ora vazio, derrotado, sentindo-se a última das criaturas. Foi como se a bola de luz de repente furasse e toda a luminosidade em torno dele se esvaísse por inteiro.

Aos poucos, as bênçãos de alegria que clareavam suas pequeninas vitórias alcançadas começaram a desaparecer sob o fundo tenebroso das muitas quedas que lhe haviam marcado aquela vida e ele se tornou ainda mais abatido. Olhou para Najla e percebeu que ela continuava imersa em suas leituras. De novo a voz de Laíssa veio até ele numa lembrança profunda registrada no mais íntimo de seu ser:

"Acontece que o mundo está cheio de mulheres muito carentes, mulheres muito doentes que não têm mais condições de passar por esse tipo de decepção. Uma hora uma mulher dessas mata você!"

E de novo ele se viu discutindo com Ricardo, experimentou mais uma vez a dor do tiro que lhe atingiu de raspão, sem que conseguisse identificar-lhe a procedência, ao mesmo tempo em que do peito parecia trasbordar um líquido quente e viscoso. Olhou para si e percebeu que de novo estava todo ensanguentado.

– Não! Isso não foi certo! Não pode ficar assim! – ele protestou, lutando para não desfalecer.

E foi tanta raiva, tanta indignação que sentiu brotar de dentro de si que o sangue imediatamente se cristalizou. Joaquim ficou triste. Respirou fundo e foi de novo até o quarto onde estava Laíssa. Ficou um tempo sentado, observando-a dormir.

"Se for verdade tudo o que eu aprendi no espiritismo, logo ela vai sair do corpo e vamos poder conversar diretamente", pensou consigo. "Será que ela já saiu?", ele ficou em dúvida, sem saber direito como fazer para obter a resposta.

Estava um pouco mais convicto de sua realidade como espírito, reconhecia-se de fato como um espírito. Mas ainda tinha a sensação de que vivia um pesadelo, a esperança de que em algum momento iria acordar e perceber que tudo não passara de um sonho. Olhando, porém, para seu próprio corpo, ele se lembrava do que lera em histórias espíritas e tinha mesmo receio de que aparecessem espíritos determinados a tirá-lo dali à força. Sentia que não dispunha de muito tempo para atingir seu intento. Mas ele não podia, absolutamente não podia sair dali sem descobrir quem fora que atirara nele. Precisava dessa informação!

Nos primeiros dias, além da enorme confusão mental, Joaquim se sentia muito cansado, muitas vezes precisava encostar em algum canto e cochilar um pouco. O mais incrível é que sempre que ele dormia via novamente dois grupos de seres: os que pareciam persegui-lo e os que lhe ofereciam socorro. Mas, assim como acontecia nos momentos em que se sentia 'desperto', Joaquim sempre fugia de ambos. Sabia que em algum momento seria fatalmente levado por algum dos dois grupos, mas, antes que isso acontecesse, ele desejava muito finalizar sua questão na Terra:

– Eu preciso que você me ajude a descobrir quem foi a pessoa que atirou em mim – ele disse ansioso a Laíssa, enquanto ela ressonava.

Para sua surpresa, em instantes a viu abrir os olhos e dar de cara com ele.

– Joaquim? – ela sorriu surpresa, sentando-se na cama.

Parecia assustada, como se não acreditasse no que via. Só então ele percebeu que o corpo físico dela continuava ressonando na cama, enquanto aquela parte dela conversava com ele. Exatamente como no livro em que estudara no centro. Era incrível!

Laíssa era agora exatamente igual a ele, a não ser pelo fio prateado que a ligava ao corpo que dormia. Ele não tinha mais nenhum fio que o prendesse – pôde então constatar. Ela parecia saber que ele não estava mais encarnado:

– O que está fazendo aqui? – ela perguntou, com uma sensação de medo do que estava acontecendo, já querendo começar a chorar.
– Você não podia estar aqui!

– Na verdade, desde aquela noite, eu não consegui sair de perto de você – ele confessou.

– Nossa... Então não era loucura da minha cabeça... Era sua mesmo a voz que eu ouvia dentro de mim... Mas... Por que só eu escuto? – ela questionou, ainda com medo.

– Mediunidade. Você tem esse tipo de sensibilidade. Algumas pessoas escutam, outras veem, existem muitos tipos de mediunidade... – ele explicou. – Descobri que temos uma sintonia muito forte, impressionante mesmo!

– Sinceramente eu não entendo, Joaquim. Você tem tanto conhecimento... Por que está aqui? – ela olhou preocupada para o seu ferimento. – Vejo que você não está bem... Quer que eu vá a algum centro espírita pedir ajuda?

– Não! – ele a interrompeu de imediato. – De forma alguma! Preciso que antes você me ajude! – ele insistiu.

– Como assim antes? Você não quer ser socorrido? Olhe o seu estado! – ela tocou assustada na enorme ferida que ele tinha no peito.

– Por favor, não mexa aí! – ele recuou. – Acontece que eu sei, pelo pouco que eu estudei, que, se você entrar em um centro espírita para pedir ajuda, eles vão acabar conseguindo me tirar de perto de você! – ele explicou. – Eu... eu não posso ficar aqui, entende?...

– Tudo isso para mim é tão confuso... Mas por que você quer tanto ficar perto de mim? Você nem gostava de mim! – ela questionou.

– Não é que eu não gostasse... Eu tinha, quer dizer, eu tenho um carinho muito especial por você. Agora percebo claramente que nós tínhamos muita afinidade...

– Ah, Joaquim... Como eu gostaria que você tivesse percebido tudo isso antes... Sinto muito a sua falta, mas sei que você não tinha intenção de ficar comigo de verdade – ela observou. – Você não conseguia, não é mesmo? Não conseguia gostar de ninguém de verdade, já compreendi isso. De mais a mais, agora não tem mais jeito, você... – ela também tinha plena noção de que ele havia desencarnado.

– Acontece que, pelo que percebi até agora, você é a única que consegue captar os meus pensamentos. Eu sei que em alguma hora eu vou ter que sair daqui, que vou ser levado para algum lugar no mundo espiritual, com certeza um lugar não muito bom... – ele admitiu, triste.

– Como pode ter tanta certeza?

– Eu tenho consciência de que fiz muita coisa errada na minha vida. Mas não posso ir embora sem saber quem atirou em mim. Eu preciso saber! – ele insistiu.

– E você não sabe? Não consegue se lembrar? – ela estranhou.

– Na verdade não. Até tenho algumas suspeitas, mas preciso realmente que você me ajude. Só você pode!

– Mas...

– Por favor! – ele não a deixou terminar. – Se você gosta de mim tanto quanto dizia, me ajude! Eu só preciso saber disso para assumir o meu destino.

– Você quer se vingar? – ela tentou entender.

– Não, não é isso. Só queria realmente saber quem foi, compreender por que essa pessoa atirou, por que fez isso comigo. É uma necessidade que eu tenho. Por favor... Prometo que assim que nós descobrirmos, eu deixo você, nunca mais te incomodo...

Laíssa começou a chorar.

– Você pensa que é fácil para mim tudo isso? Que eu não senti nada com a sua morte? – ela argumentou.

– Eu sei... Por favor, não chore... Não posso mais fazer ninguém chorar por minha causa... Mas preciso muito de uma amiga...

– Nem sei se é certo isso, se eu posso fazer isto! – ela ponderou.

Foi quando ele segurou em suas mãos e ela percebeu o quanto ainda era completamente apaixonada por ele. Mesmo em espírito, sentiu disparar o seu coração.

– Por favor... É só isto que eu estou te pedindo... Alguns dias... Me ajude a descobrir e eu vou embora, não vou te incomodar mais... Além disso, pelo resto da minha existência espiritual, serei extremamente grato a você por isto!... Me ajude! – ele beijou suas mãos.

Ela olhou para ele e se comoveu. Estava tão abatido... Ela se deixou abraçar. Ficaram os dois um tempo nesse abraço. Laíssa estava muito emocionada.

– A gente podia ter vivido uma história de amor tão bonita... – ela lamentou, sentindo as lágrimas que lhe escorriam dos olhos.

– Me ajuda, por favor, a ficar bem... – novamente ele pediu.

– Mas você tem certeza de que irá mesmo ficar bem com essa descoberta? – ela duvidou.

– Absoluta. Você me ajuda?

– Eu vou tentar – ela finalmente concordou. – Se você soubesse como eu tenho medo de espíritos... Nem sei como estou aqui conversando com você...

– Porque no fundo você também é um espírito. Todos nós somos! – ele sorriu.

– Tá. O que exatamente você quer que eu faça?

– Eu vou te orientar. Preciso que me ajude a verificar no celular; preciso lembrar de todas as pessoas que poderiam ter atirado, além do seu marido – ele explicou.

– Então você também suspeita dele? – Laíssa se preocupou.

– Na verdade, foi tudo muito rápido. Na hora eu estava discutindo com ele, não percebi de onde veio o tiro...

– Ainda não concluíram os exames do corpo de delito... Acredito que eles então vão poder dizer de onde veio o tiro... Também estou preocupada com isso. Mas... e quanto às mulheres? Como faremos? Acha que tem como descobrir alguma coisa só olhando fotos e mensagens no celular?

– Eu preciso da sua ajuda. Afinal, você é uma psicóloga, percebe muita coisa que eu não tenho capacidade de concluir. Minha ideia é te dar um toque sobre as possíveis suspeitas, você pesquisa sobre elas, vê o que escreviam para mim, me ajuda a refletir sobre quais realmente teriam coragem de fazer isto. Mas preste atenção: você não pode ir a nenhum centro espírita, entendeu bem?

– Tá bem – ela concordou. – Sinceramente, nem gosto muito dessas coisas. E quanto à senha? Estou com seu celular, ando com ele para todo lado, mas não consigo abrir, não tenho a senha!

– Eu vou te ensinar, é muito fácil. Meu animal de estimação: iguana! – ele respondeu.

– Mas... e se eu me esquecer na hora...

– Você escuta tudo o que eu falo!

– E se de repente não escutar mais?

– Tudo bem. Eu vou dar um jeito de te lembrar. Na hora, você vai perceber! – ele se divertiu com o desafio. – De qualquer forma, vou estar a seu lado te orientando.

Na manhã seguinte, ao acordar, Laíssa tinha uma forte impressão de haver sonhado com Joaquim, mas não se lembrava de nada. Ainda assim, foi direto na tomada e verificou o celular dele que havia deixado carregando na noite anterior. Sentido-se novamente guiada por uma intuição, ela fez uma primeira tentativa de acertar a senha. "Cachorro". "Senha incorreta", respondeu o aparelho.

– Droga! – protestou Laíssa. – Quase poderia jurar que sonhei com esta palavra...

APÓS A CHUVA | 235

– Iguana! – repetiu Joaquim a seu lado.

Um postal com a fotografia de um camaleão sem querer destacou-se do mural de fotos que Laíssa mantinha na parede. Mesmo sabendo que iguana não tem nada ver com camaleão, o simples formato do bicho imediatamente ativou a palavra na sua cabeça.

– Consegui! Najla, depressa! Eu consegui abrir o celular! – ela saiu correndo pela casa com o aparelho nas mãos.

30

— Laíssa, não faz sentido isso! Você mal tomou café! Eu não acredito que você vai passar a manhã toda mexendo nesse celular! – protestou Najla.

— A gente não tem tempo a perder... Temos que pesquisar as fotos, as mensagens... Deixa eu ver o que mais que tem aqui... – ela ia mexendo no celular como se conhecesse tudo no aparelho, num fluxo de inspiração que nem entendia direito de onde vinha.

Najla a observava um tanto quanto assustada, preocupada. Laíssa andava cada vez mais estranha.

— Aqui! Não falei? – mostrou ela, verificando agora o histórico de telefonemas. Sheila! Foi este o último telefonema que ele recebeu naquele dia!

— Clica no *whatsapp* para ver se ela aparece! – sugeriu Najla.

Apareceu. Chamava-se Sheila Meirelles. Professora de dança, morava na cidade de Najla.

— Eu conheço! A academia dela fica pertinho lá da livraria que era do Joaquim! – Najla lembrou.

Vasculharam juntas todo o *facebook* da moça. Era casada. Não havia nenhuma foto dela com Joaquim. Ou melhor, havia uma. De uma festa, provavelmente realizada na livraria. Estavam junto a um grupo de amigos, todos abraçados. Joaquim estava bem ao lado de Sheila.

— Sei, sei quem é... – avaliou Najla. – O marido dela tem uma loja de peças de automóveis... É este aqui no canto – ela mostrou na foto.

– Olha só o detalhe: a foto foi enviada para a linha do tempo de todos os que estão ali...

– Acredito que ela deva ter bastante intimidade com ele... Para ligar num sábado, depois de meia-noite! – analisou Laíssa. – Olha só... – ela correu o dedo pelo histórico. – Ela ligou várias vezes naquele dia... Ele não atendeu a nenhuma de suas chamadas.

– Ela queria que eu fosse me encontrar com ela. Mas eu não tava nem um pouco a fim, porque eu queria encontrar com você. Por isso não atendi às ligações dela! – Joaquim disse depressa.

Laíssa, contudo, naquele momento, não estava conseguindo captar todas as suas vibrações. O sentimento de indignação e ciúmes que sentia ao constatar aquele monte de mulheres no telefone dele fazia com que ela vibrasse em outra sintonia.

– Vamos ver as mensagens que ela mandou para ele! – sugeriu Najla.

Joaquim estava parado ao lado delas, quase arrependido de ter pedido ajuda a Laíssa. Não havia imaginado antes o quanto tudo isso poderia ser constrangedor. Mas ela tinha razão. Sheila era uma possível suspeita. Mas não podia esquecer da Natália! "Como faria para lembrar Laíssa deste nome?", ele pensou olhando em torno.

Pelas mensagens, deu para perceber que Joaquim e a tal Sheila haviam iniciado um caso há alguns meses. Tudo começou quando Sheila escreveu para ele, perguntando sobre um livro que havia encomendado. Chamava-se *Felizes para sempre... A ciência para um casamento perfeito.*[20]

– Ao que parece, ela estava tentando, a princípio, encontrar uma forma de salvar o casamento, mas acabou se envolvendo com Joaquim... – observou Najla, acompanhando também o texto que Laíssa ia passando.

Pelas mensagens, ficou claro que os dois logo se tornaram amigos, confidentes. Sheila decidiu então marcar sua festa de aniversário na livraria. Joaquim sempre dizia não compreender como uma mulher como ela continuava casada com aquele marido, que não lhe dava a menor atenção.

– Que cretino... – indignou-se Najla.

---

[20] Parker-Pope, Tara *Felizes para sempre*. Tradução de Juliano Olímpio dos Santos, São Paulo, Universo dos Livros, 2010.

238 | Lygia Barbiére

– Olha! Ele também mandou para mim esta imagem! – observou Laíssa chocada.

Entre muitas réplicas de borboletas e flores, deu para perceber que os dois dormiram juntos algumas vezes.

– Que ódio! – protestou Laíssa, muito enciumada.

Mesmo constrangido, Joaquim não pôde deixar de sorrir quando ela disse isso. Era-lhe extremamente enternecedor perceber o quanto ela sentia carinho por ele, apesar de tudo. Algo nela era realmente diferente de tudo o que vira em outras mulheres. Pela primeira vez, desde que se conheceram, ele verdadeiramente olhou para ela de um jeito diferente.

– Meu Deus, é muita mulher... – Laíssa correu o dedo pela agenda dele. – Será que ele teve alguma coisa com cada uma dessas mulheres? – ela cogitou.

– Mas é claro que não! Quem você pensa que eu sou? – ele protestou do lado.

Mas ela não o ouviu.

– Estou achando bem difícil isto que você está querendo, Laíssa... Mas se é para investigar de verdade vamos nos concentrar nas suspeitas mais óbvias... O que mais você descobriu sobre essa tal Sheila?

Quanto mais ia lendo as mensagens, mais ela se sentia decepcionada com ele. Talvez ela nunca tivesse realmente acreditado que ele fosse de fato um sedutor, uma pessoa portadora de um desequilíbrio psíquico tal como os casos que Najla pesquisara para seu trabalho no curso de doutorado. Agora, no entanto, na sincera tentativa de ajudá-lo – tão sincera a ponto de conectá-la com ele daquela maneira –, deparava-se mais de frente com o que era a vida de uma pessoa portadora deste tipo de distúrbio emocional. Sentia-se profundamente traída, não por ele, mas por sua própria ilusão.

A história de Sheila, por sinal, guardava algumas semelhanças com a de Laíssa. Conforme revelavam as mensagens, depois que Sheila tomara a decisão de separar-se do marido para ficar definitivamente com ele, Joaquim dera logo um jeito de se afastar. Não estava nem um pouco interessado em constituir família a essas alturas do campeonato – isso ficava claro, pelo tom de suas mensagens. Até porque ela tinha dois filhos pequenos, de sete e oito anos, e ele não queria

Após a Chuva | 239

ser responsável pela dissolução de uma família, conforme tivera o cuidado de justificar na ocasião.

"Eu sou como um portal. As pessoas que passam por mim se modificam profundamente. Mas não sou responsável pelo que elas venham a fazer depois. Eu sou apenas o portal", ele chegou a escrever para ela, numa de suas últimas mensagens.

– Que ódio! – desabafou Laíssa. – Tem várias coisas aqui que ele mandou para mim também! Do tipo "no final das contas nem sou digno de uma pessoa como você"... – ela amassou com tal raiva um pedaço do jornal que estava em cima da mesa que o rasgou.

Joaquim ainda tentou aproximar-se para dizer alguma coisa, mas desta vez sentiu-se fortemente repelido pelos pensamentos de Laíssa, que naquele momento continuava inteiramente fechada à sua influenciação. Najla olhou para o jornal cortado sobre a mesa, mas também não disse nada. Ela continuou verificando as mensagens enquanto Laíssa picava agora o amassado de jornal em muitos pedacinhos.

– Parece que ele ultimamente não estava mais nem um pouco interessado... Faz mais de um mês que ele sequer respondia a nenhuma mensagem dela, você reparou? – observou Najla.

O comentário atenuou um pouco o sentimento de repulsa de Laíssa, que deixou de lado o jornal e voltou a se interessar pelo celular.

– Você acha que essa mulher poderia ter feito uma macumba para ele? – ela tentou imaginar, lembrando-se da conversa que tivera com Joaquim no restaurante.

– Isso, a macumba! Mas você precisa verificar também a Natália! Esta era uma que eu tenho quase certeza de que aprontaria uma coisa dessas para mim! – insistiu Joaquim.

– Sei lá... – Najla não sabia como avaliar. – Mas com certeza esta mulher estava em desequilíbrio já há algum tempo por causa dele.

– Pode! Pode ter sido ela sim! Andava me azucrinando ultimamente! Não se conformava que eu não quisesse mais nada com ela. Por isso eu nem estava mais atendendo aos telefonemas! – ele insistiu do lado. – Nossa... Será que a Sheila seria capaz disso?

Laíssa pensou por alguns instantes. O simples imaginar que Sheila pudesse ter feito uma macumba para amarrar Joaquim mudou completamente o foco de sua indignação. E novamente ela sintonizou com ele.

– Você me leva até ela? – pediu à amiga. – O que poderíamos fazer para nos encontrarmos com essa moça por acaso?

– Hum... – Najla titubeou por um tempo. – Não sei, sinceramente, se seria uma boa ideia. O que você vai dizer para ela? Afinal de contas, não somos investigadoras policiais!

– Eu sei! – disse Joaquim ao lado das duas. – Todo domingo, a esta hora, ela costuma sair para caminhar na praia!

– Tive uma ideia! – disse Laíssa. – Você sabe onde ela mora? Tem praia lá perto? Veio na minha cabeça a imagem dela caminhando por uma praia!

– Laíssa, presta atenção! Você percebeu quantas mulheres tem no *whatsapp* dele? Só no *facebook* tem mais de 500! – disse Najla.

Ele havia programado o celular de tal forma que todas as páginas entravam automaticamente, as senhas estavam registradas no próprio aparelho, que, uma vez aberto, dava acesso direto a todos os ícones. Mas era fato. As mulheres eram, realmente, maioria na página dele. No último aniversário, aliás, havia recebido precisamente 386 felicitações só de pessoas do sexo feminino – Laíssa fez questão de contar.

– É. Eu sei disso – ela confirmou sem revelar muitos detalhes de suas descobertas.

Tinha vergonha de admitir para a amiga o sem número de vezes que ela vasculhara a página dele em busca de informações, sempre que ele sumia. E quando ele não sumia também. Laíssa adorava ver as fotos dele. Não curtia nunca, mas adorava ver.

– Laíssa, pensa bem... Não quero te desanimar, mas é impossível isso que você está querendo... – avaliou Najla. – Você teria que parar sua vida, viver só para isto por um bom tempo... Ele já morreu, a polícia já está investigando... Você não precisa se meter com isso... Só vai te machucar...

– Passa, por favor, a lista das mulheres no *face*... Deixa eu dar uma olhada... – ele insistiu ao lado dela.

Laíssa ficou alguns instantes em silêncio, apenas passando a lista. Aos poucos, foi vindo de novo o sentimento de indignação.

– É... eu acho que você tem razão – admitiu por fim. – São muitas mulheres...

Após a Chuva | 241

– Tem alguma em especial de quem você se lembre de ele ter falado?

– Sei lá... Está tudo tão confuso na minha cabeça... O que será que está acontecendo comigo? A sensação é de que a minha mente está imersa numa nuvem, cheia de vozes falando ao mesmo tempo... É como se, a toda hora, de repente, eu entrasse e saísse dessa nuvem – confessou Laíssa.

Ela ainda estava terminando de falar quando entrou uma publicação na linha do tempo de Joaquim. Laíssa e Najla se olharam. Era uma foto. Nela, uma linda moça ruiva, chamada Tamara Bruni, estava abraçada a Joaquim, sob uma linda cachoeira. "Uma lembrança da tarde maravilhosa que passamos juntos", estava escrito na legenda, ao lado de uma data.

– Foi exatamente na véspera do dia em que ele morreu! O dia em que eu fiquei esperando e ele não apareceu! – constatou Laíssa, morrendo de raiva.

– Não é nada disso! Essa moça é apenas uma amiga! Não é como você está pensando! Eu fui até a casa de um amigo entregar uns livros e... – Joaquim, nervoso, a seu lado, tentava explicar.

Mas Laíssa estava muito sentida, cortou-se toda a sintonia entre eles. Ela fechou o celular.

– Quer saber? Não quero mais ver isso.

– Mas... – ele ainda tentou insistir.

31

—Vou tomar um banho, me refazer. Depois a gente vai dar uma volta. Não quero mais mexer com isso – decidiu Laíssa.

– Ótimo! Vamos sair para almoçar! O Caio disse que inaugurou um restaurante novo na praça. Vou ligar para ele – animou-se Najla.

Laíssa entrou no banheiro. Joaquim ficou sentado na porta, esperando. Ele estava constrangido pelo que acontecera. Não tinha nenhuma intenção de magoar Laíssa, até porque a moça da foto era realmente uma amiga, casada, inclusive, com um grande amigo, que tirou a foto. A tal cachoeira ficava nos fundos da casa deles; apenas haviam dado um mergulho juntos quando ele fora até lá para deixar alguns livros para serem doados por esse amigo. Mas como explicar tudo isso a ela se Laíssa parecia agora inteiramente fechada a qualquer pensamento seu?

Ainda estudava uma forma de justificar-se com ela, quando viu passar por ele uma estranha entidade, que atravessou a porta do banheiro sem qualquer cerimônia. Uma mulher bonita, de vestido longo e cabelos compridos. O perfume dela ficou rescendendo em torno dele por alguns instantes. Interessante é que, mesmo tendo passado por ele, supostamente ela não o viu. Surpreso, Joaquim levantou-se e foi atrás dela. Sentia-se na obrigação de proteger Laíssa. Afinal, quem seria aquela mulher? Será que não o tinha visto mesmo? Com toda certeza, porém, era um espírito; ele vira quando ela atravessara a porta, que se abriu como que por encanto tão logo ela passou.

Laíssa abriu a cortina e colocou uma perna para fora, de forma a fechar a porta, por onde entrava uma corrente de ar.

APÓS A CHUVA | 243

– Não! – ele ainda tentou avisar.

Mas não houve tempo. A entidade a essas alturas estava atrás de Laíssa, empurrando-a no chão com vontade. Laíssa, que se apoiava no box com apenas um dos pés, subitamente escorregou e foi ao chão com toda força.

Joaquim imediatamente correu em seu socorro.

– Quem é você? – só então a entidade pareceu perceber que ele estava ali.

– Ai... – gritou Laíssa, estendida no chão com as duas pernas para cima.

– Eu é que te pergunto, quem é você para entrar aqui desta maneira? – Joaquim a enfrentou.

– Que coisa... – ela pareceu reconhecê-lo. – É o mesmo da foto! Não me avisaram nada que tinha desencarnado... Faz muito tempo que você desencarnou? – estranhou a mulher, saindo do box com sensualidade.

Era realmente uma mulher bonita. Uma cigana de imensos olhos azuis e o cabelo todo cacheado, vestida com muito bom gosto.

– Foto? Que foto? A mando de quem você veio? – Joaquim continuou querendo confrontá-la.

– Vá com calma – ela o afastou displicente. – O meu negócio é com ela, não com você, embora você seja o principal envolvido! – ela deu uma gargalhada.

Nisso Najla entrou correndo em socorro da amiga.

– Você se machucou?

– Talvez... Me ajuda aqui.. – pediu Laíssa.

– Outra hora nós conversamos – a mulher foi saindo. – Foi um prazer conhecê-lo.

– Espere! – Joaquim a chamou.

– E por que eu esperaria você? – ela olhou para ele com ar sedutor.

Joaquim percebeu seu olhar e teve uma ideia.

– E se eu te dissesse que você é uma mulher muito interessante e que eu queria muito te conhecer melhor? – perguntou, do jeito infalível como sempre costumava fazer quando estava encarnado.

Mas ela o olhou com desprezo e entrou pela parede do banheiro como quem entra num túnel. Joaquim respirou fundo e foi atrás dela.

32

Era como uma dança. Um tango argentino, uma coreografia de passos e olhares marcados. Verdadeiramente interessante o duelo entre dois sedutores.

Com seus longos e brilhantes cabelos, ela ia andando pelas ruas como se não soubesse que Joaquim estava atrás dela. E ele, em seu encalço, como se não estivesse.

Ela poderia simplesmente sumir, desaparecer de forma que ele não pudesse segui-la. Sabia como fazer isso. Contudo estava se divertindo com a brincadeira. De vez em quando, dava uma paradinha discreta, olhava para trás e via se ele estava vindo. Mas fingia que não estava vendo. E quanto mais caminhavam neste compasso de expectativa e curiosidade mútuas, mais se alinhavam em ardorosa sintonia, unidos no fluxo de uma única corrente magnética, como se há muito se conhecessem. Mas de onde?

Joaquim não conhecia aquele lugar, aquele bairro por onde agora transitavam. Apenas fixava nela sua atenção e desejava ardentemente segui-la. Era interessante caminhar assim; ele não se lembrava de ter experimentado antes igual sensação. Em alguns momentos, chegava mesmo a sentir os pés sobrevoando rente ao chão, sua vontade era suficiente para que o corpo fosse adiante. Sob este aspecto, era realmente incrível essa coisa de ser um 'espírito'.

Ela seguiu por uma rua pacata e arborizada, até parar, a poucos passos antes de um portão de madeira simples, que dava para um estreito corredor entre dois muros. Mas não entrou. Ficou esperando que ele se aproximasse um pouco mais, fazendo-se de distraída enquanto verificava uma flor que brotava na árvore em frente.

– Você sempre anda assim tão depressa? – ele perguntou, ao chegar, notando que ela o esperava.

Era como se um determinado mecanismo houvesse sido automaticamente acionado dentro do cérebro espiritual de Joaquim, que não conseguia pensar em mais nada senão no seu obstinado objetivo: conquistar aquela mulher difícil, fazer com que se encantasse por ele, se deixasse enfeitiçar por aquele olhar que ele instintivamente reacendia.

– Apenas quando estou sendo seguida – ela respondeu, num movimento de jogar os cabelos para o outro lado.

– E quem disse que eu estava seguindo você? – ele tentou confundi-la.

– Ah, não! – ela soltou uma gargalhada. – Afinal de contas, o que você tem para tantas mulheres ficarem tão apaixonadas por você? Sinceramente, não vejo nada de especial! Ainda por cima sujo desse jeito... – ela observou, olhando com nojo para a camisa dele.

Joaquim saboreou o comentário. Sabia perfeitamente o quanto as mulheres adoram dar opiniões e viu nele uma ótima oportunidade para puxar uma conversa:

– Nossa... Estou mesmo angustiado. Pior é que nem sei o que fazer para cuidar deste ferimento, arranjar outra camisa... Será que você... – olhou para a própria camisa ensanguentada num gesto premeditado – não poderia me ajudar...?

A cigana se deixou capturar pelo comentário. Aproximou-se para verificar melhor a camisa.

– Faz muito tempo que levou esse tiro?

Joaquim pensou por alguns instantes.

– Para ser muito franco com você, não tenho a menor ideia. Perdi completamente a noção do tempo. Às vezes tenho a sensação de que foi ontem, mas sempre que escuto alguém falar sobre isso, percebo que já faz alguns dias... Um mês... Não consigo dizer ao certo...

– É... Dá um aspecto bem ruim mesmo esse visual... – ela observou. – Nem parece o cara que me descreveram, tão cheio de mulheres interessadas... Aliás, você me lembra muito uma pessoa... – ela recordou com olhos distantes.

– Explica isso para mim, por favor... – ele quase deu um salto em direção a ela. – Quem descreveu? Por quê? Para quê? – ele a segurou pelos braços de forma decisiva. – Você sabe alguma coisa sobre o meu assassinato?

Ele tinha uma voz tonitroante e aveludada. Ela experimentou certo contentamento naquele toque. Mas procurou disfarçar e soltou uma gargalhada.

– Desculpe... Mas é realmente surreal tudo isso!... – ela riu mais um pouco.

– O que exatamente você chama de surreal? – Joaquim perguntou, olhando fixo nos olhos dela.

– Fui contratada para atormentar uma mulher que estava dando em cima de você para que ela saísse da jogada e, no final das contas, descubro que você foi assassinado e ainda por cima está agora atrás de mim! – ela voltou a rir como se tivesse ouvido uma piada, desviando-se-lhe do olhar.

Joaquim respirou fundo. Não estava ali por mero exercício de sedução, tinha um objetivo. Além disso, percebia que não estava lidando com qualquer pessoa. Aquela mulher tinha um poder... Mais do que isso até. Ela tinha consciência de seu próprio poder. Intuía que havia certo perigo naquele contato. Mais do que nunca, ele precisava utilizar toda a sua técnica.

– Você vai ou não vai me ajudar? – ele tentou fingir-se de vítima. – Não pode imaginar o quanto estou me sentindo mal com esta camisa suja...

Ela abriu o portão e fez uma estranha saudação para as velas que estavam acesas numa pequena casinha que ficava num canto do jardim. Ele fez menção de ir atrás dela, mas ela o impediu, fechando rapidamente o portão atrás de si.

– Espere... Vou ver o que posso fazer por você. Mas me espere ali, na próxima árvore – ela apontou. – Não é bom que fique aqui na frente da porta. O dono da casa pode não gostar – ela olhou para os lados, como se verificando se havia alguém olhando.

– Você age o tempo todo como se houvesse seres invisíveis nos observando – constatou Joaquim, ainda parado diante dela, forçando levemente o portão.

Após a Chuva | 247

– Sempre há – ela respondeu, ainda olhando em torno, desconfiada.
Ela trancou por dentro o portão com um ferrolho.

– Que lugar é este? Você mora aqui? – ele ainda perguntou.

Mas ela simplesmente sumiu no fundo do longo corredor.

Joaquim foi andando, pensativo, até uma árvore que havia na esquina, de raízes altas que lhe serviram como um banquinho.

Por alguns instantes sentiu-se envolvido pelos pensamentos de Laíssa. Era quase como se pudesse ouvi-la 'pensando para ele': "Ah, Joaquim, sinto tantas saudades... Queria tanto que pudesse estar aqui comigo agora... Será que está bem?"

Ultimamente andavam tão ligados que pensavam um no outro o tempo todo. Isso vinha acontecendo desde antes do assassinato, ao longo do último período em que haviam convivido. Quase como se um alimentasse o outro com seus pensamentos. Joaquim sentia urgência de voltar para perto de Laíssa, mas não podia sair dali agora. Procurou fixar seu pensamento na cigana. Sentia que começava a se aproximar das informações que tanto desejava obter a respeito de seu assassinato. No seu raciocínio, era óbvio: a mesma pessoa que 'mandara' empurrar Laíssa, também deveria estar por trás do seu assassinato.

Não era nem uma questão de atitude de vingança. "Vingar-se de quem?", se ele ainda nem conseguira entender de onde viera aquele tiro. Mas tinha o direito de saber, isso ele achava que tinha. E não queria sair da Terra para lugar nenhum antes de conseguir descobrir a resposta de que ele precisava. Afinal de contas, por que alguém o tinha matado? Sinceramente, Joaquim achava que ele não merecia isso. É bem verdade que ele crescera ouvindo da avó o ditado de que "não cai uma flor no mato sem o consentimento do Senhor". Mas, no seu caso específico, ele achava que tinha havido algum engano. Não era para ele ter morrido daquela forma, ele imaginava.

Talvez fosse interessante se ele pudesse descobrir o endereço do ex-marido de Laíssa e fosse até lá, como espírito, verificar se ele fazia ou dizia alguma coisa que o incriminasse. Afinal, pelo que ouvira de Laíssa, era ele o principal suspeito da polícia. Joaquim não acreditava que tivesse sido ele. Algo em seu íntimo dizia-lhe que o ex-marido dela era inocente, sua sensação era de que o tiro viera de alguém que estava atrás dele, mais afastado. Mas não conseguia se lembrar de nada com muita nitidez, estava tudo ainda muito confuso em suas ideias. O simples fato de lembrar-se da cena fazia-lhe reviver um estado de angústia profunda, de muita agonia.

Já começava a se sentir mal, quando a cigana veio de lá com uma garrafinha de água e uma camisa na mão. Ele imediatamente se levantou de onde estava, ainda zonzo pelas últimas lembranças.

– Aqui é um terreiro – ela explicou, enquanto desabotoava para ele a camisa ensanguentada.

– Um terreiro?! Nossa! Mas por que você escolheu trabalhar num lugar desses? – ele perguntou.

Ela soltou uma gargalhada, achando bonitinho demais aquele homem, que durante tanto tempo havia atuado como grande sedutor, em alguns momentos se mostrar tão ingênuo!

– Ora essa... porque aqui é o meu lugar! É disso que eu gosto! Aqui meu trabalho é valorizado pelos meus superiores, acima de tudo me sinto muito bem entre as pessoas que eu atendo. Não vê como sou uma mulher bonita, interessante? Eu gosto de ser assim, gosto de viver aqui... Gosto do clima quente das paixões humanas... – ela respondeu, retirando-lhe a camisa. Pelo que vejo, você também tem alma de cigano... Já viveu muitas vidas entre nós... – ela olhava para ele e parecia ver coisas nos olhos dele.

– Como assim? – Joaquim deu um passo para trás.

– No tempo certo você vai começar a lembrar... Pode ter certeza disso – ela disse, com um olhar enigmático.

– Tudo o que você diz é muito estranho... Mas... como funciona o seu trabalho neste lugar? – Joaquim quis entender.

– É simples. Os encarnados vêm, fazem seus pedidos e nós atendemos. Embora muita gente ache que somos do mal, todos aqui são trabalhadores. Ajudamos o tempo todo! – ela fez questão de enfatizar.

– De graça? – Joaquim perguntou.

Ela deu outra gargalhada.

– Não sei o que você tem na cabeça! ... Ninguém faz nada de graça! – ela retrucou, desabotoando a outra camisa para vestir nele. – Nem esses que se dizem bons! Um título como esse custa caro...

– Não entendi o que você quis dizer com isso! – ele confessou.

– Você acha que alguém faz bondade só por fazer? No fundo, todo mundo quer ganhar alguma coisa em troca! Quem diz que isso é mentira, é mentiroso! Não existe gente assim! – ela retirou dele a camisa. – Está feio esse seu ferimento... – observou de perto. – Espera um pouco...

Tomou nas mãos a garrafa que trouxera lá de dentro e foi passando devagar aquela água sobre o machucado fundo, que não parava de sangrar.

– Estranho... – ela constatou. – Não para de jeito nenhum...

Ela fez uma espécie de curativo com alguns pedaços de pano, estopa, Joaquim não conseguiu entender direito o que era aquilo e nem de onde ela retirou aquelas coisas.

– Como é seu nome? Posso saber? – ele perguntou, sem conseguir parar de olhar para os olhos dela mesmo quando ela olhava para baixo.

– Ayla... – ela respondeu, terminado agora de vestir nele a nova camisa . – Pronto! Veja se esta aqui serve em você.

Surpreso, Joaquim tocou no pano. Era o mesmo nome que ele inventara para a borboleta de Laíssa, ele se lembrava bem disso. Olhou para a camisa que ela estava colocando nele. Parecia uma roupa como outra qualquer. Ela ficou um tempo olhando para os músculos dele enquanto abotoava-lhe a camisa. Joaquim percebeu e novamente seu lado sedutor se manifestou quase que num instinto natural:

– Não vá se apaixonar por mim! – ele sorriu tendencioso.

Era como se suas frases fossem como cartas que ele carregava na manga. Sabia perfeitamente o efeito de cada uma delas sobre suas 'vítimas'. Na verdade, desde os onze anos de idade, quando se encantou, pela primeira vez, por uma prima, interessara-se pela 'arte de seduzir'. Ao contrário da maioria dos outros rapazes, gostava de filmes de amor, desses bem água com açúcar que as mulheres adoram. Se divertia anotando e decorando as frases do personagem principal para repetir em momentos-chave. Aliás, dono de apuradíssimo senso de observação e memorização, ao longo de toda a sua vida fora um colecionador de técnicas de sedução, nas quais desenvolvera incrível habilidade.

Sem contar a imensa quantidade de poesias que trazia de cor na memória. Encantava-lhe sobretudo a sensação que experimentava no momento da corte, comparável apenas à vitória de seu time num grande campeonato de futebol. Não que fosse um homem insensível, muito pelo contrário até – ele imaginava.

– Essa sua mania de sedutor vem de muito antes disso... – comentou Ayla, com certa ironia. – Muito antes!

– O que quer dizer com isso? O que você sabe sobre meu passado?

Ayla apenas sorriu. Joaquim ficou olhando. Simpatizava com ela cada vez mais.

– A questão é que você é apaixonado por apaixonar-se. Sente intensa e verdadeiramente as emoções do primeiro momento de aproximação. Mas é como uma chama de fósforo, que não tem como permanecer acesa por muito tempo. E logo então é preciso acender outra e mais outra de maneira a nunca sentir-se no escuro. Não são emoções reais, mas apenas uma sensação prazerosa e fugaz que jamais conseguimos reter por muito tempo. Não é assim? – continuou Ayla, com experiência de causa.

– Engraçado... Parece que conheço você... Mas de onde?

– Com o passar dos anos, foi se acostumando tanto ao 'esporte' que dificilmente sentia alguma coisa enquanto abordava uma mulher... – ela continuou seu relato. – O tempo todo você age como um jogador experiente, escolhendo as cartas a apresentar ou descartar, pagando para ver as cartas de sua parceira... – ela continuou ainda, indiferente ao seu comentário.

– E agora, com essa camisa? Fiquei mais bonito? – ele a provocou, terminando de ajeitar-se.

Mas nem houve tempo para ouvir a resposta. Para seu espanto, imediatamente a nova camisa ficou empapada de sangue, do mesmo modo como a que ele havia acabado de retirar.

– O que acontece? – ele se assustou.

– É... Seu caso parece grave... Toma, bebe essa água – ela deu a ele o restante do líquido contido na garrafa que trouxera lá de dentro. – Mas bebe devagar que não é em todo lugar que você vai conseguir encontrar água pura como esta...

– Você é uma mulher muito gentil, Ayla – ele voltou de novo à carga.

Ela olhou para ele de soslaio. Não era mulher de se dobrar por um elogio bobo.

– Tão gentil que não vai se negar a confirmar uma coisa para mim... – ele segurou na mão dela, todo sedutor.

– Afinal de contas o que você está querendo? – ela se esquivou.

APÓS A CHUVA | 251

– Eu queria só uma confirmação... Foi a Sheila quem te contratou?

Ela soltou uma gargalhada que demorou muitos minutos até terminar.

– E por que você acha que eu falaria sobre isso com você? – disse, bem debochada.

– Está bem. Então me fala outra coisa que eu queria entender. Por que essa pessoa mandou você ir fazer mal à Laíssa? Como você sabia que ela estava na casa da Najla?

– Eu não te devo nenhuma explicação. Mas posso te dizer uma coisa. Ninguém faz nada contra ninguém se a própria pessoa não deixar.

– Mas eu não entendo... O que a Laíssa pode ter feito para tornar possível essa sua aproximação?

– Aquela ali? O trabalho vem de longe... – disse Ayla.

– Quer dizer que essa tal mulher já vem há muito tempo fazendo trabalhos contra Laíssa? – tentou entender Joaquim.

– Não! O trabalho é dela mesma. É a própria pessoa quem agride sua própria organização energética com os sentimentos que carrega na mente, no coração. A gente só precisa ficar do lado, esperando uma oportunidade...

Joaquim sentia que havia verdade naquela explicação. Ele próprio se aproximara de Laíssa e, de certa forma, dominara sua mente com grande facilidade. Além de sua fragilidade, ela tinha uma forte capacidade mediúnica que nunca houvera sido trabalhada.

– Então, se a pessoa não estiver assim fragilizada, se não oferecer nenhum tipo de abertura, vocês não conseguem fazer mal a ela? – ele deduziu.

– É bem característico do ser humano querer sempre encontrar fora de si a causa para todas as suas infelicidades. Mas com um quadro energético como o dela, qualquer obsessor ou energia negativa pode se aproximar sem qualquer problema. Está com a frequência mental e energética completamente aberta para isso!

– E por que você não me viu no momento em que chegou lá ?

– Você já estava lá? – ela perguntou, indiferente.

– Sim! Você passou por mim como se eu não existisse! Até pensei que estivesse encarnada e só tive certeza de que era um espírito depois que presenciei você atravessando a porta... – ele recordou.

– Isso significa que você e eu estávamos vibrando em frequências diferentes naquela hora – ela explicou.

– Sim – concordou ele, percebendo, de longe, que mais alguém havia entrado na casa.

– Eu agora preciso entrar. Se fosse você, não ficava por aqui. É perigoso – ela avisou.

– Perigoso por quê? – ele quis saber.

Ouviu-se um barulho de palmas vindo lá do corredor de onde Ayla viera, uma espécie de saudação ritmada. Ayla se apressou.

– Eu realmente preciso ir. Tome cuidado. Depois não diga que eu não avisei – ela pareceu voar em direção ao pequeno portão.

– Eu posso falar de novo contigo mais tarde? – ele ainda insistiu de longe.

– Não vá se apaixonar por mim! – ela se despediu numa gargalhada, antes de sumir lá para dentro.

Joaquim continuou pensando sobre a questão da visibilidade dos espíritos. "Será que haveria mais alguém ali que ele não estivesse percebendo?", perguntava-se.

"A visão dos espíritos está submetida à lei de sintonia vibratória, ou lei de atração fluídica, que regula também todas as uniões e desuniões entre espíritos, estejam eles encarnados ou desencarnados", ele se lembrou de um estudo de que certa vez participara no centro espírita.

– É mesmo... Eu tinha me esquecido disto... – ele comentou consigo próprio. – Só conseguimos ver aqueles que vibram em sintonias afins. Da mesma forma que só podemos exercer algum grau de interferência na vida dos encarnados quando existe algo nas próprias pessoas que atraia a influência. Exatamente como Ayla explicara.

"Faz sentido", Joaquim pensou consigo, de novo lembrando-se daquelas aulas no centro, que agora voltavam-lhe à mente como que por encanto. "Conforme a categoria que ocupem, os espíritos podem permanecer ocultos aos olhos dos que lhes são inferiores, porém jamais conseguem fazer isso diante dos que lhe são superiores", explicara, naquela época, o professor.

Em suas reflexões, Joaquim imaginou o quanto era tênue essa capacidade, afinal, Ayla só pudera vê-lo quando ele tentara interferir em sua faixa de atuação. "Mas, se ela não o vira a princípio, será que isso significava que ele era capaz de vibrar em uma sintonia superior à dela?", ele se perguntava.

– Bem, por via das dúvidas...

Joaquim olhou para um lado, e para o outro, não viu nenhum motivo para ter medo. Ainda assim, subiu na árvore e ficou escondido entre os galhos, apenas observando o movimento. O ferimento continuava sangrando e ele se sentia bastante cansado.

Perdeu a noção de quanto tempo ficou ali aguardando. Acabou cochilando, de tanto cansaço. Curiosamente, no entanto, mesmo sendo um espírito, sentiu como se uma parte dele saísse daquele corpo e de repente se viu sentado sozinho numa ponte, observando um rio muito sujo que passava ali embaixo. O mais interessante é que pelas águas sujas do rio Joaquim podia ver passar quase todas as suas roupas, como se alguém houvesse despejado todo o seu armário em um ponto mais acima, mas de onde estava ele não tinha como alcançar nenhuma peça.

Ele viu então como uma mulher, vestida como uma cigana, jogou longe a mala de onde haviam saído todas aquelas roupas. Ele até se aproximou, pensando que fosse Ayla, mas não era ela. Na verdade, havia algo nela que fazia lembrar Laíssa.

A jovem, contudo, não o viu. Apenas olhou para os lados, preocupada se havia alguém observando-a e se esquivou por entre as árvores. Parecia mesmo um bichinho raivoso e assustado; estava fora de si.

– Minhas roupas de espetáculo! Você destruiu todas as minhas roupas de espetáculos! Como irei me apresentar esta noite? – ele ouviu como se sua própria voz perguntasse no sonho.

– Justamente para você não se apresentar! Não suporto ver todas aquelas mulheres se derretendo por sua causa! – ela respondeu, procurando de onde vinha aquela voz. – Nunca mais, viu? Nunca mais você irá voltar para casa com aquele cheiro de perfume! – ela correu pela floresta.

Ele correu atrás dela. Mas era estranho, não sentia exatamente o seu corpo... Era uma sensação parecida com a que ele experimentara recentemente... depois do barulho do tiro. Viu quando ela entrou dentro de uma carroça típica e bateu a porta com estrondo. Do lado de fora ficou escutando os soluços dela lá dentro.

Foi quando de repente ele ouviu alguém chamar seu nome naquela escuridão. Abriu os olhos assustado e percebeu então que já havia anoitecido e a rua estava agora movimentada. Mas não era de Ayla aquela voz. Parecia, contudo, a mesma voz que ele acabara de ouvir naquele estranho sonho. Afinal, de quem seria aquela voz?

33

Ao longe havia barulho de músicas e tambores num típico ritmo africano. Joaquim teve a impressão de que vinha da direção dos fundos do portão por onde Ayla havia entrado. Afinal, ela explicara que ali era um terreiro. Que tipo de terreiro seria aquele? Tentou prestar atenção, mas não ouviu mais seu nome ser chamado. Teria se enganado? Parecia, no entanto, um grito de desespero, como se alguém estivesse caindo num poço muito fundo e gritando seu nome.

Silêncio. Apenas os tambores. Era uma noite estrelada. Joaquim pensou em Laíssa, que certamente a essa hora deveria estar pensando nele mais uma vez.

– Caramba! Laíssa deve ter quebrado a perna! – ele só então pensou nesta possibilidade.

Era esta uma das características de sua personalidade, sua maneira de ser padrão. Muitas vezes até chegou a ser julgado frio por conta disso. Joaquim sempre demorava um pouco a perceber os problemas e os sentimentos alheios, os sofrimentos das pessoas. Era bom em distribuir abraços, poemas, estímulos. Mas não conseguia confortar ninguém de forma profunda, olhando nos olhos e se colocando no lugar do outro. Nunca sabia o que dizer nessas ocasiões, em geral até sumia para não se comprometer.

Mas de repente, não se sabe ao certo o porquê, ele se preocupou verdadeiramente com ela. Pensou tão fixamente em Laíssa que, como que por encanto, se viu sentado de novo ao lado dela, no quarto onde sempre ficava hospedada na casa de Najla.

256 | LYGIA BARBIÉRE

Laíssa comia pipocas diante da televisão, cercada de almofadas por todos os lados. Adorava pipocas! Não havia quebrado o braço; em compensação, o tombo fizera-lhe pinçar o nervo ciático; teria de ficar de repouso por pelo menos três dias.

Pelo silêncio da casa, Joaquim percebeu que ela estava sozinha. Mas não parecia contrariada, nem mesmo aborrecida. Até porque dava para perceber claramente o cuidado que Najla tivera em encaixar cada almofada de forma a favorecer a recuperação da coluna de Laíssa. Estava leve e relaxada, verdadeiramente bonita em sua convalescença. Ali reconfortada, de *short* e blusinha, com uma bolsa de água quente nas costas, ela comia pipocas e se divertia com um filme da *Netflix*.

Tão diferente daquela que ele acabara de ver naquele sonho esquisito... Nunca tinha se dado conta de que espíritos às vezes também dormem e sonham... Teria sido mesmo um sonho? A cada hora que passava, era como se ele fosse ficando mais e mais confuso.

Joaquim sentou-se próximo a ela para ver a que estava assistindo. Sentia-se bem quando vibrava com ela numa mesma sintonia. Ele reconheceu rapidamente o filme.

Laíssa pressentiu sua presença e pensou nele, com muitas saudades:

"Joaquim, querido, queria tanto que pudesse estar aqui comigo agora, comendo pipocas... Bem abraçadinho comigo, eu fazendo um carinho nos seus cabelos, já pensou?...", ela repetiu alto, como se falasse sozinha.

Ele se emocionou e segurou na mão dela.

– Eu também, querida... Mas de alguma forma eu estou aqui com você. Eu posso sentir o carinho que emana do seu ser a cada vez que você pensa em mim... – ele disse, de olhos fechados. – Podíamos ter vivido tudo isso, não é mesmo?

Laíssa se emocionou com o filme, onde parecia que tudo havia dado errado na vida da heroína, identificou-se com ela. Era a história de um casal, duas pessoas que pareciam ter sido feitas uma para outra, mas que, por incríveis peripécias do destino, nunca conseguiam ficar juntas.

– Não fica assim não... Eu já vi este filme... – Joaquim tentou enxugar-lhe uma lágrima. – No final ele vai aparecer na inauguração do hotel que ela comprou!

Era tão gostoso estar assim perto dela... Foi quando Laíssa começou a chorar ainda mais. Pensou que ela também por um momento havia acreditado que Joaquim era o complemento exato de sua alma, mas agora ela tinha absoluta certeza de que isso não era verdade.

– E por que não? Talvez fosse mesmo!...– ele ainda insistiu, envolvido na vibração emanada pelo sentimento dela. – Quer saber, de todas as mulheres que eu conheci...

Mas Laíssa começou a rir, antes mesmo que ele terminasse seu discurso. Joaquim, surpreso, parou para prestar atenção sobre o motivo daquela súbita risada. Laíssa continuava sorrindo, os olhos longe, como se lembrasse de alguma coisa. Joaquim fechou os olhos e tentou se concentrar no pensamento dela para tentar descobrir em que estava pensando.

Foi como se entrasse no filme que passava na tela mental dela. Reviu então a tarde em que os dois se encontraram na praia:

"Eu sempre sonhei encontrar uma pessoa assim como você" – ele disse, tirando-lhe os cabelos dos olhos antes de beijá-la mais uma vez diante do mar imenso.

– Mas não era mentira! Naquele momento eu sentia isso mesmo! Eu não digo as coisas por dizer, eu sinto de verdade!

– A grande questão é que, no dia seguinte, já não sentia mais nada... – Laíssa desabafou como se de novo alguma parte dela houvesse percebido o que ele havia acabado de dizer.

– Não é assim! O que é que eu posso fazer se eu não tenho controle sobre os meus sentimentos? Eu sempre amei o amor, o estar apaixonado. Mas não conseguia experimentar isso profundamente por uma pessoa, nunca consegui... – ele confessou. – Agora, sinceramente, eu acredito que nunca prejudiquei ninguém... Nunca fiz mal a ninguém!

Foi quando de repente ele escutou de novo uma voz chamando seu nome. A mesma voz que ouvira quando estava na árvore, na esquina da rua do terreiro, uma voz de mulher que lhe era extremamente conhecida. Não conseguira, contudo, identificar ainda a quem pertencia.

– Joaquim, Joaquim!... Não! Não pode ser verdade!... – aquela voz parecia ecoar dentro dele, tingida por notas de desespero. – Se é verdade isso, chama ele aqui!

258 | LYGIA BARBIÉRE

Quando deu por si, estava no meio de vasto salão iluminado. A impressão era de estar num centro de uma festa. A vibração era estranha, Joaquim não sabia como explicar. Sensação de peso no ambiente. Por toda parte havia pessoas – encarnados e desencarnados – falando sem parar, sempre divididas em pequenos grupos. Pessoas de todos os tipos. Alguns encontravam-se paramentados com muitos colares. Havia, porém algumas pessoas de roupas brancas, que pareciam dar suporte ao trabalho ali realizado. Interessante é que ninguém ali parecia vê-lo enquanto ele caminhava por entre os agrupamentos. Nem encarnados, nem desencarnados.

Mais adaptado a sua realidade como espírito, já conseguia diferenciar entre encarnados e desencarnados. Reparou, porém, horrorizado, que as várias entidades que ali se misturavam, em meio dos companheiros encarnados, apresentavam-se, em sua quase totalidade, em péssimas condições, a ponto de parecerem inferiores aos homens e mulheres que frequentavam a reunião. Era o roto atendendo o esfarrapado.

Joaquim, que fora frequentador de um grupo espírita kardecista organizadíssimo, onde costumava sentir uma excelente vibração só de chegar nas imediações, percebeu de imediato que revestia-se o presente ambiente de fluidos extremamente desagradáveis e densos, a ponto de provocar-lhe uma sensação de enjoo e mal-estar.

Ficou parado por algum tempo ali no meio, apenas observando o que se passava, curioso ainda em entender que lugar seria aquele e por que viera parar ali. Sempre se sentia muito confuso depois que sua mente o transportava de um lugar para outro. Ele lembrou-se da voz e procurou com os olhos rapidamente ao redor, mas não conseguiu fixar seu pensamento, de tão distraído ficou em observar o ambiente.

No vasto salão, vários médiuns davam passividade ao mesmo tempo a companheiros desencarnados, que se manifestavam em balbúrdia total. A impressão que se tinha era de que o fenômeno da psicofonia ali era geral.

Joaquim sentiu-se numa rodoviária em pleno horário de pico. Uma quantidade sem fim de entidades diversas parecia enxamear em torno dos médiuns da casa. Alguns agiam como criados, subservientes ou enxeridos; enquanto outros, em torno destes, pareciam sempre aguardando o momento de dizer alguma coisa, querendo também par-

Após a Chuva | 259

ticipar da consulta. O mais assustador era perceber como estavam perfeitamente sintonizados com a mente dos encarnados ali presentes. Sempre surpreso, Joaquim teve oportunidade de presenciar o diálogo de uma dessas entidades com a pessoa que estava 'se consultando':

– Preciso que me ajude com a questão da herança da minha mãe, que não saiu até hoje – dizia a mulher.

– E o que é que falta ainda para sair, fia? – perguntou a entidade incorporada no médium.

– Ah, parece que falta o juiz liberar um papel. O pior é que, se ele demorar muito, a minha irmã pode mudar de ideia e desistir de abrir mão da parte dela na casa...

– A vó vai dar um jeito nela, fia... Você já fez o trabalho que eu te pedi?

– Na verdade ainda não... – admitiu a mulher. Estava tão sem dinheiro que não tinha nem para comprar as velas. É um trabalho grande... Mas esta semana eu recebo e vou fazer sem falta... – prometeu a mulher.

– Então faz. Eu vou mandar verificar na mesa do homem de capa e de chapéus porque é que esse papel ficou lá parado. O dinheiro vai sair, fia. Mas você também precisa fazer a sua parte, senão não tenho como fazer a minha... – respondeu o homem mediunizado. – E não se esqueça da cachaça que ficou de trazer para mim! – o espírito riu, fazendo-o sacudir os ombros.

Joaquim, ainda perplexo com o que via, virou-se para o outro lado a tempo de ouvir o pedido que outra mulher estava fazendo à entidade que a atendia:

– Eu quero o marido da minha vizinha! Ela não gosta muito dele, sabe? Percebo que ele anda sempre tristinho, sempre olhando com rabo de olho para a minha casa quando passa... Eu sei, eu sinto que eu e ele temos uma ligação de muitas vidas...

– Então você vai fazer o seguinte... Vai pegar um papel, escrever o seu nome e o nome dele, um embaixo do outro, depois você vai pegar um pouco de mel e...

Joaquim percebeu que a 'entidade' que a atendia era uma cigana. Imediatamente lembrou-se de Ayla e procurou-a com os olhos no salão. Estupefato, não apenas conseguiu localizá-la, mas de imediato reconheceu a moça que estava se consultando com ela. Ao contrário do que ele havia à princípio imaginado, não fora Sheila quem 'contratara' os serviços de Ayla, mas...

– Paula! – ele constatou. – Foi dela o grito que eu ouvi! Jamais poderia suspeitar que ela frequentasse um lugar como este!

34

Paula era muito conhecida. Os dois haviam tido um romance passageiro no princípio do ano anterior. Era funcionária pública da Receita Federal, viúva, muito bonita. Joaquim, contudo, se sentiu incomodado quando ela começou a publicar fotos dos dois na *internet* e a receber cumprimentos de toda a família pelo novo 'namorado'. Simplesmente sumiu sem dar muita explicação. Paula, contudo, desde então, nunca se conformou, vivia lhe mandando mensagens quase todos os dias até o dia do seu assassinato.

– Paula! Mas então foi você quem encomendou o trabalho? Será que tem alguma coisa a ver também com o meu assassinato? – ele foi se aproximando devagar, completamente estarrecido.

Paula continuava chorando diante da médium e de Ayla, que foi a única a reparar na presença de Joaquim.

– Eu não consigo acreditar nisso... Há duas semanas que eu não consigo saber nenhuma notícia dele, o telefone está sempre fora de área! Mas não pode ser o que você está me dizendo.. .

A médium fechou os olhos e pareceu se concentrar por alguns instantes.

– A cigana continua me dizendo que aconteceu alguma coisa de muito séria com o seu amado... – ela disse, ainda de olhos fechados.

Atrás dela, Ayla encarava Joaquim.

– Mas eu não pedi para fazerem nada com ele! Vocês fizeram alguma coisa com ele? – Paula foi ficando cada vez mais nervosa.

262 | LYGIA BARBIÉRE

Era uma jovem muito bonita, de trinta e poucos anos. Pelas roupas e adereços, dava para perceber que tinha um condição social de destaque.

Joaquim olhou para o lado e percebeu que estava agora cercado por entidades de aspecto grotesco, que se posicionavam como se fossem os seguranças da casa. De tão indignado, havia sem querer se sintonizado com o ambiente e agora podia ser visto por vários outros espíritos.

– O amigo está incomodando, Ayla? – um deles perguntou.

– De forma alguma. Fui eu que chamei – ela quis protegê-lo.

Novamente os dois se olharam.

– Não! – Paula se negava a acreditar. – Eu quero ele para mim! Vocês conseguiram tirar da jogada a outra mulher que estava saindo com ele? Eu tenho muita raiva dessa mulher! – ela esbravejava, completamente transtornada, cercada por várias entidades perturbadas.

Joaquim deu um passo para trás. Com os olhos, Ayla fez sinal para que ele saísse.

A médium, novamente de olhos fechados e sintonizada com Ayla, não a deixou terminar.

– O que me está sendo informado aqui é que o seu homem não está mais entre nós...

– Tudo bem... Eu já estou saindo – Joaquim foi caminhando em direção à saída.

Algo lhe dizia que era preciso sair dali o quanto antes. Ele trocou um último olhar com Ayla, numa forma íntima de agradecimento. Ela piscou para ele e depois virou-se para os seguranças.

– Deixem ele ir... – pediu, com seu jeito sedutor.

Só então Joaquim compreendeu que a enorme chácara onde então se desenvolviam os trabalhos ficava nos fundos daquele estreito corredorzinho por onde Ayla havia entrado.

Parou por alguns instantes e ficou olhando a casa iluminada e cheia de gente, com aqueles seguranças truculentos olhando para ele de cara feia na porta. Joaquim sentiu-se invadido por um sentimento de profunda compaixão por todas aquelas pessoas, encarnadas e desencarnadas. Doía na alma ver pessoas aparentemente lúcidas e sadias que viam o intercâmbio com o mundo espiritual como mero sistema de criminosa exploração, sempre apoiada na lei do menor esforço.

Após a Chuva | 263

O que pudera observar, nos breves momentos em que lá estivera, eram homens e mulheres que misturavam ali naquele recinto suas mais egoístas e animalizadas ânsias e energias, sem sequer se dar conta da vibração que emanavam por causa disso. Como pode alguém chegar em algum lugar e dizer: "Eu quero o marido de outra pessoa?"

– Não sei com quê você está tão espantado... – ele ouviu uma voz que vinha por detrás dele.

Uma voz de mulher, mas não era de Ayla, e nem de Laíssa. Ele conhecia bem aquela voz. Quis ouvir mais um pouco para conseguir identificar.

– Como assim? – ele perguntou, ainda sem saber identificar de onde vinha.

– Ora essa, afinal de contas, não é muito diferente do que você fazia, quando encarnado...

– Não! Eu nunca me envolvi com mulheres casadas! Quer dizer... – ele mesmo se deu conta do que acabara de falar. – Quando acontecia, eram mulheres que já estavam praticamente descasadas, prestes mesmo a se separar do marido...

– Que você sempre abandonava, tão logo elas tomavam a decisão de se separar, não é assim?

Joaquim ficou nervoso com aquela voz. Mais ainda quando adentrou aquele profundo e escuro corredor que ia sair lá no portão. Apenas algumas velas reluziam lá na frente, mas o corredor parecia alongar-se cada vez mais. Era como se, por mais que ele andasse, ele nunca fosse conseguir chegar lá. Joaquim sentiu uma coisa muito ruim. Era como se estivesse empanturrado de tantos pensamentos e questões. Acima de tudo, sentia medo. Muito medo, não saberia nem de quê. Foi quando parou e decidiu fazer uma prece.

"Senhor Deus, eu sei que não sou digno sequer de pronunciar o seu nome, que já errei tudo o que podia e mais alguma coisa nesta vida. Mas, por favor, por misericórdia, me ajuda... Me manda alguém que me ajude a sair deste estado de confusão mental... Eu preciso, Pai, eu preciso sair daqui..."

Foi quando percebeu o homem parado, a poucos metros de distância. Era um desencarnado. Ele tinha uma espécie de brilho luminoso que o envolvia. De longe Joaquim percebeu que sua vibração tinha um teor diferente da dos demais da casa. Algo parecia atrai-lo naturalmente em direção a ele, que exalava um ar de paz e serenidade. Parecia até que o estava aguardando. Joaquim foi até ele.

35

Foi como se o tempo parasse enquanto durou aquela conversa, tamanha era a energia emanada por aquele ser.

– Você também... trabalha aqui? – Joaquim perguntou, aproximando-se devagar.

– Não exatamente! – ele sorriu. – Na verdade sou um guardião!

Embora ali fosse um corredor escuro e úmido, abafado pela sombra das duas casas, uma de cada lado, parecia que havia um poste muito alto exatamente em cima dele.

Logo adiante havia dois homens truculentos, vestidos de preto, que também pareciam estar guardando a entrada da casa. Mas, curiosamente, não trocavam nenhuma palavra com aquele outro. Indiferentes, como se a cena, a conversa entre Joaquim e o outro homem, não estivesse acontecendo ali.

– Eles não me veem – ele explicou, lendo seus pensamentos.

– Sua vibração é tão diferente de tudo aqui... – observou Joaquim. – Se eles não te veem, isso significa que também não escutam nossa conversa? – perguntou.

– Estamos conversando porque você entrou no meu padrão de sintonia. Quando orou, pedindo o auxílio da espiritualidade superior para conseguir sair deste estado de confusão em que se encontra, alterou a sua vibração e por isso pôde me ver. Mas você me parece assustado...

– E como não estaria? As pessoas chegam aqui com intenções tão estranhas... Será que teriam coragem de pedir a alguém encarnado as mesmas coisas que pedem aos espíritos?

– Isso só mostra que no fundo são os mesmos de sempre. Se na Idade Média mandavam matar seus desafetos, agora vão aos centros e encomendam o serviço... – ele sorriu. – Bem mais elegante dessa forma... É simplesmente um mesmo padrão que se repete. Cada encarnado tem os seus a serem trabalhados.

– Mas por que determinados espíritos se prestam a isso? A trabalhar para essas pessoas desequilibradas?

– Tudo no universo funciona a partir de sintonia, de ondas magnéticas afins, você sabe disso. E aqui dentro, todos os que aqui vêm respiram na zona do psiquismo transviado, onde espíritos preguiçosos, encarnados e desencarnados, respiram em regime de vampirização recíproca, numa troca mútua de energias, sempre à espreita de facilidades e vantagens efêmeras para melhor se acomodarem à indolência em que se lhes cristalizaram os caprichos infantis.

– Mas estes espíritos não têm nenhum tipo de moralidade?

– Não é que não tenham. A questão é que o ponto de vista é diferente. Para uma cigana que já sofreu no papel da 'amante' é natural a identificação com alguém que esteja passando pelo mesmo papel. Em geral são mulheres que já sofreram muito por amor, mas que, ao invés de transcenderem esse sentimento de um maneira positiva, retirando dele o necessário aprendizado, apegaram-se a ele como se fosse uma joia preciosa, atraindo, com isso, toda uma gama de pessoas vibrando em sintonias afins, ou seja, em desequilíbrio.

– Mas eu não entendo uma coisa... Por que é que a espiritualidade maior não interfere, por que não impede que as pessoas cheguem a este ponto? – questionou Joaquim.

– É necessário que a própria pessoa que entrou no atoleiro aprenda, a partir das consequências geradas por seu ato, como sair de lá. Do contrário, a situação perderia seu valor educativo. E tudo o que nos acontece na Terra tem como principal objetivo a evolução e o aprendizado do ser – respondeu, gentil, a entidade. – Infelizmente, só se aprende a plantar corretamente depois de observar os resultados de um mau plantio.

– Percebo que você é um espírito estudioso, que já atingiu um certo patamar de sabedoria... Mas por que alguém como você estaria aqui, em um local como este? – estranhou Joaquim.

– A espiritualidade maior nunca deixa ninguém a descoberto. Enquanto nos é possível, todas as chances são dadas aos espíritos para que se transformem e melhorem – ele explicou. – Mas não sou quem você esta pensando. A casa tem seus guardiões maiores, que me introduziram aqui – ele explicou.

Neste momento, porém, Joaquim teve sua atenção voltada novamente para Paula, que vinha chorando pelo corredor.

– O amigo me desculpe, mas agora eu realmente tenho que ir – ele seguiu, atônito, logo atrás da moça.

Atravessaram rapidamente o portão e seguiram pela mesma rua arborizada por onde Joaquim havia passado com Ayla. Joaquim entrou no carro de Paula junto com ela.

– Paula, eu exijo uma explicação! – ele disse, quando ela ligou a chave para dar partida.

Paula, contudo, sequer registrou-lhe a presença. Não tinha a mesma sensibilidade de Laíssa. Arrancou com o carro e foi direto para casa. Estava muito angustiada para saber se era mesmo verdade o que ela havia acabado de ouvir no terreiro.

36

—O pior de tudo é que o tempo todo eu sinto a falta dele... Engraçado é que do Ricardo eu não sinto nenhuma saudade, nada! Parece que teve um terremoto aqui por dentro de mim, que varreu tudo, só sobrou o buraco... Mas do Joaquim... Tem dias em que chega a doer aqui no peito... – desabafou Laíssa.

Era uma conversa entre amigas. Naquela noite, Najla tinha recebido uma visita mais do que especial: a psicóloga Christel Dominique, que fora sua orientadora no mestrado. Najla considerava-a como uma das maiores estudiosas que já havia conhecido, verdadeira sumidade na análise de padrões de comportamento.. Era formada em psicologia e também espírita, costumava fazer relações interessantes entre essas duas ciências.

Há tempos havia se mudado para outra cidade, na Alemanha, onde fizera novos cursos de especialização. Mas aparecera de surpresa naquele final de domingo para uma visita à sua antiga orientanda. Queria contar-lhe que estava de volta ao Brasil, trabalhando com novas especialidades dentro da psicologia.

Conversavam as três agora em volta de Laíssa, que Najla arrumara cuidadosamente no sofá para que pudesse participar da mesa especial de queijos e frutas que ela havia preparado para o lanche.

Christel e Laíssa também já se conheciam de longa data, o que tornava ainda mais agradável o encontro, onde Laíssa, ainda bastante fragilizada, abriu seu coração e contou a Christel todos os acontecimentos inesperados que haviam marcado seus últimos meses.

268

Após a Chuva | 269

– É... No fundo, há de convir comigo que não foi à toa que você caiu... Já reparou quanto peso você vinha carregando nas costas quando o tombo aconteceu? É de desequilibrar qualquer um mesmo! – analisou Christel, sempre muito doce na forma de fazer suas observações.

– Na minha opinião, Laíssa teve uma decepção tão grande com o Ricardo que transferiu diretamente para o Joaquim todo o amor avassalador e possessivo que ela antes sentia pelo marido... Simplesmente mudou o foco do sentimento... – observou Najla. – Mas ainda continua em desequilíbrio, porque ao mesmo tempo em que é muito forte esse sentimento, essa capacidade de amar que ela tem, ela ainda enfrenta muita dificuldade quando tenta direcionar isso para ela mesma.

Laíssa olhou para ela surpresa:

– Cruzes! – protestou. – Não sabia que você pensava isso! Não sei se eu concordo!

– Faz sentido... – ponderou Christel, servindo-se de um pouco do ponche especial que Najla havia preparado com frutas e *kombucha*, uma bebida probiótica obtida a partir da fermentação do SCOBY, uma cultura de bactérias e leveduras. – Na verdade, o que Najla talvez esteja tentando dizer é que você está com todos os sintomas de um transtorno chamado de 'dependência emocional', já ouviu falar?

– Mais ou menos... – ela admitiu, servindo-se de uma torradinha com patê de queijo. – Talvez com um outro nome... Atualmente, foram descobertas tantas síndromes que a gente até se confunde! – comentou bem humorada. – Esses dias mesmo eu travei uma verdadeira luta comigo mesma até me convencer de que eu era uma "mulher que ama demais"! Ugh! – ela fez uma careta. – Odeio essa definição!

Najla e Christel riram de sua espontaneidade. Laíssa continuou:

– Agora vem você e diz que sofro de dependência emocional... Daqui a pouco vou fechar o consultório e desistir de clinicar! – ela engoliu a torradinha de uma só vez.

– Não é assim, Laíssa! – ralhou Najla, servindo-se também de um pouco de ponche. – Somos mulheres modernas... Podemos sempre observar e questionar nossas próprias limitações! Essa é a nossa grande vantagem! Mas entendo também o que você está sentindo. Impossível descrever a fúria que irrompe em meu ser quando alguém diz "Você não pode! Você tem que... porque você é psicó-

loga!" Caramba, acima de tudo, somos seres em evolução! Tin-tin!
– ela ergueu um brinde.

– À nossa amizade! – respondeu Christel.

– Ah... Você tem sido um anjo para mim... – Laíssa beijou a mão da amiga a seu lado. – É que às vezes fico angustiada com tanta coisa nova que ainda preciso estudar... Parece que nunca vou me tornar a psicóloga que eu gostaria de ser!

– Não são exatamente coisas novas... Diria apenas que os estudiosos estão começando a nomear e diferenciar comportamentos que sempre existiram. – ponderou Christel.

– Mas o que exatamente você chama de 'dependência emocional'? Por que acha que eu seria portadora desse 'mal', por assim dizer? – quis saber Laíssa.

– Eu não diria que é um mal, mas um aprendizado necessário à sua personalidade – argumentou Christel. – Algo que certamente você já traz consigo há muito tempo e que agora, que você se encontra pronta para enxergar a questão com olhos mais sensatos e maduros, se apresenta a você de forma mais clara e consistente para que possa ser retrabalhado em prol da sua evolução.

– Todos tendemos a um processo de repetição de padrões, mas existem fases em que nos damos conta de que é preciso identificar o porquê de determinadas coisas se repetirem, para que possamos dar a volta por cima e criar um futuro melhor – observou Najla.

– Sim, tudo aquilo que não encontrou sua significação em nossa mente retorna sempre em nossos atos. Ao contrário, tudo aquilo que encontra sua significação cessa de retornar – destacou Christel. – Por isso é tão importante observar as repetições que aparecem com frequência em nossas vidas!

– Sim, tem a ver com a lei de atração. Assim como semelhante atrai semelhante, tendemos a ir em busca de experiências que nos ofereçam a oportunidade de trabalhar as questões que nós precisamos e ao mesmo tempo descobrir a quantidade de virtudes que já acumulamos e que nos tornam aptos a este processo – acrescentou Najla.

– Isso é verdade. Cada acontecimento marcante nos leva a um aprendizado necessário – observou Laíssa, concordando com elas.

– Mais do que isso, as diferentes experiências vivenciadas por nós têm como objetivo justamente nos levar à constatação de quais aprendizados já se encontram verdadeiramente consolidados dentro de nós – acrescentou Christel. – Porque somos espíritos milenares há muito envolvidos no processo de evolução. Todavia, nos momentos em que nos encontramos distanciados da matéria, vivendo no mundo espiritual, aprendemos muitas coisas que só temos como perceber se realmente assimilamos quando nos vemos diante de antigas situações já vivenciadas por nós de maneira não satisfatória. Dizem os espíritas que esta é a principal finalidade da reencarnação: verificar o quanto já somos realmente capazes de agir diferente diante de uma mesma situação onde outrora não agimos satisfatoriamente – ela explicou ainda.

– Às vezes eu fico desanimada... Dói tanto entrar em contato com essas coisas que a gente traz dentro da gente... – confessou Laíssa. – São tantos medos, tantas dificuldades... Tantos conteúdos que a gente nem tem noção de que carrega dentro de si mesma!

– Pois então faça como eu ouvi outro dia numa palestra via *internet*: "mostre para o seu medo, para cada uma das suas dificuldades, o tamanho da sua fé!"[21] – lembrou Najla.

– Quer dizer então que também na condição de dependência emocional haveria um aprendizado necessário ao espírito? – tentou compreender Laíssa.

– Tudo é aprendizado! Já pararam para pensar nisso? A Najla falou na *internet*, outro dia ouvi uma fala no *youtube*, uma conversa com um autor chamado Wilson Fortes. Chamava-se "Não se atreva a tocar na cruz do outro!" Ele dizia que até para ajudar é preciso ponderar com equilíbrio, porque quase sempre, em 99,9 por cento dos casos, aquele problema, aquela dificuldade é o remédio necessário para a melhoria profunda de uma pessoa. É preciso que a própria pessoa seja levada a refletir sobre o que fez com ela mesma e com as outras pessoas de modo a promover determinada colheita em sua vida. E, a partir disso, lidar com a frequência em que ela mesma se colocou, de modo a aprender a sair dela.

---

[21] A frase foi dita pelo *coach* Ricardo Melo, no minicurso "Como superar seus limites e ter uma vida muito mais feliz". Instituto Namastê – outubro de 2017.

– É... Sempre que se interfere no processo alheio, acaba-se impedindo a pessoa de aprender e, no final das contas, ela continua agindo no mesmo padrão que teoricamente gostaria de modificar – complementou Najla, com base em sua própria experiência de anos como terapeuta.

– Me fale mais, por favor, sobre essa coisa da dependência emocional! – pediu Laíssa, sempre tentando se analisar cada vez mais profundamente. – Sinto que é o momento para exterminar todos os meus fantasmas!

– A calma, a ponderação, a serenidade, o respeito a nossas próprias limitações são ingredientes indispensáveis para o sucesso de qualquer operação deste tipo! Às vezes as mudanças que agora percebemos como indispensáveis à nossa evolução são características que carregamos conosco há milênios de existência!

Christel serviu-se de mais um pouco de ponche antes de continuar. Tinha todo um jeito suíço de ser. Com efeito, ela era filha de suíços que tinham vindo para o Brasil na época da Guerra.

– Segundo a Mental Health America, uma associação americana sem fins lucrativos, a codependência ou a dependência emocional é uma condição emocional ou comportamental que afeta a habilidade do indivíduo de ter um relacionamento saudável e mutuamente satisfatório – ela prosseguiu em sua explanação. – Uma definição mais clara e ligada à psicologia diz que a codependência ou a dependência emocional é uma condição psicológica ou um relacionamento no qual a pessoa é controlada ou manipulada por outra, que por sua vez é afetada por uma condição patológica – esclareceu a estudiosa terapeuta.

– Sim, a dependência emocional, por si só, já caracteriza uma condição patológica, que exige cuidados e tratamento... – concordou Najla.

– Além disso, embora nem sempre venha a ser o caso, é importante considerar a possibilidade de se tratar de um transtorno mental, que já se amoldou de uma tal forma à personalidade que a pessoa nem se dá conta disso... – lembrou Christel.

– Mas, afinal de contas, quem é mais doente? Eu ou o Ricardo? – Laíssa tentou situar-se naquele raciocínio.

– Muito provavelmente os dois o são. Mas acredito que a dependência emocional é sobretudo a sua doença – opinou Najla. – Tanto que, logo você encontrou outra pessoa que 'precisava' de você. É o mesmo padrão, você percebe?

– A dependência emocional é típica de pessoas que "muito amam" – explicou Christel. – Daquelas que sentem que amam muito mais do que são amadas; que acreditam que não podem viver sem alguém; que sentem vazio e solidão quando não se encontram com nenhum parceiro. Em contrapartida, quando têm algum parceiro, geralmente nutrem por ele um profundo sentimento de ciúme e possessividade. O corpo treme só de pensar na hipótese de um rompimento. O simples fato do parceiro não atender a um telefonema, gera, por si só, um estado de extrema ansiedade... – descreveu Christel.

Laíssa ficou ouvindo pensativa. "Afinal, não seriam os sedutores também dependentes emocionais?", raciocinava em silêncio. Sua expectativa pareceu se confirmar quando a antiga orientadora de Najla afirmou:

– Para um dependente emocional, tudo vale pelo amor...

– Qual a diferença entre um sedutor e um dependente emocional? – Najla pensou o mesmo que Laíssa.

– Enquanto o dependente emocional "ama demais", o sedutor simplesmente não consegue amar. Na prática, nenhum dos dois ama de verdade – sintetizou Christel.

– Como assim? – Laíssa nunca havia pensado a questão sob este aspecto.

– Para um dependente emocional, tudo vale pelo amor. O que ele não sabe, entretanto, é que confunde outra coisa com este sentimento: a necessidade. Ela brota de um profundo vazio que mora em seu peito e que ameaça devorá-lo — a solidão. Para tentar fugir deste vazio, o dependente emocional se torna um verdadeiro adicto: como em outros vícios, precisa de doses contínuas e cada vez maiores de sua substância, o amor paixão. O viciado emocional acredita que seu valor, felicidade e segurança dependem do outro. Se sente esvaziado quando está sozinho, sente que sua vida não tem um sentido se não orbitar em função de alguém – explicou Christel.

– Mas não é isso também que sente o sedutor? – questionou Laíssa.

– Espiritualisticamente falando, o que diferencia os dois é a energia de que se alimentam – ponderou Christel.

– Como assim a energia de que se alimentam? – Laíssa não entendeu.

– Daí já é um raciocínio meu a partir de estudos sobre espiritismo – avisou Christel, que era médium e havia feito vários cursos numa instituição espírita. – Por tudo o que li sobre isso até hoje, entendi que um sedutor produz determinados hormônios no cérebro a cada vez que realiza uma conquista. São como endorfinas específicas que rapidamente se espalham pela corrente sanguínea trazendo a sensação de prazer momentânea. Só a passagem dessas enzimas, por sinal, é suficiente para que todo o corpo emane um odor e uma vibração diferentes, que por sua vez alimentam as inteligências invisíveis que sentem ainda necessidade de alimentar-se dessas energias, num prolongamento natural dos hábitos cultivados no corpo físico.

– Nossa! – assustou-se Najla.

– Não sei se gosto muito dessa maneira espírita de raciocinar sobre as coisas... Mas, e os doentes emocionais, de que se alimentariam? – insistiu Laíssa.

– Da energia que brota daqueles que testemunham seu sofrimento e se compadecem com a sua situação, fazendo com que se sintam de alguma forma vencedores. Mais precisamente da energia que idealizam receber em troca de cada gesto de dedicação dentro de um suposto papel de vítima. – explicou Christel.

– Como assim? – Laíssa não entendeu.

– Sua principal característica é sua extrema doação. Acontece que essas pessoas, com muita frequência, cresceram em lares onde eram expostas a altas exigências, cobradas como se fosse uma taxa em troca do amor de quem deveria delas cuidar. Por conta disso, se acostumaram a sempre dar muito para poder receber um mínimo...

– Exatamente como as mulheres que amam demais! – deduziu Laíssa. – Por tudo o que estudamos recentemente, essas pessoas que amam demais acabam por distorcer a sua capacidade de discernimento para conseguirem se adaptar a este tipo de situação de desamor. Só que essa distorção acaba gerando sequelas por toda uma vida...

– Sim. Como descobriram, desde muito cedo, que precisavam ser 'perfeitas' para serem amadas, a partir de então não sabem ser diferentes. Tudo o que conhecem é como servir. Então vão escolher um parceiro que se torne um encaixe perfeito: um narcisista, alguém que goste de ser servido, daqueles que acha que tudo gira em torno de si.

– Interessante como a cada dia mais eu percebo como os sedutores se adequam perfeitamente a esse tipo de personalidade... São quase que naturalmente complementares! – comentou Najla.

– A dependência afetiva aparece quando se abandona a si mesmo, quando se acredita que não há outra forma de ser querido senão pelos olhos do outro – continuou Christel. – Todas as pessoas dependem, em algum nível, da aprovação de alguém. Entretanto, para o dependente emocional, esta necessidade é vital. Eles não conseguem dar um passo sem pedir a opinião e o conselho de vários conhecidos. Por outro lado, vão aos extremos se for para agradar a uma outra pessoa, para obter carinho e apoio de outros, a ponto de oferecer-se como voluntário até para fazer algo que detesta!

Neste ponto, Laíssa não pôde deixar de se lembrar dela mesma, na época de faculdade, quando, durante um mutirão de limpeza, durante um encontro, ela foi logo se oferecendo para limpar os banheiros da instituição, tarefa que ninguém queria pegar. No fundo, ela também não queria, mas acabou aceitando como forma de receber a admiração de todos.

Ela era realmente uma menina muito carente de afeto, sempre fora. Seu pai era juiz de futebol e, por conta disso, estava sempre viajando para outras cidades. A mãe, que por sua vez era ciumentíssima, acompanhava-o por toda parte, por onde quer que fosse. E ela sempre ficava em casa, porque, afinal de contas, não podia tirar notas baixas na escola! De tudo isso, porém, o que lhe era mais difícil de entender era como a mãe fazia tanta questão de sempre viajar com o pai. Eles brigavam horrores! Laíssa não se conformava que ele tratasse tão mal à sua mãe e ela preferisse deixá-la sozinha em casa com a empregada e seguir com ele mesmo assim.

– Mas sempre o dependente emocional vai se interessar por um parceiro abusivo? – quis saber Najla.

– Normalmente, estas pessoas escolhem sempre quem as fará sofrer. É quase como uma maneira de honrar os pais.[22] Mas acontece so-

---

[22] Honrar os pais, segundo o psicólogo Bert Hellinger, mundialmente conhecido por ter sido criador do método das "Constelações Familiares", significa repetir comportamentos errôneos dos genitores de maneira quase sempre inconsciente, como uma forma de afirmar ao mundo o reconhecimento de sua filiação.

bretudo porque o dependente emocional precisa do medo de não ser o eleito e da possibilidade de ser trocado, sensações que trouxera lá da infância e que passa a repetir como uma garantia de conseguir um mesmo resultado. É justamente este medo o que vai servir para contrastar, para valorizar o êxtase de ser 'o escolhido' por aquela figura difícil, com tantos problemas a serem resolvidos – complementou Christel.

– Em nenhum momento essas pessoas conseguem enxergar claramente quem são de fato os parceiros escolhidos? – Laíssa lembrou-se de Teresa ao perguntar isso.

– As pessoas dependentes emocionais frequentemente têm um histórico de idealização do parceiro. Mesmo que todo mundo tente alertar do contrário, acreditam que a pessoa escolhida é maravilhosa e pelo máximo tempo possível se negarão a ver os indícios de qualquer coisa que prove o contrário. Podem até vir a brigar com os amigos ou a família por causa disso, se necessário, porque elas, na verdade, ainda que inconscientemente, escolheram aquele determinado parceiro justamente por aqueles traços de personalidade que têm a ver com o conhecido, como o território emocional em que estão acostumadas a trafegar – esclareceu Christel.

Mais uma vez, Laíssa se recordou de seu relacionamento com Ricardo. Havia se afastado de praticamente todos os seus amigos depois que se casara com ele, convivia basicamente com os amigos dele e suas esposas, com quem, diga-se de passagem, ela não tinha a menor afinidade.

– Com o passar do tempo e a convivência, o dependente acaba se tornando recluso, numa solidão que vai piorar ainda mais a sua condição. Tudo funciona como a queda de um dominó. Da mesma forma como idealiza as qualidades dessa pessoa, o dependente emocional também vai criar expectativas quanto à relação. Cria uma ilusão de como quer ser amado, como o parceiro deve ser para se sentir amado e valorizado.

– Só que isso nunca acontece... – observou Laíssa.

– Ainda assim, dificilmente ele desiste. O dependente emocional quer, a todo preço, que o seu parceiro atinja as metas internas, pautadas pela idealização que fez dele. Imagina o jeito como este deveria ser ou como o amor deveria ser, mas, obviamente, nunca alcança sua meta, porque, afinal, o outro é o outro e não o personagem que o dependente idealizou consertar! – advertiu Christel.

Após a Chuva | 277

– Seria como se, através do parceiro, a pessoa tentasse consertar os próprios pais? – refletiu Najla.

– Sim. É como se a pessoa procurasse, de alguma forma, reproduzir aquele mesmo quadro patológico da infância para novamente tentar superá-lo. Como resultado, ele vai sentir então uma grande frustração, que logo se converterá em culpa, porque o dependente emocional, em não conseguindo mais uma vez modificar o comportamento do outro, tende a acreditar que isso só aconteceu porque ele não fez o suficiente, num ciclo vicioso que sempre se repetirá até que se tome verdadeiramente consciência deste processo – detalhou Christel.

– Nossa... – Laíssa suspirou mobilizada.

– Isso é tão extremo e alarmante que muitas vezes essas pessoas recorrem a atitudes muito radicais para tentar preencher os vazios decorrentes de toda esta frustração. Alguns engordam muito, outros emagrecem, outros bebem, outros jogam, outros roubam...

– Outros se matam... – Laíssa pareceu ouvir uma voz diferente dizendo isso e se assustou.

– De novo a voz? – Najla percebeu seu incômodo.

– Acho que desta vez foi impressão... – esforçou-se por pensar Laíssa.

Tinha, contudo, a sensação de que mais alguém na sala estava ouvindo aquela conversa.

– Mas... sempre é necessário que exista uma compulsão por trás de tudo? – quis saber de Christel.

– Sempre é necessário que exista um vazio muito grande a ser preenchido – corrigiu a antiga orientadora de Najla.

Ficaram todas pensativas por algum tempo, uma ocupada em servir-se de mais ponche, outra a brincar com um cacho de uvas, outra ainda a cortar um pedacinho de queijo.

– Vamos dizer que a pessoa constate que é uma "mulher que ama demais", uma dependente emocional... Existe solução para uma pessoa assim? Ou está condenada a passar o resto da vida fazendo bobagens e escolhas erradas? – Laíssa perguntou.

– A partir do momento em que a pessoa constata que ela se encontra numa situação dessas, um primeiro passo já foi dado. Não quer dizer que ela vá conseguir mudar isso de um dia para o outro, porque afinal de contas são padrões. O mesmo tempo em que demoraram para se fixar na personalidade, provavelmente vão demorar também para serem retirados. É um processo – lembrou Christel.

– E não existe nenhuma maneira de agilizar um pouco esse processo? – insistiu Laíssa .

– Não sei se agilizar é a palavra certa, mas conheço uma técnica que ajuda muitíssimo nessas situações.

– Adoro as técnicas que a Christel descobre! – comemorou Najla, toda ouvidos para aprender.

– Você precisa primeiro entrar em contato profundo com esse vazio que você sente. Como você o descreveria? Tem alguma palavra que defina esse sentimento? Perceba a presença dele no seu coração, nas suas atitudes...

Laíssa fechou os olhos e respirou fundo. Neste momento, uma porta bateu com força no quarto. Ela estremeceu. Ainda assim, esforçou-se para continuar o exercício.

– Acho que tem a ver com as saudades que sinto dos meus pais... Do carinho que eu sempre quis receber deles e não tive... – uma lágrima escorreu-lhe dos olhos quando ela disse isto.

– Entre em contato com essa dor... Que nome você daria para este sentimento? – prosseguiu Christel.

– Solidão?... Eu sempre me senti muito sozinha ao longo de toda a minha infância e adolescência...

– Pois bem. Entre então em contato com a sua solidão. Procure vê-la materializada dentro da sua vida – sugeriu a terapeuta.

Ainda de olhos fechados, Laíssa se viu na sala de estar da casa de seus pais, sozinha, sentada, vendo televisão antes da escola. Havia uma velhinha, baixinha, sentada diante dela, tomando conta dela. Era o seu sentimento de solidão.

– Perceba o que acontece, qual a sua vontade quando entra em contato com a sua solidão...

– Eu tenho vontade de sentar pertinho dela e abraçá-la...

– Então faça isso. Olhe para esse seu sentimento e o acolha... – prosseguiu Christel. – Aceite-a... Enquanto a abraça, diga a ela: "peço desculpas, meu sentimento de solidão, por não o ter reconhecido ao longo de todos estes anos..."

APÓS A CHUVA | 279

Laíssa fez o que lhe era pedido. Foi um abraço tão forte, tão terno, que ela se emocionou.

– Isso... diga ao seu sentimento de solidão que você o acolhe e o considera muito importante para a sua vida e o seu aprendizado...

Laíssa repetiu suas palavras com emoção. Najla observava a cena sem nada dizer.

– Para encerrar, agora abrace a si mesma, bem apertado, aceite verdadeiramente a sua solidão...

Laíssa mais uma vez obedeceu. Chorou bastante naquele abraço.

– Como se sente? – perguntou Christel, quando ela se recompôs.

– Bem... Parece até que eu fiz as pazes com esta parte minha... Estou me sentindo leve, como se um alívio profundo tivesse tomado conta de mim...

– Este era o objetivo... Faça isso sempre que estiver se sentindo desconfortável emocionalmente – sugeriu Christel.

– Tem um nome essa técnica? – quis saber Najla.

– Trata-se de uma aplicação prática da chamada medicina vibracional nos relacionamentos. É uma técnica que procura trabalhar os limites entre energia e sentimento. O objetivo é justamente modificar o campo energético gerado por determinados sentimentos. Afinal, tudo o que sentimos é capaz de moldar a energia que produzimos e emitimos – ela explicou.[23]

– Muito interessante... Sabe que até as dores que eu estava sentindo na coluna diminuíram? – comentou Laíssa.

– É muito importante percebermos qual o propósito luminoso que cada uma das nossas dificuldades traz para nós – destacou Christel.

– Sinceramente, não consigo ver o que uma sensação tão ruim como esta que eu carreguei por toda a minha vida possa trazer de bom para uma pessoa... – disse Laíssa.

– Querida Laíssa, para o medo de olhar para nossa pobreza de afeição só existe uma saída, que é a construção de nossa própria estima pessoal, único remédio salutar para a superação de toda carência! – respondeu Christel, num sorriso sincero.

---

[23] Este exercício, bem como uma mais completa descrição da chamada medicina vibracional podem ser encontrados in: *Um encontro com Pai João?*, pelo espírito Pai João de Angola, psicografado por Wanderley Oliveira. Belo Horizonte, Editora Dufaux, 2015.

– Por outro lado, não podemos nos esquecer de que um trabalho como esse não é coisa que se faça da noite para o dia! Acho mesmo que você deveria voltar a fazer uma terapia o quanto antes. Já pensou nisto? – sugeriu Najla.

– Sim. É importante descobrirmos que tipo de crenças mentais carregamos para sustentar nossos sentimentos de medo e incompetência, todas as nossa limitações. É preciso coragem para fazer isso, e também uma certa perícia. Afinal, crenças são os pilares da vida mental. Mexer nelas é como mexer nos alicerces de uma casa a pretexto de realizar uma reforma. Derrubar paredes, pintar, rebocar e mudar outras partes da casa é fácil, mas mexer no alicerce exige determinação, foco, vontade, persistência e toda uma série de qualidades que você certamente já carrega em você. Do contrário, a necessidade não se faria presente. Como nos ensinou André Luiz, o trabalho só aparece quando o servidor está pronto. Procuro levar esta frase para todas as áreas da minha vida. – enfatizou Christel.

– E quanto às vozes que eu venho escutando? Isto está me incomodando muito, sinto que interfere na minha vida, até na minha maneira de pensar! – ela comentou.

– Acho que uma boa saída seria você procurar um serviço de auxílio fraterno no centro espírita que a Najla frequenta. Eles certamente saberão orientá-la a esse respeito – sugeriu Christel.

Naquela noite, Laíssa foi dormir pensativa. Ao mesmo tempo, experimentava um sentimento de gratidão que parecia ultrapassar todos os seus limites físicos por todo o carinho e atenção que recebera das amigas. Mas sentia também uma estranha angústia, certo mal-estar que pareceu aumentar no momento em que ela se viu sozinha no quarto. Sua mente ainda continuava a pensar fixamente em Joaquim. A sensação que tinha era de que, em algum lugar, ele também pensava nela.

"É preciso que a própria pessoa seja levada a refletir sobre o que fez com ela mesma e com as outras pessoas de modo a promover determinada colheita em sua vida. E, a partir disso, lidar com a frequência em que ela mesma se colocou, de modo a aprender a sair dela", lembrou-se das palavras que ouvira de Christel. Aos poucos, ela começava a se convencer de que era realmente urgente cortar aquele elo. Afinal, efetivamente, por mais que se sentisse ainda presa a Joaquim, ela não podia mais fazer nada por ele.

Quinta Parte

Regeneração

> O que faria um sedutor ser capaz de amar alguém seria sua própria evolução como ser humano, seu crescimento, suas experiências de vida, nada relacionado ao seu perfil conquistador.
> (Depoimento de um sedutor)

37

De fato, Joaquim pensava em Laíssa. Não propriamente com a paixão que ela gostaria que ele sentisse por ela, mesmo depois de ter passado para o outro plano. Simplesmente não conseguia parar de se lembrar de tudo o que dela ouvira na noite de seu assassinato. Era como se a vida confirmasse em silêncio cada uma de suas palavras, o que o deixava muito assustado.

Jamais passara pela cabeça de Joaquim que Paula pudesse ser tão apaixonada por ele. Não bastasse o trabalho 'encomendado' à cigana para afastá-lo de Laíssa, havia fotos dele por toda parte – ele teve oportunidade de constatar logo ao entrar no apartamento. Quase como se ele fosse um Deus... Sua imagem estava ao lado da cama de Paula, na tela do computador, dentro do livro que ela estava lendo e até na porta da geladeira! E, a cada vez que Paula se encontrava com alguma daquelas fotos, mais uma vez ela começava a chorar.

Joaquim estava perplexo, mal sabia o que dizer.

Com as mãos ainda trêmulas e os olhos chorando sem parar, ela tomou finalmente a decisão que havia adiado por todos aqueles dias. Digitou o nome dele no *google* e ficou esperando o que iria aparecer. Mas havia um pequeno detalhe, que ela não sabia, aliás, ninguém sabia. O nome dele de verdade não era Joaquim. Passara a vida toda morrendo de vergonha de seu verdadeiro nome, não o contava a ninguém. Apenas familiares e antigos colegas de escola sabiam de seu segredo. Paula jamais iria encontrar o que estava buscando. Em todas as páginas que falavam sobre o seu assassinato, ainda em fase de

283

investigação, constava o nome de sua carteira de identidade: Lucídio Novaes. Quem adivinharia?

Ainda assim, Paula chorava desconsoladamente. Sentia em seu íntimo que a cigana estava falando a verdade, que algo de muito sério havia realmente acontecido ao 'seu Joaquim'.

A estas alturas, estava claro para ele que Paula não tinha nada a ver com o assassinato propriamente dito. Via-se, ao contrário, que ela estava completamente transtornada diante da simples possibilidade de tê-lo perdido para sempre; agia o tempo todo como se fosse 'a' viúva.

No restante da noite, ela ficou lembrando cada momento vivido ao lado de Joaquim. Ele, por sua vez, sentia-se literalmente bombardeado por aquela torrente de imagens que o invadia, fazendo-o sentir-se culpado por cada uma das frases que um dia dissera àquela moça. Percebia agora o que os espíritas queriam dizer do pensamento criar imagens. Paula, como qualquer pessoa, não pensava em palavras, frases e letras, mas sim em imagens, que o tempo todo pareciam exteriorizar-se de sua mente como filmes vivos.

Era impressionante a quantidade de imagens emitidas por Paula a cada instante. E como ela sofria, como aumentava a sua dor a partir de cada imagem que ela relembrava! Ele, que sempre falava tanto quando na companhia de suas admiradoras, com sua incrível facilidade de entretê-las com sua histórias mirabolantes, nunca se dera ao luxo de perguntar-lhes como se sentiam ou sequer de ouvir-lhes suas próprias histórias.

Chocava-o sobretudo o fato de Paula lembrar-se daqueles dias de uma maneira tão diversa da que ele agora se lembrava: o que para ele fora mero passatempo, talvez tivesse sido a experiência amorosa mais intensa da vida daquela moça.

Em seu íntimo, começava a despontar uma espécie de sentimento de culpa, um arrependimento estranho que ele não sabia como definir. Era uma sensação de "como eu posso ter feito isso com uma pessoa?", que trazia em si um misto de assombro e de decepção consigo próprio.

Angustiado de tanto vê-la chorar noite adentro, Joaquim começou a andar pela casa à procura de algo capaz de acalmá-la. E, ao mesmo tempo em que procurava, pensava, já preocupado, como faria para ministrar a ela o que quer que fosse que ele encontrasse. Imaginava algum comprimido para dormir, uma caixa de chá, quem sabe um livro interessante que lhe chamasse a atenção? Foi quando se deparou com a mensagem que Paula deixara sobre a mesa junto com seu material de trabalho.

Se Joaquim não houvesse aprendido que acasos não existem, teria julgado como uma grande coincidência o fato de Paula ter ganhado aquela mensagem – sabia-se lá de quem –, e havê-la deixado em cima da mesa justamente naquela noite. Só pelo título, Joaquim entendeu que aquela mensagem havia sido ali deixada para ele:

Lesões Afetivas.

Um tipo de auxílio raramente lembrado: o respeito que devemos uns ao outros na vida particular. Caro é o preço que pagamos pelas lesões afetivas que provocamos nos outros. Nas ocorrências da Terra de hoje, quando se escreve e se fala tanto em torno de amor livre e de sexo liberado, muitos poucos são os companheiros encarnados que meditam nas consequências amargas dos votos não cumpridos.

Se habitas um corpo masculino, conforme as tarefas que te foram assinaladas, se encontraste essa ou aquela irmã que se te afinou com o modo de ser, não lhe desarticules os sentimentos, a pretexto de amá-la, se não estás em condição de cumprir a própria palavra, no que tange a promessas de amor. E se moras presentemente num corpo feminino, para o desempenho de atividades determinadas, se surpreendeste esse ou aquele irmão que se harmonizou com as tuas preferências, não lhe perturbes a sensibilidade sob a desculpa de desejar-lhe a proteção, caso não estejas na posição de quem desfruta a possibilidade de honorificar os próprios compromissos. Não comeces um romance de carinho a dois, quando não possas e nem queiras manter-lhe a continuidade.

O amor, sem dúvida, é lei da vida, mas não nos será lícito esquecer os suicídios e homicídios, os abortos e crimes na sombra, as retaliações e as injúrias que dilapidam ou abrasam a existência das vítimas, espoliadas do afeto que lhes nutria as forças, cujas lágrimas e aflições clamam, perante a Divina Justiça, porque ninguém no mundo pode medir a resistência de um coração quando abandonado por outro...[24]

---

[24] Do livro *Momentos de ouro*, GEEM, psicografia do médium Francisco Cândido Xavier. Distribuído em mensagens como oferta do Grupo Espírita Os Mensageiros, SP.

Abalado que estava com tudo o que já havia presenciado naquele dia, Joaquim se emocionou com a mensagem e começou a chorar; sequer conseguiu chegar ao fim do texto. Em seu íntimo pensava agora em Rita, a moça com quem vivera no sul. E também no grupo espírita que tantas vezes frequentara. Culpava-se muito por não ter aproveitado verdadeiramente as muitas lições e ensinamentos que por lá ouvira. Queria muito ter sido uma pessoa diferente...

A sensação íntima era de que havia cometido um grande erro e, o que é pior: não era a primeira vez. Era como se algo lhe dissesse: de novo! Você falhou de novo, no mesmo aspecto, mesmo item!

Joaquim sentia angústia profunda, vergonha. A que ponto levara aquela mulher, por quem ele sentia mesmo um afeto, um carinho, a ponto de motivá-la a entrar num lugar como aquele onde trabalhava Ayla para causar mal a outra moça com quem ele vinha saindo sem qualquer compromisso? E mais uma vez ele se lembrou de Rita. Como ele, que sempre se preocupara tanto com os velhinhos, as crianças abandonadas, as pessoas com deficiência e todos os doentes e excluídos, querendo tanto passar-lhes consolo e conforto, levava mulheres àquelas condições extremas?

Aliás, no momento presente, Paula, certamente, não era a única a sofrer em decorrência de suas atitudes. Havia ainda a Natália, de quem ele desconfiara desde o princípio, por saber de seu envolvimento com religiões africanas, e também a Matílde, a Débora... Eram tantas as mulheres que se apaixonavam por ele, quase uma maldição! Neste momento ele se lembrou de Sheila, de quantas vezes ela havia ligado para ele no dia do assassinato. Estaria também na mesma situação de Paula? Pensou tanto nela que acabou indo parar na sorveteria onde ela se encontrava com o marido e os filhos naquele fim de noite quente de verão.

Joaquim aproximou-se devagar. Sheila se mantinha triste e pensativa. Parecia completamente ausente da cena. Os filhinhos falavam com ela, que nada ouvia, enquanto o marido servia-se de sorvete no balcão.

Novamente Joaquim se viu invadido pelos pensamentos e lembranças dela. Sheila sentia-se profundamente infeliz depois que conhecera Joaquim. Afinal, ao mesmo tempo em que ele lhe despertara emoções que ela sequer se imaginava ainda capaz de sentir, não chegara a concretizar nem um milésimo das perspectivas felizes com que a fizera sonhar. Sheila, que a princípio vivia uma crise no casamento, agora se tomara de horrores pelo marido, mal conseguia permanecer perto dele por muito tempo. Sua vida tornara-se um inferno ainda mais insuportável do que antes.

"Alguém uma vez me disse que eu sou como um portal. Meu papel é apenas ajudar as pessoas a atravessarem para uma nova etapa de suas vidas. Talvez seja apenas este o meu papel", ele lembrou-se de sua própria voz explicando a Laíssa. Sim, fora Sheila quem lhe dissera isso, na última noite em que haviam estado juntos. Mas agora, na prática, ele percebia que não fora exatamente este o papel que desempenhara para aquela moça, para quem toda a vida perdera a graça, sobretudo agora, depois de saber que ele não estava mais 'neste mundo'. Sim, ela sabia. Como soubera? O mais incrível era que, apesar de tudo, ela pensava nele com gratidão. Ondas rosadas eram emitidas do seu ser a cada pensamento que ela tinha com ele. Joaquim sentiu-se ainda mais culpado ao constatar isso.

Como de costume, é certo que ele a ajudara a perceber que ainda estava viva, que ainda era capaz de experimentar desejos que não vivenciava mais há alguns anos na companhia do marido. Todavia, embora provocasse de fato essa súbita rajada de autoestima no coração das mulheres, quando ele perdia o encanto inicial, depois de tê-las conquistado, acabava por prestar-lhe um desserviço, já que o amor próprio delas literalmente descia pelo ralo quando se viam desprovidas do fio de esperança que ele lhes proporcionava.

E assim acontecera também com aquela moça. Não chegara a separar-se do marido, por causa dos meninos pequenos, contudo nada mais tinha graça para ela depois que soubera da morte de Joaquim. Por sua tristeza, seus pensamentos, dava para perceber nitidamente que também não fora ela a autora do tiro fatal. Ao contrário, era como se nada mais na vida fizesse mais sentido sem ele, Sheila simplesmente não se conformava com o seu desencarne. Estava muito deprimida. Joaquim reparou que ela emitia agora ondas muito escuras em torno de si.

Muito angustiado, sem saber o que fazer para poder ajudá-la, Joaquim deu um passo em direção a ela, ansioso por lhe fazer um carinho nos cabelos, pedir-lhe desculpas. Mas então percebeu que havia duas entidades de estranho aspecto abraçadas a ela, quase aderidas a sua figura. Também emitiam ondas escuras que se misturavam às dela; era como se estivessem ligados por essas ondas. Ele recuou assustado.

Por seus constantes pensamentos depressivos, Sheila havia se ligado àquelas duas entidades que agora lhe sugeriam ao ouvido uma atitude radical para livrar-se "da vida que lhe era tão hostil". Joaquim olhou para a menininha e o menininho se lambuzando de sorvete ao lado dela e fechou os olhos em desespero. Ele não queria fazer isso! Jamais tivera a intenção de fazer isso com ninguém! E mais uma vez ele se lembrou de Rita. Sempre a revia como na antiga foto que carregava consigo até hoje na carteira. Mas não ia além disso. Era como se um dispositivo interno travasse suas memórias ligadas a ela que fossem além desta foto, como se aquelas lembranças estivessem bloqueadas por alguma razão.

Chorando muito, sentindo-se verdadeiramente envergonhado, Joaquim pediu mentalmente auxílio a Laíssa:

– Estou começando a entender que você talvez tenha razão... Eu juro... O que eu faço agora para reverter tudo isso?

Não tinha coragem de admitir aquele seu sentimento para mais ninguém, nem mesmo para o seu mentor espiritual, de quem, no fundo, sentia muita vergonha.

38

Laíssa acordou de madrugada com a nítida sensação de ouvir Joaquim chorando, como se estivesse ajoelhado ao lado da cama onde ela dormia. Abriu os olhos e correu o olhar por todo o quarto, iluminado apenas por um poste distante, do outro lado da rua. Não havia ninguém. Ainda assim, ela sentia uma angústia tão profunda, um nó na garganta, um desespero intenso que não conseguia entender de onde vinha.

Sentou-se na cama, bebeu um pouco de água e procurou observar sua própria respiração, que estava muito agitada naquele momento.

– Realmente estou precisando muito procurar esse tal auxílio fraterno no centro espírita... Não pode ser normal tudo isto que eu sinto! – ela desabafou consigo mesma.

Aos poucos, ela foi controlando a respiração, serenando o íntimo e procurando lembrar-se do que estivera sonhando. A única imagem que trazia na mente, contudo, era a de Joaquim ajoelhado ao lado da cama. De olhos fechados, lembrou-se de que naquele estranho sonho que tivera havia um homem atrás dele. Um homem todo de preto, que até parecia o Zorro por seu modo de se vestir.[25] Ele trazia uma espada erguida sobre a cabeça de Joaquim. Laíssa sentiu um arrepio.

---

[25] Zorro é um personagem de ficção, criado em 1919 pelo escritor norte-americano Johnston McCulley. Ele é apresentado como o alter ego de dom Diego de La Vega, um jovem membro da aristocracia californiana, em meados do século XIX, durante a era do domínio mexicano (entre 1821 e 1846).

290 | LYGIA BARBIÉRE

Embora não tivesse conhecimentos espíritas mais profundos, como Najla e Christel, algo lhe dizia que tudo aquilo não fora apenas um sonho.

– Ai, meu Deus... Será que eu nunca mais vou voltar a ter paz? Às vezes tenho a impressão de que vou acabar ficando maluca de tanto pensar no Joaquim... – ela fechou os olhos e teve a nítida sensação de que ele continuava chorando a seu lado. – Sim, já está decidido. Eu vou neste tal centro espírita!

Intuitivamente, ela foi até a estante do quarto e de lá retirou um pequeno livro de mensagens. Acendeu então a luz do abajur ao lado da cama e passou a ler baixinho a página em que abrira, numa tentativa de acalmar seu próprio espírito:

> Não maldigas o irmão que se fez instrumento para a tua dor. Com certeza, ele ainda não conhece a luz da verdade. Ora por ele, pedindo a Deus que o ajude.
>
> Assim como todos nós, ele é um enfermo espiritual, sob os cuidados de Jesus. Amanhã, quando o véu da ignorância cair e ele enxergar a realidade, se converterá em irmão de jornada, unindo-se à grande família universal. Vale-te do amor para enfrentar as provações de agora. Ama e encontrarás a paz, mesmo em meio a tribulações. Não desfaleças. Segue confiante em Deus, amando e servindo, compreendendo e perdoando, para que a tua libertação não tarde e a felicidade, enfim, te coroe os esforços.

Laíssa fechou o pequeno livrinho, pensativa e sentiu grande vontade de fazer uma prece:

– Senhor Deus, sinceramente, eu não consigo entender por que está acontecendo tudo isso comigo. Mas, de todo o meu coração, peço que eu consiga me tranquilizar e que esta tranquilidade possa chegar também ao coração do Joaquim, onde quer que ele se encontre. Ah, Deus... Nem sei orar direito. Nunca aprendi... Então te peço, Senhor, que aceite esta minha emoção como uma prece, este sentimento que eu te dirijo em nome dessa pessoa...

De novo ela se deitou na cama. Mal podia imaginar a luminosidade que se fez presente em torno dela enquanto fazia aquela prece tão

APÓS A CHUVA | 291

espontânea. Ainda a seu lado, Joaquim sentia-se como quem sorvera um líquido poderoso e reconfortante, como se toda aquela luz houvesse, de alguma forma se instalado também por dentro dele, como um alimento, um bálsamo.

De longe, ele olhava para ela desejando muito expressar gratidão do mesmo jeito como pudera perceber aquela vibração saindo de Sheila na sorveteria. Esperava agora que Laíssa pegasse no sono, ansioso pelo momento em que poderiam voltar a conversar. Sim, tudo o que ele queria era conversar com ela. Queria muito lhe explicar que ele era 'inocente', que jamais tivera a intenção de fazer com que ninguém sofresse, que nem entendia o porquê de as mulheres sofrerem tanto por causa dele. Antes que Laíssa pegasse profundamente no sono, contudo, ele foi surpreendido pelo estranho homem atrás dele, que literalmente o enganchou pela camisa na ponta da espada. Parecia tomado de muita raiva.

Sem entender direito o que acontecia, Joaquim se viu então flutuando por entre nuvens muito escuras, que mais pareciam uma fumaça densa e sufocante. "Seria a energia daquele homem?", ele ainda não conseguia dizer com certeza. Ainda do alto, pôde então avistar enorme casa, a qual frequentara muitas vezes enquanto encarnado. Toda a construção, no entanto, naquele momento parecia envolta por aquele estranho e denso nevoeiro cinzento, que emanava odores de álcool e de drogas bastante intensos, provocando-lhe náuseas.

A casa estava em festa. Joaquim foi descendo devagar. Já não sentia mais a ponta da espada em suas costas, embora tivesse certeza de que alguém o observava, como se seus olhos estivessem entranhados em alguma parte de si mesmo que ele não conseguia ainda identificar. Pousou, literalmente, no jardim, ficou um tempo apenas observando o ambiente, muito assustado. A sensação era de que estava no inferno. Muita gente bêbada, alguns se agarrando, outros na piscina, havia no ar um certo clima animalesco, carnal; rolava sexo de todas as formas, em todos os cantos da casa. E, obviamente, muita droga e muita bebida.

Joaquim via tudo, mas ninguém o via – de novo aquela horrível sensação! Ele, que tantas vezes participara daquele mesmo espetáculo, jamais o presenciara sob este ponto de vista. Mal conseguia naquele momento identificar se a festa acontecia de verdade no plano físico ou se aquelas pessoas estavam ali desdobradas, através do sono. O fato é que o clima era muitíssimo pesado e Joaquim se penalizava por ter estado tantas vezes ali em situações semelhantes. Havia muita gente. Joaquim se sentiu mal, desejou muito sair daquele local, mas era como se algo o prendesse ali.

Foi quando, de repente, do nada, ela surgiu. Uma mulher mais velha, de olhos profundamente verdes. Joaquim, mesmo em espírito, ficou completamente arrepiado. Suas pernas ficaram como que presas ao chão, ele agora mal conseguia se mover. E ela começou então a dançar em torno dele. Era uma dança sensual, completamente fora do ritmo da música que tocava, uma espécie de dança flamenca. Um ritmo tão forte, tão marcante e intenso que capturava completamente sua atenção. A mulher girava em torno de Joaquim, batia palmas, parecia até que o estava vendo. Mas ele não conseguia ter certeza de nada.

Chocado, Joaquim mal conseguia pronunciar o nome dela. Sim, o tempo todo ele sabia quem era ela. Antes que ele conseguisse pronunciar a primeira sílaba, a mulher foi tirando a roupa devagar. Joaquim entrou num desespero tal que fechou os olhos e começou a mentalizar o quarto onde Laíssa estava dormindo.

Mentalizou com tanta força, com tanta nitidez que de novo se viu subitamente ao lado dela, sentado na beira da cama.

– Graças a Deus! – ele exclamou ofegante, suando muito.

Laíssa dormia profundamente. "Seu espírito devia estar longe dali" – ele deduziu. A essas alturas, tremia dos pés à cabeça, sentia-se muito mal. Parecia mesmo que era vítima de um ataque de malária. Ao mesmo tempo em que tremia, sentia-se tomado por uma sede horrível, uma anemia profunda, mal conseguia manter-se de pé. Era como se fosse desmaiar de tanta fraqueza. Mas sentia algo ainda pior do que todas aquelas sensações: Joaquim tinha medo de sem querer voltar para aquele lugar e deparar-se de novo com...

De longe, o homem vestido como Zorro o observava com ar de frieza e deboche. Joaquim, porém, nesse momento ainda não o via. Ajeitou-se na cama ao lado do corpo de Laíssa, como se assim pudesse esconder-se.

Mas foi só fechar os olhos para se ver de novo naquela mesma festa, no mesmo local.

– Não! – ele gritou em desespero.

A mulher agora o olhava no fundo dos olhos, era como se aqueles olhos fossem uma água se mexendo ao impacto do vento. Joaquim sentia-se hipnotizado por aquele olhar, parecia que a qualquer momento seria tragado por aquelas águas. Sensação de falta de ar, de afogamento inevitável. Em vão ele tentava resistir, lembrar-se de uma prece qualquer que o ajudasse a fixar-se em outra sintonia. Mas a única coisa em que conseguia pensar era naqueles olhos, naquele olhar que o desnorteava completamente.

– E agora? Você vai fazer o quê? – ele ouviu uma voz dizer dentro de sua mente.

De quem seria aquela voz? Joaquim olhou em volta e percebeu que estava agora cercado de lama por todos os lados. Como se muitos anos houvessem se passado e estivesse agora nos jardins daquela mesma casa onde antes acontecia a festa, agora abandonada e cercada por inóspita floresta. Mulheres brincavam na lama como se brincassem nuas numa piscina. Algumas gritavam para que ele fosse se juntar a elas, fazendo poses obscenas. Joaquim sentiu profunda angústia, vontade de vomitar. Mas não conseguia sair dali. Estava cristalizado em seu assombro.

Foi quando, de repente, ele sentiu algo como se fosse uma pluma a roçar-lhe no braço direito. Olhou para trás e não viu ninguém. Ouviu então, ao longe, a voz de Laíssa, de novo tentando orar por ele:

"Senhor meu Deus, mais uma vez eu penso em Joaquim e sinto uma angústia profunda. Não sei mais o que fazer, é muito forte esta angústia... Possam os bons anjos, os bons seres da luz envolverem o Joaquim num halo de luz cor de rosa... – ela tentou materializar na mente a imagem mais forte com que podia expressar seu carinho por ele. – Que o Joaquim possa se sentir protegido, amparado, amorosamente embrulhado por esta vibração terna que eu envio para ele..."

Sentada na cama, Laíssa dizia isso de olhos fechados, com todo o seu coração. O que fazer se ela não conseguia se desligar dele? Naqueles instantes, ela permitia-se amá-lo do mais profundo do seu ser, sem esperar nada em troca.

Já se sabia "mulher que ama demais", dependente emocional, tinha consciência da sua obsessão por homens que carregavam consigo um vício muito sério. Mas, ainda assim, mesmo sabendo de tudo isso, sentia por Joaquim um carinho tão grande, tão especial que era como se ela já o conhecesse há muito, muito tempo. Muito mais do que o tempo em que propriamente haviam convivido. Laíssa queria verdadeiramente ajudá-lo.

Abriu os olhos e sentiu uma estranha emoção. Joaquim estava de novo a seu lado. Ele chorava, emocionado com as suas vibrações e beijava a mão dela com muita gratidão. Mas ela não o via e nem ouvia seu choro. Sentia, contudo, a sua vibração.

– Obrigado, meu anjo, muito obrigado... – dizia ele. – Definitivamente, eu não mereço na minha vida uma pessoa como você... – sentiu o coração apertado de culpa.

– Devia agradecer era para mim, que deixei você vir. Mas acho que está na hora de voltar, você não acha? – uma voz falou ao lado dele em tom de deboche.

Pela primeira vez desde o seu desencarne, Joaquim se deparou com o homem mascarado de capa e chapéu. Os dois se encararam, o homem puxou imediatamente a espada. Estavam frente a frente. Joaquim olhou para a fina espada em suas mãos e imediatamente lembrou-se da sensação de um espinho segurando-o rente ao pescoço por sobre aquela nefanda festa.

Um arrepio gelado percorreu-lhe toda a espinha. Naquele momento, ele sabia, sentia que não era por acaso que aquele homem estava ali diante dele. "Há quanto tempo será que já o vinha perseguindo?", perguntava-se em silêncio.

– Que terno... Quer dizer então que você não se lembra de mim? – zombou o homem mascarado a seu lado.

O mais assustador era que, por dentro da máscara que lhe tapava o rosto, moviam-se olhos quase exatamente iguais ao da mulher que dançava em torno dele na festa.

– Quem é você? Por que me persegue? – Joaquim perguntou.

– Temos uma dívida, você se esqueceu? Vem comigo que eu vou refrescar a sua memória... – disse, pegando-o de novo pelo pescoço.

39

Laíssa despertou assustada. A madrugada parecia não ter fim. Assim que pegava no sono e começava a se ver em algum lugar no mundo onírico, era surpreendida pela voz de Joaquim gritando por ela e acordava assustada. De última vez, vira-o a seu lado, sendo levado pelo pescoço por um homem estranho, todo vestido de preto. Não, ela não queria mais dormir.

Olhou o relógio e viu que ainda não eram cinco horas da manhã. Ainda assim, decidiu ir até a cozinha preparar um café. Para sua surpresa, ao chegar à entrada da cozinha, percebeu que Christel já estava lá. Sempre fora acostumada a acordar muito cedo ao longo de toda a sua vida.

– Acordo todo o dia às quatro para fazer meditação! – ela explicou sorrindo.– Ao contrário do que as pessoas pensam, não é um sacrifício. Me faz muito bem!

– Se eu soubesse tinha colocado o relógio para fazer meditação com você. Queria tanto que alguém me ensinasse... Fiz até um tempo de aulas de ioga, mas confesso a você que jamais consegui aprender a meditar...

– É muito simples, e eu posso ensinar agora mesmo para você! – ela sorriu, enquanto abria um pacote de café.

Deixou de lado o pacote e virou-se para Laíssa.

– Meditar consiste basicamente em respirar, prestar muita atenção na respiração e se entregar completamente ao silêncio do mundo.

– Será que o mundo fica em silêncio?

– Isso é meditar: perceber o silêncio por trás de todos os barulhos! – continuou Christel.

– Ai, Christel... que coisa boa você estar aqui... – disse Laíssa, abraçando-a.

Christel sorriu e a acolheu com carinho.

– Preciso embarcar ainda esta noite para a Alemanha e tenho milhões de assuntos para resolver. Mas até o horário do ônibus, que, se não me engano, é às oito horas, estou à sua disposição! O que é que tanto te angustia já de manhã cedo? Está com os olhos inchados, parece que nem dormiu à noite! Ainda a questão do rapaz assassinado? – ela perguntou.

Laíssa contou-lhe todos os seus pesadelos, da horrível sensação de ouvir Joaquim chorando e gritando seu nome a noite toda em desespero.

Christel a ouviu com a máxima atenção.

– Percebo que essa sua ligação com esse rapaz começa a ultrapassar os limites do bom senso... – ela observou, depois de ouvir todo o relato de Laíssa. – Já reparou que, mesmo quando você está dormindo, quando seu espírito teoricamente teria liberdade para ir aonde quisesse, você continua ligada emocionalmente a esse rapaz?

– Tem toda razão. É como se eu não conseguisse pensar em mais nada, a não ser nessa pessoa... Como se eu tivesse perdido o controle sobre mim mesma, sobre minhas emoções, meus pensamentos... Eu simplesmente não consigo me desligar dele! Você acha que eu estou... obsediada por ele, como dizem os espíritas? – Laíssa estava preocupada.

– Bem, existe, sim, essa possibilidade. Mas acredito que o que realmente está te prendendo a esse rapaz é a sua dependência emocional, algo que já existia antes de o espírito dele criar essa ligação com você e que efetivamente só reforça essa ligação obsessiva que se criou entre vocês – avaliou Christel, verificando a água que fervia no fogão. – Acredito que a partir do momento em que você começar a resolver isso com você mesma, internamente, as coisas tendem a se dissolver naturalmente...

– Mas o que é que eu faço então? Como devo agir para tentar desatar este laço? Estou ficando já maluca com isso! Não é uma coisa boa isso que estou sentindo, não me faz bem! – desabafou Laíssa, muito angustiada. – É quase compulsivo, sabe? Um pensamento fixo, uma coisa que não passa, de jeito nenhum... – ela sentou-se, com ar de vencida.

– Aceite a realidade como ela é – Christel dispôs o pó de café sobre o coador de pano.

– Como assim aceitar a realidade como ela é? Ele não está mais aqui entre nós! Joaquim agora é um espírito e mesmo assim eu não consigo me desligar dele! – enfatizou Laíssa, passional e inflamada.

Christel, no entanto, não alterou em nem um milímetro a sua serenidade:

– Ou seja, você efetivamente não pode fazer nada por essa pessoa. Ou pode? – ela desligou rapidamente o fogão.

A água começava a ferver. As duas arrumaram as xícaras na mesa em silêncio. Christel derramou a água sobre o coador, exalando delicioso aroma de café por toda a cozinha.

– Eu não consigo me conformar que ele tenha desencarnado sem que tivéssemos sequer a chance de viver um relacionamento de verdade... – admitiu Laíssa, sentando-se à mesa enquanto Christel retirava o coador de sobre o bule.

Ela verificou se todo o café já havia passado.

– Você já parou para pensar que esse cara que você escolheu para completar o seu castelo de felicidade talvez nunca tenha existido? – perguntou, sempre muito calma, enquanto sentava-se à mesa com o café.

– Como assim? – perguntou Laíssa, tomando nas mãos o bule que ela lhe estendia.

– Você idealizou uma pessoa a partir de algumas poucas características do rapaz! – ponderou Christel. – Acho que, antes de mais nada, você precisa colocar os seus pés no chão e olhar para a situação de forma mais realista, menos idealizada, entende?

– Talvez... – pensou Laíssa, sentindo já os olhos se encherem de água novamente. – Realmente, naquela tarde que passamos juntos na praia, ele parecia reunir todas as características que eu sempre desejei num homem...

– Todas? – questionou Christel. – Daí já se vê que era uma idealização! Não existe pessoa perfeita, Laíssa, você sabe disso! Envolvimentos sadios só acontecem quando percebemos que o outro tem defeitos, assim como todos nós, e, ao pesar defeitos e qualidades, chegamos à conclusão de que aquela pessoa seria boa parceira mesmo com suas fragilidades, que existe realmente uma afinidade positiva que vale a pena... Mas tudo isso faz parte de um processo, que leva algum tempo. Penso que só o fato de você ter chegado a uma conclusão de que ele era 'a pessoa' tão rapidamente já demonstra uma certa precipitação da sua parte, uma certa urgência em encontrar alguém, possivelmente para tapar o buraco que você carrega aí dentro...

– Bem, quer dizer, eu reparei algumas coisinhas... Até mesmo alguns detalhes sérios, como o hábito de ficar olhando o tempo todo para todas as mulheres em volta... – remendou Laíssa. – Mas daí, estava tão encantada, tão apaixonada que até relevei... – ela admitiu, naquele momento, sentindo muitas saudades de Joaquim.

Era como se ela tivesse se acostumado com a energia dele a seu lado. Mas ainda não tinha consciência disso. Pensava que tudo era apenas saudade, comprazia-se em remoer esta saudade, sem jamais imaginar que os elos só existiam porque ela própria fazia sua parte no fortalecimento daquela ligação. Ela tomou um longo gole de café, nostálgica e melancólica.

– Você usou as palavras certas: apaixonada, encantada... Muitas vezes esperamos que a outra pessoa seja conosco aquilo que deveríamos ser para nós mesmos. Como se a chave de nossa felicidade estivesse nas mãos daquela outra pessoa... – ponderou a terapeuta amiga.

– Eu fiquei pensando a noite toda nessa coisa da dependência emocional... – confessou Laíssa, tomando mais um gole de café. – Acho que entendi o que você explicou. Sim, eu penso que me enquadro realmente nesta situação... É como se a vida toda eu tivesse buscado o carinho que eu não recebi na minha infância, o amor que ficou faltando, sabe?...

– Sim. Por conta disso, você se tornou uma doadora por excelência, sempre preocupada em dar ao outro o que nunca teve... A grande questão é a expectativa envolvida nisso tudo...

– Como assim? – Laíssa não compreendeu direito.

– Porque o problema é que você não está simplesmente empenhada em dar todo o amor que te é possível, mas em dar todo o amor que você consegue, muitas vezes até mais do que você poderia...

– É verdade... Sabe, se ele ainda estivesse aqui conosco, acho que eu faria uma especialização em dom-juanismo, só para poder ajudá--lo... – sorriu Laíssa.

Estava sendo sincera. A vida inteira fora daquelas que largam tudo na vida para se dedicar melhor ao outro. Especializara-se em Ricardo de uma tal forma que era capaz de adivinhar até o que ele tinha comido em função do ronco que emitia. Para, no final das contas, se sentir tratada com tanta falta de consideração..., pensava consigo.

– A grande questão é que a pessoa faz tudo isso, no fundo, com um objetivo: receber do outro o que ela 'aplicou', de preferência redobrado... Não é simplesmente uma doação... – observou Christel, percebendo que ela parecia distante.

– E não deveria ser assim? Não é isso que significa colher o que a gente semeou? – Laíssa pareceu amargurada quando voltou a movimentar os olhos em direção ao presente.

– Mas por que semear em um terreno ruim, se te é possível escolher um bom? – Christel a encarou.

– Sei lá... às vezes eu penso que eu fui uma azarada. A vida toda só esse tipo de homem se sentiu atraído por mim!

– Não adianta projetar para fora a responsabilidade por nossos problemas amorosos, como se fosse possível buscar uma 'culpa' em algo exterior a nós! O amor, como qualquer outra coisa em nossa vida, é um investimento. Se você investe ou investiu em algo que não ofereceu o retorno esperado, é porque te faltou a capacidade de bem julgar, o poder de avaliar as próprias escolhas. Ouso dizer que, enquanto você não assumir a responsabilidade por seus processos afetivos, continuará a se sentir como se sua alma estivesse paralisada! – avaliou a antiga orientadora de Najla.

– Mas eu sempre faço a minha parte, eu sempre dou o meu melhor em todos os relacionamentos em que me envolvo! – argumentou Laíssa.

– O pior de tudo é semear uvas num terreno pedregoso achando que vai colher frutos na primavera! – sorriu Christel. – Uvas simplesmente não brotam de terrenos pedregosos! Aliás, as videiras são bem exigentes com relação ao solo. Simplesmente não toleram solos muito encharcados, salinos ou secos e pedregosos. Em compensação, se desenvolvem maravilhosamente no clima mediterrâneo... Assim como as uvas, precisamos escolher o melhor local para plantar nossas boas sementes, senão é o mesmo que desperdiçá-las... E então ficar chorando porque suas uvas maravilhosas nunca conseguem brotar, porque nada do que você faz dá certo... Entende por que não dá certo? Mas é como se fosse um ciclo vicioso, a pessoa demora a enxergar o quanto ela é responsável pelas coisas acontecerem sempre da mesma maneira...

– Mas eu quero aprender a fazer isso! Parar de repetir sempre o mesmo ciclo... Eu quero ficar boa! – afirmou Laíssa, enxugando as lágrimas que começavam a cair.

Christel foi até a bolsa que deixara próxima à entrada da cozinha e voltou de lá com uma caixa de lenços na mão. Ela entregou a caixa à Laíssa.

– Eu sempre faço isso com os meus pacientes... – Laíssa sorriu, ainda de olhos molhados, pegando um lencinho da caixa. – Às vezes eu penso que seria melhor se eu fosse uma pessoa fria... Que não se envolvesse tanto com os problemas dos outros... – de novo ela voltou a chorar.

Christel puxou a cadeira para sentar-se mais próxima a ela:

– Dependentes emocionais tendem a direcionar o seu amor e sua capacidade de doação para pessoas que não se encontram em condições de reconhecer e valorizar o que estão recebendo. – explicou.

– Mas porque escolho sempre pessoas assim? Não é uma decisão consciente! – Laíssa protestou.

– Porque, por terem sido mal nutridos afetivamente quando crianças, além de distorcerem sua capacidade de percepção emocional para que pudessem se contentar e se satisfazer com as migalhas recebidas, achando que eram suficientes e formidáveis, essas pessoas foram, em geral, condicionadas a lutar ou até mesmo competir por essas migalhas. Quanto mais difícil a luta, maior o reconhecimento e a valorização... Mais tarde, quando se tornam adultas, é como se levassem para suas vidas a tarefa de conquistar, por seus méritos, o amor de seus pais; estendido agora a toda a humanidade...

– Sabe que no fundo você tem razão? ... É como se o resto da vida a gente ficasse tentando mostrar para o mundo que a gente pode ser bom o bastante... Só que, de tanto se sentir desvalorizado, a gente mesmo não consegue acreditar nisso... – reconheceu Laíssa. – É isso. Acho que agora compreendi profundamente o que você quer dizer.

Acontece que, como não têm autoestima, essas pessoas intuitivamente tendem a sempre escolher pessoas que jamais irão valorizar seus esforços, como uma forma de autossabotagem. No fundo é como se afirmassem a si mesmas que seus pais estavam certos e que não são dignos de ser verdadeiramente amados – complementou Laíssa.

Christel foi até a sala terminar de arrumar suas coisas.

– Se não se importa, preciso organizar minha bagunça... – explicou.

Laíssa foi atrás dela, sempre atenta a cada gesto que fazia. Christel sentou-se então num pequeno banquinho que havia na sala, diante da mala aberta diante de si.

– É como a história dos hebreus que Moisés conduziu pelo deserto. Outro dia, por acaso, ouvi uma palestra do padre Fabio de Melo falando sobre isso... – ela comentou, dobrando suas roupas na mala.

– Padre? Mas você não é espírita? Não trabalha com essas coisas de mediunidade? – estranhou Laíssa, sentando-se no chão a seu lado.

– O que tem demais? Pessoalmente, reconheço emissários de luz em todas as religiões. Deus não seria justo e bom se concentrasse todos os homens de bem sob o rótulo de uma única doutrina. Não! A mediunidade, inclusive, que é a capacidade de entrar em comunicação com os espíritos, seja através da escrita, da psicofonia ou da simples inspiração, é dada a pessoas de todos os tipos, raças e classes. O uso que dela será feito atestará o grau de evolução individual de cada um de seus portadores – esclareceu Christel. – Ah! Aqui está a passagem! É isso mesmo, meu ônibus sai às oito! Ainda bem que a rodoviária fica bem perto!

– Mas continue, por favor, o que você estava contando. O que disse o padre sobre essa questão da dependência emocional? – pediu Laíssa.

Christel terminou de fechar a mala antes de responder.

– Você já ouviu a expressão "chorar as cebolas do Egito"?

– Não! – sorriu Laíssa.

– Pois bem. Deus firmou um compromisso com o povo hebreu, garantindo que, por seu intermédio, eles herdariam Canaã, a Terra Prometida. Isto está no *Livro do Êxodo*, que é o segundo livro da *Torá* e da *Bíblia*, e conta a história de como os israelitas deixaram para trás a escravidão no Egito.

302 | LYGIA BARBIÉRE

– Foi Moisés quem conduziu os hebreus pelo deserto, não foi? – Laíssa lembrou vagamente.

– Exatamente. Era necessário romper com o Egito, com a escravidão do passado. Para que pudessem chegar até lá, havia um caminho a seguir, todo um deserto a atravessar, a partir do qual eles não mais estariam presos, seriam livres para servir a Deus. Moisés, que fora criado com todas as regalias dentro do palácio do faraó, deixou tudo para poder conduzi-los. Acontece que, no meio do caminho, os hebreus começaram a lamentar o que havia ficado para trás... Eles se lembravam dos peixes que comiam no Egito, e também dos pepinos, das melancias, dos alhos porós, das cebolas; diziam agora ter perdido até o apetite de tanto tempo sem ver nada... –[26] contou Christel, enquanto calçava seus sapatos.

– Eles não tinham o que comer? – quis saber Laíssa.

Ela ajudou Christel a fechar a mala e colocá-la de pé sobre suas rodinhas.

– Tinham! – respondeu Christel, empolgada. – Na sua peregrinação no deserto, comiam o maná que diariamente caia dos céus e às vezes até codornizes, que subitamente surgiam no caminho.

– Nossa... Adorei acordar ouvindo vocês falarem em maná... – Najla surgiu na sala sonolenta. – Sempre imaginei maná como se fosse uma espécie de comida especial dos deuses... – ela se espreguiçou.

– O maná, segundo narra a Bíblia, era como semente de coentro e tinha aparência de resina. O povo saía recolhendo o maná nas redondezas e o moía num moinho manual ou então socava-o num pilão. Depois era só cozinhar. Em geral, faziam bolos com ele. Tinha gosto de bolo amassado com azeite de oliva – continuou Christel.

– Ela está contando sobre os escravos hebreus que Moisés conduziu pelo deserto – explicou Laíssa.

– Quando o orvalho caía sobre o acampamento à noite – prosseguiu Christel – também caía o maná. Era, na verdade, o pão dos céus. Mas os hebreus não se contentavam com isso. O tempo todo vinham as famílias reclamar à porta da tenda de Moisés. Reclamavam que o maná era insosso, desenvolveram verdadeiro fetiche pelas cebolas do Egito!

– Será que eram realmente boas as cebolas? – imaginou Laíssa.

[26] Números 11,5

Após a Chuva | 303

– Se não me engano são aquelas roxas que são vendidas nos supermercados. São conhecidas como cebolas do Egito ou cebolas-andantes. Têm um sabor um pouco mais forte que a cebola comum... – comentou Najla. – Você nunca as provou?

– É aí que se encontra o 'x' da questão – observou Christel. – As cebolas eram o principal alimento dos escravos, que, no entanto, recebiam apenas as sobras do que restava da mesa dos egípcios, muitas vezes já até começando a apodrecer.

– Era desse alimento que eles agora diziam sentir falta? – surpreendeu-se Laíssa.

– Exatamente. Está percebendo onde quero chegar? A narrativa bíblica nos mostra que a tentação de manter-se numa relativa 'zona de conforto' era, naquele momento, para os hebreus, mais forte do que o desejo de liberdade que eles diziam cultivar.

– Entendi. Acostumados a essa 'zona de conforto', eles sentiam saudades da servidão, da opressão, da escravidão, do Nilo, do faraó, da angústia, de toda uma situação com que, por pior que fosse, eles já estavam acostumados... – deduziu Najla.

– Assim como acontece com as "mulheres que amam demais", os codependentes ou os dependentes emocionais, não importa a nomenclatura. O fato é que essas pessoas se acostumaram com um padrão de não merecimento que as condiciona de forma a se contentarem sempre com situações difíceis que não conduzem a lugar algum. Você compreende o que estou tentando dizer, Laíssa?

Christel olhou no relógio, preocupada se já era hora de sair.

– Eu vou levar você! – avisou Najla. – Já estou até pronta!

– E qual seria o caminho para que pudessem encontrar o que de fato as alimentaria? – insistiu Laíssa.

– A primeira condição para isso é enfrentar o deserto! – ela se pôs de pé ao lado da mala. – Deus permite que nos sintamos desprotegidos de vez em quando porque faz parte do nosso aprendizado. Alguns momentos de desamparo são muito importantes para o nosso processo humano. É necessário que periodicamente fiquemos expostos àquilo que precisamos viver e experimentar sozinhos... Ai. Acho que estou ficando velha – reclamou, sentindo um pouco de dor na coluna pelo movimento de levantar-se.

304 | Lygia Barbiére

– É verdade... Quantas pessoas que a gente percebe que foram estragadas porque não lhes faltou nada, porque foram tão paparicadas que acabaram ficando frágeis demais diante dos obstáculos da vida... – Najla comentou.

– É justamente no seu momento de desproteção que você vai descobrir a sua força, a sua confiança, a sua fé, perceber os passos que precisa dar para poder sair daquela situação – continuou Christel. – Não podemos voltar a comer as cebolas do Egito só porque a gente teve dó de nós mesmos ou do outro. Não! A caminhada é para frente!

– Às vezes a pessoa se acostuma de uma tal forma com determinadas situações desconfortáveis que começa a encarar como se aquilo fosse uma coisa normal... – lembrou Najla.

– É o mesmo que as mulheres que amam demais aprenderam a fazer desde crianças. Mas isso também não é real, entende? É só mais uma ilusão. Precisamos tomar muito cuidado para não nos acostumarmos com o precário, com a cebola podre e estragada oferecida aos escravos, e acharmos que aquilo é a única coisa que a gente merece ter na vida... – acrescentou Christel.

Sentando no sofá, com ar pensativo, novamente Laíssa chorava.

– Sabe que eu nunca havia pensado antes desta forma com relação a mim mesma? Durante anos disse muitas coisas parecidas para várias pacientes, mas nunca havia percebido o quanto eu era igual a elas...

– Cheguei à conclusão de que todo paciente que vem para o meu consultório sempre traz uma questão que eu também já vivi ou estou vivendo em minha vida. É uma forma que a espiritualidade encontra de me ajudar a transformar o que acontece comigo em aprendizado para passar adiante, de me forçar a perceber como posso ser útil a partir de minhas maiores dores. Aliás, tudo na vida é assim. A gente atrai para nós exatamente aquilo que precisa para obter a aprendizagem necessária – destacou Najla.

– Por isso é importante a gente sempre se perguntar: qual o meu desafio diante desta situação? O que é preciso vencer para poder alcançar a pessoa que eu quero ser? Em nenhum momento você pode perder de vista os seus ideais de crescimento e iluminação – Christel beijou levemente a testa de Laíssa, se despedindo. – Vamos? – ela olhou então para Najla.

APÓS A CHUVA | 305

– E quanto às cebolas do Egito? – reiterou Laíssa, depois de beijar-lhe as mãos com ternura.

– Precisamos deixá-las no Egito, distanciarmo-nos delas o máximo possível – a terapeuta, já na porta, explicou. – O amor só vale a pena em nossa vida se for para nos edificar, se for para nos ajudar a atravessar o desconforto do deserto! Caso contrário, não faz sentido. Todo amor que não nos ajuda nos desconfortos do deserto é falso amor. É carência, dependência, autoafirmação... Pode ser muitas outras coisas, mas não é amor –[27] ela abraçou Laíssa com muito carinho. – E você, faça o favor de se cuidar! – despediu-se enfim.

– Nossa! Também preciso me apressar! – Laíssa lembrou de repente. – Tenho que pegar o ônibus das nove. Tenho paciente hoje à tarde!

De repente, pela primeira vez desde a decepção no escritório de Ricardo, ela começava a se sentir verdadeiramente encorajada a retomar sua vida. E não era um êxtase passageiro como aquele que a invadira quando conhecera Joaquim. Era algo que parecia vir brotando do fundo da sua alma. Laíssa estava disposta a enfrentar pela primeira vez os seus desertos internos.

---

[27] Toda esta explanação faz parte de uma palestra *on-line* do padre Fabio de Melo, disponível *in*: "Relacionamentos que escravizam". youtube/PqOmPTy_sh8.

Na dimensão que acontecia paralela àquela em que Laíssa vivia, havia todo um mundo que se desenvolvia a partir do nosso. Por toda parte, milhares de seres que não se encontravam mais restritos a um corpo físico perambulavam pela Terra, agindo como se ainda o estivessem. Estavam afetivamente presos ao cenário deste mundo, cada qual por seus motivos.

E novamente Joaquim foi levado por aquele estranho homem até o cenário de uma festa naquela mesma casa de sempre. Desta vez, não era propriamente uma festa.

Quatro casais bebiam juntos numa cozinha. O clima era de total sedução. Em torno deles, verdadeiro enxame de estranhos espíritos sugeriam-lhes os mais picantes comentários, enquanto os espíritos se dividiam apostando qual dos rapazes efetivamente conseguiria ser o grande ganhador da noite. No fundo, era como se fosse um jogo. Parecia que todos os homens presentes estavam interessados em conquistar a mesma moça, escolhida previamente pelo grupo de espíritos ali presentes, enquanto as demais jovens pareciam esmerar-se para suplantar o magnetismo da moça em questão.

De longe era possível perceber a energia que emanava dos casais enquanto conversavam naquele estranho jogo sensual, que mais parecia um duelo de energias, incrementado pelos espíritos.

— Venha! O cérebro dele vai começar a produzir! — avisou o homem de capa, conduzindo Joaquim até mais próximo do rapaz em quem a maioria dos espíritos estava apostando.

APÓS A CHUVA | 307

A moça cobiçada levantou-se da mesa, vestiu um longo casaco – espécie de sobretudo que deixara numa cadeira próxima – e se dirigiu ao tal rapaz:

– Vem comigo! Vamos conversar lá na varanda!

O rapaz, naturalmente, exultou com o convite. Os espíritos que haviam 'apostado' nele o acompanharam. Se pudesse perceber o que de fato ocorria no ambiente, talvez o rapaz não se sentisse tão exultante.

A cena era estarrecedora. No momento em que o rapaz começou a sentir que havia realizado a conquista, estranhas substâncias começaram a emanar de seu corpo. Era como um chá fervendo sobre o fogão, cuja fumaça fosse ganhando cada vez mais odor e consistência. Aos poucos, a sensação do rapaz foi adquirindo volatilidade, passando a ser irradiada de todo o seu corpo e inclusive de seu hálito, como uma fumaça densa e rubra, invisível a olhos humanos, que evolava dos mais variados pontos daquela criatura. Era então que aquele monte de espíritos que os havia estimulado até aquele ponto da emoção se alimentava com voracidade daquela substância de estranho aspecto que lhe saía do corpo.

– É muita gente para um único casal – reclamou o homem de capa. – Venha – disse a Joaquim. – Quero que você estimule aqueles dali! – ele apontou para outro casal.

– Como é que é? – Joaquim se surpreendeu.

– Vá até lá. Ajude ao que tem mais magnetismo a sufocar a vítima para a gente se alimentar – ele ordenou.

– A gente o quê? – Joaquim não aceitou aquilo. – E quem disse a você que eu me alimento dessa forma?

– Na nossa situação não existem muitas opções. Todos precisamos da substância. De modo que, ou você se alimenta do que produz do lado de lá, estimulado pelos nossos pensamentos do lado de cá, ou você passa para o lado de cá e assume a nova função. Durante muitos anos eu te estimulei para que produzisse. Agora é sua vez de trabalhar para que eu me alimente – disse, entregando-lhe uma pequena garrafinha com uma rolha.

– Mas... Como assim? Eu não quero fazer isso! – resistiu Joaquim.

– Ninguém está te perguntando se você quer ou o que você quer! – de novo ele o encarou com aqueles olhos verdes. – Eu disse vá e faça o trabalho! – novamente ele apontou para o casal. – Ou você não está com fome?

Só então Joaquim se deu conta. Era aquela a fome que ele sentia. A fome do momento da conquista. De se sentir vencedor, merecedor, admirável, dono do hálito da vitória. Há quanto tempo ele vinha sentindo exatamente o oposto disto? Só de pensar, teve a sensação de que sua barriga roncava. Era verdade. Suas ideias giraram. Fixou os olhos na energia que pairava em torno do casal e sentiu uma náusea profunda. A energia que emanava deles fazia lembrar o aspecto de uma placenta quando é retirada do útero. Logo um bando de espíritos surgiu disputando aquela estranha gosma. Joaquim passou mal ao invés de se juntar a eles.

– Idiota! Está estragando tudo! – protestou o homem de preto.

Na mesma hora, um dos espíritos quase encostou a boca na do rapaz, de onde exalava uma espécie de fumaça, que era na mesma hora transferida para ele.

Pouquíssimas pessoas suportariam testemunhar os desdobramentos daquela infeliz simbiose entre o jovem casal e o grupo de obsessores desencarnados que os cercava, sorvendo, em êxtase, a sensação que emanava do contato entre eles.

E o homem de capa preta falando sem parar. Parecia fora de si em sua irritação. Quanto mais ele protestava, mais Joaquim vomitava. Simplesmente não conseguia ouvir o que ele dizia. A vibração era muito pesada.

Quando menos esperavam, porém, o espírito de Laíssa surgiu ao lado de Joaquim.

– Você precisa sair daqui, Joaquim. Este lugar não está te fazendo bem... Vem... – ela tentou tirá-lo daquele ambiente.

– Espera aí! Agora você foi longe demais! Quem você pensa que é? – protestou a entidade.

– Eu é que te pergunto! Quem é você? – Laíssa o enfrentou. – Não tem vergonha de ficar maltratando o outro deste jeito? Já não basta o tiro que ele levou!

Ela tinha uma presença luminosa, emanava uma energia tão forte que era difícil enfrentá-la. Aquela entidade até era capaz de mobilizar muita energia para discutir com ela. Contudo, ela tinha alguma coisa que o tempo todo o impedia de fazer-lhe mal. Muitas vezes permanecera junto a ela, por sua ligação com Joaquim, mas jamais sentira-se inclinado a fazer-lhe algo que pudesse vir a prejudicá-la. Curiosamente, assim como Joaquim, ele sentia estranho carinho por ela. Desses que a gente tem por pessoas a quem já conhece de longa data.

Assustado, sem forças para dizer muita coisa, Joaquim apenas passava mal.

– Meu nome é Joaquim – o homem cumprimentou Laíssa, fazendo um movimento com o chapéu. – Aviso de antemão que não tenho qualquer intenção de me vingar de você ou lhe fazer qualquer mal. Mas, infelizmente, se continuar a atrapalhar meu caminho, como vem tentando fazer há algum tempo, vou ser obrigado a tomar providências – avisou, com certa elegância.

Laíssa ficou olhando para ele surpresa. Era a mesma criatura que ela vira ao lado de Joaquim no outro sonho. Naquele momento tinha plena consciência disso.

– Mas... Como assim?... Você também se chama Joaquim ?

– Não. Joaquim sou eu. Nesta encarnação, aliás, nem lembro mais que nome ele ganhou. Para mim, o nome dele é e sempre será Lorenzo!

Mesmo em sonho, Laíssa sentiu um calafrio quando ele disse isso. "Por que aquele homem sinistro estava sempre atrás de Joaquim? Quem era ele? Por que dizia isso agora?" – ela, que nunca atentara sequer para o fato de Joaquim ter sido registrado com outro nome, por sempre ter evitado notícias sobre o assassinato, pensou em silêncio.

Ficou ali um tempo, olhando de perto para aquele homem. Algo nele lhe era familiar. Ao mesmo tempo, a maneira como ele se vestia inspirava-lhe certo desconforto.

– Você devia era se perguntar quem é esse homem por quem vem se empenhando tanto para ajudar nestes últimos tempos... – ele sugeriu, verificando a lâmina da espada.

– Você... leu meus pensamentos? – ela achou estranho.– Como soube o que eu estava pensando?

– O corpo físico é como uma caixa, que tudo protege. Uma vez fora do corpo, seja em sonhos, seja após o desencarne, fica mais difícil impedir que os pensamentos se irradiem naturalmente quando surgem – ele explicou com naturalidade, como se aquilo para ele fosse algo banal.

– Quer dizer então... que você é um desencarnado? – ela perguntou, sentindo um pouco mais de medo.

– Deixe a moça em paz! – Joaquim tentou protestar, sem conseguir parar de passar mal.

Continuava agachado no chão, vomitando sem parar.

– Você fica aí quietinho... – ele empurrou-lhe a cabeça para baixo como a um animal.

Laíssa estremeceu. Queria muito sair dali, mas ao mesmo tempo parecia que suas pernas haviam congelado, de tanto medo que ela estava sentindo. Mas havia Joaquim; ela pensava que não podia deixá-lo ali sozinho com aquele homem, seu lado "mulheres que amam demais" tinha ânsia de protegê-lo a qualquer custo. Afinal, ela era uma cuidadora por excelência!

– Preciso sair daqui – Joaquim/Lorenzo disse, com dificuldade a Laíssa.

Ela estava agora agachada a seu lado.

– Como pode ser tão atenciosa com um homem que a fez chorar tantas vezes? Então não tem raiva dele? Nenhuma raiva? – o outro Joaquim encarou Laíssa.

Ela pensou por alguns instantes.

– Quer saber? – respondeu de repente. – Não consigo! O carinho que eu tenho por ele é muito maior do que a raiva... Você consegue entender isso?

– Sim. Tenho verdadeiro amor pela minha irmã... É por ela que eu persigo esse cara. Faz tempo que eu ando junto com ele...

– Afinal de contas, desde quando você o persegue? – Laíssa perguntou ao espírito. – Por que você o persegue?

Pela expressão de Joaquim, ela percebeu que ele ficara confuso com a pergunta.

– Ah, já não sei mais há quantos anos estou nesta tarefa... – respondeu o homem de capa. – Sei dizer que tudo começou na Espanha há muito tempo atrás...

Laíssa arregalou os olhos de espanto:

Após a Chuva | 311

– Nossa!... E eu posso saber – ela foi falando devagar – o que é que aconteceu de tão grave para você persegui-lo desta forma e em nome da sua irmã? Como era o nome dela?

– Carmen. Carmencita como eu a chamava... Moça linda... Você até tem alguma coisa dela que eu não sei explicar...

Laíssa sentiu uma estranha emoção quando ele disse isso. Joaquim, a essas alturas, estava deitado no chão, exausto. Parecia ouvir a história de olhos fechados, completamente sem forças para fazer ou dizer qualquer coisa.

Os olhos verdes daquele homem se arregalaram como um mar revolto. Parecia preso num outro tempo, que o regia, como se ainda fizesse parte dele.

– Éramos uma família de judeus. Meu pai, minha mãe, minha irmã e eu. Vivíamos tempos de muitas perseguições. A ordem era que todos se convertessem ao catolicismo. A 'santa' igreja perseguia mouros, negros, judeus e ciganos...

À medida que ele falava, imagens projetavam-se de seu cérebro como cenas reais e Laíssa, de alguma forma, sentiu-se transportada para seu relato, como alguém que assiste a algo por detrás de uma árvore do cenário. Seu coração batia fortemente, era como se ela conhecesse aquela história.

O espírito que também dizia se chamar Joaquim continuou seu relato, hipnotizado pelas próprias lembranças:

– A ordem do papa era para que todos renunciassem à religião anterior e abandonassem definitivamente seus cultos antigos... Ainda posso ver o desespero estampado no olhar de meus pais, de meus avós, quando foram obrigados a esconder seus livros, seus objetos sagrados, suas tradições em nome da 'santa' inquisição...

Laíssa sentiu um aperto no peito, comoveu-se profundamente quando ele disse isso, quando aquela cena materializou-se-lhe diante dos olhos, tamanha era a emoção daquele que a contava. Havia algo naquela história que mexia com ela. Uma lágrima escorreu-lhe discretamente do rosto.

– Obviamente que continuamos todos a realizar nossos cultos em segredo, a maioria continuou... porque só mesmo fazendo uma lavagem cerebral dentro da cabeça de um homem é possível arrancar de

312 | Lygia Barbiére

lá todas as crenças e valores cultivados ao longo de muitas gerações... Tivemos, inclusive, de ser batizados e meus pais escolheram novos nomes para nós, Carmem e Joaquim, justamente para mostrar que haviam de fato se convertido ao catolicismo.

– Mas... O que acontecia se a Igreja descobrisse? – Laíssa quis confirmar a intuição que despontava por dentro de si.

Tinha a sensação de uma coisa muito ruim, algo que lhe dava cada vez mais vontade de chorar.

– Apostasia – ele respondeu. – Toda a família era considerada apóstata e condenada ao confisco de bens e morte na prisão.[28]

Enquanto ele falava, imagens dos pais, a irmã e os avós sendo levados brutalmente pelos capangas da inquisição, e de seus objetos e livros sagrados sendo queimados numa ardente fogueira. Laíssa observou, contudo, que ele, o espírito que dizia se chamar Joaquim, não estava entre eles naquelas imagens projetadas de suas recordações.

– E foi exatamente o que aconteceu com toda a minha família por causa deste homem que você tanto defende... – as imagens sumiram e ele voltou-se novamente para Laíssa, embainhando sua espada.

Deitado no chão onde estava, Joaquim arregalou os olhos assustado. O espírito, porém, como num ato reflexo, o imobilizou de imediato, pousando-lhe a perna direita sobre o peito, antes de novamente puxar a espada, passando a apontá-la contra ele.

– Por causa dele? – Laíssa se assustou.

De novo os olhos do outro Joaquim se iluminaram. Era como se ele voltasse mais uma vez para dentro de sua história.

Laíssa estava impressionada. Em nenhum momento passava-lhe pela mente a ideia de que estivesse ali em sonho, desdobrada em espírito de seu próprio corpo de acordo com as suas afinidades. Era tudo muito real, sentia-se inteiramente ali, em tempo presente.

– Mas... o que aconteceu entre eles afinal? – ela perguntou.

Seu coração batia cada vez mais forte, como se pressentisse algo de muito grave. Joaquim, "o seu Joaquim", agora parecia em transe com a narrativa, permanentemente ameaçado pela espada apontada

---

[28] Este termo em grego, 'apostasia' deriva do verbo *afístemi*, que significa literalmente 'apartar-se de'. II Te 2,3 n. O substantivo tem o sentido de "deserção, abandono ou rebeldia". (At 21,21)

Após a Chuva | 313

contra seu peito como um taco de sinuca, prestes a acertar a bola certa na caçapa.

– Minha família foi denunciada por alguns vizinhos, mas um barão francês, muito ligado à igreja, conseguiu abafar a acusação mediante a promessa de que minha família oferecesse nossa Carmencita para casar--se com ele... Era um nobre gordo e velho, de asqueroso aspecto, mas era a esperança de nossa família para que fôssemos salvos da acusação...

– E sua família... aceitou? Você aceitou fazer isso com sua irmã? – espantou-se Laíssa.

– Por favor, me deixe sair daqui... Eu fui baleado justo no mesmo local onde você está pisando... – pediu Joaquim, sentindo uma angústia muito profunda ao ouvir toda aquela história.

O espírito, porém pisou ainda mais forte quando ele disse isso. Joaquim sentiu muita dor, mas não teve coragem de gritar. Teve medo de que o outro pisasse ainda mais forte. Ele sentia-se muito fraco; toda aquela narrativa parecia enfraquecê-lo ainda mais...

– Eu senti muita pena de minha irmã... Sempre fui muito ligado a ela... Até hoje sinto saudades... Na verdade, foi por isso que eu nem disse nada a meus pais quando um dia a vi conversando com esse maldito cigano ...

– Então você, de alguma forma, acobertou o namoro dos dois... Talvez isso tenha vindo a aumentar a sua raiva depois... – analisou Laíssa. – Mas o que aconteceu afinal? Sua irmã fugiu com ele?

De novo a cena do passado voltou a se projetar de sua mente como se fosse um filme.

– Um sem vergonha, salafrário, que a seduziu completamente... Ficou tão apaixonada por ele que enfrentou a família inteira, anunciando que iria fugir com o tal Lorenzo...

– Lorenzo? – surpreendeu-se Laíssa. – Que engraçado, eu sempre gostei desse nome... Sempre pensei que, se um dia eu tivesse um filho, o nome dele seria Lorenzo...

– Ah, é? Pois está diante do próprio! Este aqui é Lorenzo de la Volga, o cigano sem vergonha.

– Joaquim?

– O nome não importa. Eu sempre soube que era o mesmo espírito, faz muito tempo que eu o acompanho. Ele sempre age da mesma forma.

– Mas... peraí... Tudo isso porque a sua irmã fugiu com ele? – de novo tentou entender Laíssa.

– Não. Na verdade a questão é que o namoro entre os dois se espalhou e acabou caindo nos ouvidos de *monsieur* Lafond, o nobre rico que iria desposar Carmencita... Foi uma tragédia...

Pelo pensamento dele, Laíssa pôde acompanhar o que aconteceu com a família de Carmem depois disso. *Monsieur* Lafond, indignado, reafirmou a queixa contra toda a família, diante dos representantes da igreja católica, acusando-os de apostasia e dizendo, inclusive, que por causa disso não iria mais desposar a jovem. Tempos depois, Joaquim, único da família que conseguira escapar do massacre, foi em busca da irmã e de Lorenzo, cujo acampamento até já se retirara do pequeno povoado onde viviam. Encontrou-o na estrada, num entroncamento, e o convocou para um duelo ali mesmo. Lorenzo, contudo, muito hábil na espada, acabou matando Joaquim .

– Desde esse dia, eu passei a persegui-lo – disse o espírito.

Joaquim, neste momento, entrou em processo convulsivo. A lembrança de todas aquelas cenas havia ativado nele estranho mecanismo que acabou por detonar aquela reação. Laíssa correu até ele. Afastou a espada do outro Joaquim e tentou segurar o amigo em seus braços para que parasse de tremer.

– Solte ele! – protestou o outro Joaquim, enfurecido.

Ele ergueu a espada para Laíssa, mas ela apenas olhou firme para ele. Quando abaixou de novo o olhar, foi surpreendida pela rapidez da espada dele, que passou-lhe rente ao rosto, dirigindo-se à nuca de Joaquim.

– Não! – Laíssa o protegeu contra o peito.

Acordou gritando, inteiramente embrulhada no seu edredão. Tinha a nítida sensação de que alguém havia lhe fincado nas costas uma espada muito fina, mas de imediato todo o resto do sonho apagou-se-lhe da memória como que por encanto. Laíssa desvencilhou-se do edredão, ainda assustada, sentindo muita dor de cabeça, precisamente na região da nuca.

41

Joaquim vinha correndo por um corredor muito comprido. Sentia-se muito mal, era como se fosse desfalecer a qualquer momento, embora ele já se soubesse desencarnado. Sentia-se cada vez mais no limite de suas forças. O outro Joaquim, contudo, continuava correndo atrás dele, com sua espada.

Em sua correria enlouquecida, ele agora se lembrava de todos os momentos de sua vida em que sentira como se fosse duas pessoas ao mesmo tempo. Em muitas ocasiões, tivera plena consciência de seu 'vício', por assim dizer. Então torturara-se pensando que não podia fazer isso, que gostaria de ser apenas um homem como outro qualquer, que as mulheres não se jogassem tanto para ele assim tão facilmente. Mas Joaquim não tinha consciência do poder de seu próprio magnetismo e, tão logo se via envolvido com uma nova possível conquista, voltava a se sentir vaidoso do próprio desequilíbrio.

Nos momentos em que ficava mais imbuído da própria consciência, ele conseguia tomar muitas decisões, reavaliar e reprogramar todo o seu projeto de futuro. Então era um ser humano adorável, verdadeiramente admirável em seus firmes propósitos de se melhorar. Acontece, porém, que, mal ele conseguia entabular uma conversa sobre este assunto, logo surgia uma mulher muito interessante a desafiá-lo com o olhar e, quando ele dava por si, já era inteiramente o 'outro' se manifestando, com seus galanteios, suas frases bem pensadas, seu intenso e irresistível poder de sedução. Ora, se aquele cara o acompanhava fazia tanto tempo quanto ele mencionou para Laíssa,

315

316 | Lygia Barbiére

será que tinha alguma coisa a ver com essa sua 'dupla personalidade' incontrolável? – Joaquim agora se perguntava.

De todo o seu coração, ele realmente desejava descobrir porque sentia tanta dificuldade de se tornar uma pessoa melhor.

Lorenzo de la Volga – aquele nome voltou-lhe à mente enquanto ele corria. Identificava-se profundamente com ele. Aliás, teria preferido mil vezes ter se chamado Lorenzo do que Lucídio... Imagens daquela vida anterior começaram a desfilar pelos seus pensamentos. Ele se viu então dançando numa praça pública, admirado por mulheres da cidade em meio a um grande público. Era o grande sedutor, dançando, imponente, entre várias ciganas. Sabia do poder que exercia sobre elas, do poder que exercia sobre todas as mulheres ali presentes, que lhe atiravam muitas moedas de ouro ao fim do espetáculo.

Lorenzo gostava daquele papel. Havia sido treinado para isso, desde pequeno. Após a dança, sempre escolhia uma entre as que mais o apeteciam e sumia com ela por entre os matos do acampamento para só retornar ao amanhecer.

Em sua correria, Joaquim/Lorenzo se viu então com Laíssa numa dessas madrugadas, em beijos tórridos e ofegantes.

– Não! – ele gritou, como se quisesse fugir de tudo aquilo.

Nesse momento, viu de repente um clarão no final da estrada escura por onde vinha correndo. Parou de repente e arregalou os olhos para ver com maior nitidez. Não podia ser verdade! Estava diante do centro espírita que costumava frequentar nos últimos tempos.

Era uma casa antiga e bem cuidada, uma construção de mais de cem anos. Embora fosse alta madrugada, o local estava todo iluminado. Mas não era simplesmente a luz externa da rua a iluminar construção. Havia muito movimento lá dentro, onde todas as luzes pareciam acesas.

De longe, Joaquim percebeu, contente, que eram espíritos, em sua grande maioria, aqueles trabalhadores que ali estavam. Bezerra de Menezes, o mentor da casa, estava entre eles! Só de vê-lo, naquele momento, Joaquim sentiu brotar dentro de si uma alegria, que lhe aflorou num sorriso quase infantil de contentamento. Sentia-se em casa! Sim, Bezerra estava lá! Por um instante, esqueceu de tudo o que havia ocorrido até ali, experimentando apenas a alegria pro-

Após a Chuva | 317

funda de ter conseguido chegar àquele local. Ficou desnorteado, contudo, ao perceber que os portões estavam fechados com corrente e cadeado.

Ele tocou no cadeado, mas, logo em seguida, como que tomado de um raio de lucidez, olhou para si mesmo, sua camisa ensanguentada, seu aspecto sujo. Não teve coragem de chamar por ninguém que estava lá dentro. Soltou o cadeado e novamente virou-se para a rua. O homem de capa preta observava-o do outro lado do passeio, com seu olhar irônico e implacável.

Joaquim sentou-se na calçada, desolado. Como Sheila, Paula e Laíssa, havia muitas outras que agora pareciam chorar por dentro dele, feridas em seu amor mais profundo. Sentia-se a última das criaturas, apunhalado pelas próprias lembranças, que se multiplicavam em sua mente como cobras perversas.

Imagens da festa a que o homem de capa o conduzira misturavam-se a suas lembranças. Entendia agora que havia sido levado até aquele local sórdido para que visse com seus próprios olhos o que fizera consigo próprio ao longo de toda aquela encarnação. Não, ele não podia ir ao encontro de Bezerra de Menezes e dos mentores de luz que trabalhavam naquela casa abençoada. Joaquim sentia-se sujo, como que impregnado dos odores de todas as mulheres com quem se relacionara. E as vozes delas pareciam falar cada vez mais alto, misturando-se dentro da sua cabeça. Muitas mulheres. Queria muito que elas parassem de falar, de chorar, de acusá-lo de tantas coisas. Mas elas, ao contrário, pareciam empenhadas em minar-lhe toda a coragem que havia acumulado para chegar até ali e pedir auxílio.

– Misericórdia, meu mentor! – implorou, sentindo-se no limite de suas forças. – Eu sei que eu sou um infeliz, mas, pelo amor de Deus, me ajuda! Eu não aguento mais me culpar por isso... Eu preciso muito de ajuda! Eu quero ser diferente...

Orou ali em prantos, com toda a sinceridade. Parecia até uma criança desamparada, perdida no meio da praia. Foi quando olhou para o chão e percebeu que havia um par de pés diante dele. Foi subindo os olhos devagar até deparar-se com o mesmo homem que encontrara recentemente na saída do centro de magia negra onde Ayla trabalhava.

318 | LYGIA BARBIÉRE

Sim, pensando em Ayla, ele começava a compreender que não fora gratuita a afinidade que tão naturalmente surgira entre eles na ocasião. Afinal, ele agora sabia que também fora um cigano no passado. Milhares de pensamentos passaram-lhe pela cabeça no instante em que seu olhar se encontrou de novo com o daquele ser de luz genuína.

– Não, eu ainda não sou o ser de luz que você imagina – ele pareceu se divertir com os pensamentos de Joaquim.

– Como veio parar aqui? – Você também... trabalha aqui? – ele admirou-se, sem conseguir compreender direito o que se passava.

– Não. Na verdade trabalho para você! – o homem sorriu.

– Para mim? – estranhou Joaquim.

– Tenho responsabilidade sobre sua evolução espiritual e venho procurando ajudá-lo desde que planejou sua jornada na Terra. Aliás, saiba que faço isso com muita alegria – ele explicou.

– Quer dizer então que você... naquele dia... também estava lá por minha causa? – Joaquim mal podia acreditar.

– Eu sempre estou ligado a você, embora nem sempre você consiga perceber minha presença, para não dizer dificilmente! – ele respondeu simpático.

Joaquim pensou que, ao contrário do que ele sempre imaginara, um mentor de luz não era necessariamente solene e formal. Parecia-lhe alguém muito íntimo, muito próximo e coloquial.

– Você então é... meu anjo da guarda? Meu mentor espiritual? – Joaquim parecia ainda não acreditar plenamente naquela possibilidade.

Naqueles instantes até se esqueceu do outro Joaquim. Sentia-se nimbado de luz por todos os lados. O simples contato com aquele ser o fazia sentir-se assim.

– Se você quiser me chamar assim, não há o menor problema...

– Mas... eu cometi erros demais! Venho fazendo isso há séculos! Acha mesmo que eu tenho direito a estar aqui agora com você? – Joaquim duvidou.

– Como ensinou o apóstolo Pedro, um ato de amor cobre uma multidão de pecados. Você realizou muitos atos de amor enquanto encarnado, independentemente de suas imperfeições e dos desequilíbrios delas decorrentes. Você é merecedor de auxílio, se é o que quer saber.

APÓS A CHUVA | 319

Joaquim se emocionou. Abaixou a cabeça para chorar, enquanto o seu mentor, com um simples movimento das mãos abriu o portão, como se não estivesse fechado por nenhum cadeado.

– Venha, não é aconselhável no seu estado ficar perambulando assim pelas ruas – ele ergueu Joaquim da calçada com cuidado e o ajudou a caminhar.

Amparado por ele, Joaquim entrou no centro cabisbaixo e cambaleante, sentindo-se muito envergonhado diante da perspectiva de ser reconhecido por algum daqueles espíritos trabalhadores, por Bezerra de Menezes!

– Estou cansado que mal consigo caminhar... – confessou.

– Não tem problema. Eu estou aqui com você. Apenas me abrace, eu vou caminhar com você. Eu coloco uma perna para frente, e você coloca a outra, do lado de lá. Vem...

Seguiram assim pelo longo pátio florido até a entrada que dava acesso aos salões, onde foram recebidos por uma atendente. De imediato, Joaquim a reconheceu. Era Débora, uma trabalhadora encarnada que fazia parte da equipe do auxílio fraterno.[29] Na verdade, também tivera um rápido flerte com ela. Mas a jovem não parecia preocupada com isso. Estava ali desdobrada em período de sono, empenhada em continuar a serviço até mesmo durante o seu tempo de repouso no plano físico. Joaquim ficou ainda mais constrangido depois de reconhecê-la, mas ela o saudou com grande afetuosidade:

– Que bom que você foi amparado, Joaquim. Ou será que deveria chamá-lo de Lucídio? – ela comentou, dando a entender que sabia exatamente quem ele era.

– Acho que talvez seja melhor me chamar de Lorenzo... – ele observou cabisbaixo.

A jovem, contudo, pareceu não dar muita importância ao comentário:

– Estivemos orando por você ao longo de todos estes dias! Seja bem-vindo à nossa casa! Leve-o até o ambulatório, Kabir. Vejo que nosso amigo está precisando fazer alguns curativos... – ela disse ao mentor de Joaquim, a quem parecia conhecer bastante também.

---

[29] A atividade denominada 'auxílio fraterno' é disponibilizada em muitas instituições para atender os que chegam à casa espírita em busca de esclarecimento, orientação, ajuda ou consolação.

320 | LYGIA BARBIÉRE

– Kabir... É este o seu nome? – Joaquim constatou maravilhado, enquanto eles continuavam caminhando abraçados.

– Sim. Foi este o nome que escolhi para permanecer na espiritualidade neste período – ele explicou.

– Quer dizer então que você não é um anjo? Um espírito já evoluído? – estranhou Joaquim, enquanto subiam por uma escada estreita, que não existia ainda no plano físico. – Onde vai dar esta escada? Não conhecia aqui!

– Uma pergunta de cada vez! – pediu Kabir, bem-humorado.

– É que eu nunca pensei que um dia iria entrar aqui com o meu protetor. Sabe uma coisa que nunca antes passou pela cabeça da gente? Estou me sentindo como uma criança que ganhou um presente de natal!

– Cada pessoa tem um mentor, algumas vezes, vários, de acordo com o seu merecimento e a sua necessidade, mas também conforme a tarefa escolhida para sua vinda à Terra. Em geral, a evolução do espírito cuidador é sempre proporcional à daquele que está sendo cuidado. Uma criança no maternal não precisa de uma professora formada em física quântica, assim como um homem do campo não necessita de um foguete para fazer passeios no espaço. Tudo nas leis divinas é equilíbrio e sensatez[30] – ele explicou calmamente. – Isso significa que estou muito mais próximo do que você imagina... – fez questão de enfatizar.

Joaquim sorriu por entre lágrimas. Estava muito emocionado, tudo o fazia chorar. Chegaram à entrada de uma espécie de ambulatório, onde Joaquim teve seu ferimento limpo e sua ferida finalmente parou de sangrar. Alguns trabalhadores vestidos com uniformes verdes, numa cor que por si só já transmitia uma sensação muito grande de paz, vestiram nele uma roupa limpa, depois acomodaram-no em uma espécie de maca de rodinhas, que conduziram por um grande corredor. Em dado momento, cruzaram com uma grande enfermaria, onde vários outros pacientes eram tratados. A maioria deles dormia profundamente.

– Eu jamais poderia imaginar que tudo isso funcionasse aqui no centro, que vocês tivessem todo este atendimento... E até o local! De onde surgiram todas estas salas? – Joaquim não conseguia ainda entender.

---

[30] Cf. *O Livro dos Espíritos* , cap. IX, perguntas 489 a 521.

Após a Chuva | 321

– Toda casa espírita possui uma parte espiritual, um complemento invisível a olhos humanos, mas que funciona simultaneamente como escola e hospital para os desencarnados. Muitos vêm aqui só para estudar, enquanto outros são trazidos para receber o atendimento emergencial necessário até que possam transferir-se para os locais especializados em que deverão ser acolhidos na espiritualidade – explicou Kabir.

– E Bezerra de Menezes? Ele fica aqui o tempo todo?

– Não! – respondeu Kabir. – Espíritos da condição dele são muitíssimo ocupados. Você não tem ideia da imensidade de falanges trabalhadoras do bem que ele comanda. Ainda assim, ele sempre faz questão de visitar todos os locais monitorados por essas falanges.

Ele acompanhava a maca, enquanto Joaquim, maravilhado com todas aquelas explicações, era empurrado para a sala de consultas.

– Foi grande o ferimento – constatou o jovem médico que veio examiná-lo. – Ao que tudo indica, você já trazia uma ferida espiritual antiga, neste mesmo local...

– Foi o mesmo local em que eu cravei a espada, quando tirei a vida daquele outro Joaquim naquela existência passada... – Joaquim se lembrou assustado.

– Ele não era outro Joaquim – explicou o mentor bem-humorado.

– Eu disse outro porque por coincidência o nome dele também era Joaquim! – explicou o doente.

– Acontece que o seu nome nesta existência não era Joaquim. Ele era Joaquim. – explicou Kabir.

Joaquim continuava confuso.

– Mas foram uns primos que começaram a me chamar por esse nome! – ele recordou.

– Lucídio foi o nome que você recebeu, justamente para lembrá-lo da tarefa de luz que você havia assumido para esta encarnação. Seus primos, contudo, de alguma forma, captaram a presença do perseguidor a seu lado e passaram a chamá-lo por esse nome. Talvez pela imensa afinidade que, no fundo, existe entre vocês – explicou Kabir.

– Mas eu me sinto Joaquim! Não me sinto Lucídio, nunca me senti! – ele argumentou.

– É comum acontecer isso quando o envolvimento entre os espíritos vem de muito tempo. Até porque a sintonia entre vocês é muito grande. É o mesmo que acontece quando duas plantinhas misturam suas raízes dentro de um mesmo potinho. – explicou o médico.

– E onde ele se encontra neste momento? – estranhou o paciente.

– Continua parado lá fora, diante do centro. Embora não entre, de forma alguma, aqui na casa, a ligação entre vocês é tão forte que posso examiná-lo através de você! – disse o médico. – Mal sabe ele que os dois estão sendo tratados desde o momento em que você entrou aqui...

– E o que é que ele tem? – quis saber Joaquim.

– A causa principal, a meu ver, é falta de lucidez. Alguns espíritos se deixam levar de uma tal forma por sentimentos de indignação e revolta que acabam perdendo completamente o discernimento, gerando estados de perturbação que os mantêm doentiamente presos ao passado... – respondeu o facultativo.

– O que mais me assusta nesses processos é que o obsessor quase sempre se apega de uma maneira tão intensa aos que odeia, no intuito de vingar-se, que acabam passando mais tempo da existência ao lado de quem odeiam do que na companhia daqueles a quem amam... – disse o protetor de Joaquim.

– Infelizmente, isso é bem mais comum do que imagina... – comentou o médico.

– É verdade... Se ele ama tanto a essa tal irmã dele, devia era estar perto dela, ao invés de ficar me perseguindo desse jeito – refletiu Joaquim. – Mas onde está essa irmã? Está encarnada?

– Tudo no universo é magnetismo e sintonia. Certamente, se eles têm uma ligação tão forte, ela está mais próxima do que se imagina... – observou o médico.

– Mas ele a reconhece? – quis saber Joaquim.

Kabir e o mentor trocaram significativo olhar. Embora continuasse ligado a Joaquim, o homem de capa havia acabado de deixar as imediações do centro.

42

Laíssa passou o dia todo com muita dor de cabeça. Sabia que tinha tido um sonho estranho aquela noite, mas praticamente não conseguia se lembrar de nenhum detalhe. Exceto do momento em que sentira a espada daquele homem estranho perfurando-lhe a nuca. Sequer podia lhe passar pela mente a hipótese de que o homem tivesse furado, na verdade, a nuca de Joaquim e que ela estivesse apenas sentindo a reverberação da dor que ele experimentava, dada a intensa sintonia que mantinham entre si. Mas ela sequer lembrava que Joaquim estivera também presente naquele sonho.

Sentou-se na cama e tentou meditar. Queria muito parar de pensar. De lembrar. De sentir na nuca aquela dor. Que, aliás, não era apenas na nuca.

Fechou os olhos e tentou concentrar-se na respiração. Quatro tempos para o ar entrar... quatro tempos lá dentro, espalhando-se por todas as células... quatro tempos para sair... quatro tempos de vazio... A professora de ioga sempre dizia que bastava concentrar-se na respiração. Mas Laíssa simplesmente não conseguia. Quando inspirava o primeiro ar, parecia que vinha com ele tanta coisa ... No dois, ela já não sabia se inspirava ou expirava... Todo seu foco estava de novo no pensar.

– Quer saber? Deixa isso para lá... – ela se levantou, ainda com dor.

Sentia-se amargurada. Não conseguia explicar direito de onde vinha aquela sensação tão profunda. Era uma desesperança, uma tristeza sem limites, como se vivesse internamente uma sequência de muitos e muitos dias de chuva.

Joaquim, o espírito perseguidor, estava agora a seu lado, empenhado em uma nova missão:

– Ingratidão! – ele pareceu envolvê-la numa nuvem com o hálito de suas palavras. – É muita ingratidão!

Laíssa, fragilizada, acolheu profundamente aqueles pensamentos. E a dor de cabeça aumentou. Chegou a um ponto em que parecia que a cabeça iria explodir de tanta dor. A dor maior era por dentro de si mesma, como se seus órgãos estivessem todos inflamados. Chegou mesmo a ter febre naquele dia. Era essa dor profunda, essa amargura o que verdadeiramente conectava-a àquele outro companheiro espiritual.

Aquele Joaquim não queria propriamente fazer-lhe mal, apenas bloquear o auxílio espiritual que ela vinha dando ao outro Joaquim com suas vibrações. A ideia era justamente aguçar sua mágoa para que ela perdesse a vontade de ajudá-lo.

– Ingrato! Ingratidão! – novamente ele sussurrou aos ouvidos de Laíssa.

A dor de cabeça aumentou. Ainda assim, fez um esforço sobre-humano, tomou mais um comprimido e saiu para atender a seus pacientes daquele dia. Por sorte eram poucos. A dor de cabeça, contudo, não passava de jeito nenhum.

No final da tarde, lembrou-se das palavras de Christel e de novo sentiu muita vontade de meditar. Sentia sua mente agitada, desejava muito fazer algo que pudesse acalmar o ritmo de seus pensamentos. Por que será que ela nunca conseguia?

Tomou um copo de água, preparou as almofadas sobre o tapete e sentou-se para mais uma vez tentar. "Entregar-se completamente ao silêncio do mundo" – ela se lembrou das palavras de Christel.

Sentou-se no chão do consultório e procurou concentrar-se na respiração e no silêncio em volta. Por alguns instantes conseguiu. Chegou mesmo a ouvir o coração batendo dentro de si. Não pôde, contudo, manter-se por muito tempo naquela posição, não tinha controle sobre toda a agitação que estranhamente pulsava por dentro dela mesma. Aquele pensamento ficava ecoando por dentro dela. Ingratidão. O tiro, porém, saiu pela culatra e ela começou a pensar em Ricardo, no quanto fora ingrato em traí-la daquela forma depois de tudo o que fizera por ele... Se até mesmo de seu desejo de ser mãe ela abrira mão por causa dele, que ainda não se convencera se queria "ser pai nesta vida", como ele costumava dizer...

Tanto tempo energeticamente ligada a uma pessoa para, no final das contas, terminar um relacionamento como mero corte umbilical. Brigar por apartamento, discutir na justiça, olhar para o outro como se fosse uma outra pessoa, tão diferente daquela por quem um dia se apaixonara. Para onde teria ido aquela pessoa? Para onde teria ido a pessoa que era ela mesma naquela época em que tudo começou?

– Definitivamente, não consigo... – Laíssa abriu os olhos desanimada. – Nem meditar e nem parar de pensar!

Ela se lembrou então de Kalindi, sua professora de ioga e decidiu ligar para pedir ajuda.

– Laíssa! Que bom falar com você! ... Puxa, acabei de encerrar minha última aula de ioga, mas, se você quiser vir até aqui em casa, eu vou fazer o meu *Evangelho no lar* da semana, depois posso tentar te ajudar com a meditação – ela respondeu, solícita.

– *Evangelho no lar*? O que é isso? – estranhou Laíssa.

– É um estudo que eu faço, toda semana, aqui em casa. Por que você não aproveita e vem para fazer comigo? Vou começar em meia hora, minha casa fica pertinho do consultório, vem! – ela insistiu.

– Mas... não tem outras pessoas que fazem isso com você? Sinceramente, não estou com vontade de ver muita gente hoje... – confessou Laíssa.

– Não. Eu sempre faço sozinha! Quer dizer, eu sei, eu sinto que sempre participam muitos espíritos amigos. Mas de encarnada mesmo só tem eu! Meu companheiro nem está em casa, foi passar uns dias na roça com os pais dele! – Kalindi insistiu.

Laíssa foi.

– Nossa, eu estava com tantas saudades deste espaço... Preciso mesmo retomar minhas aulas de ioga – ela observou, quando entraram na sala onde as práticas costumavam ser realizadas.

– Eu gosto de fazer aqui o meu *Evangelho*. É uma forma que eu tenho de melhorar a ambiência espiritual desta sala e de toda a minha casa. Aliás, dizem os espíritas que sempre que a gente faz o *Evangelho*, toda a vizinhança é beneficiada. O auxílio se estende a todas as imediações – Kalindi comentou.

326 | Lygia Barbiére

Ainda acompanhando Laíssa, Joaquim olhou desconfiado. Não gostou daquela conversa.

– Mas o que é exatamente este negócio de *Evangelho no lar*? – Laíssa perguntou, sentando-se sobre uma das esteiras de palha que ficavam no chão.

– É este o *Evangelho*? – ela pegou o exemplar que estava sobre algumas almofadas e leu alto – *O evangelho segundo o espiritismo*.[31]

– No meu caso, que sou espírita, este é o livro que eu estudo. Mas penso que o importante é o contato com as palavras ditas por Jesus. Acho, inclusive, que todas as pessoas, de todas as religiões, deviam sempre reservar um dia e um horário na semana para ler o *Evangelho* que mais se afinize com elas. Pode ser o *Evangelho* católico, presbiteriano, enfim. Mas acabou que até agora não te expliquei como fazemos isto...

– Pois é. Tanta coisa para a gente conversar... – disse Laíssa. – Só queria mesmo que passasse esta dor de cabeça...

Kalindi olhou o relógio que ficava no canto da janela.

– Ainda temos dez minutos... Sempre começo pontualmente às dezenove horas. Enquanto isso, deixa eu fazer uma massagem na sua cabeça... às vezes é só tensão...

Ela se aproximou e passou a fazer movimentos circulares com as pontas dos dedos na nuca de Laíssa.

– O *Evangelho no lar* não deixa de ser uma forma de meditação... Todas as semanas, no mesmo dia e horário, eu me sento aqui, leio uma mensagem de um de meus livrinhos, faço uma prece e...

– Porque precisa ser sempre no mesmo dia e horário? Existe alguma razão especial para isto? – Laíssa a interrompeu sem querer.

– Sim! – disse Kalindi, sem parar com a massagem. – Afinal, os espíritos de luz que nos orientam nesses momentos são seres muito ocupados. É o mesmo que acontece quando a gente cria um grupo sério de estudos. Se não tivermos dia e horário fixos, as pessoas não têm como se organizar para vir.

---

[31] *O evangelho segundo o espiritismo* é uma das obras básicas da doutrina espírita. Publicado pela primeira vez em 1864, foi escrito por Allan Kardec e contém a explicação sobre diversas passagens da vida e dos ensinamentos de Jesus, com comentários feitos por diversos espíritos.

APÓS A CHUVA | 327

– Entendi. Mas volta a explicar, então. Depois de fazer a prece, você passa para a leitura do *Evangelho*?

– Sim. Não é preciso fazer a leitura de um trecho muito grande. Pode ser apenas um parágrafo, algumas linhas. O suficiente para nos levar a uma reflexão sobre aquele assunto – esclareceu Kalindi.

– Mas você segue sempre a sequência dos capítulos? Por onde devo começar? – Laíssa estava mesmo interessada em aprender como se fazia.

– Depende da pessoa. Eu prefiro abrir ao acaso, mas tem gente que segue a sequência do *Evangelho*. O que eu mais gosto no espiritismo é que o livre-arbítrio é sempre respeitado. O *Evangelho no lar* deve ser feito conforme o gosto e a necessidade de cada um... Está melhorando? – ela perguntou, ainda mexendo em alguns pontos no couro cabeludo de Laíssa.

– Está gostoso, isso sim... – ela respondeu, sentindo-se bem com aquele toque suave.

– Tenho certeza de que, quando terminarmos nosso estudo, você vai estar ótima... Então faremos nossa meditação. Podemos começar? – ela verificou com os olhos que o relógio marcava dezenove horas em ponto.

– Sim – respondeu Laíssa.

De longe, o Joaquim de capa as observava, curioso sobre o que seria aquilo de que elas falavam, mas muito incomodado com a energia local.

Elas ficaram então uma de frente para a outra e abriram ao acaso o pequeno livrinho que Kalindi deixara previamente separado.

"Refugia-te em paz", era o título da mensagem, que Kalindi passou a ler em seguida:

> Há muitos sentimentos que te animam há séculos, imitando, em teu íntimo, o fluxo e o refluxo da multidão. Passam apressados de teu coração ao cérebro e voltam do cérebro ao coração, sempre os mesmos, incapacitados de acesso à luz espiritual. São os princípios fantasistas de paz e justiça, de amor e felicidade que o plano da carne te impôs. Em certas circunstâncias da experiência transitória, podem ser úteis, entretanto, não vivas exclusivamente ao lado deles. Exerceriam sobre ti o cativeiro infernal.

> Refugia-te no templo à parte, dentro de tua alma, porque somente aí encontrarás as verdadeiras noções da paz e da justiça, do amor e da felicidade reais, a que o Senhor te destinou.[32]

– Que coisa... – Laíssa observou impressionada, tomando nas mãos o livro. – Tem tudo a ver com o que eu estava pensando no dia de hoje... Estou sentindo justamente essa necessidade de meditar, de aprender a entrar no meu templo...

– Na verdade, já está entrando. A coincidência é só uma prova disso. Porque não existem coincidências. Existe lei de sintonia. Com a prática, você vai ver que isso sempre acontece. É uma prova da ligação que conseguimos firmar com o mundo maior através desta prática – comentou Kalindi.

– Mas... e os espíritos imperfeitos, aqueles que querem nos prejudicar? – aventou Laíssa.

– Não estamos na obra do mundo para aniquilar o que é imperfeito, mas para completar o que se encontra inacabado...[33] Sempre que conseguimos nos renovar para o bem, conduzimos tudo em volta em direção à luz...

Joaquim teve ímpetos de sair dali ao ouvir isso, mas teve dificuldade em se mover. Parecia até que seus pés estavam colados ao chão, não conseguia sair do lugar.

– Ingratidão! – ele ainda tentou sugerir a Laíssa. – São todos uns ingratos... Não perca mais seu tempo com isso!

Kalindi olhou para o relógio e, pelo seu olhar, Laíssa entendeu que era hora de começar. Fizeram então uma prece, onde a professora de ioga agradeceu pela oportunidade daquele estudo, e pediu que a espiritualidade pudesse estar ali presente, orientando-lhes o entendimento do que lhes seria direcionado.

Só então abriram ao acaso o volume de *O evangelho segundo o espiritismo* que estava sobre a almofada ao lado de Kalindi. Saiu o item "Benefícios pagos com a ingratidão", parte do capítulo "Não

---

[32] Trecho do livro *Fonte Viva*, de Emmanuel, pela psicografia de Francisco Cândido Xavier, 21ª edição. Brasília, FEB, 1956, p.329.

[33] Frase do livro *Vinha de luz*, de Emmanuel, psicografia de Francisco Cândido Xavier. 14ª Ed. RJ: FEB, cap. 32, "Em Nossa Luta".

saiba a vossa mão esquerda o que faz a vossa mão direita",[34] que Kalindi leu:

> Deveis sempre ajudar os fracos, embora sabendo de antemão que os a quem fizerdes o bem não vo-lo agradecerão. Ficai certos de que, se aquele a quem prestais um serviço o esquece, Deus o levará mais em conta do que se com a sua gratidão o beneficiado vo-lo houvesse pago. Se Deus permite por vezes sejais pagos com a ingratidão, é para experimentar a vossa perseverança em praticar o bem.

– Nossa, Kalindi, que incrível! Sabe que uma das coisas em que pensei hoje o dia todo foi justamente esta questão da ingratidão? Depois que me separei do Ricardo, por tudo o que você já sabe, me envolvi com outra pessoa, um cara completamente enrolado, que no final das contas era um sedutor e acabou sendo assassinado!

Kalindi fez um sinal silencioso para que ela continuasse, ouvia-a com toda a atenção.

– Pois bem. Há meses venho me dedicando a esse cara que desencarnou. Parece até que a minha vida passou a girar em torno disso! No entanto, às vezes eu fico pensando, acho que esse cara sequer tem a menor gratidão por mim!

– Isso! – comemorou Joaquim, ainda sentindo como se alguém o houvesse de alguma forma anestesiado.

– Espera um instante! Como assim há meses você vem se dedicando a esse cara que desencarnou? – estranhou Kalindi.

– Ah, sei lá... Eu procurei auxiliá-lo o máximo que eu podia quando ainda estava aqui entre nós, mas ele acabou sendo assassinado e até hoje tenho sonhos com ele. A sensação que eu tenho é a de que continuamos profundamente ligados... Muitas vezes acordo no meio da noite para fazer preces por ele, porque sinto que vive momentos de grande perturbação... Mas, mesmo nessas ocasiões, muitas vezes me pergunto se adianta de alguma coisa, se de alguma forma ele reconhece tudo o que faço por ele... – desabafou Laíssa.

---

[34] Cap. XII, item 19.

330 | LYGIA BARBIÉRE

– Acho que a resposta para a sua pergunta está justamente no parágrafo que vem a seguir. Vou ler para você – anunciou a professora de ioga, com o *Evangelho* aberto nas mãos:

> E sabeis, porventura, se o benefício momentaneamente esquecido não produzirá mais tarde bons frutos? Tende a certeza de que, ao contrário, é uma semente que com o tempo germinará. Infelizmente, nunca vedes senão o presente; trabalhais para vós e não pelos outros. Os benefícios acabam por abrandar os mais lerdos corações; podem ser esquecidos neste mundo, mas, quando se desembaraçar do seu envoltório carnal, o espírito que o recebeu se lembrará dele e essa lembrança será o seu castigo. Deplorará a sua ingratidão; desejará reparar a falta, pagar a dívida noutra existência, não raro buscando uma vida de dedicação ao seu benfeitor. Assim, sem o suspeitardes, tereis contribuído para o seu adiantamento moral e vireis a reconhecer a exatidão desta sentença: um benefício jamais se perde. Além disso, também por vós mesmos tereis trabalhado, porquanto granjeareis o mérito de haver feito o bem desinteressadamente e sem que as decepções vos desanimassem.

Joaquim, a essas alturas, lutava contra um sono terrível que parecia querer dominá-lo.

– Tenho pensado tanto sobre isso... Ainda mais depois que uma amiga me falou sobre aquela história das cebolas do Egito, de quando os hebreus se revoltaram contra o maná que Deus enviava dos céus, ressentidos da falta das cebolas estragadas que haviam se acostumado a comer no Egito. Você já ouviu essa passagem? – perguntou Laíssa.

– Sim, eu conheço esse trecho bíblico. Aliás, se você observar, Deus não se zangou com eles por isso, porque Ele sabia que era preciso que os hebreus fossem testados em sua perseverança para que depois pudessem ter a coragem de colocar os pés naquelas águas, desafiando o próprio medo para que elas se abrissem à passagem deles. Foi preciso confiar nos próprios passos para que o auxílio viesse! Muitas vezes o nosso grande desafio consiste em seguir o nosso caminho mesmo, a despeito da ingratidão daqueles que nos cercam – lembrou Kalindi.

APÓS A CHUVA | 331

– Nunca! – protestou Joaquim, ainda lutando contra aquela força que parecia querer adormecê-lo.

– É que me dói pensar que eu sempre estou disposta a fazer tudo por todo mundo... No final, acabo simplesmente por ser taxada de "mulher que ama demais", "dependente emocional" e outras nomenclaturas do gênero... como se tudo o que eu fiz ou pelo menos tentei fazer pelas outras pessoas não tivesse o menor valor... – ela confessou ressentida.

– Mas você tem muito valor! A capacidade de sentir e transbordar amor é louvável em qualquer circunstância, é certamente marca registrada de espíritos que muito já aprenderam ao longo de seu caminho evolutivo – observou Kalindi.

Laíssa olhava atentamente para ela.

– Acho que a questão não está no dar aos outros aquilo que você tem de melhor, mas na expectativa de receber em troca daquela mesma pessoa a quem você beneficiou – advertiu Kalindi. – O mundo é muito grande. Precisamos confiar que acima de tudo existe uma lei divina que rege o equilíbrio de todas as situações. Muitas vezes ajudamos muito a uma pessoa que não reconhece, mas vamos receber, lá na frente, o auxílio por parte de outros, de quem jamais esperaríamos, porque a energia do amor segue uma corrente natural. A toda ação corresponde uma reação, portanto nenhum bem que fizermos ficará desprovido de uma resposta à altura. Mas jamais devemos fazer nada esperando uma recompensa. A ideia é fazer pelo prazer de nos sentirmos alinhados com as leis divinas – ela arrematou.

Joaquim agora parecia cochilar. Ele voltou a acordar assustado, sempre lutando contra aquele sono irresistível.

– Eu precisava mesmo era aprender a ser menos sensível, para não viver sofrendo tanto diante da reação das outras pessoas... – refletiu Laíssa. – Acho que preciso ler mais Freud e Lacan...

– Outro dia assisti a um estudo de *O livro dos espíritos*, que também falava exatamente sobre isto – ela comentou. – Dizia mais ou menos assim: Seja o bem que tivermos feito a nossa recompensa na Terra. Nem por um momento devemos ficar preocupados com o que dizem aqueles que receberam os nossos benefícios! A ingratidão é uma prova para a nossa perseverança na prática do bem e sempre será levada em conta pelos espíritos superiores que avaliam a nossa caminhada. Dizia ainda que os ingratos serão tanto mais punidos quanto maior tenha sido a sua ingratidão.[35]

– Eu não queria que ele sofresse... Sabe, nem mesmo ao Ricardo eu desejo nenhum sofrimento. Queria apenas que eles reconhecessem o quanto me magoaram com a sua ingratidão...

– Me desculpe falar, Laíssa, mas não se sinta tão vítima... Não faz bem para ninguém se sentir assim. Se você pensar que o próprio Jesus foi injuriado e desprezado, chamado até de impostor por aqueles a quem havia beneficiado... Mas jamais se sentiu vítima! – lembrou Kalindi. – Ao contrário, respondeu com: "Seja feita a vossa vontade, Pai, e não a minha", ensinando para nós que às vezes reclamamos das provas e dificuldade por que passamos porque ainda não sabemos o que é melhor para nós mesmos; não compreendemos a necessidade interna que trazemos de passar por determinadas situações para nos aprimorarmos.

– Tem razão. Me confortou bastante esta ideia de que as sementes foram plantadas e que, mesmo a despeito de toda a ingratidão, em algum momento elas irão brotar e aquela pessoa não só vai reconhecer todos os benefícios que recebeu, mas terá realmente a força necessária para mudar a postura que tanto a fez sofrer – avaliou Laíssa. – Acho que o que mais me incomoda não é nem tanto a pessoa não reconhecer, mas continuar agindo do mesmo jeito, se prejudicando cada vez mais...Eu tenho certeza de que, se o Joaquim estivesse ainda encarnado, ele ia continuar agindo como sedutor, alimentando as esperanças de uma porção de mulheres ao mesmo tempo e...

– É claro! Ele sempre foi assim! – opinou o Joaquim de capa. – Você ainda tem alguma dúvida?

Por alguma razão que ele no momento não conseguia entender, continuava a se sentir muito sonolento. Era como se suas forças estivessem de alguma forma se esvaindo com o esforço que fazia para se manter alerta.

– Não tenha certeza de nada com relação ao outro, Laíssa. Ninguém pode ter. Não temos esse controle. O outro é o outro. Quando aprendemos a respeitar essa distância muitos confrontos e problemas são evitados...

---

[35] Kardec, Allan. *O livro dos espíritos*. "Das Penas e Gozos Terrestres". Decepções. Ingratidão. Afeições destruídas", perguntas 937 a 938 a.

Após a Chuva | 333

– Eu sei... Quis dizer apenas que não me conformo de não ter conseguido fazê-lo pensar diferente! – explicou a terapeuta.

De longe, o outro Joaquim a olhava pensativo: o que será que a fazia importar-se tanto com aquele malfeitor? Não se dava conta, no entanto, de que ele mesmo desempenhava o mesmo papel, perseguindo-o ao longo de tantos anos a perderem-se no tempo. Sentia-se, contudo, cada vez mais enfraquecido com aqueles comentários.

– Está vendo? Controladora! Tudo tem o seu tempo certo, Laíssa. E nós não temos o controle sobre isto – continuou Kalindi. – Nem com relação a nós mesmos, e muito menos com relação a ninguém! Vamos confiar. A única coisa que podemos fazer é confiar. Nenhuma ansiedade aumenta um côvado[36] sequer a nossa estatura! Vivamos um dia de cada vez, serenos, seguros, sabendo que o Pai sempre cuidará de cada um de nós de acordo com as nossas necessidades, sem, porém, jamais deixar de fazer a nossa parte – sintetizou Kalindi.

Fizeram então a prece de agradecimento por aquele estudo que lhes fora proporcionado, rogando para que as bênçãos recebidas pudessem ser espalhadas por todo aquele quarteirão, toda aquela rua, toda aquela cidade onde viviam. Kalindi aproveitou para pedir por aquelas pessoas que necessitavam de preces e também para solicitar aos espíritos ali presentes que fluidificassem a água sobre a mesa, nela colocando todos os medicamentos necessários para que pudesse vencer a si mesma no dia a dia, superando todos os possíveis obstáculos ao seu crescimento espiritual.

Laíssa, como de hábito, procurou dirigir todo o seu pensamento e sua vontade para beneficiar Joaquim, onde quer que ele se encontrasse. Sensibilizada com tudo o que ouvira, conseguiu orar também por aquele estranho homem que vira em seus sonhos e que a havia de alguma forma machucado com sua espada, segundo lhe ficara registrado na mente. E também por Ricardo, seu ex-marido, para que também encontrasse a necessária luz para melhor trilhar seus caminhos.

Não podia, contudo, imaginar o efeito que seus pensamentos, revestidos de tão genuína vontade de ajudar, pudessem causar de fato em cada um daqueles seres.

---

[36] Côvado: medida utilizada por diversas civilizações antigas, baseado no comprimento do antebraço, medido entre a ponta do dedo médio e o cotovelo. Variava em torno dos 50 centímetros.

43

Lorenzo, enquanto isso, despertou e se viu numa sala repleta de macas como a dele, a mesma enfermaria que vira quando passavam pelo corredor em direção ao consultório do médico. Kabir estava a seu lado, de olhos fechados.

– Cochilando? – Joaquim perguntou.

– Na verdade não... Estava aqui concentrado, resolvendo algumas coisas... Parece que seu amigo Joaquim está começando a perder as forças...

– Não gosto quando você diz isso. Ele não é meu amigo. E, aliás, continuo me sentindo Joaquim... Eu nunca vou conseguir me acostumar com...

– Lucídio? – perguntou Kabir.

– Passei muita vergonha na infância por causa desse nome! Odiava! – confessou o doente.

– No entanto, quando na espiritualidade, você ajudou a escolher esse nome... – lembrou Kabir.

– Ajudei? – ele mal podia crer no que ouvia.

– Sim. Lucídio significa luminoso, lúcido, aquele que conseguiu conquistar o perfeito discernimento para sempre optar em sintonia com a luz. Alguém sempre empenhado em grandes causas, que acredita que o amor é capaz de vencer todas as dificuldades, de sempre ampliar os horizontes. É também aquele que 'vê' através das coisas, capaz de chegar a uma realidade espiritual sem se adaptar facilmente ao corre-corre do mundo moderno. Você justamente deixou o mundo espiritual com essa recomendação...

Lorenzo tinha os olhos baixos. Efetivamente sentia-se muito mais Joaquim do que Lucídio, talvez fosse esta a sua verdadeira identidade. Não pelo nome em si, cujo significado positivo ele desconhecia, mas pelo padrão em que se acostumara a vibrar independentemente de qualquer nome: o de um homem sedutor, que nunca se satisfaz com nenhuma mulher, que nunca antes havia percebido o quanto era capaz de machucar pessoas.

– Me sinto profundamente culpado... A sensação que tenho, aliás, é de que esta não é a primeira vez que eu erro, que eu sempre caio neste mesmo padrão... A culpa não é do Joaquim... A culpa é minha mesma, que continuo aquele mesmo Lorenzo daquela vida que o tal Joaquim está me cobrando...

– Onde ele próprio não era muito diferente de você – observou Kabir.

– O outro Joaquim? Como assim?

– Ele era um sedutor também. Aliás, há muitas e muitas vidas ele vem se comportando no mesmo padrão. O evento com a irmã deveria ter lhe servido de alerta para que aprendesse a vibrar em um outro padrão. Mas, infelizmente, ele não aprendeu a lição daquela vez. Não estava ainda maduro para isso – explicou Kabir.

– Tem razão! – ele se lembrou da forma como aquele outro Joaquim comandava aquele bando de espíritos para que estimulassem os encarnados de forma a que produzissem aquela gosma tão apreciada pelos sedutores. – Mas sinceramente não entendo! Se ele é como eu, por que me persegue com tanto ódio? Como pode me condenar por algo que ele também fazia, sempre fez, sei lá?

– É justamente o que os outros carregam que também é nosso que nos deixa mais indignados. É comum a ilusão de que combatendo no outro estaremos naturalmente exterminando a mesma característica que existe em nós... – o mentor analisou.

– Quer dizer, então, que, do momento em que eu passar a agir de forma diferente, vou me desligar naturalmente daquele outro Joaquim? – deduziu o doente.

– Fico imensamente feliz por você perceber isso! – comemorou Kabir.

– Imensamente feliz? Mas como? Então não vê que fracassei mais uma vez? Que sabe-se lá há quantas vidas eu venho arrastando este padrão sem jamais conseguir sair da mesma condição?

– Mas você deu um passo importante – considerou Kabir.

– Como assim um passo importante? Eu fui assassinado, sabe-se lá por quem, porque a vida toda eu agi como um sedutor! Não adiantou nada ter vivido esta encarnação! – argumentou o tutelado com sinceridade e arrependimento.

– Acontece que, da última vez, você demorou um bocado até finalmente chegar a essa conclusão... – sorriu Kabir, sempre otimista.

Lorenzo – afinal este era o nome daquele espírito, que a vida toda fora influenciado por Joaquim e jamais conseguira se consolidar como Lucídio – ficou um tanto quanto perplexo diante daquela declaração.

– Demorei? – ele quis confirmar.

– Sim. Sem nenhuma dúvida, foi uma grande conquista no seu processo como um todo. O arrependimento, quando não cristaliza o ser no remorso doentio, pode ser uma importante alavanca para que o progresso desejado se acelere – ponderou o protetor.

De novo Lorenzo fechou os olhos e tapou os ouvidos em sinal de perturbação.

– Pelo amor de Deus, então... peça para elas pararem de chorar e de falar na minha cabeça! Estou ficando louco com isso! – de novo ele começou a se deixar tomar por aqueles sintomas. – Afinal de contas, por que estou aqui? Por que não me leva de uma vez para o mundo espiritual?

– Estamos esperando a chegada do outro Joaquim para que possamos fazer a cirurgia – o médico entrou na sala neste momento e explicou.

– Cirurgia? – estranhou Lorenzo.

– Sim. Vai ser preciso desatar os laços que o prendem a você para que cada um possa ser levado para onde precisa – disse o médico. – A ajuda de Laíssa nos será fundamental neste sentido.

– Laíssa? Conhece a Laíssa? – espantou-se Lorenzo.

– Diria que ela está realizando um importante trabalho em prol de vocês dois – observou o médico. – Aliás, melhor dizendo, de vocês três! – ele sorriu.

Laíssa, enquanto isso, esforçava por se concentrar nas palavras de Kalindi, que tentava conduzi-la a um estado profundo de meditação. O antigo espírito Joaquim continuava observando-as à distância, sentindo-se cada vez mais sonolento.

O exercício de meditação que faziam juntas agora chamava-se espaço do coração. Segundo explicara Kalindi, era algo direcionado para que a pessoa pudesse atingir a sua quinta dimensão interna. Diferente de uma meditação pura e simples, o exercício consistiria na criação de um espaço de trabalho. O objetivo não era o de esvaziar a mente, mas sim entrar neste espaço mais interno, que toda pessoa tem, mantendo, porém, a mente ativa.

– Procure sobretudo vivenciar este momento... – sugeriu Kalindi, de olhos fechados. – Posicione-se confortavelmente, o mais confortavelmente possível, e deixe sua mente alerta...Inicialmente, você deve direcionar este exercício para alguma área de sua vida... como a cura de padrões que lhe trazem desconforto em sua personalidade... algum aspecto do seu comportamento que prejudica seu desenvolvimento... Pode também ter o objetivo de trabalhar nos aspectos físicos de sua existência... Então, permitindo-se ser curada pela luz, você aspirará profundamente essa cura...

Laíssa pensou então na sua ânsia por descobrir recursos em si capazes de ajudá-la a deixar de ser uma "mulher que ama demais" para que deixasse de se interessar por homens errados, pessoas com problemas que ela não tinha condição de resolver. Pensou que gostaria de aprender a ser uma pessoa menos controladora e menos carente.

– Comece o exercício colocando a palma de sua mão na região toráxica e localizando os seus batimentos cardíacos...

Laíssa percebeu que seu coração parecia dar pequenos pulinhos... Era como se ele vibrasse tentando transmitir a dor que ela estava sentindo naquele momento...

– Então, coloque sua atenção na região da garganta... – continuou Kalindi. – Coloque a palma de sua mão nesse local e localize a pulsação nessa região... Seu foco de atenção, neste momento, deverá ir para a região de sua testa... Sinta a pulsação entre os seus olhos... nos globos oculares... um pouco acima de seus olhos... Respire profundamente... No alto de sua cabeça, em seu crânio, existe um chacra, o coronário. Imagine-o como uma abertura por onde entra a luz primordial... Ela vem do alto, entra pelo seu coronário, passa pela região de sua testa, pela sua garganta, pelo seu tórax... e retorna, num movimento circular, ao alto de sua cabeça. Esse movimento é contínuo...

Ele alimenta da energia de vibração mais pura todo o seu circuito... Assim que a energia estiver circulando – e você pode imaginá-la num formato de luz líquida –, deixe que preencha toda esta região e que circule, na velocidade que precisar... E absorva esse momento com uma profunda respiração...

Laíssa sentiu a intensidade daquela luz que circulava por dentro de si. Pela primeira vez na vida experimentou uma espécie de conexão com o Criador... Sentiu que toda a sua vitalidade provinha dessa força que a fazia sentir parte da energia que a circundava, parte da energia de todo o universo. Era imensamente gratificante aquela sensação. De olhos fechados, sentiu então como se seu corpo estivesse se ampliando, se esgarçando, se tornando mais tênue e delicado ao ponto de misturar-se ao ambiente. Ao mesmo tempo, sentia-se como que confortavelmente instalada dentro do próprio peito.

– Você entrou no seu espaço do coração... Seu local sagrado e individual de cura, aprendizado, aconselhamento, compartilhamento... Apesar de ser o seu local sagrado e individual, ele pode ligar-se a todos os outros espaços do coração... E faremos isso, agora, imaginando que você está ligada a todos os seres e objetos do local onde está... A todos os seres e objetos de sua cidade... de seu país... de seu continente... do planeta Terra... desta galáxia e de tudo o que compõe todos os espaços...

Neste momento, Laíssa pensou naquele homem da espada. Deixou-se preencher por esse pensamento compassivo de forma tão profunda que, de repente, ela se viu num outro tempo ao lado dele. Os dois estavam em uma aldeia cigana, havia fogueira, música e danças ao redor. Ambos pareciam muito angustiados. O rapaz usava aquela capa preta porque estava disfarçado. Pelo diálogo, no entanto, dava para perceber que eram muito próximos.

– Joaquim, você me perdoa? – ela dizia àquele homem, com os olhos rasos d'água. – Acontece que eu amo... amo aquele homem. Não consigo viver sem ele...

Os dois se abraçavam terna e longamente. Laíssa teve a nítida impressão de que aquela cena havia acontecido em algum lugar do passado. "Mas não era Joaquim quem o abraçava, não era aquele Joaquim!", o consciente acusou. Ela, contudo, permanecia em estado meditativo. A seu lado, o obsessor se emocionou ao sentir a vibração de amor que ela emanou durante o exercício. Era como se toda aquela vibração estivesse direcionada para ele. Em seu íntimo, ele também reviu aquele mesmo abraço entre lágrimas na floresta.

Kalindi continuou:

– Seus olhos continuam fechados e você vê, em sua tela mental, algumas cores, luminosidade diferenciada em um ponto ou outro. Fixe uma dessas imagens. Deixe-se levar por ela.

Laíssa viu então crescer dentro da mente um ponto violeta, que foi tomando conta de toda a sua tela mental, trazendo-lhe uma sensação de profundo bem-estar. Aos poucos, a luz violeta foi envolvendo também toda aquela cena, aquele homem... toda a dor que o momento envolvia.

– Vamos usar este exercício para limpar padrões de sua personalidade que não lhe fazem bem. Pense em aspectos e comportamentos que prejudicam o seu desenvolvimento... Você pode jogá-los fora... apagá-los... minimizá-los... E agora preencha esse espaço com aspectos positivos que você gostaria de desenvolver... Dedique um instante para pensar em uma palavra, em especial, que represente um comportamento benéfico a você...

Laíssa sentiu lágrimas escorrendo de seus olhos. "Cebolas do Egito", pensou em seguida. Precisava aprender a se desapegar do passado que não mais lhe satisfazia. Mas qual seria o comportamento benéfico?

– Simplesmente permita que a mensagem venha harmônica e tranquila para a sua mente... Faça de novo a pergunta... – insistiu Kalindi.

"Como fazer para mudar esse jeito errado que eu tenho de amar as pessoas?", pensou Laíssa.

Então a resposta veio. Era como uma voz que aos poucos ia se materializando em letras até formar uma palavra concreta dentro de sua mente: "Ame-se!"

Era um processo tão profundo que Laíssa nem mais sentia os limites do corpo; era como se houvesse se transferido inteiramente para aquele espaço. Percebendo que ela havia conseguido se entregar totalmente ao exercício, Kalindi continuou ainda o trabalho:

– Dentro desse espaço, do seu espaço sagrado, é possível fazer várias experiências no que se refere à sua quinta dimensão, num nível interno... estas experiências são conscientes e reais... Você está em contato com todos os seus corpos e isso proporciona a unidade necessária para que acesse outras dimensões... Antes de terminarmos, deixemos espaço para um aconselhamento... Simplesmente permita que a mensagem venha de forma harmônica e tranquila em sua mente...

"Não julgue ninguém. Aceite ser quem você é, com consciência e verdade, e naturalmente você também aceitará os outros como eles são."

– E agora – prosseguiu Kalindi –, assim que você sentir que esta experiência foi suficiente para o momento, volte à sua individualidade... Abra seus olhos e perceba que você leva para o momento e o local onde está toda a harmonia que conseguiu em seu exercício do espaço do coração... Seja luz![37]

– Eu compreendi... – chorava o antigo Joaquim a seu lado, sendo agora socorrido pelos espíritos de luz que tinham vindo para participar do *Evangelho no lar* naquela casa. – Eu entendi tudo... Quando ela vibrou para mim de olhos fechados eu reconheci aquela força... Ela é Carmem... A minha irmã Carmencita... Como não percebi isso antes?...

Os espíritos o acalmaram com um passe e ele por fim adormeceu profundamente sobre a maca em que fora colocado. O objetivo fora alcançado. A constatação do gesto de sua irmã Carmencita, que, como Laíssa, empenhara-se com tanto amor na recuperação do espírito a quem ele tanto odiava por causa dela fora suficiente para arrefecer os laços deletérios que o prendiam a Lorenzo, abrira-se finalmente a necessária brecha para que o socorro acontecesse.

– Nossa, Kalindi, acho que consegui... Não só consegui me concentrar profundamente numa meditação pela primeira vez na vida, como estou sentindo agora um alívio, uma paz, uma calma que nem sei como descrever – revelou Laíssa. – Só não entendo por que é que estou me sentindo tão emocionada... – ela limpou as lágrimas que não paravam de cair.

Ela não podia ver, mas naquele momento seu irmão de outras vidas finalmente se deixava conduzir pelas equipes de luz da espiritualidade.

---

[37] Meditação do espaço do coração, www.youtube.com/watch?v=9EL3wPwdJ1U

44

Na manhã seguinte, Laíssa acordou com um telefonema de Ricardo.

— Eu preciso muito conversar com você... É sobre aquele seu amigo que foi assassinado na porta do prédio...

— Ah, Ricardo... Será que vale a pena? Não sei se eu tenho muita coisa para conversar com você ...

Laíssa não estava blefando. Não tinha realmente a menor vontade de conversar com o ex-marido. Aliás, tudo o que ela queria era ser chamada para a audiência final de separação.

— Por favor... Eu preciso conversar... — ele insistiu.

Laíssa pensou por alguns instantes. Visitou seu intimo, seus verdadeiros sentimentos antes de responder. Podia perfeitamente dizer não. Ela não se sentia mais obrigada a atender a todas as expectativas de Ricardo. Ainda assim, em respeito a tudo de bom que eles tinham vivido juntos, decidiu ouvi-lo. Começava a sentir arrefecer dentro de si a raiva imensa que sentia por conta dos motivos que a tinham levado a optar pela separação.

— Tudo bem — ela concordou. — Minha última paciente é às cinco. Você me encontra às seis e meia no consultório ?

— Combinado... Laíssa...

— Oi? — ela não estava conseguindo entender o que havia com ele.

— Muito obrigado — Ricardo respondeu, do outro lado da linha.

Laíssa pensou muitas vezes ao longo do dia naquela conversa. Ricardo estava estranho. O que será que teria acontecido com ele?

341

Definitivamente ele não estava normal... Só de ligar para ela e pedir para conversar... Dizer obrigado!!!! Era realmente algo muito fora do comum aquele comportamento.

Por várias vezes, ao longo daquele dia, ela se pegou lembrando dos tempos em que foram felizes. Como é que um amor tão grande se acaba assim, de uma hora para outra? Como conseguia não sentir mais nada por Ricardo? Era estranha também aquela sensação. Como se finalmente um laço houvesse sido desatado. Tão ocupada estava com as questões de Joaquim/Lorenzo, que ela nem se dera conta de que se havia desatado! Não doía mais! "Será que não mesmo?", ainda se questionou.

Naquele final de tarde, Carolina entrou no consultório para ajudá-la a solidificar ainda mais suas conclusões.

Estava bem melhor do que da última vez. Laíssa percebeu que estava quase eufórica, embora a princípio parecesse querer disfarçar. "Teria arranjado outro namorado?", a terapeuta cogitou em silêncio.

Mas estava enganada. Carolina contou que tinha conversado com uma 'médium', dessas que leem cartas e preveem o futuro. O mais incrível é que, através dessa senhora, sua paciente afirmava ter tido acesso a toda uma trama de vidas passadas que justificava o fato de ela ter sido traída por Armando.

– Como assim? – Laíssa achou inusitado aquele discurso.

– Ela me disse que, naquela outra vida, eu estava comprometida com Armando desde muito cedo. Nós dois nos dávamos muito bem e ele gostava muito de mim... – ela começou a contar.

Laíssa continuava desconfiada daquela história.

– Só que, um belo dia, outro rapaz apareceu. Ele trabalhava para os meus pais. Ele também se encantou por aquela jovem, que hoje sou eu... – Carolina continuou sua narrativa. – E ela, quer dizer, eu, teria resolvido brincar com aquela situação, porque, ora andava com um, ora com outro...

Carolina agora contava a história com máxima riqueza de detalhes, havia se convencido tão plenamente de tudo o que lhe fora dito pela cartomante que narrava como se fosse absoluta verdade, sem nenhuma sombra de dúvida. Laíssa ficou impressionada com isso. Nem mesmo ela, que escutava vozes daquele jeito, conseguia ter uma fé assim tão inabalável nessas histórias. Afinal, quem seria aquela cartomante?

APÓS A CHUVA | 343

– Ela me disse que o Armando, naquela vida, era uma pessoa que se relacionava bem com todas as pessoas e as mulheres se encantavam facilmente por ele, exatamente como acontece nesta vida... Só que isso mexia muito comigo; eu não suportava que ele desse atenção a outras mulheres. Então, sempre que isso acontecia, eu ia para os braços do outro, para que ele me confortasse.

Laíssa estava agora concentrada em sua narrativa.

– Até que um dia eu decidi me acertar com o Armando. Fui procurá-lo para falarmos do casamento e ficarmos bem, e foi então que eu o apanhei na cama com outra e ele nem notou que eu tinha visto...

E mais uma vez a história capturava Laíssa, remetendo-a de imediato a seu passado recente. Ela passou a ouvir o relato com toda uma comoção.

– E você? – ela perguntou, muito atenta.

– Saí desesperada. Estava muito revoltada. Não queria acreditar no que eu tinha acabado de ver... Afinal de contas, ele era meu e não podia me fazer uma coisa daquelas! Sei dizer que estava tão descontrolada, guiando uma carroça, que despenquei de um penhasco...

– Ela... a tal cartomante viu tudo isso? – espantou-se Laíssa. – Mas é praticamente a mesma história que você viveu recentemente, a não ser por...

– Viu! O detalhe é que eu não tinha contado nada para ela, que não sabia de nada do que havia acontecido comigo recentemente. E aquela era praticamente a mesma história que eu tinha vivido! – continuou Carolina, empolgada, sem querer deixá-la falar.

– E você... morreu dessa queda? – Laíssa arrepiou-se por inteiro, pensando que ela própria também poderia ter morrido no dia em que descera do carro andando.

– Sim. A cartomante disse que os dois, tanto o Armando quanto o outro rapaz, sofreram muito com a minha morte, mas o Armando nunca mais conseguiu ser feliz... Enquanto ela falava, eu senti que ele me amava de verdade...

– Naquela vida... – Laíssa não pôde deixar de grifar.

– Parece que depois ele se casou e teve um filho, mas não foi com a mesma mulher com quem estava me traindo. A cigana, quer dizer, a cartomante disse que essa outra mulher só apareceu depois da minha morte. Ela o amava muito e fazia de tudo para que ele a amasse da mesma forma, mas sempre se sentia frustrada, porque ele não conseguia me tirar do pensamento. Ela teve de viver para sempre com a minha sombra na vida dela!

– E você acreditou nessa história? Sei lá, eu não sou espírita, não entendo nada dessas coisas de mediunidade, embora tenha muitas amigas que entendam – ela se lembrou de Christel e de Najla. – Mas acho que o fato de a pessoa ser médium não quer dizer que ela esteja sempre correta, que fale sempre a verdade... Vai depender dos espíritos com quem ela se ligar. Médium é simplesmente a capacidade de ligar-se aos espíritos, que tanto podem ser espíritos muito sérios, como espíritos zombeteiros, que gostam de se divertir à custa da vida alheia...

– A questão é que, quando ela me falou essa história, a primeira pessoa para quem eu liguei para chorar foi para um ex-namorado meu, o Alex, que eu namorei no tempo em que o Armando esteve morando em outro país. No fundo, eu sempre me perguntava se tudo teria sido diferente se eu não tivesse terminado com o Alex e voltado com o Armando...

– E você ligou para ele? – quis saber Laíssa.

– Liguei. Por coincidência, ele também tinha acabado um relacionamento. Então me chamou para sair.

– E você foi? – Laíssa estava impressionada com a desenvoltura de Carolina.

– Sim. Senti que era uma oportunidade que a vida tinha me dado para que eu fizesse uma nova experiência com ele. Só que... – ela ficou triste de repente.

– Não deu certo? – deduziu Laíssa.

– Não foi mais a mesma coisa... – respondeu Carolina, reticente. – Acho que, no fundo, era só uma ilusão que eu tinha na memória. O Alex não era mais o mesmo, sua energia parecia mais baixa, não tinha mais nada a ver com a minha. Ele estava pesado, parecia ter se perdido de si próprio...

Laíssa pensou em Ricardo. Fora exatamente o que ela sentira na vez em que ele entrara em seu apartamento, na noite do assassinato de Joaquim.

– Estava revoltado com todo o seu passado. Acho que também nunca me perdoou por ter terminado com ele e ter começado a namorar outro tão rápido... Só que ali eu percebi que ele não era a pessoa que eu sonhava para mim... – revelou Carolina.

– O fato de ele não ser mais a pessoa de quem você se lembrava não quer dizer que o Armando seja – observou Laíssa. – Afinal, por mais que a médium tenha acertado sobre o seu passado, o fato de ele ter te traído no passado ou de você o ter traído não importa. Nada do que tenha ocorrido no passado pode justificar que continuemos a agir da mesma forma... Ainda que fosse o Armando aquela pessoa que a cartomante descreveu, ele errou com você no passado!

– Mas eu errei primeiro! Era eu quem mantinha um relacionamento com dois homens ao mesmo tempo!

Laíssa assustou-se com a postura agressiva de Carol. Mas não quis concluir nada de imediato. Talvez estivesse enganada. Tentou explicar melhor sobre o que queria que ela refletisse.

– Tudo bem, Carol. O que estou tentando dizer a você é que um erro não justifica o outro. Nem no passado e muito menos no presente, onde supostamente as situações se repetiriam para ver se já conseguimos agir diferente, segundo o espiritismo. Pelo menos, foi isso o que aprendi recentemente...– argumentou Laíssa.

Dava para perceber claramente como Carol queria acreditar naquela história, como no fundo estava quase se sentindo culpada por ter sido traída por Armando na presente vida. Sim. Carolina era uma dependente emocional. Pessoas nesse estado só entendem o que querem, quando querem, do jeito que querem. Como se vissem a realidade da forma como lhes é mais conveniente, de modo a justificar seus desejos adoecidos. São capazes de distorcer toda a realidade quando em estado de carência profunda. Ela também era assim, por isso conseguia perceber tão nitidamente o processo daquela jovem. Mas como dizer isso a ela?

– Está tudo confuso na minha cabeça... – admitiu Carolina.

– Aconteceu mais alguma coisa?

– Sim. Ontem, o Armando me procurou.

– E você... Está voltando com ele? – Laíssa mal podia crer.

– Bem, ainda não sei... Há coisas que tenho que perceber melhor... Não tenho certeza se consigo no futuro lidar com isso... – ela se referia à situação de traição sem por nenhum momento mencionar a palavra traição. – Mas penso em oferecer todo suporte ao bebê que vai nascer, afinal ele não tem culpa de nada...

– Como assim todo suporte?

Laíssa não entendeu. Ou melhor, não conseguia acreditar no que ela estava entendendo.

– Ah, ele comentou comigo que ela, a mãe da criança, está sem emprego, que ainda falta muita coisa... – explicou Carol. – Acabei indo na rua e comprando uns lençoizinhos, uns cobertores, dessas mantinhas para bebê... E também algumas daquelas toalhas-fraldas que se usam para o banho durante os primeiros meses...

– Imagino que vai acabar sendo chamada para ser madrinha da criança. É isso o que está querendo? – provocou Laíssa.

Queria fazê-la perceber o quanto estava sendo cruel com ela mesma.

– Não, não é isso... É que...

– Afinal, você já se deu conta de que encontrou toda uma história capaz de endossar uma possível volta sua com Armando...

Carolina desviou o rumo do olhar.

– O tempo todo, em sua narrativa, você se refere a ele como alguém que, no fundo, foi apenas uma vítima. "Ela me disse que o Armando, naquela vida, era uma pessoa que se relacionava bem com todas as pessoas e as mulheres se encantavam facilmente por ele, exatamente como acontece nesta vida..." Quer dizer, o Armando sempre foi um sedutor, mas aqui você o retrata meramente como um cara muito carismático, que não tinha culpa de as mulheres se jogarem a seus pés – ponderou Laíssa.

De novo ela teve a sensação de que já tinha vivido aquela história. Pensou em Joaquim e sentiu um calafrio por dentro.

– Mas ele não era uma pessoa má, eu sinto isso! – argumentou Carolina.

– Ainda por cima, assume sozinha todas as culpas: você foi quem primeiro passou a se envolver com outra pessoa durante o relacionamento! Numa outra vida!!!! Como se o fato de você ter errado lá justificasse plenamente não só o erro dele naquela vida, como o fato de ele continuar fazendo a mesma coisa, repetindo o mesmo padrão nesta vida também! Por quantas vidas, sinceramente, Carolina, você deseja repetir essa mesma história?

APÓS A CHUVA | 347

"Só que isso mexia muito comigo, eu não suportava que ele desse atenção a outras mulheres. Então, sempre que isso acontecia, eu ia para os braços do outro, para que ele me confortasse", Carolina, envergonhada, lembrou-se de suas próprias palavras.

– Carolina de Deus, pense com clareza! Já pensou o que é que você está construindo para você com essa postura? Pretende manter para o resto de seus dias essa sua relação mal resolvida com esse rapaz? Continuar a se sentir como alguém que fez algo de muito errado e que, portanto, não merece nunca ser amada?

– Mas não foi Jesus que disse que a gente tem que perdoar sempre?

– Perdoar, porém, não é diminuir e nem aprovar o erro do outro! – argumentou Laíssa.

– Não é aceitá-lo 'apesar de'?... – insistiu Carolina.

– Aceitar, compreender a fraqueza do outro não significa voltar a confiar como se nada tivesse acontecido! – reiterou a terapeuta. – Isso é agir como "mulher que ama demais", é distorcer a própria capacidade de discernimento para continuar amando do mesmo jeito, a qualquer custo!

– Mas... por que você acha isto? – Carolina pareceu confusa.

– Eu é que te faço uma pergunta: por que você quer ajudar no enxoval da criança que vai nascer da união dele com a mulher com quem ele te traiu? Como espera que ele reaja diante dessa sua generosa postura?

Carolina abaixou a cabeça.

– Não sei...

– Sim, você sabe... – insistiu Laíssa.

– Talvez gratidão, amizade... – admitiu Carol.

– Pois então não faça. Sempre que esperamos alguma coisa, melhor é não fazer – a própria Laíssa ficou surpresa como aquilo havia brotado de si. Era sinal de que todas aquelas leituras, toda aquela dor que ela vivenciara naquele árduo processo de autoconhecimento estava adiantando de alguma coisa.

– Cheguei à conclusão de que só podemos dar aquilo que temos condição de ceder sem esperar nada em troca. É a expectativa que gera toda a frustração que vem depois! – ela fez questão de destacar.

"E sabeis, porventura, se o benefício momentaneamente esquecido não produzirá mais tarde bons frutos?", lembrou-se então do trecho do *Evangelho* que estudara na casa de Kalindi.

– Então acha que eu não deveria voltar a me relacionar com ele?

– Não tenho que achar nada. Só você tem a resposta daquilo que é melhor para você, Carolina. Mas é preciso aprender a se ouvir antes de decidir o que fazer. Não podemos nos mover pelas necessidades alheias. E nem pelas nossas fantasias. Acho que você já deu o que tinha que dar por esse relacionamento, já fez o que tinha que fazer. Ajuda e passa, não era assim que Jesus ensinava? Não espere mais tempo por uma retribuição.

– E como saber tudo isso? Como perdoar do jeito certo? Perceber que já ajudou o suficiente? – questionou Carol.

Laíssa lembrou-se então da resposta que encontrara dentro de si durante sua meditação do espaço do coração.

– Autoestima. Antes de mais nada você precisa aprender a perdoar a você mesma e se amar apesar de tudo. Mas não é gostar um pouquinho não. É amar-se intensamente! Perceber quem você é, todas as qualidades que você tem, apesar dos defeitos. Pensar que todos os equívocos, exageros, vergonhas e decepções fazem parte do aprendizado. Ao invés de fixar-se nas fraquezas, nos erros, fixar-se nas suas possibilidades. No que é capaz de realizar a partir daqui – ela respondeu.

Quando terminou a consulta, ela ainda demorou um pouco a descer. Ficou fazendo algumas anotações sobre o processo de análise de Carolina. O caso dela fazia com que enxergasse mais o seu próprio processo de refazimento emocional, como se de alguma forma o refletisse. Lembrou-se então mais uma vez de Najla e Christel, das duas dizendo que sempre se deparavam no consultório com situações que de alguma forma já haviam vivenciado, como se fosse uma obrigação de passar o ensinamento adiante...

Desceu satisfeita consigo mesma, por tudo o que havia conseguido refletir junto com a paciente.

Lá embaixo, Ricardo já a esperava, com o carro parado bem em frente ao prédio onde funcionava o consultório e um lindo vaso de Amarílis prestes a florescer.

45

Laíssa abriu a porta do carro e sentiu de novo um calafrio. Era o mesmo carro, impregnado de cheiros do passado.

– Tudo bem? – ela perguntou da porta, sem entrar.

– Entra – ele pediu, segurando o vaso que antes estava pousado sobre o banco do carona.

Laíssa resistiu por alguns instantes, respirou fundo, acabou entrando. Mal sabia o que fazer com as mãos, sentia-se ainda muito constrangida na presença dele.

– Segura isso para mim... – ele lhe entregou o vaso. – Aliás, são suas!

– Para mim? – estranhou Laíssa.

– É. Eu vi numa dessas barraquinhas de rua e me lembrei de você. Gostou?

– Ah, sim. Obrigada – ela respondeu desconfiada.

– Pensei em jantarmos naquele restaurante que você gostava, aqui perto... Aquele dos pasteizinhos de siri, pode ser?

– Pode. Nunca mais fui lá... – respondeu Laíssa, cada vez mais ressabiada.

– Eu estou muito preocupado – Ricardo disse, quando finalmente se sentaram à mesa do restaurante.

– Preocupado? – Laíssa tentou compreender melhor.

– Com relação àquele sujeito... Você sabe, eu vou ter que depor dentro de algumas semanas... Ainda não sei direito quando irão me chamar. O Adriano, meu advogado acha que não demora muito...

– E...? – Laíssa tentava entender o que exatamente ele queria dela naquela situação.

– Você acha que fui eu, Laíssa? – ele perguntou à queima-roupa.

Ela se engasgou com a água mineral que o garçom acabara de trazer. Levou um susto.

– Como assim? – perguntou, quando conseguiu parar de tossir.

– Você acha que fui eu? – ele repetiu a pergunta.

Pelo tremor de suas mãos, dava para perceber que estava bastante inseguro.

– Como é que alguém não sabe se atirou numa outra pessoa? Pode me explicar? – ela perguntou.

– Eu estava bêbado... – ele admitiu envergonhado.

– Que lindo! Você sabe que eu sempre adorei quando você fazia isso. E agora, o que é que eu tenho com isso?– ela se irritou.

Embora estivesse cansada de saber que ele havia bebido naquela noite, não imaginava que chegasse a esse ponto. Como alguém podia se esquecer de uma coisa dessas?

– Então você quer que eu adivinhe se, na sua bebedeira, você atirou ou não no meu namorado? – recapitulou, incrédula.

– Ora essa, você me conhece! Também conhecia o cara, poderia perfeitamente deduzir se...

– Às vezes nem parece que você é um advogado de tanto sucesso... Como assim, Ricardo? O que você quer de mim?

– Isso! Que me ajude a descobrir. Eu não consigo chegar a uma conclusão e já estou ficando louco com isso!

O garçom chegou com os pasteizinhos de siri. Laíssa provou um antes de responder.:

– Sinto muito, Ricardo, mas esse problema é seu!

– Sinceramente eu não lembro. Mas lembro do olhar dele na hora do tiro. Eu vi quando ele caiu – ele confessou.

– Muito estranho... Mas você tem um revólver? Não me lembro de você andar armado quando éramos casados! – observou Laíssa.

– O revólver era do meu pai. Ele tinha entregado para mim há poucos dias, depois de uma briga em que quase matou a esposa – respondeu Ricardo.

Após a Chuva | 351

– É, o seu pai sempre foi meio violento mesmo... – admitiu Laíssa. – Sua mãe dizia que tinha sido por isso que ela decidiu se separar dele... – Laíssa lembrou-se. – Mas você nem olhou se estava faltando alguma bala?

– Na verdade o revólver sumiu depois daquele dia – contou Ricardo.

– Nossa... Vai ser difícil explicar isso para a polícia... Você não se lembra de nada? Não é possível!

– Não lembro, Laíssa... Na verdade, eu tinha... – ele não teve coragem de concluir a frase.

– Não acredito! – Laíssa arregalou os olhos de repente. – Ricardo... Você não voltou a usar drogas, voltou?

Ricardo usava muitas drogas quando eles se conheceram. Laíssa levara anos até conseguir convencê-lo a mudar. Orgulhava-se até aquele dia de seu 'grande trabalho realizado'. Agora, no entanto, naquele átimo de segundos, ela compreendia que ninguém tem o controle sobre a vontade de outra pessoa. Mais do que isso: ninguém tem capacidade jamais de mudar outra pessoa.

– Bem, não é como antes... Mas naquele dia eu havia usado. Fiquei me sentindo muito sozinho depois que você me deixou...

Em outros tempos, ela teria ficado arrasada com o comentário, talvez até se sentisse culpada por tê-lo deixado relegado a tão 'perigosa' solidão. Agora, no entanto, ela percebia, tão claro como água, que Ricardo estava apenas fazendo mais uma chantagem com ela. Aliás, ele foi além.

– Desde que nós nos separamos, eu nunca mais tomei o meu remédio de pressão...

Laíssa o observava admirada. Como poderia ser ainda tão infantil?

– Bem, acredito que você deve ter pensado bastante antes de tomar essa decisão. De qualquer maneira, não posso fazer nada a não ser respeitá-la, afinal, você tem livre-arbítrio, é dono da sua própria vida e responsável por suas próprias escolhas – ela respondeu, com muita ponderação.

Desta vez foi Ricardo quem se engasgou, não esperava por uma resposta como essa de sua antiga companheira. Ela percebeu seu desconcerto:

– Talvez você não tenha entendido, Ricardo, que, desde o dia em que nos separamos, eu devolvi a sua vida para você. Não sou mais sua cuidadora... Aliás, só não digo que nunca eu deveria ter assumido essa função porque começo a perceber agora que sempre atraímos aquilo de que necessitamos, como sempre diz a Najla. Eu certamente deveria precisar desta experiência para o meu amadurecimento...

O ex-marido não soube o que dizer. Ficaram os dois em silêncio por algum tempo. Ricardo, nervoso, pediu a conta. Não estava acostumado a lidar com aquela nova Laíssa.

– Você não tem ideia como vem me torturando esta suspeita... Eu tenho muito medo de ter perdido a cabeça e ter feito algo de errado naquele estado em que eu estava... – ele ainda insistiu, antes que ela descesse do carro na porta do prédio. – Só me fala mais uma coisa. Você estava saindo com o cara e deveria saber. Havia mais alguém que tivesse motivos para ter atirado nele?

– Não sei, Ricardo... Houve um momento em que eu até fiz de tudo para conseguir saber, mas cheguei à conclusão de que essa informação não vai mudar em nada a minha vida e desisti. Boa noite para você – Laíssa respondeu, batendo a porta do carro, segurando o vaso com a outra mão. – Ah! E muito obrigada pelas flores! – agradeceu.

Parte Final

Libertação

Fui na perfumaria e comprei um batom! Bem vermelho! Ele não suportava que eu usasse cores assim. Daí, agora que eu posso usar o que eu quiser, eu fui lá e comprei. Não de pirraça, mas porque eu gosto!

(Depoimento de uma ex- "mulher que ama demais")

46

Na enfermaria do centro espírita onde Lorenzo havia sido recolhido, ele e seu perseguidor estavam deitados lado a lado, interligados por muitos fios que até pareciam largas teias de aranha, de propriedades plásticas e elásticas. Elas perduravam e se mantinham, sem qualquer dano, independentemente de qualquer movimento que um dos dois viessem a realizar.

Joaquim, o homem de capa, parecia dormir profundamente, sob efeito de passes magnéticos calmantes que lhe eram periodicamente aplicados pelos enfermeiros que cuidavam do local. Lorenzo, contudo, estava ansioso. Não entendera ainda direito como se daria aquele processo e, em função dessa sua agitação, o tempo todo resistia ao sono e lutava para conversar.

Kabir, o mentor, permanecia o tempo todo a seu lado, como um acompanhante leal, sempre tentando tranquilizá-lo.

– Depois desta cirurgia... – Lorenzo voltava de mais um cochilo.

– Não chega a ser uma cirurgia – corrigiu Kabir. – Trata-se de uma intercessão.

– Sei lá que nome vai ter esse processo em que vão me separar dele... – ele olhou para o lado, visivelmente incomodado com a situação. – Mas... o que está me preocupando realmente não é só isso...

– E o que é que está te preocupando? – tornou o mentor bem humorado.

– Pode acontecer de eu ir embora deste plano sem conseguir saber quem me matou? – Lorenzo perguntou, sempre com a mente ativa, lutando para permanecer ainda mais ativa.

355

356 | LYGIA BARBIÉRE

– Não se inquiete com isso agora – aconselhou Kabir. – Tudo é sábio na providência divina. Se você não consegue lembrar é porque certamente existe uma razão para isso, algo que precisa ser resolvido enquanto o enigma não pode ser decifrado. No momento, tudo o de que necessita é tranquilizar-se para que possa ser realizado o procedimento e... – ele entregou a Lorenzo um pequeno copo com água.

– Não quero beber isto agora! – reagiu o acamado, empurrando o copo. – Você sabe quem foi, Kabir? Diga a verdade! – ele insistiu.

Kabir permaneceu parado, com o copo na mão, até que Lorenzo tomasse voluntariamente o remédio oferecido.

– Mais importante do que descobrir um nome é você refletir sobre o seu momento presente – ponderou o mentor, enquanto ele sorvia o conteúdo do copo.

Lorenzo sentia-se profundamente angustiado. Não tinha vontade de refletir sobre o seu presente e muito menos sobre o seu passado. Sua vontade era poder despir-se naquele instante de toda a sua história, assumir nova personalidade, dedicar-se totalmente a ser um trabalhador do Cristo naquela casa mesmo, se possível fosse. "Mas... e aquele homem?", Lorenzo mal tinha coragem de perguntar sobre isso.

Em seu íntimo, ele sabia que não era por mero acaso que estava agora ali a seu lado. Sabia também que todas as suas constatações eram, por hora, ainda tão voláteis e fugazes quanto o seu momentâneo empenho em melhorar-se e modificar sua postura. Havia um longo caminho pela frente. Ele olhou mais uma vez para o homem deitado a seu lado.

– Eu acho que sei o que me prende a ele... O grande problema é que eu simplesmente não resisto! – tentou explicar seu dilema íntimo. – Enquanto estou aqui dentro, na casa espírita, envolvido em alguma tarefa de auxílio ao próximo, consigo agir como o mais comportado dos monges, sequer me passa pela cabeça qualquer desejo menos nobre... Todavia, percebo que se trata de algo que vai muito além do meu corpo físico, como se fosse um vício do espírito que eu já venho carregando há muitas vidas, de que nunca consigo me livrar – ele admitiu, entristecido. – E que acaba me prendendo a ele, mesmo sem eu querer...

– Para quem anestesiou as faculdades no prazer fugidio, a separação da carne geralmente constitui acesso a doloroso estágio de angús-

APÓS A CHUVA | 357

tia. A alma caída em vibrações desarmônicas pelo abuso da liberdade que lhe foi confiada precisa tecer os fios do reajustamento próprio. Enquanto não se predispuser a isso, com vontade verdadeiramente firme e persistente, só conseguirá alongar o labirinto em que muitas vezes se perdeu ao longo de séculos... – avaliou Kabir.

– É... eu sei... Fiz tudo errado de novo, mais uma vez, não é verdade? – Lorenzo concordou, desanimado.

– Atitudes mentais enraizadas não se modificam facilmente. Todavia, não nos compete parar ou desanimar. Mesmo nos momentos de mais profunda reflexão e conscientização, é necessário estar atento às ligações mentais. Nossa mente, em qualquer parte, seja na crosta ou no mundo dos espíritos, é um centro psíquico de atração e repulsão, porquanto, o doente que se compraz na aceitação e no elogio da própria decadência acaba na posição de incubador de bactérias e sintomas mórbidos. Ao contrário, sempre que o espírito reage, valoroso, contra o mal, encontra imensos recursos de concentrar-se no bem, integrando-se na corrente de vida vitoriosa – explicou o mentor.

Lorenzo permaneceu pensativo por alguns instantes. Parecia que o simples contato com aqueles amigos espirituais disparara nele todo um processo de reflexão sem fim, que o fazia reavaliar agora cada um de seus movimentos como grande sedutor que fora ao longo de toda aquela existência. Sinceramente, ele queria muito retroceder, mas já não sabia como.

– A questão é que ultimamente eu vinha me sentindo entediado comigo mesmo. Não aguentava mais ser assim. Eu queria muito ser uma pessoa diferente... Tinha pesadelos, crises de depressão... Ainda assim... – ele não conseguiu terminar de falar, embargado pela vergonha diante daquela situação.

– Eu acompanhei todo o seu processo – revelou Kabir. – Fui eu, inclusive, quem te sugeri para que frequentasse esta casa espírita... Saiba que a sua sensação de tédio foi uma das maiores bênçãos ao longo de sua jornada, o sinal de que você começava a criar no espírito os primeiros rudimentos necessários à sua transformação. Somente quando a dor de permanecer numa mesma situação se torna maior e mais incômoda do que o receio de arriscar novos caminhos, conseguimos sair do lugar – observou o mentor.

358 | LYGIA BARBIÉRE

– Não entendo... – ele olhou mais uma vez angustiado para todas aquelas 'amarras' que o prendiam àquele outro ser. – Por várias vezes eu consegui me aproximar de uma casa espírita, cheguei mesmo a fazer parte de equipes de trabalho dedicado ao bem... Mesmo sem ter plena consciência disso, eu segui os seus conselhos. Mas... por que não puderam evitar que isto acontecesse? Por que os espíritos da luz, por que você, como meu anjo guardião, não me alertou para os erros que eu estava cometendo? Por que não fizeram algo que me impedisse de continuar agindo desta forma? Não bastaria uma simples ordem de mais alto para sanar toda esta desarmonia que pulsa no meu interior? – ele questionou.

– Sim, de fato, poderíamos constrangê-lo a nos ouvir, obrigando-o a submeter-se, sem reservas, à nossa influência. A espiritualidade certamente dispõe de recursos para isso. Todavia, pense comigo. Não acha que semelhante atitude de nosso lado implicaria na supressão indébita das suas possibilidades educativas? Todos, afinal, dispõem do direito de errar para melhor aprender. Nisto reside a eficácia e a finalidade do livre-arbítrio! – argumentou Kabir.

– Mas você, como meu anjo da guarda, não deveria me proteger para que eu não caísse em tentação? – insistiu aquele que se acostumou a ser chamado de Joaquim. – Não deveria impedir que esse homem se ligasse a mim desta forma?

– Sempre estive a seu lado a fim de ajudá-lo, quanto possível, na preservação das forças físicas, mas não para algemá-lo a atitudes com que ainda não pudesse concordar espontaneamente, ainda que fossem em nome do bem! – esclareceu o mentor. – Todos os espíritos que nascem na Terra vêm com o intuito de se reeducar e nenhuma educação pode vir por imposição! Cada espírito deverá atribuir a si mesmo os méritos de sua própria evolução, tanto nos momentos de ascensão sublime, quanto nos de queda deplorável.

– Quer dizer então que não foi por culpa dele que eu recaí nos mesmos erros? Não era ele quem me incitava para que eu agisse desta forma? – cogitou Lorenzo. – Sempre tive a sensação de que havia algo que me dominava quando... bem, você sabe. Além disso, naquele lugar horrível para onde fui conduzido recentemente, eu vi com clareza e nitidez! – ele referia-se à festa a que fora levado. – Era ele quem comandava tudo!

APÓS A CHUVA | 359

– Não esqueça que nossas construções vibratórias são obra do tempo e da persistência nas mesmas atitudes. São incontáveis as criaturas que padecem longos anos, sem qualquer alívio espiritual, em função das criações inferiores que inventam para si mesmas... – observou o mentor.

– Li alguma coisa em André Luiz sobre isso... Aliás, eu li várias obras de André Luiz, cheguei a participar de diversos estudos na casa espírita! Não deveria então ter sido mais bem sucedido na prova por conta disso? – o espírito que reencarnara como Lucídio mais uma vez questionou. – Por que é que a gente estuda tanto e não consegue colocar em prática?

– Educação para a eternidade não se circunscreve à ilustração superficial de que um homem comum se reveste, sentando-se, por alguns anos, num banco de universidade ou de uma sala de estudos num centro espírita. É obra de paciência nos séculos, ao longo dos quais funciona sempre a lei de esforço. Não faltam apelos santificantes de cima; contudo, com a ausência de íntima adesão dos interessados ao ideal da melhoria própria, até mesmo no sentido de elevar o próprio campo vibratório, é impraticável qualquer iniciativa legítima! Até para colocar em prática, é preciso querer!

Novamente Lorenzo ficou um tempo refletindo sobre suas palavras. O tempo todo sentia um constrangimento, uma vergonha, uma dor muito grande por ser quem ele era.

– Quero ser bom, mas não posso... Tento melhorar-me e não consigo... – ele admitiu. – Como é mesmo aquela frase de Paulo que eu sempre ouvia aqui no centro... – ele tentou lembrar-se.

– "Porque tenho o desejo de fazer o que é bom, mas não consigo realizá-lo. Pois o que faço não é *o bem* que desejo, mas o mal que não *quero* fazer, esse *eu* continuo fazendo" – recordou Kabir.[38]

– Exatamente isso o que eu sinto! – confessou

– Ah, Lucídio... A aquisição das virtudes iluminativas não constitui serviço instantâneo da alma, suscetível de efetuar-se de momento para outro... Todavia, como seu mentor, posso afirmar que a sua nobreza não se esvaiu e que as suas elevadas qualidades de caráter permanecem invioladas, não obstante a direção equivocada que muitas

[38] Romanos 7,12-25.

vezes imprimiu aos próprios passos... Serviço construtivo e atividade destrutiva constituem problema de direção...

– Qualidades de caráter... – desacreditou o convalescente. – Acredita mesmo que adquiri alguma virtude ao longo deste tempo?

– Mas é óbvio que sim! Ante as sugestões do plano divino que te povoam, agora, o pensamento, aqui nesta casa, lembras-te por acaso de algum tempo passado em que tivesses cogitado sinceramente da própria sublimação como agora cogitas?

– Isso quer dizer que tive algum aproveitamento nesta vida apesar de tudo? – cogitou Lorenzo.

– Sim! Assim como não cai uma folha de uma árvore sem que seja do conhecimento do Pai, nenhum ato de bondade que a criatura venha a praticar, nenhum esforço de melhoria íntima é esquecido ou relegado ao acaso. Tudo tem valor para a misericórdia divina. Tanto que você mereceu até mesmo o privilégio de estar sendo socorrido neste posto de socorro das esferas espirituais que funciona ligado à casa espírita que você um dia frequentou – lembrou Kabir. – Não são todos que por aqui passam que vêm a merecer tal prerrogativa!

– Se eu tivesse tudo isso aí que você acabou de falar, certamente não estaria agora nesta situação... É verdade que fui recolhido, que estou aqui com você e até sendo muito bem tratado. Mas não precisava estar agora com este outro homem, que se diz dono até do meu nome, grudado em mim deste jeito... – ele mais uma vez lamentou.

– A mesma corrente líquida, devastadora, que derruba a mata e ceifa vidas pode perfeitamente sustentar uma usina de força edificante. Em verdade, somos todos devedores, enquanto nos situamos nas linhas do mal...

Ainda dormindo profundamente, Joaquim soltou um grunhido a seu lado.

– O que mais me incomoda é que ele parece ter muita raiva de mim... – observou Lorenzo. – É como se eu tivesse uma dívida com ele de muito tempo! – desabafou o antigo namorado de Laíssa.

– Ninguém escapa aos resultados das próprias obras. Todos teremos de responder, em algum momento da caminhada, pelos erros que cometemos. Isto também faz parte de nosso processo evolutivo. Tanto o bem que fizemos quanto o mal que cometemos sempre ficam registrados nos arquivos mentais de cada um – lembrou o mentor.

Neste momento, novamente entrou um enfermeiro e verificou o estado de Joaquim, que, mesmo dormindo, parecia bastante agitado na maca ao lado.

– Afinal, porque este homem está ligado a mim deste jeito? – Lorenzo por fim perguntou.

– Cada mente vive na companhia que elege, seja no corpo denso ou fora dele. Nada se perde, no círculo de nossas ações, palavras e pensamentos, tudo persiste nos arquivos da própria consciência, envolvendo-nos fluidicamente onde quer que estejamos – explicou Kabir.

– Mas eu nunca entendi isso... Como um espírito com quem nos desentendemos em outra vida sabe-se lá por quê consegue nos reconhecer na existência atual?

– Como disse, todo o mal que fazemos fica registrado em nossa consciência. O remorso é justamente a voz da consciência ouvida tardiamente. Pode ser considerado como uma bênção, sem dúvida, posto que nos impulsiona sempre no sentido da corrigenda, mas também é uma brecha, através da qual o credor nos reconhece, e a partir de então se insinua, cobrando pagamento. Ao repetirmos os mesmos padrões responsáveis pela nossa decadência em existências pretéritas, é natural que o remorso nos descerre a vida mental aos choques de retorno das nossas próprias emissões. A pessoa pode até se esquecer, temporariamente, dos erros que cometeu. O sentimento de culpa, no entanto, ainda assim permanece vibrando na psicosfera, tornando-nos facilmente reconhecíveis aos nossos inimigos, sobretudo depois que repetimos os mesmos erros. Fatalmente, sempre chegará o dia em que teremos de nos responsabilizar pelos nossos deslizes – mais uma vez enfatizou o mentor.

– Então quer dizer que terei de responder por tudo o que vier a acontecer com aquelas mulheres a quem eu seduzi durante esta vida? Enfrentar vinganças de seres ligados a cada uma delas? – deduziu aquele que se acostumara a ser chamado de Joaquim.

– Tudo o que vier a acontecer com elas em função do estado de desequilíbrio em que se situaram a partir da desilusão que tiveram com você, sim – respondeu Kabir. – Sempre que rompemos com o

362 | Lygia Barbiére

equilíbrio, provocando o desequilíbrio, cabe-nos a responsabilidade de restabelecer, de alguma forma, aquilo que foi desfeito.

– Mas, então, se Sheila... se ela vier a cometer o suicídio, a culpa vai ser minha? – preocupou-se Lorenzo.

– São dois aspectos diferentes a considerar. Em primeiro lugar, Sheila, como qualquer pessoa, tem livre-arbítrio. Se ela veio a passar por este tipo de situação, foi porque estava dentro de seu programa de provas e expiações. Se ela vir a se suicidar, significará que fracassou em seu intento de evolução espiritual. Ninguém enfrenta uma prova que não esteja apto a suportar – destacou Kabir.

– Exatamente como pensei... Então não tenho nada a ver com...

Kabir, no entanto, não o deixou concluir a frase:

– Isto, porém, não tira a sua responsabilidade como agente indutor desse possível suicídio. Como disse Jesus, "é necessário que venha o escândalo, mas ai daquele por quem o escândalo venha."[39]

– Minha responsabilidade? Espere um pouco! Eu me lembro de recentemente ter visto uma página da *internet* que explicava que esse distúrbio comportamental que caracteriza os sedutores se deve a um desequilíbrio no cérebro. Essas pessoas teriam carência de uma substância chamada feniletilamina, que provoca as sensações de exaltação, alegria e euforia que se experimenta ao estar apaixonado...[40]

– Se você considerar que o corpo físico reflete as tendências do espírito, há de convir comigo que não existem acasos e muito menos que o corpo físico não provoca nada que não exista previamente no espírito. "O corpo não dá cólera àquele que não na tem, do mesmo modo que não dá os outros vícios. Todas as virtudes e todos os vícios são inerentes ao Espírito."[41] Sendo assim, toda deficiência fisiológica ou é decorrência da repetição contínua de um mesmo padrão de comportamento que o espírito venha cultivando há muitas existências ou faz parte das provas escolhidas por ele, justamente visando à superação daquele padrão – detalhou o mentor.

– Mas, afinal, o que fiz de tão grave para atrair esse espírito para junto de mim? Como se ligou a mim dessa forma?

---

[39] Mateus 18,7.

[40] www.psiqweb.med.br/site/?area=NO/LerNoticia&idNoticia=172

[41] Kardec, Allan. *O evangelho segundo o espiritismo*. Capítulo IX, item 9.

APÓS A CHUVA | 363

– Você não se lembra?

As palavras dele foram suficientes para levar aquele espírito ao de que ele tanto vinha fugindo nos últimos tempos. Com a mesma facilidade com que tocara no portão do centro e ele naturalmente se abrira, com aquela única frase Kabir rompeu o bloqueio que o próprio Lorenzo havia estabelecido para si mesmo após a morte de Rita, a antiga namorada com quem havia morado junto por um tempo.

Lorenzo/Joaquim reviu então as últimas discussões que aconteceram entre os dois. Estavam praticamente casados quando Rita o flagrou numa situação delicada de traição conjugal. Brigaram por vários dias, acabaram terminando o relacionamento por conta disso. Lorenzo achou que a raiva dela logo iria passar, mas Rita jamais se recompôs do choque, não conseguia perdoá-lo de forma alguma. Acabou se suicidando de forma banal, sem deixar sequer uma carta para a família explicando as razões de sua atitude. Apenas se foi sem nada dizer, intoxicada por grande quantidade de veneno batido no liquidificador com frutas, como se fosse uma vitamina, logo de manhã cedo.

Lorenzo chorou muito ao se recordar daquelas cenas. Fora ele próprio quem a encontrara desacordada no apartamento.

– E ela? Onde é que ela está? – ele perguntou, sentindo-se muito triste com a lembrança.

– O importante é que você tenha consciência agora do imenso trabalho que tem diante de si para que volte a se sentir em equilíbrio com as leis divinas... – advertiu Kabir.

– E aquela que me matou? Eu também sou responsável por ela? – Lorenzo ainda se sentia confuso com tudo o que haviam acabado de conversar.

– Talvez em parte... – avaliou Kabir.

– Mas como? Alguém me tira a vida e eu ainda sou culpado por isso? – ele protestou.

– Por mais perturbada que ela já estivesse por seus próprios motivos, ao iludi-la com a possibilidade de viver um grande amor com você, como gostava de fazer com todas as mulheres, você certamente criou nela uma esperança, uma expectativa tão grande que ela não teve como suportar quando você a abandonou. Foi como se tornasse ainda mais funda a ferida que ela já trazia consigo... – explicou o mentor.

364 | LYGIA BARBIÉRE

Lorenzo chorou por mais alguns instantes. Entendia que tinha responsabilidade sobre o que acontecera, mas não conseguia se conformar com isso. Queria que tudo aquilo não passasse de um pesadelo...

– Creio que seria bom se descansasse um pouco. Os técnicos desta instituição não têm como realizar o procedimento com você neste estado... – analisou Kabir. – Tente ver tudo isto não como uma situação irrevogável, mas como o início de uma nova etapa em sua história evolutiva...

– Eu acho que finalmente aprendi... – tornou Lorenzo, ainda muito emocionado. – Sabe, Kabir, não tem nada, nada que eu deseje mais neste mundo do que conseguir mudar este meu jeito de ser... Estou cansado de ser assim, não quero mais infelicitar ninguém... A partir de hoje quero apenas ser um servidor do Cristo, conquistar o privilégio de fazer parte da equipe de espíritos que auxiliam nos trabalhos desta casa... – ele ainda insistiu, antes de se deixar levar pelo sono profundo que naquele momento já o invadia.

– Repousa a mente e não pergunte mais por agora. Apenas agradeça a Deus pela oportunidade... – disse Kabir, verificando certa pulsação na teia que os mantinha ligados.

No leito ao lado, Joaquim soltou um suspiro.

Só então tornou-se nítida a densa camada que havia em torno dele e o diminuto espírito feminino que parecia retido nesta camada.

47

Naquela noite, enquanto ultimavam-se os últimos preparativos para o procedimento de intercessão em que as equipes de socorro locais tentariam isolar Lorenzo/Joaquim de seus perseguidores, Laíssa experimentava terrível pesadelo.

– Abram esta porta! Abram imediatamente esta porta! – urrava o espírito de uma mulher, tentando fugir de um quarto fechado. – Eu quero sair daqui! Eu exijo que me tirem daqui! – gritava ela, em total estado de perturbação.

Do outro lado da porta, agarrada a Lorenzo/Joaquim como uma enfermeira cuidadosa, Laíssa, no sonho, procurava protegê-lo daqueles ruídos.

– Procure ficar calmo, vai dar tudo certo... – ela dizia a ele, sentindo-se também apreensiva com aquela situação.

Lorenzo, vulgo Joaquim, nada dizia. Parecia bastante fraco e debilitado em seus braços. Foi quando ela teve sua atenção despertada para o outro homem que dormia no leito ao lado. Quis gritar, mas a voz não saiu. Só então ela percebeu que ali era uma espécie de enfermaria, onde muitos doentes repousavam.

Por alguns instantes, ela teve a sensação de que o barulho não vinha da porta, mas de dentro daquele homem. "Mas como?", pensava, olhando horrorizada para aquele homem tão ligado ao 'seu Joaquim'. De tão agitado, seu corpo chegava a convulsionar, como se outro ser tentasse sair de dentro dele.

365

– Por favor, Laíssa... você não pode permanecer aqui – ela ouviu, quando de repente alguém chegou por trás dela e gentilmente tocou em seu ombro.

– Eu quero ficar perto dele. Por favor, me deixe ficar! – ela pediu, ainda assustada com as cenas que acabara de presenciar.

Foi quando entrou no quarto um homem vestido como um médico.

– Vamos levá-los agora para a sala mediúnica expandida – disse ele.

– Perfeitamente, doutor Aína... – respondeu o rapaz que acabara de entrar no quarto.

– E quanto à moça, doutor? – o gentil enfermeiro ainda a segurava com delicadeza.

O dr. Aína pensou por alguns instantes antes de responder.

– Seria interessante se ela pudesse assistir. Deixe que fique na parte reservada à assistência.

Laíssa se viu então numa espécie de segundo andar, como aqueles dos antigos cinemas, de onde era possível enxergar tudo como se sob uma lente de aumento. Lá embaixo, em torno de comprida mesa havia várias pessoas de olhos fechados, com as mãos espalmadas sobre o tampo, como que preparadas para dar início a alguma tarefa. Seres de intensa luminosidade, como o próprio doutor Aína, circulavam em torno desta mesa, situando estranhos aparelhos atrás de cada uma das pessoas sentadas, enquanto uma porção de outros seres, trajados como enfermeiros, pareciam coordenar imensa fila de macas a serem direcionadas para aquela mesa.

Lorenzo e seu companheiro de quarto, ambos adormecidos, foram os primeiros a ser situados junto ao integrante da mesa que ficava na cabeceira. Laíssa observou que todos possuíam uma espécie de fio prateado saindo de suas cabeças, sem perceber, contudo, que ela também possuía aquele mesmo detalhe. Logo em seguida, um grupo de enfermeiro posicionou-se em torno das macas, passando a emitir sobre ele uma espécie de energia luminosa que lhe saía das mãos e o envolvia por completo. Ao todo, vinte e um trabalhadores movimentavam-se em torno de Lorenzo e do ser adormecido a seu lado. Os dois se encontravam de uma tal maneira imantados magneticamente que haviam como que se transformado em uma entidade única, de dupla personalidade. Faziam recordar uma concha sobre um caramujo, de tal forma encontravam-se entrelaçados. De onde estava, a própria Laíssa tinha agora dificuldade em estabelecer os limites entre um e outro.

Sempre curiosa diante de tudo aquilo que estava observando, ela notou que outro grupo de trabalhadores, carregando uma espécie de rede para caçar borboletas, extraía do grupo que compunha a assistência no segundo andar um tipo de substância viscosa rosada, que posteriormente era colocada nas máquinas em torno das pessoas na mesa, a qual passava então a expelir uma nuvem rosada que se acumulava também em torno de Lorenzo e Joaquim.

De onde estava, Laíssa pôde observar ainda que essa nuvem parecia ter o estranho poder de avivar-lhes o olhar e a fisionomia, como se lhes intensificasse os sentidos, deixando-os mais alertas para o que ali acontecia, ao mesmo tempo em que fazia com que suas formas lentamente começassem a se desassociar uma da outra.

Ao mesmo tempo, aquela fumaça parecia revelar estranhos nódulos entre eles, nódulos esses que iam sendo retirados um a um pelo grupo de enfermeiros em torno dos dois. Até que finalmente alguém retirou pequeno ser, semelhante a uma pequena bonequinha, das camadas vibratórias que envolviam a ambos e a entregou nos braços do doutor Aína, que prontamente a interligou, através de uma das máquinas ali existentes, ao mesmo homem que estava sentado na cabeceira. Laíssa ficou chocada com aquilo, mal conseguia tirar os olhos da cena.

O dr. Aína passou então a emitir intensos jorros de luz sobre aquele homem e também sobre Joaquim e sobre Lorenzo. Foi quando o homem sentado à mesa, ligado ao pequeno ser que lhe acabara de ser acoplado, começou a falar:

– Em que mau sonho me demorei? Que lugar é este? Será verdade que não estou mais neste mundo?

Transcorridos mais alguns instantes, o homem ergueu-se, como que comandado pela diminuta entidade, e emitiu horrível grito. O tempo todo esfregava a garganta em agonia, parecia sentir muita dor.

O doutor Aína, sempre vigilante, segurou-lhe então ambas as mãos com a destra, enquanto, com a mão esquerda, ministrava-lhe estranhas energias sobre a glote e, sobretudo, ao longo das papilas gustativas, de forma a acalmar aquele diminuto ser que não demonstrava ainda muita consciência sobre si próprio.

– Joaquim... Joaquim... – chamou o homem que dava-lhe voz. – Acho que o veneno não me matou... Mas não pense, com isso, que eu te perdoei...

– Tente se acalmar, querida irmã – pediu o dr. Aína, a seu lado.

– Acalmar-me? Como? Sinto a garganta carcomida! Preciso de ajuda! – protestou o homem que parecia dar voz àquele ser. – Depressa! Temo pelo pior...

– Você já está recebendo ajuda... – garantiu o dr. Aína, sempre a seu lado.

– Estou cansada de tudo isso... Cansada, sufocada, com dores... Quero meu tempo de volta... Retornar ao dia em que tudo aconteceu... Preciso de um médico! – novamente o homem que emprestava-lhe voz protestou. – E Joaquim... Onde está o meu Joaquim?

De onde estava, Laíssa estremeceu. Ainda deitado sobre a maca, Lorenzo, por sua vez, chorava copiosamente. O homem de capa, a seu lado, balançava a cabeça irritado. Num ímpeto sentou-se sobre a maca, sendo rapidamente ligado pelos enfermeiros a outra pessoa que até então se mantinha silenciosa na mesa.

– Eu sou Joaquim!

– Não! Você não é Joaquim! Você prometeu que me devolveria Joaquim depois de tudo, mas não foi o que aconteceu! O tempo todo apenas me usou para instigá-lo a me trair cada vez mais! Não quero mais fazer isso! Tudo o que eu quero é permanecer junto do homem que amo, voltar com ele para a nossa casa! – respondeu o homem que dava voz ao diminuto ser.

O dr. Aína, porém, respondeu-lhe com a voz terna e muito calma:

– Não, filha... não pense mais nisto agora... As portas de tua casa no mundo infelizmente se cerraram para a tua alma com os olhos do corpo que perdeste. Aquele a quem se acostumou de chamar de Joaquim não é mais teu companheiro carnal... É indispensável, porém, que te refaças, antes que possam traçar novos planos futuros...

– Novos planos futuros? Como assim? Jamais permitirei que ele tenha um futuro! Desejo aniquilá-lo até o fim dos tempos, da mesma forma como ele me aniquilou um dia! – protestou Joaquim.

– Não é verdade isto! – mesmo em sonho, Laíssa não se conteve.

Ergueu-se no lugar da assistência onde estava, passando a encará-lo com se o visse através da pessoa por intermédio de quem aquele espírito se comunicava. Mais do que isto, naquele momento, Laíssa sentia-se como se ela própria fosse outra pessoa, a mesma mulher que vira abraçando o homem de capa durante a meditação.

– A bem da verdade, você foi a culpada de tudo, agora vejo com a mais infinita clareza! – ele protestou por sua vez. – Não tivesse fugido com o maldito cigano, tamanha desgraça não teria se abatido sobre toda a nossa família! Era preciso que eu o convocasse para um duelo! Era questão de honra tomar essa atitude! Será que não compreende? Como pode ainda defender esse maldito cigano até hoje?...

No sonho, Laíssa passava a ver diante de si imagens do duelo, onde o cigano Lorenzo atravessava Joaquim com sua espada e ela chorava sobre o cadáver.

– Tem uma parte nisso tudo, porém, que vocês não sabem... – ela dizia, entre soluços, a essas alturas, cercada por uma corrente de enfermeiros que emitiam luz em sua direção.

Via-se agora na mesa, sentada diante deles. Não sabia ao certo como havia se locomovido até lá.

– Que você é uma boba e novamente se apaixonou por ele? – vociferou Joaquim, do alto de sua revolta. – Por mais que eu pense, não consigo aceitar que até hoje se importe tanto com este homem! Não é bonito, é avilt...

Ela, contudo, não o deixou terminar de falar:

– Acontece, porém, que eu o matei!

Todos os olhares voltaram-se imediatamente para ela.

– Você o quê?... – estranhou Joaquim. – É verdade que passei muito tempo perturbado naquele vale imundo, contudo...

Novamente ela o interrompeu.

– Sim. Eu o matei. E pelo resto dos meus dias eu me deploro por isso! – prosseguiu Laíssa.

Novamente ela começou a ver a cena diante de si, como que projetada a partir de suas memórias mais profundas.

– Lorenzo costumava sair para apresentar-se com os outros ciganos, era a atração principal de nossa aldeia... Acontece, porém, que eu me roía de ciúmes por causa disso... – ela confessou, começando a chorar.

– Tenha calma, Laíssa, você vencerá! – incentivou-a o dr. Aína, agora a seu lado.

Era como se saísse uma energia das mãos dele em sua direção.

– O ciúme sempre foi uma praga em minha alma... Tão forte ou mais do que a índole sedutora de Lorenzo... – ela sorriu, por entre as lágrimas. – Naquela noite eu não suportei quando mais uma vez ele voltou para nossa carroça rescendendo a perfume de mulher... Eu tinha largado tudo por causa dele! Queria-o só para mim! Mais uma vez, porém, ele me abraçou, me agarrou com volúpia e nos amamos pela última vez... Quando ele adormeceu eu... – ela não conseguia terminar a frase, de tão emocionada.

– Então era mesmo verdade... A cena que vi era verdade... – Lorenzo disse, através de um terceiro intermediário, agora ligado a ele, imediatamente associando o relato à cena que ele vira quando adormecera na árvore diante do centro onde Ayla trabalhava.

– Eu o esfaqueei... – repetiu Laíssa, chorando muito. – Ninguém no acampamento nunca soube a verdade... Joguei fora todas as roupas dele para que acreditassem que tinha sido um assalto, que eu já o havia encontrado assim... Pelo resto dos meus dias, porém, ouvi a voz dele andando atrás de mim, perguntando por que eu havia feito isso... Nunca mais parei de ouvir a voz dele...

Laíssa ainda chorava quando despertou daquele estranho sonho. Seus soluços eram tão profundos que o peito chegava a estremecer. Sentou-se na cama e tomou um copo d'água. "Eu o matei", ouvia ainda a própria voz ecoando por dentro de si. Não conseguia, contudo, lembrar-se de quase nada do que havia sonhado. Tudo o de que ela conseguia naquele momento se recordar era da imagem da mulher que esmurrava a porta da enfermaria e dela própria dizendo a essa mulher: "Sim. Eu o matei!"

Ficou ainda um tempo chorando, sem entender direito de onde vinha tanta angústia, até se lembrar de um detalhe:

– Espera aí! Eu já vi o rosto daquela mulher! – ela exclamou de repente.

Abriu então a gaveta do criado mudo e tirou lá de dentro o celular de Joaquim.

– Eu tenho certeza de que já vi essa mulher... Será então que foi ela a assassina?

48

—Ele me mostrou... Tenho certeza de que ele me mostrou... – Laíssa, angustiada, correu inúmeras vezes todas as fotos disponíveis no aparelho. Até mesmo os arquivos do *whatsapp*. É bem verdade que ela sempre sentia uma pontinha de ciúmes a cada vez que via as fotos das muitas e tantas amigas de Joaquim. Ao mesmo tempo, por alguma razão que não conseguia entender, naquele dia era como se os ciúmes doessem menos. Sentia, sim, o coração batendo forte quando olhava para as fotos dele, porém não mais pelas mulheres que apareciam com ele, mas por ele, aquele Joaquim por quem um dia ela se apaixonara. Laíssa não sentia mágoa, apenas saudades de Joaquim.

Queria se lembrar, mas não conseguia. Onde foi que ela vira aquele rosto? Quase podia jurar que a moça, na foto, usava uma blusa verde. Ou será que era no sonho que ela usava uma blusa verde? Quanto mais ansiosa ficava, era como se menos o olho conseguisse enxergar. Até porque já estava cansada, de tanto procurar e ver. Foi quando, de repente, ela teve uma ideia:

– E se por acaso foi parar na lata de lixo do celular?

Em sua ingenuidade, Laíssa acabou encontrando. Não a foto de Rita, que era o que de fato procurava, mas a foto *nude*. A mulher pelada de que tanto falara Joaquim, que o enojara tão profundamente conforme ele lhe dissera. Então era verdade! Ele havia deletado todas as fotos dela. Apenas não se lembrara de limpar a lixeira do telefone depois. Como ela não pensara nisso antes?

371

Eram realmente escandalosas as fotos. Nenhuma delas, contudo, tinha rosto. Apenas a mulher, do pescoço para baixo. Ainda assim, algo em particular chamou bastante a atenção de Laíssa: a mulher tinha tatuado um escorpião em torno do mamilo direito. Ela ficou muito impressionada com aquilo, sobretudo pela riqueza de detalhes com que havia sido desenhado aquele escorpião. Uma tatuagem fina.

– É... Não sei por que, só de olhar isto, tenho a impressão de que foi esta mulher a autora do tiro... – ela avaliou pensativa.

Mas era só uma intuição.

– De mais a mais, de que serve uma coisa destas? Jamais teria como descobrir o rosto desta pessoa! Nem que fosse! Eu nunca iria saber!

Guardou o telefone de novo na gaveta e correu para o salão. Queria estar bonita naquela noite, era o dia da comemoração das bodas de Teresa. "Quem sabe ela até não encontrava alguém interessante naquela festa?", pensava animada.

Teresa estava deslumbrante. A maquiagem perfeita, um vestido lindíssimo. Ostentava o sorriso da felicidade em pessoa. Só de olhar para ela, contudo, Laíssa percebeu que era falso. Tinha os olhos tristes. O tempo todo com um copo de *prosecco* na mão. Parecia, inclusive, já um pouco alterada pela bebida.

O marido apareceu várias vezes ao lado dela, mas sempre sumia logo em seguida. Não eram, nitidamente, aquele casal apaixonado, completando trinta e cinco anos de casamento. Eram dois parentes comuns, quase dois irmãos que moravam na mesma casa, mas que não tinham nenhuma afinidade, ambos preocupados apenas com detalhes triviais, do tipo: garçom traz mais gelo ou a que horas deverão começar a circular os salgados. E nem na música eles combinavam: o tempo todo ele pedia para a orquestra tocar sertanejo, ela corria lá e mandava parar. Gostava mais de Frank Sinatra e boleros. Trocavam então uma careta. O marido tomava mais alguns copos de uísque; enquanto Teresa bebia mais algumas taças de *prosecco*, disfarçando por entre os dentes sua profunda irritação com aquele marido. Que, por sinal, a essas alturas já estava dando em cima, descaradamente, de todas as mulheres da festa. Bem no estilo 'bêbado inoportuno' que tanto ela, quanto a filha faziam questão de fingir que não estavam vendo. O filho, por sinal, bebia vodca e cerveja com seu próprio grupinho, no outro lado da festa.

Havia muita gente, o jardim estava repleto. Laíssa ficou até assustada ao chegar. Não conhecia ninguém ali, além de Teresa. Sentou-se junto a uma mesinha mais isolada num canto e ficou apenas observando o movimento. As flores, as tais cravinas de que Teresa tanto falara em sua última sessão, eram realmente lindíssimas, haviam ficado excepcionais os arranjos na piscina. Laíssa também estava muito bonita, mas, de tão envergonhada, era como se apagasse a própria beleza com a sua timidez. Ainda assim, logo apareceu alguém oferecendo companhia.

Era microempresário, dono de uma empresa que fabricava *skates*.

– Que interessante... – ela observou, quando ele lhe explicou.

Mas nem por um momento sentiu o coração bater. Aliás, ele não era nada interessante, logo pensou consigo. Era um rapaz bonito, bem sucedido, mas não lhe despertava a menor atração. Usava terno preto e sapato marrom, ela não pôde deixar de observar. Não tinha nem muito assunto, só falava mesmo de rodas e rolamentos, vendas e tabelas de juros. Laíssa, sem querer, se lembrou mais uma vez de Joaquim. Como era maravilhoso conversar com ele! Tão bom se ele pudesse estar ali com ela... e o rapaz falava e falava, enquanto ela se divertia em silêncio, imaginando a personalidade das pessoas a partir das roupas que usavam.

No meio da noite, Teresa apareceu na mesa, para as fotos de praxe. Laíssa já havia observado que ela aparecia em todas as fotos com a filha, mas em nenhuma com o marido. Achou aquilo curioso. Mais curioso, ainda, foi perceber o olhar que Teresa deu na direção do rapaz que estava na mesa. Laíssa ficou chocada. Olhou para o próprio copo sobre a mesa, em que ela quase não havia tocado. Não, ela não havia bebido. Lembrou-se então do comentário dela da última vez em que elas tinham se visto no consultório, no auge da alucinação provocada pelo colírio: "Afinal de contas, não é todo dia que a gente comemora bodas de coral, não é verdade?... Já fechei com o *buffet* com a equipe de garçons, ah! Encomendei cem caixas de *prosecco*! Parece que vêm oito garrafas em cada caixa... E o fotógrafo! Precisava ver que fotógrafo!", dissera, pouco antes de uma crise de riso.

– Laíssa!

Só então ela ouviu Teresa chamando por ela para que olhasse na foto. Mais um sorriso: *flash*. O fotógrafo, contudo, era um rapaz baixinho, de óculos, não tinha nada a ver com a descrição de Teresa.

– Era este o fotógrafo de quem você tinha me falado?

– Eu falei para você? – tornou Teresa, confusa por causa do álcool. – Não, eu...

Curiosamente, ela estava muito semelhante àquela que se alucinara com o colírio. Novamente Laíssa estava pasma. "Quem, afinal, era Teresa?", ela ainda não conseguira fechar um diagnóstico. A filha dela, a essas alturas, já estava longe, numa outra mesa, conversando com alguns amigos.

– Coitado do rapaz... – tornou Teresa, lançando mais um olhar sobre o empresário.

– O que aconteceu com ele? – quis saber Laíssa, sentindo estranho arrepio.

– Foi assassinado, você imagina?

Ficou tão nervosa quando disse isso que derramou sem querer o copo de vinho tinto que o empresário dos *skates* havia deixado sobre a mesa. Laíssa gelou.

– Ai, meu Deus! Manchou meu vestido! – ela exclamou com afetação. – Você vem comigo até lá dentro me ajudar a escolher outro para trocar? – perguntou a Laíssa, sem tirar os olhos da rapaz.

Por alguns instantes, Laíssa ficou na dúvida se era com ela mesma que Teresa estava falando.

– Como assim assassinado? – ela insistiu.

– Vem comigo, no caminho eu te conto – disse, puxando agora a terapeuta pelo pulso.

Laíssa percebeu que ela tinha as mãos geladas. Talvez fosse de tanto segurar a bebida gelada, Teresa não largava o copo de jeito nenhum – a terapeuta quis acreditar. Teresa, contudo, parecia ter ficado nervosa depois que tocaram naquele assunto.

– Tem certeza de que não sabe mesmo de quem estou falando? – ela tomou mais um gole de *prosecco* depois de dizer isso.

Tinha um tom de voz estranho, Laíssa não entendeu. Entraram no *closet* e Teresa fechou a porta atrás de si. Deu duas voltas na chave. Estava realmente bastante alterada:

– Ninguém pode saber, Laíssa, mas nós dois tivemos um caso! Você não sabia disso, sabia? – insistiu Teresa.

– Você e o empresário? – Laíssa não compreendeu de imediato.

Após a Chuva | 375

– Não! – ela virou de uma vez o copo que trazia nas mãos. – Eu e o fotógrafo!

– Aquele fotógrafo? – de novo Laíssa quis ter certeza, referindo-se ao rapaz que tinham visto lá embaixo.

– Não... o outro... – Teresa remexia agora o imenso cabide cheio de vestidos de festa. – O que morreu... Que Deus o tenha...

Ela tinha um certo tom de ironia na voz.

– Não é possível! Me conta isso direito, Teresa! – Laíssa parou diante dela. – Você?

– Contar o quê? Eu não sei de nada... Você entende, o Antônio... Também tenho meus direitos... – ela ficou ainda mais nervosa ao tentar explicar.

Laíssa percebeu que suas mãos agora tremiam.

– Você tem alguma coisa a ver com esse assassinato, Teresa? – Laíssa foi direto ao ponto.

– Imagine! – Teresa logo se desvencilhou de seu olhar. – Praticamente só o vi uma ou duas vezes... Ele nem era fotógrafo...

"Na verdade eu estive lá com um amigo meu, que tem uma empresa de fotografia. Ela contratou esse meu amigo para fazer as fotos do evento e eu, como ando meio quebrado e sempre fotografei muito bem, vou dar uma força para ele no dia da festa..." – Laíssa recordou-se da voz de Joaquim falando com ela.

– E como foi que você soube do assassinato, Teresa? Você ficou sabendo o porquê? – Laíssa tentou aparentar mera curiosidade.

Dentro do peito, contudo, o coração estava aceleradíssimo.

– Não, não fiquei... Ou melhor... – ela foi tirando a blusa devagar. – Parece que foi ciúmes. Foi isso. Alguma namorada ciumenta...

– A namorada o matou? – Laíssa tentou confirmar.

– Não sei ao certo... Não era bem uma namorada... Tenho impressão de que ele tinha vários casos... Está vendo só? Vinho é fogo! Manchou até o *soutien*? – ela reclamou, olhando no espelho. – Você nunca teve um caso com ninguém, Laíssa?

Novamente havia um tom estranho em sua voz. Laíssa começou a perceber que ela parecia saber mais do que havia sido publicado no jornal.

– E por quê você acha que uma mulher faria uma coisa dessas, Teresa? – voltou ao assunto.

– Ai, sei lá... Vai ver tratou a moça com desprezo... Você sabe como são os homens... Ouvi dizer que ela tinha mandado umas fotos para ele... Dessas fotos que estão na moda agora, você sabe, esses nus artísticos...

"Ela me mandou... eu tenho até vergonha de dizer... Me mandou um monte de fotos dela pelada numa banheira vazia, você acredita? Dessas banheiras bem antigas...", de novo ela se lembrou das palavras de Joaquim.

Esticou os olhos e percebeu o imenso banheiro que ficava no final do *closet*. A banheira...

Laíssa virou-se, chocada, e arregalou os olhos ao ver Teresa sem blusa diante do espelho. A tatuagem do escorpião! Teresa tinha a mesma tatuagem do escorpião que ela vira na foto!

– Como era o nome desse fotógrafo, Teresa? – Laíssa perguntou, sentindo as pernas bambas.

– Então você não sabe? O nome dele era Joaquim... – respondeu Teresa, vestindo-se novamente.

Laíssa não tinha mais nenhuma dúvida: tinha sido Teresa a assassina de Joaquim!

49

Laíssa não conseguiu pregar os olhos naquela noite. A madrugada toda supondo, analisando, refazendo passos e reflexões. Percebia agora que Teresa sofria de algum tipo de desvio de personalidade. O tempo todo era como se fossem muitas mulheres. Por isso custara tanto a descobrir. Havia sempre uma personagem específica que frequentava seu consultório.

Percebia agora que o efeito alucinógeno do colírio apenas externalizara-lhe algo de mais íntimo e pessoal, que usualmente escamoteava com suas muitas máscaras sociais. Teresa eram muitas Teresas: a esposa sofredora, que no entanto se beneficia com as excentricidades do marido; mas também a madame de Merteuil, tão sedutora quanto o visconde de Valmont, considerado o 'sedutor da corte', no romance *Ligações perigosas,* em que, apesar de todo o luxo que os rodeia e da extrema cortesia e sofisticação que aparentam, personificam o que há de mais vil na humanidade. Ex-amantes e autênticos sedutores, os protagonistas da trama fingem e manipulam as pessoas a seu bel-prazer. Talvez até para testar seu poder...[42]

Sim, percebia agora que Teresa tinha um quê de madame de Merteuil, uma sensualidade tão dissimulada quanto a do marido.

Laíssa, no entanto, sabia que Teresa sofria. Entendia-lhe profundamente aquele drama íntimo. Aliás, por muito pouco não encenara algo semelhante. Uma farsa? Talvez não. Presumivelmente os dois, Teresa e

---

[42] Laclos, Chordelos de. *Ligações perigosas*. Tradução de Maria Lúcia Pessoa de Barros. Rio de Janeiro: Casa Editora Vecchi Ltda., 1782.

Antônio, até tivessem um relacionamento aberto. A grande questão era que não era exatamente fácil viver naquele ciclo vicioso. Sim! Entendia agora que Teresa também, sim... Teresa também era uma sedutora.

Mas era também uma mulher carente e sensível, que doentiamente se deixava castigar pelo marido e vingava-se dele fazendo o mesmo papel. Como interferir em tamanha doença? Será que ela sabia de sua ligação com Joaquim? Relembrando agora o diálogo no *closet*, tinha a sensação de que ela havia insinuado algo neste sentido.

Cada vez mais, Laíssa percebia que Teresa era uma mulher doente, profundamente necessitada de afeto. Toda mulher traz um pouco de Medeia em suas dores de amor, aquela que traiu suas raízes, desviou o rumo natural de sua história para seguir um homem e, no meio do caminho, acabou se sentindo muito rejeitada.

Sim, fazendo as contas agora, o envolvimento com Joaquim, ao que tudo indica, ocorrera mais ou menos na mesma época em que ficara sabendo textualmente do envolvimento do marido com a arrumadeira da casa. Pouco antes ou até mesmo contemporaneamente também ao momento de seu próprio envolvimento com Joaquim.

"– Isso é muito sério! Você precisa se cuidar! Uma hora dessas você machuca os sentimentos de uma mulher e...", ela se lembrou dela mesma dizendo isso a Joaquim, quase como se fosse uma premonição.

Naquela mesma noite, Teresa iria atirar contra ele...

E como teria sido o momento do assassinato? Onde entrava Ricardo no meio de tudo isso? E aquela arma? Como teria sumido do carro dele? Será que Teresa sabia mesmo de seu envolvimento com Joaquim?

Foi pensando em todas essas hipóteses que, no dia seguinte, ela mandou uma mensagem para Teresa, marcando um encontro urgente no consultório.

Teresa, que no fundo já se sentia muito culpada, tanto pelo que dizia respeito a ela, quanto pelo que dizia respeito ao marido, não teve coragem de dizer que não ia.

– É por causa do Antônio, não é? Ele também deu em cima de você? – ela perguntou preocupada, ainda com cara de ressaca muito bem disfarçada.

– Há quanto tempo você vem bebendo com frequência, Teresa? – Laíssa questionou, observando-a. – Você me desculpe eu te perguntar isso, mas afinal você é minha paciente, chegou aqui preocupada com as suas crises depressivas frequentes, e eu confesso que naquela noite eu tive a sensação de que você anda bebendo um tanto quanto demais... Não foi só naquela noite, foi?

Teresa, sempre muito clássica e altiva, mesmo apesar de abatida, num primeiro momento ainda tentou negar.

– Absolutamente. Se você quer saber eu praticamente não bebo nunca, eu...

Laíssa apenas olhou para ela. Ambas sabiam que uma pessoa que praticamente não bebe dificilmente suporta a quantidade que ela havia ingerido só de *prosecco* na festa.

– Quero que entenda que eu não estou aqui para te julgar, Teresa. Eu entendo você. Profundamente até... O que eu quero saber é se você tinha ou não bebido no dia em que atirou em Joaquim.

Teresa levou um susto tão grande ao ouvir isso que literalmente quase caiu da cadeira.

– Como assim? Não sei do quê você está falando... – ela negou.

– Eu sei, Teresa... – Laíssa a olhou no fundo dos olhos. – Quer saber como eu sei?... Por isto aqui – ela mostrou a foto do escorpião no seio de Teresa.

Teresa apenas fechou os olhos, elegante. Por dentro ela era um vulcão em brasa, mal sabia o que fazer consigo mesma. "Então ele ainda tivera a petulância de contar, de mostra as fotos para ela!". Sua vontade era de pular no pescoço de Laíssa. Uma lágrima escorreu pelo canto esquerdo do olho.

– Você sabia onde ele estava? – Laíssa queria entender se Teresa tinha conhecimento de seu romance com Joaquim.

– Mais ou menos. Instalei um programa de GPS no telefone para acompanhar os movimentos dele... – ela admitiu.

– Você fez isso, Teresa? – Laíssa estava cada vez mais chocada, mas fez o possível para disfarçar.

– Eu fiz. Ah, Laíssa, você, mais do que ninguém sabe da minha história... Eu estava tão apaixonada por ele... Aquele homem com aquele vozeirão, dizendo poemas no olho da gente... Estava tão sofrida com toda aquela história, sabe?...

– Vocês chegaram a sair muitas vezes? – quis saber a terapeuta.

380 | LYGIA BARBIÉRE

Era como se alguma coisa houvesse mudado lá dentro dela desde a noite daquele sonho em que ela entrara em contato, mesmo sem se lembrar conscientemente, com aquela sua existência na aldeia cigana. Ela não sentia mais ciúmes de Joaquim. "Afinal, será que Teresa não sabia mesmo de nada?", ainda se perguntava.

– Apenas uma vez... O que foi que ele falou das fotos para você? – Teresa parecia angustiada.

– Então... o tempo todo, você sabia que ele estava comigo?

– Isso é o de menos. Quero saber das fotos. Ele falou de mim? – aquela hipótese parecia transtorná-la.

– Nada de tão grave, Teresa. Apenas comentou que uma mulher havia enviado aquelas fotos para ele e que havia se sentido muito constrangido – respondeu Laíssa. – Mas então você sabia que...

– Constrangido? – Teresa não a deixou continuar. – O Joaquim? Se você visse o jeito como ele me agarrou na noite em que ficamos juntos, não diria uma coisa dessas... – parecia agora dizer isso de propósito, só para irritá-la. – Eu me apaixonei, Laíssa... Me apaixonei completamente por ele... Enviei as fotos porque...

– Não precisa me explicar. – Laíssa não quis constrangê-la a esse ponto. – Eu sei do que você está falando...

– Ele saiu muitas vezes com você? – foi a vez de Teresa perguntar.

– Não muitas também. Mas sei precisamente do que está falando. Também me apaixonei por ele.

– Não como eu, Laíssa! – Teresa afirmou convicta. – Você sabe quantos anos eu tenho? Eu tenho sessenta e dois anos!

– Meu Deus! Eu não diria nem que você tem cinquenta e cinco! – assustou-se Laíssa.

– Talvez tenha sido ele o último amor da minha vida. A última grande paixão. .. Nunca mais vou me interessar assim por ninguém, Laíssa. Já decidi. A partir de agora, quero só viajar e me divertir.

Laíssa ficou um tempo olhando para ela, parecia mesmo longe dali por aqueles breves instantes. Sua fala, no entanto, mostrou que estava mais presente do que nunca:

– Será que foi para isso que você o matou, Teresa?

– Como assim? – Teresa não entendeu.

APÓS A CHUVA | 381

– Para se vingar do seu Antônio. De você mesma. Não adianta agora se anestesiar com bebida para ...

– Como assim me anestesiar com bebida, Laíssa? – Teresa não gostou de Laíssa ter mencionado a questão da bebida. – Eu não bebo exatamente todo dia, eu...

– Não se trata de uma questão de beber, Teresa! Tem gente que bebe, tem gente que fuma, uns que correm para o sexo, outros que jogam, outros que comem!... No fundo, tudo é a mesma coisa: tentativa de preencher o vazio. São diferentes formas de compulsão que revelam que a pessoa se sente solitária e inadequada, que algo está doendo muito dentro dela e ela não sabe o que fazer com aquilo.

Teresa caiu em prantos.

– O pior de tudo é que eu gosto de você como psicóloga...

– Como assim o pior de tudo? – Laíssa não entendeu.

– Você saía com o mesmo cara que eu! Era na sua casa que ele estava! Mas nunca podia imaginar que... – ela olhou mais uma vez para sua foto *nude*, que pousara na mesinha a seu lado.

– Teresa, ele não difamou você para mim, se é o que você quer saber... Jamais mencionou o seu nome, eu só descobri por acaso mesmo... Naquela noite o telefone ficou aqui e... Enfim! Por que você fez isso, Teresa?

Teresa abaixou os olhos, abriu lentamente o batom que trazia dentro da bolsa. Ficou um tempo olhando, depois tirou um lencinho de seu estojinho de couro e delicadamente esmigalhou o batom. Sem sujar nenhum dedo.

– Fiquei com muita raiva. Me transformei numa outra mulher por causa dele... Para depois ele simplesmente me deletar. Dizer que não era nada disso, que eu estava interpretando as coisas erradas. Que só porque num momento de fúria ele... Eu não devia... Ah, do jeito que ele era, você também deve ter ouvido muitas vezes esse mesmo discurso.

Laíssa lembrou da canção de Ana Carolina, que recebera poucos dias depois do seu maravilhoso encontro na praia com Joaquim. Olhando agora de fora para aquela situação, era tudo tão previsível, tão clichê... Uma mulher carente, uma tarde na praia, promessas de um amor impossível... "Simplesmente aconteceu".

– Por quê, Teresa, por quê você fez isso? – insistiu Laíssa.

– Estava cega de raiva – admitiu Teresa. – Despejei nele a raiva que eu sentia de todos os homens do mundo!

– Mas... e o Ricardo? Como é que...

– Eu estava estacionada bem atrás do carro dele. Sò depois vim a descobrir que ele era seu marido, por causa dos jornais... Desci no momento em que eles começaram a discutir no meio da rua... Fiquei de longe, observando, Joaquim não me viu...

– Continue... – pediu Laíssa, imaginando a cena.

– De repente, o Ricardo se virou de costas e pegou a arma no chão do carro... eu vi quando ele fez isso, estava bem atrás dele, embora ninguém pudesse me ver de onde eu estava. ... só que ele tremia tanto que deixou cair a arma no chão... Foi então que...

– Compreendi... – respondeu Laíssa, revendo mentalmente a cena conforme ela havia contado. – Ele não entendeu nada, não tinha como entender nada... – ela respondeu, pensando em Ricardo.

– E agora?... – ensaiou Teresa.

– O que é que tem?... – Laíssa não entendeu a pergunta.

– Você vai me denunciar?

Laíssa, porém, não conseguiu responder nada de muito objetivo para ela.

– Vai para casa, Teresa. Estou muito confusa. Depois a gente conversa. .. – pediu, arrasada, sem conseguir se levantar da poltrona.

50

Laíssa demorou muito para tomar uma decisão. O julgamento de Ricardo foi marcado para o final da semana, depois de muitos meses de espera. No tarde anterior, já querendo se preparar emocionalmente para esse dia, a terapeuta decidiu fazer algo de diferente. Atendendo a um conselho de Najla, decidiu marcar uma sessão de *watsu*. Era uma técnica de terapia na água, que misturava movimentos de alongamento e relaxamento. Najla explicara que tinha um incrível efeito de cura em todas as camadas energéticas vibracionais da pessoa.

Era fato. Só de entrar na água morna, ela já experimentou uma sensação muito boa. Leila, a instrutora amiga de Najla, era uma doçura de pessoa. Aquela água tépida e o carinho com que conduzia as manobras foi, aos poucos, conduzindo Laíssa – de ouvidos vedados com tampões especiais para isso –, a níveis muito profundos de seu ser.

Ela se viu de repente aprendendo a boiar nas águas de uma praia sobre os braços estendidos do pai, reexperimentou toda a segurança que ela sentia na sua convivência com ele. À medida em que os movimentos foram mudando, contudo, ela se sentiu como uma semente, experimentou drástica rejeição no momento em que se transportou para o ventre materno.

Naquela posição, Laíssa reviveu profundamente o sentimento de rejeição experimentado por sua mãe no momento em que ela, ainda grávida, surpreendeu seu pai dançando com outra mulher num baile de carnaval. Sim, ouvira essa história ainda menina, enquanto as mulheres conversavam na cozinha. Tantos anos haviam se passado e ela não tinha noção de que ainda guardava aquilo ainda tão forte dentro de si... E pensar que ela era apenas um feto quando tudo aconteceu...

Na piscina, ao som de agradável música relaxante, Leila continuava a conduzir docemente uma série de manobras com o corpo de Laíssa, cada vez mais imersa no mundo de suas recordações. Sim, percebia agora que seu pai, na verdade, também fora um grande sedutor. E que, por ciúmes dele, a mãe mantivera sempre uma distância de Laíssa, com quem de certa forma rivalizara ao longo de toda a sua existência...

Laíssa entendeu tudo isso profundamente enquanto se deixava envolver por aquela água morna e aqueles movimentos leves, onde se sentia embalada nas mais variadas posições. Entendeu que parte de sua baixa autoestima provinha do fato de tão poucas vezes ter se sentido tocada afetuosamente por sua mãe. Uma mulher bastante fechada, sua mãe. Falante e extrovertida, porém fechada internamente ao afeto, como se no fundo não se achasse merecedora do afeto de ninguém desde aquela noite de carnaval... Laíssa nunca antes havia se dado conta disso.

Aquele contato, no entanto, mesmo sem que a terapeuta dissesse nenhuma palavra, apenas movimentando-a pela água como se fosse uma jaqueta balançando ao vento, ao mesmo tempo a fazia retomar todo o sentimento de amor que ela experimentava por aquela mãe, uma mulher que fora traída a vida inteira e lutava como uma loba para manter o marido sob as rédeas de seu 'amor por ele', e que, mesmo a despeito de toda a sua braveza, se sentia ameaçada pelo amor de pai que ele sentia pela própria filha. Compreendeu então que ela não precisava mais repetir aquele padrão. Nem de mulher que busca homens capazes de enganá-la, como forma de honrar o amor que ela sentia pelo próprio pai, nem de esposa ciumenta e obcecada, capaz de suportar os maiores abusos para não ficar sem suas "cebolas-roxas do Egito", como durante tantos anos fizera sua mãe. Era como se o contato com a água lhe desse a certeza de que ela havia aprendido tudo o de que precisava sobre isso. Já não precisava mais daqueles padrões.

Sim, não importava mais, agora, o quanto aquela mãe a havia amado, se fora suficiente, nem mesmo as sequelas resultantes do amor que ficara faltando. Ali, na água morna, tão agradável e aconchegante como a água da placenta na barriga da mãe, Laíssa com-

APÓS A CHUVA | 385

preendia que o amor que ela recebera fora o amor possível, o amor que a mãe dela sabia, que conseguia dar a alguém que, na cabeça dela, competia com ela em todo o amor que ela conseguia receber na vida. Sua filhinha, sua miniatura... Como evitar que as pessoas gostassem mais dela do que de sua versão adulta e sofrida? Na água que corria dentro de seu próprio corpo, Laíssa naquele momento compreendia tudo o que nunca antes havia conseguido compreender.

Ali, naquela água, envolta por todas aquelas lembranças e toques que se misturavam no passado e no presente, ela então perdoou profundamente os seus pais; chegou a sentir muitas saudades deles no momento em que saiu da água. Ela já havia tomado a sua decisão sobre o seu depoimento na audiência de julgamento.

51

— A senhora sabia que seu marido tinha uma arma? – o promotor perguntou, no momento em que Laíssa foi chamada a depor.

– Não, excelência. Eu não sabia. Como disse, logo que me sentei aqui, ele não era mais meu marido já há algum tempo...

– E... quantos anos a senhora falou que passou casada com ele? – o promotor interrompeu o próprio raciocínio para perguntar.

– Treze, excelência. Dois de namoro e onze de casamento oficial, que já se encontra em trâmites de...

– E neste tempo todo a senhora nunca soube que ele tinha uma arma? – continuou o promotor.

– Não, ele nunca teve. A arma, segundo me contou, era do pai dele, que vinha brigando muito com a esposa e pediu ao filho para que a guardasse para ele, justamente com medo de vir a cometer uma bobagem... – ela repetiu com fidelidade a mesma história que tinha ouvido de Ricardo.

– E a senhora acha, com toda a sinceridade, depois de ter convivido todo esse tempo com o seu marido, que ele seria capaz de atirar em alguma pessoa?

Laíssa ficou em silêncio por algum tempo. Ela agora tinha certeza absoluta de que não. Não era nem pelo fato de saber quem era a verdadeira assassina, ainda que estivesse disposta a ocultar isso do juiz, nem pelo fato de ele ter imaginado que o promotor faria esta pergunta e ter implorado para que ela o ajudasse naquela situação. O relato de Teresa, contudo, dera-lhe a certeza de que Ricardo, mesmo apesar de ter cometido aquela traição contra ela, continuava a ser o mesmo homem por quem um dia ela se apaixonara, a despeito de todos os seus defeitos. "Só que ele tremia tanto que deixou cair a arma no chão...", dissera-lhe Teresa. Este era o Ricardo que ela conhecia.

– Olha, excelência, de tudo isso eu só tenho uma certeza. O Ricardo pode ser mulherengo, pode ser medroso, infantil, chantagista pode ser um monte de coisas que uma mulher não deseja num homem. Mas assassino eu tenho certeza de que ele não é. Ricardo jamais seria capaz de matar uma pessoa, tanto que jamais aceitou defender uma pessoa que efetivamente não fosse culpada por aquilo de que estava sendo acusada...

– A senhora acredita então que não foi ele quem atirou... –insistiu o promotor.

– Acho que ele até podia pegar o revólver, num momento de ira profunda, principalmente se estivesse muito bêbado... Mas é algo tão contrário à índole dele que ele provavelmente começaria a tremer e deixaria a arma cair no chão, antes de conseguir atirar – Laíssa respondeu com convicção.

O promotor se deu por satisfeito e agradeceu.

Horas mais tarde, ela já estava em casa, quando o interfone tocou. Era Ricardo. Veio para contar que fora absolvido, o juiz o considerou inocente. Ela o deixou subir e tomou um susto quando abriu a porta: ele trazia duas dúzias de rosas.

Laíssa o encarou por alguns instantes, antes de tomar as rosas em seus próprios braços.

– Não precisava – ela disse.

– Precisava, sim. Eu tinha que te agradecer – ele respondeu.

– Eu não fiz mais do que a minha obrigação.

Ele se sentou na cozinha e ficou esperando enquanto ela colocava as flores num vaso.

– Você jamais voltaria para mim, não é verdade?

Laíssa continuava de costas para ele. Não quis se virar para responder.

– Não, Ricardo, eu jamais voltaria... – disse, enquanto a torneira jorrava água dentro do vaso.

– Mas você há de admitir que o nosso casamento estava em crise... – ele insistiu.

– Sim, eu também cheguei a esta conclusão – ela admitiu. – Embora você sempre diga que eu nunca escuto o que você fala, até pensei muito sobre uma coisa que você me disse, numa das últimas vezes em que nos encontramos...

– E o que foi? – ele quis saber.

Ela colocou o vaso com as flores sobre a mesa antes de dizer:

– Você disse que, se não tivesse acontecido com você, podia ter acontecido comigo. Que eu também poderia ter conhecido alguém interessante e não ter resistido... Cheguei à conclusão de que você tinha razão...

– É... O relacionamento estava muito ruim mesmo... – ele admitiu, triste. – Ainda assim – ele tentou segurar na mão dela enquanto ela ajeitava o vaso. – Eu nunca deixei de gostar de você...

Laíssa suspirou fundo.

– Sabe o que é, Ricardo? – ela puxou delicadamente a mão de por entre as mãos dele. – Foi muito bonito, muito intenso enquanto durou... Mas tem certas coisas que, depois que se quebram, não têm mais conserto... Eu não consigo mais. Eu sei que podia ter...

Ricardo, num ímpeto, levantou da cadeira e tentou beijá-la à força. Laíssa, porém, o empurrou com firmeza.

– Não! Não, Ricardo, por favor... Quero que saiba que sempre terei muito carinho por você, mas a gente junto não dá mais...

– Você acha então que a gente não deu certo? – ele ainda insistiu, quase derrotado.

– Não, Ricardo. Acho que a gente deu muito certo. Você era exatamente a pessoa de quem eu precisava na minha vida para que pudesse aprender tudo o que aprendi com você. Você era a pessoa certa. Só que não é mais. Acho que eu agora mudei de lição... Preciso aprender outras coisas... – ela analisou.

– Entendo... – ele se levantou vencido. – Se algum dia...

– Sim, Ricardo, eu sei. – ela não o deixou terminar. – Você sempre vai ser um grande amigo com quem eu vou poder contar...

Os dois se despediram. Ela colocou rapidamente o vaso com as rosas na sala, verificou o relógio e correu para mudar a roupa. Havia se matriculado numa aula de zumba e precisava se apressar para não chegar atrasada logo no primeiro dia. Estava adorando este momento de descobrir coisas que ela gostava de fazer.

52

Dália trazia um brilho diferente no olhar quando se acomodou na poltrona do consultório naquela tarde. Ela vinha para a sessão de quinze em quinze dias, achava melhor espaçar desta forma.

– Eu consegui! – foi logo avisando, sem conseguir segurar o sorriso.

– Como assim? – Laíssa não compreendeu de imediato.

– Eu consegui passar a noite com outro homem! – ela comemorou. – Não é fantástico?

– Vocês estão juntos ou foi só coisa de uma noite? – quis saber Laíssa.

Dália girou os olhos brilhantes, como se buscasse algo em suas próprias memórias.

– Olha, foi tudo muito diferente. O tempo todo eu sabia que ele era assim... galanteador, sabe? Daqueles caras que fazem questão de tratar bem todas as mulheres, sabe como? Mas não imaginei de imediato que fosse mais um sedutor...

– E era?

– Ele até era uma pessoa legal, uma pessoa boa. Ficamos mais de uma semana apenas conversando pela *internet* – ela continuou contando, no seu tempo. – Até nós combinarmos e... ele foi lá na minha casa! – revelou a paciente.

– Na sua casa? – admirou-se a terapeuta.

– Foi – ela respondeu, quase enigmática.

– E... deu certo? – Laíssa perguntou.

– Foi ótimo! Você não pode imaginar! – Dália exclamou, entusiasmada. – Botei para fora toda a minha dor, toda a minha energia, literalmente me despi!

– Então não era um sedutor? – Laíssa ficou na dúvida.

– Olha, Laíssa, se era ou se não era, a essas alturas, acho que nem era o mais importante.

– Era... Então vocês não continuam juntos? – deduziu a terapeuta.

– Tivemos uma noite maravilhosa. A grande questão é que, no dia seguinte, ele olhou para mim e disse: Nossa! Que linda essa lingerie!... Lindo também o que tem por baixo! Aliás, onde você estava este tempo todo?", e já começou me agarrar, querendo começar tudo de novo – contou Dália, incomodada.

– Te assustou? – imaginou Laíssa.

– Naquele minuto eu olhei para ele e compreendi que estava tudo errado. "Acho que você não entendeu nada...", eu disse a ele, que não parava de ficar me agarrando. Parecia uma criança que nunca viu pirulito, sabe como?

Laíssa riu da comparação.

– E o que foi que te incomodou no final das contas? Ainda o ex-marido?

– Não! Juro que não! Era com ele mesmo. Olhei para aquele homem e pensei: eu não sou essa mulher! Não sou. Queria uma pessoa para deitar a cabeça no ombro e conversar! Relacionamento não pode ser só sexo!

– E o que você fez?

– Mandei ele embora, ora essa! A casa era minha!... – respondeu Dália, espontânea.

Laíssa estava contente. Percebia que a cada dia sua paciente parecia mais convicta de si mesma, mais inteira com suas próprias vontades. Tinha se permitido não só vivenciar o momento de prazer, mas também avaliar quem era aquela pessoa, refletir sobre o tipo de relação que ele tinha a oferecer e o tipo de relação que ela queria viver. E ainda tivera a coragem de sair da história sem nenhuma culpa.

– Devo muito a você de tudo isso que eu aprendi... – ela reconheceu.

– E eu também a você... – admitiu Laíssa.

– Por sinal, tenho mais uma coisa para te contar... – anunciou Dália.

APÓS A CHUVA | 391

– Mais uma? – surpreendeu-se a terapeuta.

– Bem, na semana passada, logo depois que tudo isso aconteceu, meus filhos me ligaram; eles estavam passando férias na casa do pai deles, e me pediram uma coisa...

– O que foi que eles pediram?

– O meu ex-marido ia operar de varizes e não tinha quem cuidasse dele, os meninos pediram se eu poderia ficar no hospital com ele.

– E você aceitou?

– Não só aceitei, como trouxe o pai deles para a minha casa depois. Ficou lá uma semana em recuperação...

– Você levou ele para a sua casa? – Laíssa perguntou incrédula.

– Sim. Acomodei-o na minha cama, com todo o carinho.

– Na sua cama? – Laíssa estranhou.

– Sozinho, é claro! – corrigiu Dália. – É que o meu quarto é o único que tem banheiro; ia ficar muito difícil para ele se ficasse em algum dos outros quartos por causa dessa questão da locomoção... – ela explicou.

Surpreendentemente, falava como se sua atitude fosse a coisa mais normal do mundo, como se o primeiro marido fosse apenas um grande amigo, a quem havia hospedado da melhor maneira possível.

– E em nenhum momento isso mexeu com você? – quis saber a terapeuta.

– Não, Laíssa! Essa é a maior de todas as conquistas! Não senti nada! Descobri que não tolero mais nem o perfume que ele usa! – ela soltou uma alegre gargalhada.

Laíssa riu junto com ela.

– Sabe o que aconteceu? Quando chegou na sexta-feira, eu tinha combinado de sair com uma amiga que faz dança de salão comigo, me arrumei toda...

– Você deixou seu ex-marido em casa sozinho e saiu para dançar? – Laíssa se deliciava com a sua narrativa.

– Claro que saí! Imagine! Ele até falou que eu estava linda!

– Sério? Não criou nenhum tipo de problema?

– Mais ou menos. Quando eu voltei ele estava tonto, até me deu um pouco de trabalho... Tinha bebido cachaça com o uísque, o infeliz! Daí foi aquela bebedeira, aquela choração! Sabe o que eu fiz?

– A essas alturas já não faço nem ideia!

– Levei-o até o quarto, coloquei na cama e disse: "Chora não que isso passa! Agora vai dormir que a bebedeira também passa!" – e novamente ela riu, despudorada e feliz.

– Ele já foi embora?

– Já. Sabe, depois que ele foi embora, fui eu que chorei. Arrumava a cozinha e chorava... Aquela catarse com detergente... – novamente ela riu.

– E porque você chorou, Dália?

– Ah... – ela soltou um longo suspiro. – Acho que chorei de orgulho de mim mesma... Um misto de tristeza por tudo o que eu já tinha vivido, mas também de libertação. Não tenho como fugir da minha história. Eu sou o que sou, essa que sobrou e que vai ter de dar conta de construir uma vida diferente daquela que não aguentava mais... Tenho que ter coragem para me assumir e me dar essa oportunidade! – ela se emocionou.

– É muito legal isso que você está me dizendo, porque mostra que realmente você se libertou do passado – avaliou Laíssa. – O codependente só se liberta quando descobre que aquilo a que ele se apegou com tanto desespero não vale mais a pena ou que existem outras coisas que valem mais a pena. É isso o que está acontecendo com você!

– Pois agora eu me dou ao luxo de falar 'não' e 'sim' na hora que eu quero! – decretou Dália, limpando rapidamente os olhos molhados de emoção. – Sabe o que eu fiz, depois da choradeira toda?

– Não, Dália! O que você fez? – sorriu Laíssa.

– Fui na perfumaria e comprei um batom! Bem vermelho! Ele não suportava que eu usasse cores assim. Daí, agora que eu posso usar o que eu quiser, eu fui lá e comprei. Não de pirraça, mas porque eu gosto!

Novamente as duas riram.

Foi uma sessão leve e agradável. Laíssa sorriu satisfeita, enquanto arrumava o consultório, depois que ela saiu. Ficou rindo sozinha, lembrando da história do batom. De certa forma, Dália era um espelho de tudo o que havia acontecido com ela mesma.

53

Quase um ano se passou. Naquele domingo de sol, Laíssa acordou com o barulho do interfone.

– Seu Raimundo sapateiro? Não conheço ninguém com esse nome... – ela estranhou.

– Pois ele disse que não conhece mesmo a senhora. Mas que era muito amigo do Joaquim lá da livraria da praia e que trouxe um presente muito especial para entregar!

– Um presente do Joaquim?... – Laíssa repetiu surpresa.

"Tem um sapateiro lá na minha rua, uma pessoa muito simples que uma vez estava passando por alguns problemas e eu encaminhei para o centro espírita que eu frequentava na época. Sei dizer que ele frequenta lá até hoje e desde então ficou muito grato. Outro dia, eu estava passando na rua quando de repente ele me chamou e disse: 'Joaquim, que bom que eu te encontrei! Estava muito preocupado com você!' Ele é dotado da faculdade de vidência e também tem sonhos premonitórios, fala cada coisa que você nem imagina!", ela se lembrou das palavras de Joaquim. De imediato, sentiu seus olhos se encherem de lágrimas. Joaquim havia se tornado um grande amigo.

– Pode mandar subir! – ela disse ao porteiro Nivaldo.

Instantes depois, o sapateiro estava sentado na sala com uma caixa de sapatos na mão. Laíssa não atinou de imediato com o que poderia haver dentro daquela caixa.

– O senhor veio até aqui só para trazer um presente para mim? – ela perguntou, ainda achando aquilo improvável.

394 | Lygia Barbiére

– Pois foi isso mesmo. A senhora sabe, eu nunca desobedeço uma ordem que eu recebo num sonho!

Era realmente uma pessoa muito agradável, que encantava com sua simplicidade.

– Peraí, seu Raimundo, me explica isso direito... Mas, antes, vou preparar um café para o senhor!

– Pois foi bem assinzinho, do jeito como estou contando para a senhora – ele explicou, depois que já estava sentado na cozinha de Laíssa. – Esta noite eu sonhei com o meu amigo Joaquim e ele me pediu que viesse até aqui trazer esta caixa para a senhora – ele disse, ainda de posse da caixa.

Experimentou um gole do café quentinho que Laíssa acabara de servir.

– Não sei se a senhora sabe, ele criava uma iguana muito bonita, que acabou ficando comigo... Se chama Tatiana! – ele explicou. – Eu crio ela até hoje! – ele sorriu, simpático. – Precisa ver que tamanho.

– É mesmo... O Caio bem que me falou dessa iguana há muito tempo atrás... Ou será que foi a Najla?

– Foi a doutora Najla mesmo que me deu o endereço da senhora... – ele disse.

"Não é possível que ele tenha me trazido uma iguana dentro daquela caixa... Será?", Laíssa se perguntava apreensiva.

– Mas o que foi exatamente que o Joaquim falou nesse sonho que fez o senhor se despencar de lá até aqui para me trazer... – ainda tentava entender.

O sapateiro continuava com a mão pousada sobre a misteriosa caixa. "O que será que haveria lá dentro?", Laíssa não parava de se perguntar.

– Ele disse: procura a Laíssa e leva para ela. Tenho certeza de que ela vai entender. Fala que é um sinal que estou mandando para ela. Um sinal e um carinho – disse ele, estendendo-lhe finalmente a caixa de sapato. – Pode abrir. Se a senhora não quiser ficar, eu ...

Curiosa, Laíssa tomou nas mãos a caixa e foi abrindo bem devagar. Levou um susto ao abrir a tampa:

– Ai! Tem uma lagartixa ! – ela deu um pulo.

– Não! Bicho danado! Nem sei como entrou aí! – ele pegou a lagartixa na mão, retirando-a, com extrema habilidade, da aba lateral da caixa, onde permanecia parada, tão amedrontada quanto Laíssa. – Na verdade são fotos...

Só então Laíssa olhou no fundo da caixa e percebeu que estava cheia de fotografias antigas. Eram fotos de Joaquim e... Tatiana! Estava ali registrado todo o período de crescimento da iguana, em suas mais variadas etapas.

– Então! Esta semana, o mesmo moço lá do centro que me pediu para cuidar da Tatiana, quando... bem, a senhora sabe... Ele apareceu lá em casa com essa caixa e perguntou se eu queria!

Laíssa continuava vendo as fotos com emoção. Joaquim parecia tão mais novo...

– O senhor viu isso aqui? – era uma série mostrando a regeneração do rabo da iguana.

– Então! Sabe que refaz inteirinho mesmo depois que cai? Só que tem um detalhe, que eu só descobri faz pouquinho tempo... – ele contou, servindo-se agora do bolo que Laíssa colocara num pratinho a seu lado.

– E qual o detalhe, seu Raimundo? – ela continuava olhando para as fotos com os olhos cheios de ternura.

– O rabo nunca fica do mesmo tamanho depois que cai! Sempre nasce um cadiquinho menor do que antes! – ele explicou.

O resto do dia Laíssa passou com aquelas fotos. Que coisa incrível a visita do seu Raimundo, o sonho que ele tivera com Joaquim... Por que será que Joaquim queria tanto que ela recebesse aquelas fotos? Se ao menos ela pudesse ter alguma notícia dele... O coração estava apertado de saudades.

Naquela noite, ao dormir, Laíssa recebeu a visita de Joaquim.

– Você? – no sonho ela o via no quarto, sentado na mesma poltrona onde, também em sonhos, ela o avistara uma vez, logo depois de seu desencarne.

Abriu largo sorriso e correu a abraçá-lo. Foi um abraço forte, cheio de emoção.

– Tanto tempo que eu queria saber notícias suas... Por que demorou tanto? – ela perguntou, ainda abraçada a ele.

– Tudo tem o seu tempo! – ele segurou seu rosto para vê-la melhor. – E você está ainda mais bonita do que da última vez que te vi!

– Sempre sedutor, né? – Laíssa não pôde perder a chance da brincadeira.

– Aí é que você se engana! Diria mesmo que estou quase curado! – ele garantiu.

– Sério? – ela não acreditou.

– Se estou mesmo curado, ainda não sei. Mas tenho aprendido muita coisa na espiritualidade – ele contou animado.

– Então é verdade que a gente continua a estudar depois que deixa este mundo? – Laíssa perguntou.

– E como! – exclamou ele, animado. – Para você ter uma ideia, estou tendo aulas o dia inteiro, todos os dias da semana! E estou adorando este período!

– Que bom ver você assim tão bem – ela afagou-lhe os cabelos com carinho. – Você parece diferente...

– Compreender os nossos processos internos sempre ajuda muito – ele explicou. – Se você soubesse o quanto eu aprendi...

– Sobre quê são essas aulas? – ela se mostrou interessada.

– Sobre tudo o que você pode imaginar! Quer ver só? – ele pegou uma pequena sacolinha que deixara ao lado da poltrona. – Sabe o que é isto aqui? São minhas pedras! Estou aprendendo sobre a importância dos minerais! Cada uma tem propriedade específicas!

– Que interessante... – ela tomou nas mãos uma das pedras que ele trazia na sacola.

– Mas as minhas aulas favoritas têm sido sobre a série de André Luiz – ele contou.

– Vocês estudam sobre André Luiz na espiritualidade? Sempre pensei que esses livros fossem coisas da Terra, ensinamentos dos espíritos para os encarnados...

– Aí é que você se engana! Lá temos todos os livros publicados na Terra e muitos outros. Muitos ensinamentos importantes para os espíritos são codificados aqui na Terra. E é mais fácil também para os espíritos que acabaram de desencarnar se afinizarem com o material que vem daqui... porque, de certa forma, já estamos mais familiarizados com ele... O intercâmbio entre os planos é sempre muito intenso.

– E o que é que você está estudando agora nos livros de André Luiz? – de novo Laíssa se mostrou interessada.

Ele mexeu outra vez na sacola e tirou de lá uma espécie de *tablet*, que continha todos os seus estudos e anotações.

Após a Chuva | 397

– Quer ver só? Na última aula vimos algo de muito interessante... – ele ficou um tempo buscando a página que queria encontrar. – Algo que me trouxe muita paz... Olha só esta frase, este diálogo... É uma conversa entre Gúbio, um mentor que está coordenando toda uma tarefa de socorro nas regiões umbralinas. Ele é um mentor, um espírito de luz e olha só o que ele explica para o perseguidor da moça encarnada que ele está tentando ajudar:

> Não desejarás desculpar os que te feriram, libertando, enfim, quem me é tão querida ao espírito? Chega sempre um instante no mundo em que nos entediamos dos próprios erros. Nossa alma se banha na fonte lustral do pranto renovador e esquecemos todo o mal a fim de valorizar todo o bem. Noutro tempo, persegui e humilhei, por minha vez. Não acreditava em boas obras que não nascessem de minhas mãos. Supunha-me dominador e invencível, quando não passava de infeliz e insensato.

Ele mostrou a ela o trecho do diálogo que o impressionara, antes de correr o cursor para um pouco mais adiante.

– Percebe? Aqui ele está dizendo que, embora seja agora considerado como um mentor de luz, um trabalhador do bem, ele também já errou! – explicou aquele espírito que se acostumara a ser chamado de Joaquim embora houvesse sido registrado como Lucídio.

Ele leu ainda mais um trecho para ela:

> Mas a vida, que faz caminhos na própria pedra, usando a gota d'água, retalhou-me o coração com o estilete dos minutos, transformando-me devagar, e o déspota morreu dentro de mim. O título de irmão é, hoje, o único de que efetivamente me orgulho.[43]

– Sabe, Laíssa? É exatamente assim que me sinto. Alguém em aprendizado. Alguém que muito errou, mas que, aos poucos, começa a perceber que errar faz parte do aprendizado, que todo mundo erra, afinal! A

---

[43] Trecho do capítulo XIV (Singular episódio), do livro *Libertação*, sétimo da série "Nosso Lar", do espírito André Luiz, psicografada por Chico Xavier. Brasília, FEB, 14ª. Edição, p. 179.

obra de André Luiz é cheia de exemplos como este. Espíritos que a gente conhece como nobres mentores e que, de repente, na maior humildade, para nosso susto e assombro, revelam que também muito erraram no passado. Tem um, entre os que mais me impressionaram, que era diretor de uma escola de reajuste.[44] De repente, durante uma tarefa de identificação de criaturas infortunadas que se desviaram nas sombras, ele se encontra com uma mulher em trapos, cadaverizada, muito maltratada. Embora aparentemente desconhecida, ela o chama pelo nome e implora por compaixão. Ficamos sabendo então de todo o doloroso passado que o mentor vivera com aquele espírito, no qual, para espanto de todos, ele a havia envenenado depois de ser traído por ela. Você percebe? Mesmo depois de quase cinquenta anos de trabalhos ininterruptos no mundo espiritual, aquele espírito revela a todos que também carregava doloroso espinho no tecido da alma! – contou empolgado.

– E o que ele faz? – perguntou Laíssa, curiosa.

– Ele pede para se afastar das tarefas para planejar nova existência com ela. Não podia prosseguir em sua caminhada sem resgatar o débito contraído no passado! E assim somos todos nós, Laíssa. Deus sempre nos oferece nova oportunidade de aprimoramento até que estejamos aptos a reparar nossos erros passados.[45] Você não imagina o alívio que eu senti ao compreender isto! Hoje me sinto bem mais equilibrado. Não quero fazer milagre, mas também não quero viver me culpando como eu sempre vivi. A cada dia me esforço, sinceramente, para alcançar o meu melhor – ele disse, olhando-a emocionado no fundo dos olhos.

– E por que as fotos da iguana? Por que pediu tanto para que o seu Raimundo as trouxesse para mim? – Laíssa quis saber, pressentindo que se escoava depressa o precioso tempo daquele encontro tão desejado.

---

[44] Pouso acolhedor, sob a jurisdição da colônia "Nosso Lar", fundado há mais de três séculos, dedicando-se a receber espíritos infelizes ou enfermos, decididos a trabalhar pela própria regeneração, criaturas essas que se elevam a colônias de aprimoramento na Vida Superior ou que retornam à esfera dos homens para a reencarnação retificadora.

[45] A história de Druso, o mentor citado na fala do personagem, faz parte do romance *Ação e reação*, décimo da série "Nosso Lar" (Brasília, FEB, 14ª ed.), e pode ser encontrada também, de forma resumida, no livro *Pessoas de André*, de Isabel Scoqui, Capivari, Editora EME, 2008.

– A iguana? Porque ela, para mim, simboliza tudo isso o que eu estou tentando te dizer: regeneração! Tudo passa nesta vida! Segundo nos ensinou o próprio Jesus, somos todos fadados à perfeição! Alguns demoram mais, outros menos, mas em algum momento sempre acontece!

Laíssa, no sonho, lembrou-se então da série de fotos que mostrava o crescimento da cauda da iguana e também da explicação que ouvira do sapateiro, sobre o detalhe do tamanho da cauda que renasce.

– Por que, Joaquim, eu não consegui entender... Eu sei que os lagartos, assim com as lagartixas e as iguanas, soltam suas caudas como uma forma de despistar seus inimigos, já que o rabo continua se movimentando por um tempo, suficiente para distrair o predador e eles poderem fugir... Mas é verdade isso que o seu Raimundo me explicou? Por que é que a cauda nunca atinge o mesmo tamanho de antes?

Lucídio pensou por alguns instantes – ultimamente vinha até se sentindo mais Lucídio do que Joaquim! Nunca estudara o suficiente de biologia para responder àquela questão. Todavia, movido pela intuição, ele ousou uma interpretação:

– Talvez porque a cauda represente tudo o que ainda nos mantém ligados a nosso passado de instintos, nosso lado mais animalizado... Por isso ela tende sempre a diminuir... Quanto mais aprendemos, quanto mais nos melhoramos, mais esse nosso lado diminui... Quer ver só... – ele mexeu de novo no *tablet*.

"Neste ponto ele continua o mesmo!", pensou Laíssa, lembrando-se dos tempos em que ele vivia às voltas com o antigo celular.

– Este aqui é um resumo do estudo que nós fizemos ontem à tarde... Um texto super legal que, se estivesse ainda na Terra, certamente eu iria enviar para você! – ele sorriu como nos tempos antigos.

– Faz parte do livro *Libertação* – ele avisou, antes de passar à leitura, com sua voz tonitroante de radialista:

Somos entidades ainda infinitamente humildes e imperfeitas para nos candidatarmos, de pronto, à condição dos anjos.

Encarcerados ainda na lei de retorno, temos efetuado multisseculares recapitulações por milênios consecutivos.

Muitos identificam nessa anomalia sinistra à resistência da imperfeição e da fragilidade da carne, esquecidos de que a matéria

> mais densa não é senão o conjunto das vidas inferiores incontáveis, em processo de aprimoramento, crescimento e libertação.
>
> Imersos nesta realidade, os homens se socorrem então uns dos outros para crescerem mentalmente e seguir adiante.[46]

Laíssa se emocionou.

– Nem sei o que dizer, Joaquim... – ela o abraçou mais uma vez.

– Pois eu sei! – ele sorriu para ela com aquele seu ar maroto de sempre. – Aliás, também foi por causa disso que eu vim. Eu quero te fazer um pedido!

– Um pedido? – estranhou Laíssa, enxugando as lágrimas.

– Sim, um pedido! Você aceita se casar comigo na próxima encarnação?

Ficaram os dois se olhando um tempo em silêncio. Eram realmente muito fortes os laços de carinho e amizade que hoje os uniam. Se nada daquilo tivesse acontecido, se Joaquim/Lucídio ainda estivesse encarnado e dissesse tudo aquilo, Laíssa certamente aceitaria de pronto. Agora, no entanto, que ela havia alcançado uma compreensão mais profunda sobre seu próprio processo de crescimento e evolução, já não tinha mais tanta certeza se seria aquela, de fato, uma boa solução. Por mais que admirasse Joaquim em sua obstinada luta para tornar-se uma pessoa melhor, ela percebia que determinados traços de caráter não são detalhes exatamente fáceis de serem modificados. Por outro lado, ela também tinha toda uma série de traços e fragilidades pessoais, que muito precisavam ser trabalhados até que finalmente se sentisse apta a encarar um desafio como aquele.

– Não sei, Joaquim... Sinceramente não sei... Vamos dar tempo ao tempo? – ela desconversou com carinho. – Mas saiba que sou muito grata; aprendi muito com você!

– Após a chuva, além das nuvens escuras, há sempre um céu azul. Eu é que aprendi com você. Nem imagina o quanto! – ele disse, com emoção. – Uma coisa é certa – garantiu. – Jamais na minha vida eu vou me esquecer do quanto você me ajudou para que eu chegasse até aqui!

Abraçaram-se ainda mais uma vez com muita emoção, antes que Laíssa voltasse aos limites do seu corpo físico.

---

[46] Resumo baseado no capítulo II do livro *Libertação*: "A palestra do instrutor."

54

"Farei o possível para não amar demais as pessoas, sobretudo por causa das pessoas. Às vezes o amor que se dá pesa, quase como uma responsabilidade, na pessoa que o recebe. Eu tenho essa tendência geral para exagerar, e resolvi tentar não exigir dos outros senão o mínimo. É uma forma de paz... Clarice Lispector"

Laíssa deu um passo para trás e ficou admirando o texto do quadro que acabara de pregar na parede de seu consultório. Estava já encerrando seu dia de trabalho, quando o telefone tocou.

– É ela mesma... – respondeu, sem reconhecer a voz de quem procurava por ela.

Era um rapaz. Queria saber se dispunha de algum horário para atendê-lo na semana seguinte. Laíssa hesitou por alguns segundos. Durante anos, por imposição de Ricardo, ela jamais aceitara qualquer paciente do sexo masculino. Todavia, agora não havia mais nenhuma razão para continuar agindo daquela forma. Por que não?

Abriu a agenda e verificou os horários, tentando aparentar o máximo de naturalidade. Ainda assim, estava emocionada, orgulhosa por estar dando início a mais uma nova etapa em sua vida.

– Tenho um horário na segunda-feira às duas, seria bom para você? – perguntou.

– Ótimo! – respondeu o rapaz, do outro lado da linha. – Segunda às duas! Mal posso esperar!

Laíssa sorriu ao desligar o telefone. Abriu o *whatsapp* e mandou uma mensagem, contando a novidade para Najla, que naquela semana estava com Caio no Equador.

A cada dia, ela se sentia mais feliz com seus pequenos progressos, diante das muitas oportunidades que a vida lhe enviava diariamente.

Por sinal, naquela noite ela ainda precisava preparar o estudo do livro *Mulheres que correm com os lobos*, que agora coordenava a cada quinze dias em sua própria cidade. Era um grupo maravilhoso, que ela própria organizara. Não contava ainda com a participação de homens, como acontecia com o grupo de Caio e Najla, mas era formado por dezessete mulheres, muitas delas pacientes de Laíssa, que estavam realizando juntas um trabalho bastante especial e interessante.

– Nossa! Hoje é o último dia do filme que eu queria ver! – ela se lembrou de repente.

Olhou no relógio e decidiu ir direto do consultório. Não tinha pressa de nada; agora era dona de seu próprio tempo, apropriara-se confortavelmente de sua vida e seus horários. "Como era bom!", pensou, enquanto ajeitava os cabelos e passava um leve batom diante do espelho. Lembrou-se de Dália dizendo: "Não por vingança, mas porque eu gosto!". A mesma Dália que nos tempos de casada sempre tomava o refrigerante mais barato quando a família saía para almoçar para não aumentar a conta. A mesma Dália que lhe despertara a atenção sobre os sedutores e lhe ensinara sobre como vencer antigos padrões pela força da vontade e da perseverança. Devagar e sempre.

Enquanto caminhava pelas ruas em direção ao cinema, Laíssa ia pensando o quanto na verdade ela aprendia com suas pacientes, o quanto trocava com cada uma delas. Era realmente uma bênção trabalhar como psicóloga – Laíssa a cada dia se sentia mais convicta de sua profissão. Era isto, sem sombra de dúvida, o que ela viera fazer neste mundo. Esta simples constatação a aliviava de qualquer preocupação maior. Sentia-se profundamente grata por ser quem ela era.

Como fosse horário de verão, o dia continuava ensolarado, embora já tivesse passado das 19h00. Cruzando com a antiga confeitaria onde sempre costumava lanchar com Najla, Laíssa não resistiu e parou. Namorou as vitrines com nostalgia e saudades. Desde menina, ela havia frequentado aquela confeitaria com a mãe. Sim, pensou consigo, ela adorava aquele local muito antes da tarde que ficara marcada pelo trauma vivido no escritório do marido. Nunca mais Laíssa havia entrado na confeitaria depois daquela tarde. E por que não entrar?

Correu o olhar por aquele monte de espelhos pendurados nas paredes e foi até o balcão. Mandou embrulhar uma 'maravilha', uma espada que não existia igual em nenhum outro lugar, seu salgado preferido desde os tempos de infância. De sobremesa, encomendou um doce em formato de cisne, recheado com creme de *chantily*, e uma caixinha de pistaches. Tudo de que ela mais gostava.

Da confeitaria, seguiu para o cinema. Não, ela não estava comemorando nada de especial, mas por que não se fazer um agrado?

Enquanto caminhava pelas ruas, com sua sacolinha, sentindo na pele o sol morno e gostoso daquele fim de tarde, Laíssa se lembrou mais uma vez da tarde de chuva em que ela também carregava uma sacolinha como aquela e toda a sua vida havia se desmoronado como uma torre do tarô. Não teve saudades daquele dia, mas também não o amaldiçoou. Começava a entender que tudo nesta vida faz parte de um longo processo de aprendizado. Não tinha mais tanta pressa.

Tinha agora um olhar diferente daquela de então. E até mais feliz, quem sabe? Não havia mais peso como antes, a eterna sensação de quase. Laíssa agora se sentia plenamente feliz, em paz consigo mesma. Por toda a parte, via pessoas felizes, namorados, crianças tomando sorvete, casais conversando harmoniosamente nas mesas de bar. Voltara a enxergar as flores nos canteiros das ruas e as orquídeas que os porteiros prendiam às árvores diante dos edifícios. "O pensamento é uma força vigorosa, comandando os mínimos impulsos da alma", ela se lembrou da frase que lera recentemente.[47]

Estava remexendo a carteira na porta do cinema, procurando uma moedinha para ajudar no troco, quando eles passaram. Teresa e Antônio. Não os via desde a época das bodas. Entraram direto no cinema, certamente haviam ganhado os ingressos como cortesia. Antônio vivia recebendo convites assim. Afinal, eram um casal de muito prestígio.

Laíssa entrou logo depois deles. Viu de longe quando pararam na fila da pipoca, mas eles não a viram. Pela maneira como se comportavam, deu para perceber que tudo continuava como antes. Em determinado momento, Laíssa teve a sensação de que Teresa a tinha visto, mas desviara rapidamente o olhar para não cumprimentá-la. Sim, ela a tinha visto. Laíssa teve certeza disso quando a viu pegar na bolsa os óculos escuros.

[47] Também do livro *Libertação*, de André Luiz. Cap. XX, p. 252.

"Que coisa... Tem gente que coloca óculos escuros para entrar no cinema... Só espero que ela desta vez não perca os óculos de grau por causa disso...", divertiu-se em silêncio.

"Não tenha certeza de nada com relação ao outro, Laíssa. Ninguém pode ter. Não temos esse controle. O outro é o outro. Quando aprendemos a respeitar essa distância, muitos confrontos e problemas são evitados...", as palavras de Christel ainda pareciam reverberar dentro dela.

No fundo, sentia muita compaixão por Teresa. Jamais gostaria de viver uma vida assim. De onde estava, Laíssa observou a repetição da rotina de sua paciente.

Antônio dirigiu uma cantada sutil para a mocinha das pipocas. Teresa mudou rapidamente o assunto antes que a moça pudesse responder qualquer coisa, perguntando o preço de várias balas ao mesmo tempo.

Chegou então o casal esperado por eles e rapidamente vestiram os dois um lindo sorriso. Antônio até passou o braço por sobre os ombros de Teresa que, mesmo sem deixar de ostentar por um instante o sorriso, pareceu murmurar qualquer coisa de ácido por entre os dentes quando olhou para ele.

Laíssa suspirou. Por um instante pensou se as coisas poderiam ter tomado um rumo diferente se ela tivesse revelado o que sabia sobre a morte de Joaquim naquela época. Não tinha certeza. De qualquer forma, como psicóloga, ela sabia que tinha o dever ético de preservar qualquer relato ouvido de uma paciente. Lamentava, contudo, o sofrimento que Teresa certamente experimentava em função disto. Esta era sua verdadeira condenação.

"Não julgue ninguém. Aceite ser quem você é, com consciência e verdade, e naturalmente você também aceitará os outros como eles são" – ela se recordou então do conselho que recebera de seu próprio inconsciente, na meditação do espaço do coração.

De fato, tudo aquilo fazia parte da história de Teresa, Laíssa não tinha nada a ver com isso. Por alguma razão, as duas haviam se cruzado no meio daquele caminho, enrodilhadas na trama de um mesmo sedutor. O erro de Teresa, no entanto, propiciara a Laíssa, a Joaquim e até mesmo ao próprio Ricardo todo um processo de aprendizado que certamente era indispensável na evolução de cada um deles. Como julgá-la?

Pediu uma pipoca dupla e entrou satisfeita na sala escura. Um novo filme iria começar.

Bibliografia

ADES, Taty. *Hades: Homens que Amam Demais*. Barueri, SP: Editora Isis, 2009.

BARCELOS, Walter. *Sexo e evolução*. Brasília, DF: Federação Espírita Brasileira, 1995.

BEATTIE, Molody. *Assuma o controle da sua vida*. Tradução Gilson B. Soares. RJ,:- Nova Era, 2005.

BEATTIE, Melody. *CO-Dependência nunca mais: P)are de controlar os outros e cuide de você mesmo*. Tradução Marília Braga. 12ª.ed., RJ: Nova Era, 2008.

BRANDÃO, Junito de Souza. *Mitologia Grega*. III Vol 8ª Edição.. Petrópolis, RJ: Editora Vozes, 1993.

CARTER, Steven. *O que toda mulher inteligente deve saber*/Steven Carter e Julia Sokol; tradução de Sonia Maria Moitrel Schwarts.- Rio de Janeiro, Sextante, 2006.

CORTELLA, Mario Sergio. *Por que fazemos o que fazemos? : aflições vitais sobre trabalho, carreira e realização*. 30ª ed. São Paulo, Planeta do Brasil, 2016.

CURY, Augusto. *Gestão da emoção: técnicas de coaching emocional para gerenciar a ansiedade, melhorar o desempenho pessoal e profissional e conquistar uma mente livre e criativa*/ Augusto Cury. – São Paulo: Saraiva, 2015.

DUHIGG, Charles. *O poder do hábito: por que fazemos o que fazemos na vida e nos negócios*/ Charles Duhigg; tradução Rafael Mantovani. - Rio de Janeiro: Objetiva, 2012.

ESPÍRITO SANTO NETO, Francisco do. *A Imensidão dos Sentidos*. [pelo espírito Hammed; [psicografado por] Francisco do Espírito Santo Neto. Catanduva, SP: Boa Nova Editora, 2000.

ESTÉS, Clarissa Pinkola. *Mulheres que correm com os lobos: mitos e histórias do arquétipo da Mulher Selvagem*/ Clarissa Pinkola Estés; tradução de Waldéa Barcellos. – 1ª ed. – Rio de Janeiro: Rocco, 2014.

FILHO, Jamiro dos Santos. *Entrevistando André Luiz*/ Jamiro dos Santos Filho. 1ª ed., Capivari, SP: Editora EME, 2008.

FRANCO, Divaldo Pereira. *Painéis da Obsessão* / Divaldo Pereira Franco; pelo espírito Manoel Philomeno de Miranda. – Salvador, BA: Livraria Espírita Alvorada, 1984.

FRANCO, Divaldo Pereira. *Sexo e Consciência*. 1. ed. / Divaldo Pereira Franco, [organizado por] Luiz Fernando Lopes. Salvador: LEAL, 2016.

406 | LYGIA BARBIÉRE

FRANCO, Divaldo Pereira. *Amor, Imbatível Amor* / Divaldo Pereira Franco; pelo espírito Joanna de Angelis -. – Salvador, BA: Livraria LEAL, 2013 (Série Psicológica, vol.9)

FREYD, Jennifer J. *Traição: descubra como agem os traidores e aprenda a se livrar de oportunistas*/Jennifer Freyd e Pamela Birrell; tradução de Bruno Alexander. Rio de Janeiro: Elsevier, 2013.

GIMENES, Bruno J. *Mulher: a essência de que o mundo precisa* / Bruno J. Gimenes; orientado espiritualmente por Luara- 2.ed. - Nova Petrópolis, RS: Luz da Serra Editora, 2010.

GIUSTI, Edoardo. A arte de separar-se: um livro que ensina a superar o drama da separação. Tradução de Rafaella de Filippis. Rio de Janeiro: Nova Fronteira, 1987

GURIAN, Michael. *Afinal, o que pensam os homens: um completo manual para entender a mente masculina*/ Michael Gurian; tradução de Marcello Lino. Rio de Janeiro: Elsevier, 2003.

HERNANDEZ, Gaspar. A Terapeuta: um romance sobre a ansiedade. Trad. Marcelo Barbão. 1ª ed. Rio de Janeiro: Casa da Palavra, 2014.

KERRY, Daybes & Jessica Fellowes. *Como identificar um psicopata: cuidado! Ele pode estar mais perto do que você imagina.* Tradução Mirtes Frange de Oliveira Pinheiro. SP: Cultrix, 2012.

KINDER, Melvym & Connell Cowman. *Mulheres Inteligentes, Escolhas Insensatas: Como encontrar os homens certos, como evitar os errados.* Círculo do Livro, s.d.

KUHL, Eurípedes. *Jogo: mergulho no vulcão* / Eurípedes Kuhl; pelo espírito Claudinei. São Paulo: Lúmen Editorial Ltda., 1998.

LACLOS, Choderlos de. *As Ligações Perigosas* / Choderlos de Laclos; tradução de Maria Lúcia Pessoa de Barros. – Rio de Janeiro: Casa Editora Vecchi Ltda., 1782.

LEONARD, Linda Schierse. *A mulher ferida*/ Linda Schierse Leonard; tradução de Maria Silvia Mourão Netto.- 1.ed.- São Paulo: Saraiva, 1990.

LINS, Regina Navarro Novas formas de amar. São Paulo: Planeta do Brasil, 2017.

MALAMUD, Sílvia. *Sequestradores de almas.* SP: Agwm Editora, 2016.

MATTOS, Frederico. Como se libertar do seu ex. 1ª ed. São Paulo: Matrix, 2014.

MEIRELES, Cecília. *Poesias completas*/ Cecília Meireles. – Brasília: Civilização Brasileira MEC, 1973.

MELO, Fábio de. *Quem me roubou de mim*/ Fábio de Melo. – 2.ed.- São Paulo: Planeta, 2013.

NASIO, Juan-David. *Por que repetimos os mesmos erros* / Juan-David Nasio; tradução André Telles. – 1. ed. – Rio de Janeiro: Zahar, 2013.

NEVES, J; Azevedo, G.; N. e Ferraz, J. Projeto Manoel Philomeno de Miranda: Atendimento Fraterno. 9ª ed. Salvador: Livraria Espírita Alvorada Editora, 2009.

NOBRE, Marlene Rossi Severino. *A obsessão e suas máscaras: um estudo da obra de André Luiz*/ Marlene R. S. Nobre. – São Paulo: Editora Jornalística Fé, 1997.

NORWOOD, Robin. *Mulheres que amam demais: quando você continua a desejar e esperar que ele mude*/ Robin Norwood ; tradução de Maria Clara De Biase. Rio de Janeiro: Rocco, 2011.

NUNES, Eduardo. *O segredo das mulheres apaixonantes*/ Eduardo Nunes. Osasco, SP: Novo Século Editora, 2007.

APÓS A CHUVA | 407

OLIVEIRA, Wanderley. *Um encontro com Pai João*/ Wanderley Oliveira; pelo espírito Pai João de Angola.- 1ª ed.- Belo Horizonte, MG: Editora Dufaux, 2015.

PIERRAKOS, Eva. *O Caminho da Autotransformação(The Pathwork of Self-Transformation)*./ [canalizado por Eva Pierrakos]; compilado e organizado por Judith Saly; tradução Euclides L. Calloni e Cleusa M. Wosgrau. - São Paulo: Editora Cultrix, 1993.

PIERRAKOS, Eva. Não Temas o Mal O Metodo Patchwork para a Transformação do Eu Inferior [canalizado por Eva Pierrakos] compilado e organizado por Donavan Thesenga; tradução SergioLuiz dos Reis Lasserre - São Paulo: Editora Cultrix,1993.

PIERRAKOS, Eva. *Entrega ao Deus Interior: O Patchwork no Nivel da Alma* [canalizado por Eva Pierrakos] compilado e organizado por Donavan Thesenga. tradução Alípio Correia de Franca Neto. - São Paulo: Editora Cultrix, 1997.

PIERRAKOS, Eva. *Criando União: O significado espiritual dos relacionamentos.*[canalizado por Eva Pierrakos]; compilado e organizado por Judith Saly; tradução Carmen Youssef . São Paulo: Editora Cultrix, 2007.

PINTO, Fernando Gomes. *Neurociência do amor*/ Fernando Gomes Pinto. 1ª ed. São Paulo: Planeta, 2017.

RINNE, Olga. *Medeia: O Direito à Ira e ao Ciúme.*/ Olga Rinne; tradução Margit Martincic, Daniel Camarinha da Silva. – São Paulo: Editora Cultrix, 1988.

SCHUBERT, Suely Caldas. *Mentes interconectadas e a Lei de Atração*/ Suely Caldas Schubert. – 1. ed. – Santo André, SP: EBM Editora, 2010.

SCOQUI, Isabel. *Pessoas de André: Personagens das obras de André Luiz*/ Isabel Scoqui.- 1.ed.- Capivari, SP: Editora EME, 2008.

SILVA, Ana Beatriz Barbosa Silva. *Mentes Perigosas: o psicopata mora ao lado*. RJ: Objetiva, 2010.

SILVEIRA, Nise da (Espírito). *Reconstruindo emoções.* [psicografia de Iraci Campos Noronha] São Paulo: Intelítera Editora, 2017.

SIMÕES, Américo. *O amante cigano* / Américo Simões; ditado pelo espírito Clara. São Paulo: Barbara Editora, 2017.

STEPHANIDES, Menelaos. *Jasão e os Argonautas*/ Menelaos Stephanides. Trad. Marylene P. Michael; ver. téc. e notas Luiz A. Machado Cabral; ilust. Iannis Stephanides. São Paulo: Odysseus, 2000.

STOUT, Martha. Meu vizinho é um psicopata/ tradução de Regina Lyra. RJ: Sextante, 2010.

SÜSSEKIND, Claudia. Diário de um Matrimônio. 2ª ed. Rio de Janeiro: 7 Letras, 2005

VAILLANT, Maryse. *Os homens, o amor e a fidelidade*/ Maryse Vaillant; tradução de Elena Gaidano.- Rio de Janeiro: BestSeller, 2013.

XAVIER, Francisco Cândido. *Ação e Reação* / Francisco Cândido Xavier; pelo espírito André Luiz. – Brasília, DF: Federação Espírita Brasileira, 1956.

XAVIER, Francisco Cândido. *Nos Domínios da Mediunidade* / Francisco Cândido Xavier; pelo espírito André Luiz. -Brasília, DF: Federação Espírita Brasileira, 1955.

XAVIER, Francisco Cândido. *Sexo e Destino* / Francisco Cândido Xavier e Waldo Vieira; pelo espírito André Luiz. -15ª ed.- Brasília, DF: Federação Espírita Brasileira, 1963.

408 | Lygia Barbiére

XAVIER, Francisco Cândido. *Vida e Sexo* / Francisco Cândido Xavier; pelo espírito Emmanuel. – 21ª ed.- Rio de Janeiro: Federação Espírita Brasileira, 2001.

MONOGRAFIA:

ARAGÃO, Patrícia. *O Dom-juanismo na poesia de Florbela Espanca: Amar, amar e não amar ninguém!* UFRGS: Porto Alegre, 2004.

PÁGINAS NA INTERNET:

Síndrome de dom-juanismo - Recanto das Letras: https://www.recantodasletras.com.br/artigos/111403

Compulsão à sedução; Síndrome de Don Juan - Psiqweb: www.psiqweb.med.br/site/?area=NO/LerNoticia&idNoticia=172

Psicanálise, Sedução e Disputa de Poder: *Antônioaraujo_1.tripod.com/...seducao_disputa_poder/psica_seducao_disputa_poder...*

Sedução - Oficina de Psicologia: *oficinadepsicologia.blogs.sapo.pt/181673.htm*

Síndrome de don Juan – Wikipédia, a enciclopédia livre; https://pt.wikipedia.org/wiki/Síndrome_de_don_Juan

Donjuanismo: a necessidade insaciável da conquista: *abp.org.br/portal/clippingsis/exibClipping/?clipping=4776*

Cinco sinais mostram que ele é um sedutor irremediável - Mulher - Terra: *mulher.terra.com.br/noticias/0,,OI2014788-EI16610,00-Cinco+sinais+mostram+que+...*

Don Juan – Vida e Psicologia: *https://vidaepsicologia.wordpress.com/tag/don-juan/*

A Mais Poderosa Psicologia para Conquistar uma Mulher - Sedução ...: *seducao-magnetica.com.br/a-mais-poderosa-psicologia-para-conquistar-uma-mulher/*

A arte de um sedutor - Blog da Regina Navarro Lins - UOL: *https://reginanavarro.blogosfera.uol.com.br/2015/03/10/a-arte-de-um-sedutor/*

A fuga do sedutor - Blog da Regina Navarro Lins - UOL: *https://reginanavarro.blogosfera.uol.com.br/2013/11/30/a-fuga-do-sedutor/*

Chá com Sig: Don Juanismo - Um desvio sério de caráter: *chacomsig.blogspot.com/2013/05/don-juanismo-um-desvio-serio-de-carater.html*

Síndrome de Don Juan: como deixar de ser um personagem ...: *www.vyaestelar.com.br/.../sindrome-de-don-juan-como-deixar-de-ser-um-personage...*

PSICOPATAS: A Síndrome de Don Juan: *psicopatasss.blogspot.com/2009/06/sindrome-de-don-juan.html*

Artigo de Teresa Cristina Pascotto: DON JUAN: ÓDIO OU FASCÍNIO ...: somostodosum.ig.com.br/tc22881

Síndrome de Don Juan - Consultório de Psicologia - Sapo: consultoriodepsicologia.blogs.sapo.pt/85096.html

Sociopatas, psicopatas, personalidades anti-sociais ... - De Livro: *delivro.blogs.sapo.pt/3303.html*

Dependência emocional: 5 formas para ser menos dependente : www.psicologiamsn.com/.../dependencia-emocional-5-formas-para-ser-menos-depend...

Você é um(a) dependente emocional?, O Segredo: *https://osegredo.com.br › Colunistas.*